Greg Mortenson
mit David Oliver Relin

Der Traum vom Frieden

Mein Schulprojekt für Pakistans Kinder

Aus dem Amerikanischen
von Karin Dufner

Mit 28 Farbfotos und zwei Karten

MALIK

Mehr über unsere Autoren und Bücher:
www.malik.de

Die amerikanische Originalausgabe erschien 2006 unter dem Titel »Three Cups of Tea« bei Viking in New York. Die vorliegende deutsche Ausgabe folgt der 2007 bei Penguin erschienenen Taschenbuchausgabe und wurde von Greg Mortenson um ein neues Vorwort ergänzt.

Bildnachweis: Alle Fotos stammen aus dem Archiv des Central Asia Instituts, bis auf Tafel 2 oben: Scott Darsney. *Fotografen:* Greg Mortenson: Tafel 1, 2 unten, 3, 4 unten, 5, 6, 7 unten, 8, 9, 11, 12 unten; David Oliver Relin: Tafel 4 oben, 7 oben, 10, 12 oben, 13, 15, 16

FSC
Mix
Produktgruppe aus vorbildlich bewirtschafteten Wäldern und anderen kontrollierten Herkünften
www.fsc.org Zert.-Nr. GFA-COC-001278
© 1996 Forest Stewardship Council

ISBN 978-3-89029-360-8

Redaktion: Fabian Bergmann, Essen
Litho: Lorenz & Zeller, Inning
Satz: Buch-Werkstatt GmbH, Bad Aibling
Druck und Bindung: CPI – Ebner & Spiegel, Ulm
Printed in Germany

Gewidmet Irvin »Dempsey« Mortenson,
Barry »Barrel« Bishop
und
Lloyd Henry Relin,
die uns den Weg zeigten,
als sie noch unter uns waren

Inhalt

Vorwort zur deutschen Ausgabe

Liebe Leserinnen und Leser,

vielen Dank für Ihr Interesse an meiner Geschichte – ich fühle mich geehrt, weil *Der Traum vom Frieden* nun auf Deutsch erscheint. Unsere Familie und mein Leben haben einen starken Bezug zur deutschen Kultur, was zunächst einmal mit meiner eigenen Herkunft zusammenhängt: Durch meine Mutter, deren Großeltern zu Beginn des zwanzigsten Jahrhunderts als Evangelisch-Lutherische Missionare aus Leipzig in die Vereinigten Staaten kamen, bin ich auch deutscher Abstammung. Doch das ist erst der Anfang meiner Verbindungen zu Deutschland.

Als ich drei Monate alt war, siedelten meine Eltern mit mir von den USA ins Usamabara-Gebirge im nördlichen Tanganjika (einem Teil des früheren Deutsch-Ostafrika, des heutigen Tansania) über, wo sie zunächst an einer Mädchenschule unterrichteten. Wir lebten in einem Dorf namens Soni. Die einzige andere ausländische Familie dort, die Czurns, stammte aus dem Schwarzwald. Ich erinnere mich noch sehr gut an sie. Manni, der Vater, war Mechaniker und brachte den Einheimischen bei, wie man Autos repariert, damit sie dieses neue Verkehrsmittel nutzen konnten. Zu fünft oder sechst zwängten wir uns in einen VW aus den Vierzigerjahren, den wir mit ihnen teilten, und holperten über unwegsame Bergstraßen. Mannis Frau Elfi war eine wundervolle Köchin, und der Geschmack von Schnitzeln, Rotkohl, Spätzle, Kartoffelknödeln und Sauerbraten liegt mir noch heute auf der Zunge. Die beiden Söhne des Paares waren meine Schulkameraden und besten Freunde.

Besonders gerne denke ich an die idyllischen Weihnachtsfeste zurück, die wir gemeinsam mit den Czurns verbrachten. Am Baum brannten Kerzen, wir sangen »Stille Nacht, Heilige Nacht« und aßen dazu Elfis leckere Lebkuchen. In dem Jahr, als die Czurns mir vom Nikolaus erzählten, stellte ich in der Hoffnung auf Süßigkeiten natürlich sofort meine Schuhe vor die Tür. Doch leider waren sie am nächsten Morgen immer noch leer, denn meine Eltern hatten noch nie von diesem Brauch gehört.

Den Czurns ist es auch zu verdanken, dass meine beiden mittleren Schwestern Deutsch lernten. Ich hingegen beschäftigte mich mehr mit den einheimischen afrikanischen Sprachen. Allerdings sangen wir im Gottesdienst ursprünglich deutsche protestantische Kirchenlieder auf Suaheli. Dieser Mischmasch aus Sprachen und Kulturen war charakteristisch für das Zusammenleben in Soni.

Als wir 1972 unsere Sachen packten, um in die USA zurückzukehren, war ich vierzehn Jahre alt. Für mich war es ein traumatisches Erlebnis; schon an meinem ersten Schultag in den Staaten wurde ich verprügelt, als ich mich Mitschülern gegenüber als Afrikaner bezeichnete. So bekam ich einen ersten Vorgeschmack auf den Rassismus, der mein Bild über und meine Gefühle für mein Heimatland noch viele Jahre prägen sollte. Heute habe ich keinen einzigen Freund aus Highschool-Tagen, wohingegen ich mit der bunten, multikulturellen Truppe aus Soni – darunter auch meinen deutschen Freunden – immer noch Verbindung halte. Die Kontakte aus meiner frühen Jugendzeit haben sich zu lebenslangen Freundschaften entwickelt, und unsere kleine ostafrikanische Version der Vereinten Nationen bedeutet für mich eine Art Miniatur-Paradies auf Erden.

Da meiner Familie nach der Rückkehr in die USA nur wenig Mittel zur Verfügung standen, verpflichtete ich mich im Juni 1975 vier Tage nach meinem Highschool-Abschluss bei der Army, obwohl viele Amerikaner dem Militär so kurz nach Ende des Vietnamkrieges ablehnend gegenüberstanden. Doch auf diese Weise eröffnete sich mir nach Ableistung meines Militärdienstes die Möglichkeit, mit einem Armeestipendium die Uni zu besuchen. Außerdem förderte die Army meinen Hang zum Weltenbummlertum. Ich entschied mich für Deutschland und wurde als Feldsanitäter beim 33. Regiment in Bamberg stationiert.

In jener Epoche des Kalten Krieges fanden viele unserer Manöver an der damaligen deutsch-tschechoslowakischen Grenze bei Hof und Grafenwöhr statt.

Anders als meine Kameraden, die sich in ihrer Freizeit am liebsten in der Kaserne betranken, nutzte ich jede Gelegenheit, um in den nächsten Zug zu steigen und loszufahren: nach München, Frankfurt, Stuttgart oder Hof, wo ich das Theater in der Kulmbacher Straße besuchte. Ich denke gern an meine Reisen quer durch den Süden Deutschlands zurück, doch am liebsten erinnere ich mich an meine guten Erfahrungen mit der deutschen Gastfreundschaft, denn eine Familie nahm mich an wie einen eigenen Sohn. Oft luden sie mich an Feiertagen ein, und wir besuchten auch den Christkindlesmarkt in Nürnberg.

Als ich mich nach dem Ende meiner Militärzeit dem Bergsteigen zuwandte, entdeckte ich eine neue Verbindung zu Deutschland, als ich in Pakistan an einer Kletterexpedition im abgelegenen Karakorum teilnahm. Mit dieser Gebirgskette verbinden sich vor allem die legendären Besteigungen des Nanga Parbat, des mit 8125 Metern neunthöchsten Gipfels der Welt, durch deutsche beziehungsweise deutschsprachige Kletterer. Willy Merkl und Heinrich Harrer waren in den Dreißigerjahren mit die Ersten auf dem Diamir, dem »König der Berge«; Karl Maria Herrligkoffers deutsch-österreichische Expedition, die 1953 in der Erstbesteigung des auch »Schicksalsberg der Deutschen« genannten Achttausenders durch Hermann Buhl gipfelte, sowie die Südtiroler Brüder Reinhold und Günther Messner in den Siebzigern folgten.

Wenn ich heute die abgelegenen Dörfer am Diamir bereise, wo ich seit fast sechzehn Jahren Schulen baue, danken mir einige der alten einheimischen Männer auf Deutsch. Sie haben die Dreißigerjahre mit den deutschen Bergsteigern in guter Erinnerung, eine Einstellung, die ich auch bei Besuchen unserer Projekte im benachbarten Afghanistan antreffe.

Momentan sind dort dreieinhalbtausend Soldaten der Bundeswehr stationiert (im Oktober 2008 beschloss der deutsche Bundestag zudem eine Erhöhung der Truppenobergrenze um tausend Mann) und leisten einen wichtigen Beitrag für den unter NATO-Kommando stehenden Einsatz der ISAF-Kräfte. In den nördlich von Kabul und unweit des Panschir-Tals gelegenen Gebieten schauen Bundeswehrsoldaten manchmal in unseren Schulen vorbei und verhalten sich sehr offen und freundlich. Ich bin froh, dass die Bundeswehr Sorge um Lehrer und Schüler trägt.

Die Handlung von *Der Traum vom Frieden* endet zwar 2003, doch heute sind wir in Afghanistan und Pakistan aktiver denn je, bauen Schulen und fördern die Bildung. Dabei gibt es gute und schlechte Nachrichten zu vermelden. Bedauerlicherweise haben die Taliban seit 2007 mehr als fünfhundert Schulen in Afghanistan und weitere zweihundert in Pakistan zerstört oder geschlossen. In fast allen Fällen handelte es sich um Einrichtungen für Mädchen.

Was treibt diese Männer dazu, Mädchenschulen zu zerstören? Meiner Ansicht nach fürchten sie den Schreibstift mehr als die Kugel. Sie haben Angst, ein Mädchen, dem selbst Bildung zuteilwurde, könnte in seinem Umfeld die Bedeutung und den Wert von Bildung verstärken, wenn es erst einmal erwachsen ist und Mutter wird. Auf diese Weise würden die Extremisten im ideologischen Kampf um die Herzen und den Verstand unterliegen und mit ihrem Vorhaben scheitern, noch mehr junge Männer für ihre irregeleiteten Ziele einzuspannen.

Die ermutigendste Nachricht kommt indes aus Afghanistan und ist nur wenigen Menschen im Westen bekannt: Im Jahr 2000, zum Höhepunkt der Taliban-Herrschaft, besuchten am Hindukusch nur etwa 800 000 Kinder eine Schule, es waren fast ausschließlich Jungen. Laut einer aktuellen Erhebung der UNESCO, der Organisation der Vereinten Nationen für Erziehung, Wissenschaft und Kultur, gibt es 2009 in Afghanistan 7,2 Millionen Schüler im Alter zwischen fünf und fünfzehn Jahren – und mehr als zwei Millionen davon sind Mädchen. Es handelt sich um die größte Zunahme von Schuleinschreibungen, die je ein Land in der jüngeren Geschichte zu verzeichnen hatte, und symbolisiert die berechtigte Hoffnung auf eine Zukunft für Afghanistan.

In Gesprächen stelle ich Frauen dort oder jenseits der Grenze in Pakistan stets dieselbe Frage: »Was wünscht ihr euch? Ich bin als euer Diener hier. Wie kann ich euch helfen?« Man möchte meinen, die meisten antworteten »Ich hätte gern einen guten Ehemann« oder »Ich will ein großes Haus«, aber fast alle haben zwei Anliegen: »Erstens brauchen wir Schulen und Bildung, und zweitens sollen unsere Kinder am Leben bleiben.« Mädchen und jungen Frauen den Schulbesuch bis mindestens zur fünften Klasse zu ermöglichen, führt zu einer Abnahme der Kindersterblichkeit; es verhindert ein übermäßiges Bevölkerungswachstum in verarmten Gebieten (da gebildete Frauen für gewöhnlich weniger Kinder haben) und verbessert somit die Lebensqualität in der jeweiligen Region.

Das erste Wort des Korans lautet *ikra*, was »lesen« bedeutet. In den *ahadith* – den Textsammlungen, die Mohammeds Aussagen und Handlungen überliefern und denen neben dem Koran als Quelle religiöser Vorschriften höchste Autorität zukommt – heißt es, die Tinte eines Federkiels sei mächtiger als das Blut eines Märtyrers. Wir dürfen nicht vergessen, dass Bildung die Voraussetzung ist, wenn wir den anstehenden Problemen entgegentreten und sie lösen wollen. Ohne Bildung erreichen wir nichts, denn nur sie macht alles möglich.

Meiner Ansicht nach ist es heute unsere größte Herausforderung, allen Kindern – ungeachtet ihres Geschlechts, ihrer Nationalität und ihrer finanziellen Verhältnisse – Lesen und Schreiben beizubringen. Auf der Welt gibt es zurzeit grob geschätzt etwa 110 Millionen Kinder, denen der Schulbesuch oder eine Ausbildung verwehrt sind – und fast siebzig Prozent von ihnen sind weiblich.

Im September 2000 formulierten die Vereinten Nationen die »Milleniumserklärung«, einen Maßnahmenkatalog, dessen überragendes Ziel die Halbierung der Armut auf der Welt bis zum Jahr 2015 ist. Dazu gehört auch, das Analphabetentum weltweit abzuschaffen. Schätzungen zufolge wird dieses Projekt über die veranschlagten fünfzehn Jahre hinweg etwa fünf Milliarden Euro jährlich verschlingen. Inzwischen ist mehr als die Hälfte der Zeit vergangen, und noch immer ist ein gutes Stück Arbeit zu leisten.

Bildung ist eine Notwendigkeit und das Licht der Hoffnung für Milliarden Menschen. Deshalb muss sie für uns alle stets an erster Stelle stehen – persönlich, gesellschaftlich und auch im Hinblick auf politisches Handeln.

Nur dann wird sich wirklich etwas verändern.

Greg Mortenson
Pakistan, im März 2009

Einleitung

In Mr Mortensons Dunstkreis

Das kleine rote Lämpchen blinkte schon seit fünf Minuten, als Banghu ihm endlich seine Aufmerksamkeit schenkte. »Die Treibstoffanzeigen bei diesen alten Maschinen sind für ihre Unzuverlässigkeit berüchtigt«, meinte der Brigadegeneral, einer der erfahrensten, auf Flüge in großer Höhe spezialisierten Hubschrauberpiloten Pakistans, und klopfte auf das Gerät. Ich wurde den Verdacht nicht los, dass er mich damit nur beruhigen wollte.

Ich saß neben Banghu und blickte an meinen Füßen vorbei durch die gewölbte Frontscheibe der Alouette, eines Helikopters französischen Bautyps, der noch aus der Zeit des Vietnamkriegs stammte. Zu beiden Seiten durch die schroffen Felswände des Hunza-Tals begrenzt, wand sich etwa siebenhundert Meter unter uns ein Fluss dahin. Auf Augenhöhe rasten grünlich schimmernde Hängegletscher an uns vorbei, deren Eis in der tropischen Hitze brüchig wurde. Ungerührt flog Banghu weiter und schnippte die Asche seiner Zigarette durch einen Belüftungsschlitz ins Freie. *Rauchen verboten* verkündete ein über dieser schmalen Öffnung angebrachtes Schild.

Greg Mortenson, der im Heck der Maschine Platz genommen

hatte, streckte einen langen Arm aus, um Banghu auf die Schulter zu klopfen. »General, Sir«, rief er, »ich glaube, wir fliegen in die falsche Richtung!«

Brigadegeneral Banghu war Präsident Musharrafs Privatpilot gewesen, bevor er seinen Abschied vom Militär genommen und bei einem zivilen Luftfahrtunternehmen angeheuert hatte. Er war Ende sechzig, hatte grau meliertes Haar und trug einen Schnurrbart, den er so sorgfältig pflegte wie den als Junge zu Kolonialzeiten auf einer Privatschule erworbenen britischen Oberschichtakzent. Damals waren Musharraf und viele weitere spätere politische Führer Pakistans seine Mitschüler gewesen.

Nun warf der General die Zigarette aus dem Luftschlitz, blies eine letzte Rauchwolke aus und neigte sich leicht zur Seite, um das nachgerüstete GPS-Gerät auf seinem Schoß mit der Militärkarte zu vergleichen, die Mortenson so gefaltet hatte, dass unsere momentane Position gut zu erkennen war.

»Seit vierzig Jahren fliege ich nun schon durchs nördliche Pakistan.« Banghu begleitete seine Worte mit dem für seine Landsleute so typischen Kopfschütteln. »Woran liegt es, dass Sie sich hier besser auskennen als ich?« Er vollführte eine scharfe Kehre nach backbord und flog den Weg zurück, den wir gekommen waren.

Das rote Lämpchen, das schon zuvor meinen Argwohn erregt hatte, blinkte inzwischen schneller, und die zitternde Nadel der Treibstoffanzeige verriet mir, dass wir nur noch über knapp hundert Liter Sprit verfügten. Dieser Teil des nördlichen Pakistan war so abgelegen und unwirtlich, dass wir Freunde gebeten hatten, mit dem Jeep Fässer voller Flugbenzin an strategischen Stellen zu deponieren. Wenn wir es nicht bis zu einem dieser Auftankpunkte schafften, würden wir ordentlich in der Klemme sitzen, schon weil die zerklüftete Schlucht, die wir gerade durchflogen, kein ebenes Gelände bot, das sich für eine Landung der Aluette geeignet hätte.

Banghu stieg höher, um die Möglichkeit zu haben, durch die Autorotation des Hauptrotors im kontrollierten Gleitflug einen geeigneten Landeplatz zu erreichen, sollte uns der Treibstoff ausgehen. Er schob den Steuerknüppel nach vorne und beschleunigte auf neunzig

Knoten, etwa hundertsiebzig Stundenkilometer. Im selben Augenblick, als die Tanknadel auf Reserve wanderte und das rote Lämpchen auch noch zu piepsen begann, setzte Banghu die Kufen des Helikopters in der Mitte der zu einem großen H angeordneten weißen Steine auf, die einen der Hubschrauberlandeplätze markierten. Wir hatten die Treibstofffässer gerade noch rechtzeitig erreicht.

»Ein hübscher Ausflug«, bemerkte Banghu und zündete sich die nächste Zigarette an. »Doch ohne Mr Mortenson hätte es böse enden können.«

Nach dem Auftanken, das mithilfe einer Handpumpe aus einem rostigen Fass voller Flugbenzin erfolgte, flogen wir das Braldu-Tal zum Dorf Korphe hinauf, der letzten menschlichen Ansiedlung, bevor der Baltoro-Gletscher zum K2 und der weltweit größten Ansammlung von über siebentausend Meter hohen Gipfeln ansteigt.

In Korphe wurden Mortenson, Banghu und ich mit offenen Armen, dem Kopf eines frisch getöteten Steinbocks und unzähligen Tassen Tee empfangen. Die schiitischen Kinder dieses Dorfes, das zu den ärmsten der Welt zählt, berichteten uns von ihren Hoffnungen und Zukunftsplänen. Dass sich ihre Perspektiven derart verbessert hatten, verdankten sie dem großen Amerikaner, der vor zehn Jahren hier erschienen war, um die erste Schule zu bauen, die es in Korphe je gegeben hatte. Der General und ich waren tief bewegt.

»Wissen Sie«, meinte Banghu, als wir die Schule besichtigten, wobei uns hundertzwanzig Kinder umringten und an den Händen zogen, »als Pilot von Präsident Musharraf habe ich viele internationale Politiker und jede Menge wichtige Damen und Herren kennengelernt. Aber einen so beeindruckenden Menschen wie Greg Mortenson habe ich noch nie getroffen.«

Alle, die das Privileg hatten, Mortenson bei seiner Arbeit in Nordpakistan zu begegnen, sind verblüfft darüber, dass er diese Region, eines der abgelegensten Gebiete der Erde, inzwischen kennt wie seine Westentasche. Außerdem sind nur wenige in der Lage, sich seiner Ausstrahlung zu entziehen. Selbst angeblich der Objektivität verpflichtete Journalisten laufen Gefahr, seinem Einfluss zu erliegen. Ich selbst hatte dreimal die Gelegenheit, Mortenson ins nördliche Pakistan zu begleiten, und flog mit ihm in bestenfalls museumsreifen Hubschraubern in die entlegensten Täler des Karakorum und des Hindukusch.

Je länger ich ihm bei der Arbeit zusehen konnte, desto mehr verfestigte sich mein Eindruck, dass ich es mit einem außergewöhnlichen Menschen zu tun hatte.

Vor meiner Abreise hatte ich die dramatischen Berichte über Mortensons Abenteuer beim Bau von Mädchenschulen in von der Welt abgeschnittenen pakistanischen Bergdörfern kaum glauben können. Doch was ich dort mit eigenen Augen bei den Steinbockjägern in den Hochtälern des Karakorum, in den Nomadensiedlungen der wilden Grenzregionen Afghanistans, an Konferenztischen mit der pakistanischen Militärführung und bei zahllosen Tassen Buttertee in Räumen, die so verqualmt waren, dass ich mein Notizbuch kaum sehen konnte, zu Gesicht bekam, strafte meine Zweifel Lügen.

In Korphe und allen anderen pakistanischen Dörfern wurde ich wie ein lange verschollenes Familienmitglied empfangen, weil einer meiner Landsleute sich die Mühe gemacht hatte, dort Freundschaften und Bindungen aufzubauen. Ich erlebte, wie die zehnjährigen Bemühungen Mortensons dort Wurzeln geschlagen und sich in einer Fülle und Vielschichtigkeit immer weiter ausgebreitet hatten, wie es die meisten von uns selbst in ihrer gesamten Lebensspanne nicht erreichen würden.

Damit möchte ich gewissermaßen durch die Blume sagen, dass es mir nicht möglich war, mich auf die Rolle des unbeteiligten Beobachters zu beschränken. Jeder, der Mortenson zu einem Besuch bei einer der dreiundfünfzig Schulen seines Central Asia Institute (CAI) begleitet, wird nämlich sofort zur Arbeit eingespannt und dadurch zum engagierten Unterstützer des Projekts. Und wer erst einmal bei einer nächtlichen *dschirga*, der Versammlung der Dorf- und Stammesältesten, die Vorschläge für neue Vorhaben erörtert oder aufgeregten achtjährigen Mädchen in einem Klassenzimmer die Funktion des ersten Bleistiftanspitzers ihres Lebens erklärt hat, dem genügt es nicht mehr, nur als Reporter darüber zu berichten.

Wie Graham Greenes melancholischer Korrespondent Thomas

Fowler gegen Ende von *Der stille Amerikaner* lernt, muss man zuweilen Position beziehen, um ein Mensch zu sein.

Deshalb habe ich mich entschieden, für Greg Mortenson Partei zu ergreifen. Das heißt allerdings nicht, dass er nicht auch seine Fehler hätte. Sein flexibles Zeitverständnis machte es nahezu unmöglich, die vielen Ereignisse in diesem Buch in ihrer tatsächlichen Reihenfolge festzuhalten. Dasselbe gilt für meine Interviews mit den Balti, mit denen er zusammenarbeitet und in deren Sprache es keine grammatikalischen Zeiten gibt, denn Chronologie bedeutet ihnen ebenso wenig wie dem Mann, den sie »Dr. Greg« nennen.

Während der zwei Jahre, die wir zusammen an diesem Buch arbeiteten, kam Mortenson zu meinem Ärger so häufig zu spät, dass ich schon mit dem Gedanken spielte, das ganze Projekt hinzuwerfen. Viele Menschen, insbesondere in den Vereinigten Staaten, bezeichneten ihn nach ähnlichen Erfahrungen als »unzuverlässig« oder griffen ihn sogar noch schlimmer an. Inzwischen wurde mir jedoch klar, dass seine Frau Tara Bishop mit ihrem häufig gebrauchten Ausspruch recht hat: »Greg ist anders als wir.« Er lebt nach Mortenson-Zeit, vielleicht ein Ergebnis dessen, dass er in Afrika aufwuchs und den Großteil des Jahres in Pakistan verbringt. Allerdings hat er mit seiner Methode, unterqualifizierte Menschen aus einem Bauchgefühl heraus einzustellen, sich mit zwielichtigen Gestalten einzulassen und trotz seiner unkonventionellen und für viele befremdlichen Vorgehensweise erfolgreich zu sein, Berge versetzt.

Für jemanden, der so viel erreicht hat, ist Mortenson erstaunlich bescheiden geblieben. Nachdem ich zugestimmt hatte, dieses Buch zu schreiben, übergab er mir eine eng beschriebene Seite mit Dutzenden Namen und Telefonnummern. Es handelte sich um eine Liste seiner Gegner. »Sprich mit ihnen«, forderte er mich auf. »Lass sie ihre Meinung äußern. Wir können Ergebnisse vorzeigen. Alles andere interessiert mich nicht.«

Dieses Buch ist ein echtes Gemeinschaftsprojekt. Ich schrieb die Ereignisse zwar auf, aber Greg Mortenson hat sie erlebt. Zusammen sahen wir uns Tausende Dias an, studierten in einem Jahrzehnt angesammelte Unterlagen und Videofilme, zeichneten stundenlange

Interviews auf Band auf und reisten umher, um die Leute zu besuchen, die in der unglaublichen Geschichte, die wir in diesem Buch erzählen wollen, eine wichtige Rolle spielen.

Wie ich mich in Pakistan selbst vergewissern konnte, gibt es an den Erfolgen von Mortensons Central Asia Institute nichts zu rütteln. In einem Teil der Welt, in dem Amerikaner bestenfalls missverstanden und zumeist gefürchtet und gehasst werden, hat dieser zurückhaltende, eins dreiundneunzig große frühere Bergsteiger aus Montana allen Widrigkeiten zum Trotz Großartiges geleistet. Auch wenn er selbst es nie so ausdrücken würde, hat er in Eigeninitiative das Leben Zehntausender Kinder verändert und damit mehr Herzen erobert und Menschen überzeugt, als es die offizielle amerikanische Propaganda, mit der die Region überschüttet wird, es je vermögen würde.

Also muss ich an dieser Stelle etwas gestehen: Ich möchte nicht nur über Greg Mortensons Fortschritte berichten, sondern ich wünsche ihm, dass er Erfolg hat, denn er führt den Krieg gegen den Terror auf die einzig richtige Weise. Wenn er in seinem altersschwachen Land Cruiser über den Karakorum-Highway holpert und Schulen im Ursprungsland der Taliban gründet, geht er ein hohes persönliches Risiko ein. Mortenson bekämpft den Terror an seinen Wurzeln, indem er seinen Schülern eine ausgewogene Schulbildung ermöglicht, sodass sie nicht dem Einfluss extremistischer *madaris*, islamischer Lehranstalten, ausgesetzt sind.

Wenn wir Amerikaner aus unseren Fehlern lernen wollen, müssen wir zunächst begreifen, dass wir in unserem Krieg gegen den Terror nach dem 11. September ziellos und panisch um uns schlugen und darum daran scheiterten, der gemäßigten und friedliebenden Mehrheit der Muslime auf der Welt unsere Sichtweise zu vermitteln. Deshalb müssen wir auf Greg Mortenson hören. Ich habe es getan. Es war eine der lohnendsten Erfahrungen meines Lebens.

David Oliver Relin
Portland, Oregon

Scheitern

Wenn es dunkel genug ist, kann man die Sterne sehen.

Persisches Sprichwort

Im pakistanischen Karakorum, der sich über ein knapp hundertsechzig Kilometer breites, unwirtliches Gebiet erstreckt, erheben sich mehr als sechzig der weltweit höchsten Berge streng und majestätisch über eine unbewohnte, in großer Höhe gelegene Wildnis. Bis auf den Schneeleoparden oder den Steinbock verschlägt es so selten ein Lebewesen in diese kahle Eiswüste, dass bis Anfang des zwanzigsten Jahrhunderts kaum jemand von der Existenz des zweithöchsten Berges der Welt, des K2, wusste.

Der zweiundsechzig Kilometer lange Baltoro-Gletscher, der sich vom K2 zwischen den geriffelten Granitwänden der Gasherbrum-Gruppe und den dolchartigen Spitzen der Trango-Türme den bewohnten oberen Regionen des Indus-Tals entgegenschiebt, stört die Stille in dieser Kathedrale aus Fels und Eis kaum, denn der gefrorene Fluss bewegt sich mit einer fast nicht wahrzunehmenden Geschwindigkeit von zehn Zentimetern pro Tag.

Am Nachmittag des 2. September 1993 hatte Greg Mortenson das Gefühl, dass er auch nicht viel schneller von der Stelle kam. Wie seine pakistanischen Träger mit einem vielfach geflickten schlammbraunen *salwar kamiz* bekleidet – dem aus einer weit geschnittenen Hose und einem knielangen Hemd bestehenden traditionellen Gewand –, hatte er den Eindruck, dass seine schweren Bergstiefel aus schwarzem Leder ihn ohne sein Zutun in ebendemselben langsamen Tempo bergabzogen, das der Baltoro selbst vorlegte. Um ihn herum erhob sich eine Armada aus Eistürmen wie die Segel Tausender im Frost erstarrter Schiffe.

Mortenson rechnete damit, jeden Moment auf Scott Darsney zu stoßen, ein anderes Mitglied seiner Expedition, das ebenfalls auf dem Rückweg in die Zivilisation war. Sicher wartete er schon irgendwo auf einem Felsen und würde ihn wegen seines Schneckentempos hänseln. Allerdings erinnert der obere Teil des Baltoro eher an ein Labyrinth als an einen Weg, und Mortenson hatte noch nicht bemerkt, dass er sich verirrt hatte und sich allein auf weiter Flur befand. Er war vom Hauptgletscher abgekommen und einem Seitenarm gefolgt, der nicht nach Westen ins achtzig Kilometer entfernte Dorf Askole führte, wo er jemanden zu finden hoffte, der ihn mit dem Jeep aus diesem Gebirge brachte. Stattdessen war er in südlicher Richtung in ein undurchdringliches Gewirr aus zerklüfteten Eisbrüchen geraten. Außerdem handelte es sich bei dieser Gegend um ein Kampfgebiet, in dem sich pakistanische und indische Soldaten in der dünnen Bergluft Artilleriegefechte lieferten.

Unter gewöhnlichen Umständen wäre Mortenson aufmerksamer gewesen. Er hätte auf lebenswichtige Informationen geachtet, zum Beispiel darauf, dass der Träger, der sich als Glücksfall entpuppt und die Aufgabe übernommen hatte, die schwere Kletterausrüstung zu schleppen, auch sein Zelt und nahezu alle Lebensmittel bei sich trug. Nun aber war Mouzafer nirgendwo mehr zu sehen, und Mortenson hatte auch sonst kein Auge für die gefährliche Umgebung gehabt.

Im Jahr 1909 hatte Luigi Amadeo di Savoia, der Herzog der Abruzzen, einer der berühmtesten Bergsteiger seiner Zeit und vielleicht sogar der beste Kenner risikoreicher Landschaften, eine italienische Expedition den Baltoro hinaufgeführt, war jedoch an der Besteigung des K2 gescheitert. Die karge Schönheit der umliegenden Gipfel schlug ihn dennoch in ihren Bann. »Nichts kann sich in alpiner Pracht mit ihnen messen«, hielt er in seinem Tagebuch fest. »Es war eine Welt aus Gletschern und Spalten, ein unbeschreiblicher Anblick, ebenso lohnend für den Künstler wie für den Bergsteiger.«

Doch als nun die Sonne hinter den riesigen zahnartigen Granitzacken des Muztagh Tower im Westen unterging und Schatten über die östlichen Felswände des Tals auf die scharfkantigen Monolithen der Gasherbrums zukrochen, fiel Mortenson das gar nicht auf, denn er war ganz und gar mit sich selbst beschäftigt. Er hatte nämlich eine für ihn bislang völlig neue Erfahrung gemacht – die des Scheiterns.

Mortenson griff in die Tasche seines *salwar* und betastete die Kette aus Bernsteinperlen, die seine kleine Schwester Christa so oft getragen hatte. Im Alter von drei Jahren hatte sie sich in Tansania, wo ihre Eltern zu jener Zeit als Missionare und Lehrer tätig gewesen waren, eine schwere Hirnhautentzündung zugezogen. Da sie nie völlig von dieser Krankheit genesen war, hatte der zwölf Jahre ältere Greg die Beschützerrolle übernommen. Obwohl Christa selbst mit den einfachsten Anforderungen des Alltags Mühe hatte – allein das morgendliche Anziehen dauerte manchmal bis zu einer Stunde – und außerdem an starken epileptischen Anfällen litt, drängte Greg ihre Mutter, sie so selbstbestimmt wie möglich aufwachsen zu lassen. Er half Christa, einen Arbeitsplatz zu finden, der keine allzu hohen Ansprüche stellte, erklärte ihr, wie man die städtischen Busse benutzte und sprach mit ihr – sehr zur Verlegenheit ihrer Mutter – über Verhütung, als er erfuhr, dass sie einen Freund hatte.

Jedes Jahr – ganz gleich ob während seiner Militärzeit in Deutschland, seiner Ausbildung zum Krankenpfleger in South Dakota, seines Studiums in Indiana oder als von der Hand in den Mund in seinem Auto lebender Bergsteiger in Kalifornien – bestand Mortenson darauf, dass seine kleine Schwester ihn für einen Monat besuchte. Christa hatte großen Spaß an ihren gemeinsamen Unternehmungen. Sie fuhren nach Disneyland, und er zeigte ihr auch seinen damaligen Lieblingsplatz, die sagenumwobenen Granitfelsen im Yosemite-Nationalpark.

Für ihren dreiundzwanzigsten Geburtstag hatten Christa und ihre Mutter eine Reise geplant. Doch in den frühen Morgenstunden jenes Tages erlitt sie kurz vor der Abfahrt einen tödlichen Anfall.

Nach Christas Tod fand Mortenson die Halskette unter der spärlichen Habe seiner Schwester. Sie roch noch immer nach dem Lagerfeuer, das sie bei Christas letztem Besuch in Kalifornien angezündet hatten. Fest entschlossen, das Andenken seiner Schwester zu ehren, wickelte er das Schmuckstück in eine tibetische Gebetsfahne und nahm sie mit nach Pakistan. Als Bergsteiger hatte er sich für einen Weg entschieden, der für ihn den größten Ehrerweis darstellte: Er wollte den K2 besteigen, der unter Fachleuten als eine der größten Herausforderungen der Welt gilt, um Christas Kette dort in einer Höhe von 8611 Metern zu hinterlegen.

Mortenson war in einer Familie aufgewachsen, die sich gern schwierigen Aufgaben stellte, zum Beispiel dem Bau einer Schule und eines Krankenhauses im Schatten des Kilimandscharo in Tansania. Doch anders als seine Eltern, deren Frömmigkeit durch nichts zu erschüttern war, hatte er sich noch nicht für oder gegen den Glauben an einen Gott entschieden. Deshalb galt seine Opfergabe dem unbestimmten Wesen, das vermutlich irgendwo in höheren Sphären schwebte.

Vor drei Monaten war Mortenson voll Zuversicht in einem Paar Outdoorsandalen und ohne Socken den Gletscher hinaufmarschiert. Auch der gut vierzig Kilogramm schwere Rucksack hatte seine Vorfreude auf den K2 nicht trüben können. In einem verwegenen, aber miserabel finanzierten und nahezu lebensmüden Versuch, den zweithöchsten Berg der Welt zu bezwingen, war er in Begleitung von zehn englischen, irischen, französischen und amerikanischen Bergsteigern vom etwa hundertzehn Kilometer entfernten Askole aufgebrochen.

Verglichen mit dem mehr als anderthalbtausend Kilometer entfernten Mount Everest im Himalaya war der K2, wie alle wussten, um einiges anspruchsvoller. Bis heute bedeutet die auch *The Savage Mountain* – wilder, grausamer Berg – genannte Pyramide aus scharfkantigem Granit die schwerste Prüfung für alle Bergsteiger; sie ist so steil, dass nicht einmal Schnee auf ihren schroffen Wänden und Graten liegen bleibt. Doch Mortenson war ein kräftiger fünfunddreißig Jahre alter Mann, der mit elf den Kilimandscharo bestiegen, sich später an den glatten Granitwänden des Yosemite geschult und als Reifeprüfung erfolgreich ein halbes Dutzend Gipfel im Himalaya erklommen hatte. Bei seiner Ankunft im Mai hatte er nicht im Geringsten daran gezweifelt, dass er bald auf dem in seinen Augen »höchsten und schwierigsten Gipfel der Welt« stehen würde.

Bis auf sechshundert Meter war er an diesen Gipfel herangekommen. Aber nun war der K2 hinter ihm im Nebel verschwunden, während sich die Kette noch immer in seiner Tasche befand. Wie war das möglich? Verwirrt von den ungewohnten Tränen, die er der Höhe zuschrieb, wischte er sich die Augen mit dem Ärmel ab. Er stand heute ganz eindeutig neben sich. Nach achtundsiebzig überaus anstrengenden Tagen im Reich des K2 war Mortenson völlig geschwächt und fühlte sich wie ein Schatten seiner selbst. Er wusste nicht, ob seine Kraft für den noch anstehenden achtzig Kilometer langen Marsch über raues, gefährliches Gelände nach Askole reichen würde.

Als mit einem an einen Gewehrschuss erinnernden Krachen eine Gesteinslawine zu Tal ging, wurde Mortenson jäh aus seinen Grübeleien gerissen. Er beobachtete, wie ein Felsbrocken von der Größe eines dreistöckigen Hauses immer schneller einen mit Geröll bedeckten Abhang hinunterrollte, sich auf und ab hüpfend um die eigene Achse drehte und schließlich einen vor ihm auf dem Pfad befindlichen Eisturm zerschmetterte.

Mortenson zwang sich, auf seine Umgebung zu achten. Er blickte sich um und bemerkte, wie weit die Schatten inzwischen schon die im Osten emporragenden Gipfel hinaufgekrochen waren. Er rechnete nach, wann er zuletzt ein Anzeichen menschlichen Lebens wahrgenommen hatte. Seit Scott Darsney vor ihm auf dem Pfad verschwunden war, waren mehrere Stunden vergangen. Und vor etwa einer Stunde, vielleicht auch mehr, hatte er die Glocken einer Maultierkarawane der Armee gehört, die Munition zum etwa zwanzig Kilometer südöstlich gelegenen Siachen-Gletscher gebracht hatte, dem in knapp sechstausend Metern Höhe gelegenen Schlachtfeld, auf dem sich pakistanische und indische Einheiten beharrlich und gnadenlos aus ihren Stellungen heraus bekriegten, ohne dass eine der beiden Seiten einen Vorteil hätte erzielen können.

Mortenson hielt Ausschau nach Spuren. Wäre er auf dem richtigen Weg nach Askole gewesen, hätte er doch von den Soldaten hinterlassenen Unrat entdecken müssen – aber weit und breit sah er weder Maultierkot noch Zigarettenkippen oder Konservendosen und Halme des Heus, mit dem die Treiber ihre Tiere fütterten. Eigentlich war das hier auch gar kein richtiger Weg, sondern eher eine Kluft in einem instabilen Gewirr aus Fels und Eis. Er fragte sich, wie er nur hierher geraten war, und versuchte, sich zu konzentrieren. Aber wegen der dünnen Höhenluft, der er schon so lange ausgesetzt war, vermochte er nicht mehr klar zu denken, geschweige denn eine Entscheidung zu fällen.

Er vergeudete eine Stunde damit, über einen Geröllhang eine erhöhte Stelle zu erklimmen, um über die Felsen und Eisblöcke hinwegblicken und vielleicht den Orientierungspunkt sehen zu können, den er suchte: den großen Felssporn namens Urdukas, der wie eine gewaltige Faust über den Baltoro ragt und ihn wieder auf den richtigen Weg gewiesen hätte. Doch oben angekommen, bestand seine einzige Belohnung darin, dass er sich noch erschöpfter fühlte als zuvor. Er war über zwölf Kilometer weit in ein verlassenes Tal hineingewandert, und aus dieser neuen Perspektive und im schwindenden Licht wirkten selbst die eigentlich vertrauten Gipfel plötzlich unbekannt.

Trotz der durch die Höhenluft erzeugten Benommenheit wurde Mortenson von leichter Panik ergriffen. Er setzte sich auf einen Stein, um eine Bestandsaufnahme durchzuführen. Sein kleiner, von der Sonne ausgebleichter violetter Tagesrucksack enthielt eine dünne Wolldecke aus pakistanischen Armeebeständen, eine leere Wasserflasche und einen einzigen Proteinriegel. Sein hochgebirgstauglicher Daunenschlafsack, alle warmen Kleider, das Zelt, der Kocher, Nahrung, ja sogar seine Taschenlampe und sämtliche Streichhölzer steckten in dem großen Rucksack, den sein Träger bei sich hatte.

Es sah ganz danach aus, als würde er hier übernachten und morgen bei Tagesanbruch den richtigen Weg suchen müssen. Obwohl die Temperaturen bereits weit unter null Grad gefallen waren, befürchtete Mortenson nicht, zu erfrieren. Außerdem war er vernünftig genug, um zu erkennnen, dass es weitaus gefährlicher gewesen wäre, nachts auf einem sich in Bewegung befindlichen Gletscher umherzuirren, wo sich immer wieder Dutzende Meter tiefe Spalten auftaten. Ein einziger falscher Schritt konnte dazu führen, dass man an endlosen blauen Eiswänden vorbei in einen unterirdischen Tümpel stürzte. Also tastete er sich durch das Geröll wieder bergab und hielt Ausschau nach einer Stelle, die weit genug von der Felswand entfernt war, sodass er nicht im Schlaf von herabfallenden Steinen erschlagen würde. Allerdings musste der Untergrund auch fest genug sein, damit er nicht unter ihm wegbrach und ihn in den Gletschertiefen verschwinden ließ.

Er entdeckte einen flachen Felsen, der einen einigermaßen stabilen Eindruck machte, füllte mit bloßen Händen gefrorenen Schnee in seine Wasserflasche, wickelte sich in seine Decke und zwang sich, nicht daran zu denken, wie allein und schutzlos er war. Sein einer Unterarm wies nach einer Rettungsaktion mit dem Seil schwere Abschürfungen auf. Ihm war klar, dass es das Beste gewesen wäre, die schmutzigen Verbände zu entfernen und die Wunden, die auf dieser Höhe einfach nicht heilen wollten, vom Eiter zu reinigen. Aber ihm fehlte einfach der Antrieb dazu. Zitternd lag er auf dem unebenen Felsen und beobachtete, wie das Licht der untergehenden Sonne die schattigen Gipfel im Osten in einen blutroten Schein tauchte. Dann verlosch es, und in der blauschwarzen Dunkelheit waren nur noch düstere Nachbilder zu sehen.

Ein knappes Jahrhundert zuvor hatte Filippo De Filippi, Arzt und Chronist der Karakorum-Expedition des Herzogs der Abruzzen, die Niedergeschlagenheit beschrieben, die ihn beim Anblick dieser Berge befallen hatte. Trotz der Gesellschaft von zwei Dutzend Europäern und zweihundertsechzig einheimischen Trägern, die Klappstühle und silberne Teeservice mit sich schleppten, und obwohl ein wahres Heer von Boten regelmäßig europäische Zeitungen anlieferte, fühlte er sich von der Ausstrahlung der Landschaft erdrückt und bedeutungslos. »Tiefes Schweigen senkt sich über das Tal«, schrieb er, »und eine unerklärliche Schwere legt sich auf unsere Seelen. Vermutlich gibt es auf der ganzen Welt keinen anderen Ort, an dem ein Mensch sich so einsam vorkommt, so isoliert, so völlig von der Natur missachtet und außerstande, in Kontakt mit ihr zu treten.«

Im Gegensatz dazu mochte Mortensons Gelassenheit daran liegen, dass er Erfahrung mit dem Alleinsein hatte. Schließlich war er lange Zeit das einzige amerikanische Kind inmitten Hunderter Afrikaner gewesen und hatte bei seinen mehrtägigen Klettertouren viele Nächte tausend Meter hoch in der Wand des Half Dome im Yosemite-Nationalpark biwakiert – jedenfalls empfand er die Stille nicht als bedrohlich. Er selbst würde diesen Umstand vermutlich mit einem Höhenrausch erklären. Doch wer schon einmal Zeuge wurde, wie er einen Kongressabgeordneten, einen zögerlichen Spender oder einen afghanischen Kriegsfürsten so lange bearbeitet, bis überfällige Entwicklungsgelder, finanzielle Zuwendungen oder die Einreiseerlaubnis in ein Stammesgebiet herausgerückt werden, erkennt in jener Nacht im Hochgebirge nur ein weiteres Beispiel für seine Willenskraft.

Der Wind frischte auf, die Nacht wurde bitterkalt und klar. Mortenson versuchte, die unwirtlich aufragenden Gipfel ringsum voneinander zu unterscheiden, vermochte jedoch in der allumfassenden Finsternis nichts zu erkennen. Nach einer Stunde unter der Decke gelang es ihm, den gefrorenen Proteinriegel an seinem Körper aufzutauen und genug von dem mit Steinstaub durchsetzten Eiswasser zu schmelzen, damit er sein karges Abendessen hinunterspülen konnte. Beim Schlucken erschauderte er heftig. In dieser Kälte Schlaf zu finden, war offenbar aussichtslos. Und so lag Mortenson unter dem Sternenhimmel und fragte sich, warum er gescheitert war.

Die Leiter der Expedition, Dan Mazur und Jonathan Pratt, sowie der französische Bergsteiger Etienne Fine waren so flink und anmutig wie Vollblutpferde; dank ihrer genetischen Veranlagung waren sie dafür prädestiniert, schnell wie der Blitz auch in großer Höhe anspruchsvolle Wände hinaufzuflitzen. Mortenson hingegen war eher langsam unterwegs und kräftig gebaut. Er war eins dreiundneunzig groß, wog fünfundneunzig Kilo, und ein Football-Stipendium hatte ihm den Besuch des College ermöglicht.

Deshalb waren die mühsamen Aufgaben, die beim Besteigen eines Berges anfielen, automatisch und ohne große Absprache ihm und Scott Darsney zugekommen. Acht Mal hatte er wie ein Packesel Lebensmittel, Brennstoff und Sauerstoffflaschen zu den verschiedenen Depots auf dem Weg zum Japaner-Couloir geschleppt, einem dürftigen, horstartigen Lagerplatz, den die Expedition sechshundert Meter vom Gipfel des K2 entfernt aus Schnee und Eis herausgehauen hatte. Auf diese Weise waren sämtliche Hochlager ausgerüstet worden, damit die Bergsteiger alles Lebensnotwendige vorfanden, sobald sie beschlossen, den Gipfel in Angriff zu nehmen.

Die übrigen Expeditionen in dieser Saison hatten beschlossen, sich dem höchsten Punkt des Berges auf dem traditionellen Weg zu nähern, über den Abruzzi-Grat, den Ostsüdostgrat, auf dem die Expedition des Herzogs im Jahr 1909 erstmalig bis auf knapp sechstausend Meter gekommen war, bevor man hatte umkehren müssen. Mortensons Team war das einzige, das sich für den Westgrat entschieden hatte, eine umständliche, ausgesprochen schwer zu bewältigende Route, die mit gefährlichen steilen und technisch anspruchsvollen Stellen durchsetzt war und bis dato erst einmal erfolgreich durchstiegen worden war: zwölf Jahre zuvor, im August 1981, von dem Japaner Eiho Otani und seinem pakistanischen Begleiter Nazir Sabir.

Mortenson genoss die Herausforderung und war stolz, dass sie den schwierigeren Weg gewählt hatten. Jedes Mal, wenn er eines der mühsam am Westgrat herausgeschlagenen Lager erreichte und dort Brennstoffkanister und Seilrollen ablud, stellte er fest, dass er sich kräftiger fühlte. Er mochte zwar nicht der Schnellste sein, doch den Gipfel würde er höchstwahrscheinlich bezwingen.

Nach mehr als siebzig Tagen am Berg befanden Mortenson und Darsney sich eines Abends im Basislager, um sich nach sechsundneunzigstündiger Kletterei im Rahmen einer Versorgungsmission endlich ihren wohlverdienten Schlaf zu gönnen. Doch als sie kurz nach Einbruch der Dunkelheit durch ein Fernrohr einen letzten Blick auf den Gipfel warfen, bemerkten sie hoch oben am Westgrat des K2 ein flackerndes Licht. Ihnen wurde klar, dass es sich um Mitglieder ihrer Expedition handeln musste, die mit ihren Helmlampen Zeichen gaben. Sicher steckte ihr Teamkollege Etienne Fine in Schwierigkeiten. »Etienne war ein *alpiniste*«, erklärt Mortenson mit übertriebener französischer Aussprache, um zu verdeutlichen, dass diese Bezeichnung unter Bergsteigern nicht nur als Kompliment, sondern auch spöttisch gemeint ist, sobald einer zu viele Dünkel mit sich herumträgt. »Er ging stets schnell, mit leichtem Gepäck und dem absoluten Minimum an Ausrüstung. Wir hatten ihn schon vorher rauspauken müssen, weil er sich nicht die Zeit gelassen hatte, sich zu akklimatisieren.«

Mortenson und Darsney bezweifelten, dass sie so kurz nach dem anstrengenden Abstieg genug Kraft hätten, um Fine zu erreichen, und versuchten daher, im Basislager bei den fünf anderen Expeditionen Freiwillige für die Aktion zu gewinnen. Doch niemand erklärte sich dazu bereit. Nachdem sie sich zwei Stunden in ihren Zelten ausgeruht und ihren ausgetrockneten Körpern Flüssigkeit zugeführt hatten, packten sie deshalb abermals ihre Sachen zusammen und zogen los.

Auf dem Abstieg von dem in siebentausendsechshundert Metern Höhe gelegenen Lager IV fanden sich Pratt und Mazur unvermittelt in einem Kampf auf Leben und Tod wieder. »Etienne war uns gefolgt, um gemeinsam mit uns den Gipfel zu stürmen«, erinnert sich Mazur. »Aber als er uns eingeholt hatte, brach er zusammen. Als er versuchte, Luft zu holen, hörte er ein Rasseln in seiner Lunge.«

Fine litt an einem Lungenödem, einer durch die Höhe ausgelösten Wasseransammlung in der Lunge, die den Betroffenen das Leben kosten kann, wenn er nicht sofort in tiefer gelegene Regionen geschafft wird. »Wir hatten große Angst«, berichtet Mazur weiter. »Rosafarbener Schaum quoll Etienne aus dem Mund. Hilfe herbeifunken konnten wir nicht, denn wir hatten das Funkgerät in den Schnee fallen lassen, und es hatte den Geist aufgegeben. Also machten wir uns an den Abstieg.«

Pratt und Mazur koppelten sich abwechselnd mit Fine zusammen und seilten sich mit ihm an den steilsten Stellen des Westgrates ab. »Es war, als hinge man gemeinsam mit einem Kartoffelsack am Seil«, so Mazur. »Außerdem durften wir uns nicht hetzen, um uns nicht selbst in Gefahr zu bringen.«

Bescheiden wie immer, macht Mortenson keine großen Worte um die vierundzwanzig Stunden, die er brauchte, um zu Fine hinaufzuklettern. Er meint nur, es sei »ziemlich anstrengend« gewesen. »Dan und Jon waren die wirklichen Helden«, hebt er hervor. »Sie haben den Sturm auf den Gipfel aufgegeben, um Etienne zu retten.«

Als Mortenson und Darsney mit ihren Teamkollegen auf einem Felsen unweit von Lager I zusammentrafen, war Fine kaum noch bei Bewusstsein. Er litt jetzt auch noch an einem Hirnödem, einem höhenbedingten Anschwellen des Gehirns. »Er konnte nicht mehr schlucken und versuchte ständig, sich die Stiefel auszuziehen«, erzählt Mortenson.

Da er seit langen Jahren als Krankenpfleger in der Notaufnahme arbeitete, weil der Schichtdienst ihm genug Zeit zum Bergsteigen ließ, spritzte Mortenson Fine Decadron, um das Ödem zu lindern. Dann machten sich die vier bereits erschöpften Bergsteiger an die achtundvierzigstündige Odyssee, die es bedeutete, ihren Kameraden die schroffen Felswände hinunter abzuseilen.

»Hin und wieder kam Fine, der eigentlich fließend Englisch sprach, kurz zu Bewusstsein und murmelte etwas auf Französisch.« Wie sich Mortenson weiter erinnert, regte sich an den technisch schwierigsten Stellen der Überlebensinstinkt des erfahrenen Bergsteigers, und er richtete sich auf, um sich am Seil festzuhaken, bevor er wieder ohnmächtig wurde.

Zweiundsiebzig Stunden nach Mortensons und Darsneys Aufbruch gelang es der Gruppe, Fine auf ebenes Gelände zu ihrem vorgeschobenen Basislager zu schaffen. Darsney funkte die kanadische Expedition an, die sich ein Stück unter ihnen befand, und diese gab seine Bitte um Luftrettung mit dem Lama-Helikopter an das pakistanische Militär weiter. Zu jener Zeit wäre es eine der ersten Bergungsaktionen aus so großer Höhe gewesen. Doch die Zentrale erwiderte, das Wetter sei zu schlecht und der Wind zu stark. Fine müsse in ein tiefer gelegenes Gebiet gebracht werden.

So eine Anweisung zu geben, war nicht weiter schwer. Aber wie die vier bis ins Mark erschöpften Männer sie ausführen sollten, stand auf einem anderen Blatt. Sie packten Fine in einen Schlafsack und zogen ihren Freund sechs Stunden lang keuchend und stöhnend die technisch anspruchsvolle Route durch den Eisbruch des Savoia-Gletschers hinunter.

»Wir waren so am Ende und an den Grenzen unserer Kraft angelangt, dass wir das letzte Stück Weg selbst nur noch kriechen konnten«, erinnert sich Darsney.

Fine in seinem Schlafsack im Schlepptau, näherte sich die Gruppe schließlich dem K2-Basislager. »Die Mitglieder aller anderen Expeditionen kamen uns einen halben Kilometer den Gletscher hinauf entgegen, um uns zu begrüßen. Sie feierten uns als Helden«, erzählt Darsney. »Nachdem der Helikopter der pakistanischen Armee Etienne weggebracht hatte, kochten die Mitglieder der kanadischen Expedition ein Festmahl, und alle feierten eine Party. Doch Greg und ich verzichteten auf Essen, Trinken und sogar aufs Pinkeln und fielen nur wie erschossen in unsere Schlafsäcke.«

Zwei Tage lang verbrachten Mortenson und Darsney in einem schlafähnlichen Dämmerzustand, denn mehr ist selbst dem erschöpftesten Menschen auf dieser Höhe nicht vergönnt. Der Wind rüttelte an ihren Zelten und brachte die Blechteller zum Klappern, in die die Namen der achtundvierzig Bergsteiger eingraviert waren, die auf dem »Savage Mountain« schon ihr Leben gelassen hatten. Die Teller waren am Art Gilkey Memorial befestigt, einem Denkmal aus zu einer Art Pyramide aufgeschichteten Felsbrocken, das nach einem 1953 umgekommenen Mitglied einer amerikanischen Expedition benannt worden war.

Beim Aufwachen fanden Mortenson und Darsney eine Nachricht von Pratt und Mazur vor, die sich wieder auf den Rückweg ins Hochlager gemacht hatten und ihre Teamkollegen aufforderten, gemeinsam mit ihnen den Gipfel in Angriff zu nehmen, wenn sie sich wieder erholt hätten. Doch damit war es endgültig vorbei. Die so kurz nach dem Auffüllen der Vorräte durchgeführte Rettungsaktion hatte Mortenson und Darsney den letzten Rest ihrer Kraftreserven gekostet.

Als sie endlich aus ihren Zelten krochen, stellten sie fest, dass sie sogar fast zu schwach zum Gehen waren. Fine zahlte für sein Abenteuer einen hohen Preis, denn er verlor alle seine Zehen. Mortenson und Darsney hingegen kostete ihr kameradschaftlicher Einsatz die Chance, je den Gipfel zu erreichen, obwohl sie sich so dafür abgemüht hatten. Eine Woche später würden Mazur und Pratt aller Welt verkünden, sie hätten auf dem Gipfel gestanden, und dann nach Hause zurückkehren, um sich in ihrem Ruhm zu sonnen. Allerdings sollte sich die Anzahl der im Wind klappernden Teller noch vermehren, denn vier der sechzehn Bergsteiger, die in jener Saison den Gipfel stürmten, kamen beim Abstieg um.

Mortenson und Darsney, die ihre beiden Namen auf keinen Fall auf diesem Denkmal sehen wollten, hatten beschlossen, sich – wenn möglich – gemeinsam auf den Rückmarsch in die Zivilisation zu machen. Doch nun lag Mortenson allein und verirrt in den frühen Morgenstunden unter seiner dünnen Wolldecke und suchte, während er die Rettung Revue passieren ließ, mühsam eine bequeme Position. Aufgrund seiner Körpergröße reichte ihm der Platz nämlich nicht, um ausgestreckt dazuliegen, ohne dass sein Kopf in der unbarmherzig kalten Luft ins Leere hinausragte. Außerdem hatte er in den Tagen auf dem K2 fünfzehn Kilo abgenommen, weshalb der kalte Fels unter ihm gegen seine Knochen drückte, ganz gleich, auf welche Seite er sich auch drehte. Während er immer wieder wegdämmerte, drang das Ächzen und Stöhnen im geheimnisvollen Inneren des Gletschers an sein Ohr. Allmählich versöhnte er sich mit dem Gedanken, dass es ihm nicht gelungen war, Christa die letzte Ehre zu erweisen, und er kam zu dem Schluss, dass ihn sein Körper, nicht etwa seine Willenskraft im Stich gelassen hatte. Jeder Körper hatte eben seine Grenzen, und seine eigener war nun zum ersten Mal an die seinen gestoßen.

Das falsche Ufer des Flusses

Warum nur grübelnd in die Zukunft sehen,
Und sich das Hirn zermartern mit dem Nicht-Verstehen?
Vertrau auf Allah und vergiss die Klagen.
Er schmiedet Pläne, ohne dich zu fragen.

Omar Khayyam, Der Rubaiyat

Mortenson schlug die Augen auf.

Der heraufdämmernde Morgen war so ruhig, dass er im ersten Moment nicht verstand, warum er so panisch nach Atem rang. Nachdem er seine Hände mit albtraumhafter Unbeholfenheit endlich aus der engen Hülle der Decke befreit hatte, griff er sich hastig an den Kopf, der, den Elementen ausgesetzt, auf einem nackten Felsen lag. Mund und Nase waren von einer glatten Maske aus Eis verschlossen. Mortenson riss die gefrorene Schicht ab und holte erst einmal tief Luft. Dann setzte er sich auf und musste über sich selbst lachen.

In schlaftrunkener Verwirrtheit streckte er sich und versuchte, wieder Gefühl in seine durch den Druck der Steine taub gewordenen Glieder zu bekommen. Er schaute sich in alle Richtungen um. Die Gipfel hatten kitschige Zuckergussfarben angenommen und leuchteten rosa, violett und hellblau. Gleich würde die Sonne aufgehen, und der Himmel war wolkenlos klar.

Während das Blut in seine Gliedmaßen zurückströmte, wurde Mortenson sich des vollen Ausmaßes seiner misslichen Lage wieder bewusst. Er hatte noch immer keine Ahnung, wo er sich befand, und war noch immer ganz allein. Allerdings machte er sich keine großen Sorgen, denn bei Tageslicht sah alles schon viel rosiger aus.

Hoch über dem Baltoro kreiste hoffnungsvoll ein Lämmergeier, sodass seine gewaltigen schwarzen Schwingen die Zuckergussgipfel fast zu streifen schienen. Mit vor Kälte gekrümmten Fingern stopfte Mortenson die Decke in den kleinen violetten Rucksack und mühte sich vergeblich, die nun halb volle Wasserflasche aufzuschrauben. Bald gab er es auf, packte die Flasche sorgfältig weg und beschloss, mit dem Trinken zu warten, bis seine Hände aufgetaut waren. Als der Lämmergeier sah, dass das Wesen unter ihm sich bewegte, flog er über den Gletscher davon, um sich ein anderes Frühstück zu besorgen.

Vielleicht lag es an dem wenigen Schlaf, der ihm vergönnt gewesen war, auf jeden Fall hatte Mortenson nun das Gefühl, wieder klar denken zu können. Als er das Tal entlang auf den Weg zurückblickte, den er gekommen war, erkannte er, dass er irgendwann auf den richtigen Pfad stoßen musste, wenn er umkehrte und einige Stunden lang zurückmarschierte.

Also brach er nach Norden auf. Obwohl er immer wieder über Felsbrocken stolperte und wegen seiner gefühllosen Beine Mühe hatte, selbst kleinere Gletscherspalten zu überspringen, kam er verhältnismäßig schnell voran. Wie so oft fiel ihm ein Lied aus Kindertagen ein, und er hielt den Takt im Rhythmus seiner Schritte. »*Yesu ni refiki Yangu, Ah kayee Mbinguni.* Jesus ist uns ein guter Freund, er wohnt im Himmel«, sang er auf Suaheli. Es war die Sprache, in der jeden Sonntag in der schlichten Kirche mit Blick auf den Kilimandscharo der Gottesdienst stattgefunden hatte. Das Lied hatte sich Mortenson so tief eingeprägt, dass ihm die Absurdität der Situation völlig entging: Ein Amerikaner, der sich in Pakistan verirrt hat, singt auf Suaheli ein deutsches Kirchenlied. So marschierte er einfach weiter durch die Mondlandschaft aus Felsen und blauem Eis, und während er nach kleinen Steinen trat, die in die Gletscherspalten kullerten und platschend in einem unterirdischen Fluss landeten, verkörperte das Lied für ihn die liebevollen Erinnerungen an ein Land, das einmal seine Heimat gewesen war.

Eine Stunde verstrich. Dann noch eine. Mortenson schleppte sich einen steilen Pfad hinauf, der aus der Schlucht führte, durch die er gewandert war. Auf allen vieren kroch er über einen Vorsprung und stand oben auf einem Bergkamm, als die aufgehende Sonne sich gerade über die Talwände erhob.

Das lichterfüllte Panorama blendete seine Augen wie ein Blitzschlag.

Der Anblick der kolossalen Gipfel war atemberaubend. Gasherbrum, Broad Peak, Mitre Peak, Muztagh Tower – die in Eis gehüllten Giganten, die kahl ins grelle Sonnenlicht ragten, erstrahlten wie Leuchtfeuer.

Mortenson setzte sich auf einen Felsen und trank seine Wasserflasche aus. Doch obwohl er sich bereits seit Monaten in dieser Gegend aufhielt, konnte er von der faszinierenden Aussicht nicht genug in sich aufsaugen. »Es war, als hätte ich sie nie gesehen«, erklärt er. »Und in gewisser Weise stimmte das auch. Den ganzen Sommer lang hatte ich diese Berge nur als Marschziele betrachtet und ausschließlich Augen für den größten gehabt, den K2. Ich dachte lediglich an die Höhenmeter und die technische Herausforderung, die sie für mich als Bergsteiger bedeuteten. Nun jedoch nahm ich sie zum ersten Mal richtig wahr und erstarrte vor Ehrfurcht.«

Er setzte seinen Weg fort. Vielleicht lag es an der makellosen, nahezu architektonischen Schönheit der Berge – ihren breiten zurückgesetzten Wänden und den Pfeilern aus rotbraunem und ockergelbem Granit, die mit symphonischer Wucht emporstrebten und sich in luftiger Höhe zu einsamen Gipfeln verjüngten –, dass Mortenson sich merkwürdig zufrieden fühlte. Erschöpfung, Hunger, Kälte und seine geringen Überlebenschancen, falls er nicht bald an Nahrung und warme Kleidung kam, spielten keine Rolle mehr. Er füllte seine Wasserflasche an einem rasch dahinströmenden kleinen Bach aus Gletscherwasser auf und zuckte beim Trinken wegen der eisigen Kälte zusammen. Du wirst schon einige Tage ohne Essen auskommen, sagte er sich. Nur das Trinken darfst du nicht vergessen.

Am späten Vormittag hörte er von ferne leises Glockengebimmel im Westen und steuerte darauf zu. Eine Eselskarawane. Er suchte nach den Steinkreisen, die den Hauptweg den Baltoro hinunter kennzeichneten, fand jedoch nur wie zufällig verstreute Felsbrocken. Jenseits der scharfen Kante einer Seitenmoräne – der Geröllansammlung, die sich am Rande eines Gletschers bildet – stand er plötzlich vor einer tausendfünfhundert Meter hohen Felswand, die jede Hoffnung auf ein Vorwärtskommen zunichtemachte. Offenbar hatte er den Pfad gequert, ohne es bemerkt zu haben. Also kehrte er wieder um und zwang sich, auf dem Boden nach Anzeichen Ausschau zu halten, anstatt träumerisch auf die Gipfel zu starren. Nach dreißig Minuten stieß er auf eine Zigarettenkippe, dann tatsächlich auf einen Steinkreis. Er marschierte den noch immer nicht klar zu erkennenden Weg weiter in Richtung des Gebimmels, das inzwischen deutlicher an sein Ohr drang.

Allerdings war die Karawane selbst nicht zu entdecken. Schließlich jedoch erblickte er in etwa anderthalb Kilometern Entfernung die sich gegen den Himmel abhebende Silhouette eines Mannes, der auf einem über den Gletscher ragenden Felsen stand. Mortenson rief, aber seine Stimme trug nicht so weit. Der Mann verschwand, erschien jedoch kurz darauf auf einem circa hundert Meter näher gelegenen Felsen wieder. Diesmal schrie Mortenson aus Leibeskräften. Ruckartig drehte der Mann sich zu ihm um, kletterte dann rasch von seinem Aussichtspunkt und war nicht mehr zu sehen. Mitten auf dem Gletscher und von einem Labyrinth aus Geröllblöcken umgeben, war Mortenson in seiner staubbedeckten Kleidung zwar ebenfalls nicht sichtbar, doch seine Stimme hallte von den Felsen wider.

Da ihm rennen nicht möglich war, hastete er keuchend und unter lautem Rufen auf die Stelle zu, wo er den Mann zuletzt bemerkt hatte. Dass er so kräftig brüllen konnte, hatte er bis jetzt selbst nicht geahnt. Plötzlich tauchte der Mann auf der anderen Seite einer breiten Gletscherspalte mit einem noch breiteren Lächeln auf dem Gesicht wieder auf. Mortensons gewaltiger vollgepackter Rucksack wirkte beinahe größer als Mouzafer, den der Amerikaner angeheuert hatte, um ihn und seine Habe zurück in die Zivilisation zu bringen.

Der Träger suchte die schmalste Stelle der Spalte und sprang dann trotz der mehr als vierzig Kilo Gepäck auf seinem Rücken mühelos darüber.

»Mr Gireg, Mr Gireg!«, rief er, warf den Rucksack auf den Boden und fiel Mortenson um den Hals. »Allah ist groß! Du lebst noch!«

Die feste Umarmung des Mannes, der dreißig Zentimeter kleiner und zwanzig Jahre älter war als er selbst, schnürte Mortenson fast die Luft ab, und er beugte sich unbeholfen zu ihm hinunter.

Endlich gab Mouzafer ihn frei und fing an, ihm kräftig auf den Rücken zu klopfen. Es lag entweder an der Erschütterung oder an dem Staub, der aus seinem *kamiz* aufstieg, dass Mortenson einen heftigen Hustenanfall bekam und sich japsend krümmte.

»Tee! Tee wird dir Kraft geben, Mr Gireg!«, verkündete Mouzafer, nachdem er besorgt festgestellt hatte, wie schwach Mortenson war. Er führte ihn zu einer kleinen windgeschützten Höhle. Dann riss er zwei Handvoll Beifuß von dem Büschel, das er am Rucksack befestigt hatte, kramte in den Taschen seiner ausgeblichenen, viel zu großen violetten Goretex-Jacke (einem Souvenir von einer der vielen Expeditionen, die er schon über den Baltoro geführt hatte) nach einem Feuerstein, suchte einen Topf heraus, kauerte sich hin und machte sich daran, Tee zu kochen.

Mortenson hatte Mouzafer Ali vier Stunden, nachdem er mit Darsney den K2 verlassen hatte, kennengelernt. Der knapp fünf Kilometer lange Marsch zum Basislager am Broad Peak – der lediglich ein fünfundvierzigminütiger Spaziergang gewesen war, als sie vor Wochen die Teilnehmerin einer mexikanischen Expedition besuchten, für die Darsney den ganzen Sommer über geschwärmt hatte – hatte sich wegen ihrer geschwächten Beine als vierstündige Quälerei entpuppt. Ratlos hatten sie vor der Aufgabe gestanden, das ihnen viel zu schwer gewordene Gepäck noch weitere fünfundneunzig Kilometer zu schleppen.

Mouzafer und sein Freund Yakub hatten gerade ihren Auftrag für das mexikanische Team erledigt und waren, jetzt ohne Last, auf dem Nachhauseweg den Baltoro hinunter. Sie hatten sich erboten, für vier Dollar pro Tag Mortensons und Darsneys schwere Rucksäcke bis nach Askole zu tragen. Die Amerikaner waren sofort einverstanden, und obwohl sie fast am Ende ihrer Barschaft angelangt waren, hatten sie beschlossen, den Lohn der beiden Männer aufzustocken, wenn sie die Berge erst einmal hinter sich hatten.

Mouzafer war ein Balti, ein Angehöriger des Bergvolkes, das die unwirtlichsten Hochtäler des nördlichen Pakistan bewohnt. Vor mehr als sechshundert Jahren waren die Balti über Ladakh aus Tibet nach Südwesten gezogen.

Auf dem Weg über die schroffen Berge hatten sie den Buddhismus abgelegt und waren zu einer Religion übergetreten, die ihnen besser in die karge Landschaft ihrer neuen Heimat zu passen schien: dem schiitischen Islam. Ihre Sprache, eine alte Form des Tibetischen, hatten sie jedoch beibehalten. Mit ihrer geringen Körpergröße, ihrem Durchhaltevermögen und ihrer unglaublichen Angepasstheit an Höhenverhältnisse, in die sich nur die wenigsten Menschen wagen, erinnern sie viele Bergsteiger an ihre entfernten Cousins im Osten, die Sherpa in Nepal. Allerdings verhindern manche Eigenheiten der Balti wie zum Beispiel ihre Wortkargheit, ihr Argwohn gegenüber Fremden und ihre ausgeprägte Religiosität, dass Menschen aus westlichen Ländern sie ebenso verklären wie die buddhistischen Sherpa.

Fosco Maraini, ein Mitglied der italienischen Expedition, der 1958 die Erstbesteigung des Gasherbrum IV, eines schroffen Nachbarn des K2, gelang, war von den Balti so abgestoßen und gleichzeitig fasziniert, dass sich sein Reisebericht *Karakorum*, G4 eher wie eine wissenschaftliche Abhandlung über die Sitten und Gebräuche dieses Volkes liest als wie die Schilderung einer bergsteigerischen Höchstleistung. »Sie sind verschlagen, beschweren sich ständig und können einen in den Wahnsinn treiben. Zu ihrem oft üblen Geruch kommt hinzu, dass ihr Äußeres an das von Wegelagerern erinnert«, schrieb er. »Aber wenn man über ihre ungehobelte Art hinwegsieht, stellt man fest, dass sie treue Diener sind und ein großes Herz haben. Körperlich sind sie kräftig und können erstaunliche Strapazen und Anstrengungen erdulden. Man beobachtet kleine Männlein mit Storchenbeinen, die Tag für Tag vierzig Kilo schwere Lasten tragen, und zwar auf Pfaden, auf die sich die meisten von uns Fremden nicht einmal ohne Gepäck wagen würden.«

Mouzafer kauerte sich in die Höhle und pustete kräftig auf das Gestrüpp, das er mit seinem Feuerstein angezündet hatte, bis eine Flamme emporzüngelte. Er war ein sympathisch aussehender Naturbursche, der jedoch wegen seiner Zahnlücken und der wettergegerbten Haut älter wirkte als Mitte fünfzig. Jetzt bereitete er *paiyu cha* zu, den Buttertee, der die Ernährungsgrundlage der Balti darstellt. Nachdem er in dem geschwärzten Blechtopf grünen Tee gekocht hatte, gab er Salz, Natron, Ziegenmilch und zu guter Letzt vorsichtig ein Scheibchen abgestandene, ranzige Yakbutter hinzu, die bei den Balti als *die* Delikatesse schlechthin gilt. Mit einem nicht gerade sauberen Zeigefinger rührte er sie in das Gebräu.

Mortenson beobachtete ihn argwöhnisch. Er kannte den Geruch von *paiyu cha* seit seiner Ankunft in Baltistan und fand ihn »übler als den stinkendsten Käse, der je in Frankreich erfunden wurde«. Inzwischen hatte er eine ganze Reihe von Ausreden auf Lager, um diesen Tee bloß nicht trinken zu müssen.

Doch nun reichte Mouzafer ihm den dampfenden Becher.

Anfangs musste Mortenson den Würgereiz unterdrücken. Doch sein Körper brauchte das Salz, und außerdem wollte er dringend etwas Warmes in den Magen bekommen. Also leerte er den Becher, den Mouzafer noch zweimal nachfüllte.

»Sehr gut, Mr Gireg«, lobte er seinen Arbeitgeber nach dem dritten Becher und klopfte Mortenson so fröhlich auf die Schulter, dass der Staub aus dessen Kleidern wie eine Wolke durch die Höhle waberte.

Darsney war mit Yakub nach Askole weitermarschiert. Bis sie den Baltoro hinter sich hatten, ließ Mouzafer Mortenson in den nächsten drei Tagen nicht mehr aus den Augen. Während der Amerikaner noch immer Schwierigkeiten hatte, dem Weg zu folgen, sah Mouzafer ihn so deutlich wie eine Schnellstraße. Beim Marschieren hielt der Träger Mortenson bei der Hand oder bestand darauf, dass sein Schützling ihm auf den Fersen seiner billigen Plastikturnschuhe aus China folgte, die er ohne Socken trug. Selbst während der fünf täglichen Gebete wandte der ansonsten ausgesprochen fromme Mouzafer immer wieder verstohlen den Blick von Mekka ab, um sich zu vergewissern, dass Mortenson unterdessen nicht verloren gegangen war.

Dieser machte das Beste aus der Zweisamkeit und wollte von Mouzafer die Balti-Begriffe für alles wissen, was sie unterwegs sahen. *Gangs-zhing* war das Wort für Gletscher, eine Lawine hieß *rdo-rut*, und wie die Inuit für Schnee, so kannten die Balti unzählige Wörter für Fels. *Brak-lep* war ein flacher Fels, den man als Schlafunterlage oder zum Kochen verwenden konnte, *khrok* ein keilförmiges Stück, das sich optimal eignete, um Löcher in den Mauern der Steinhäuser zu stopfen. Kleine runde Felsbrocken hießen *khodos*. Man erhitzte sie im Feuer und umwickelte sie dann mit Teig, um das schädelförmige *kurba* herzustellen, ungesäuertes Brot, das jeden Morgen vor dem Aufbruch gebacken wurde. Bald verfügte der ohnehin sprachbegabte Mortenson auf diese Weise über ein Grundvokabular auf Balti.

Nachdem er sich eine enge Rinne hinuntergetastet hatte, hatte er zum ersten Mal seit über drei Monaten endlich wieder festen Boden und kein Eis mehr unter den Füßen. Die von Geröll und Felsschutt schwarz verfärbte und wie die Nase einer Boeing 747 geformte Zunge des Baltoro-Gletschers lief im Grund einer Schlucht aus. Die unterirdischen Flüsse, die mehr als zweiundsechzig Kilometer weit unter dem Eis hindurchgeflossen waren, schossen nun mit der Gewalt des Ausstoßes einer Flugzeugturbine aus dieser Öffnung. Die schäumende wilde Wasserfontäne bildete den Ursprung des Braldu-Flusses. Fünf Jahre später sollte ein schwedischer Kajakfahrer mit einem Filmteam an ebendieser Stelle erscheinen; er plante, den Braldu hinunter bis zum Indus und weiter zum fast dreitausend Kilometer entfernten Arabischen Meer zu fahren. Von der urwüchsigen Gewalt des Braldu an Felsen geschmettert, starb er nur wenige Minuten, nachdem er das Wasser berührt hatte.

Hier sah Mortenson zum ersten Mal seit Monaten wieder eine Blume, eine fünfblättrige Wildrose, die er im Knien genau betrachtete, denn sie symbolisierte für ihn seine Rückkehr aus dem ewigen Winter. Als sie weitergingen, säumten Schilf und Beifuß das Flussufer. So kärglich sie in dieser felsigen Schlucht auch sein mochte, erschien Mortenson die Flora doch vergleichsweise üppig, und die Herbstluft hier unten auf dreitausend Metern Höhe war so kräftig und würzig, dass er sie beinahe als vergessenen Luxus empfand.

Da sie den gefährlichen Baltoro nun hinter sich hatten, ging Mouzafer voraus, um wie jeden Abend das Lager aufzuschlagen und das Essen vorzubereiten, ehe Mortenson eintraf. Obwohl dieser ab und zu an einer Weggabelung in die falsche Richtung abbog und auf einer Schafweide landete, fand er immer wieder auf die richtige Strecke zurück. Es war nicht allzu schwierig, dem Fluss zu folgen, bis er allabendlich auf Mouzafers Lagerfeuer stieß. Allerdings fiel ihm das Gehen auf seinen schwachen und schmerzenden Beinen noch immer sehr schwer. Doch da ihm nichts anderes übrig blieb, marschierte er tapfer weiter, auch wenn er immer öfter eine Pause einlegen musste.

Am siebten Tag nach dem Aufbruch vom K2 sah Mortenson hoch auf einem Felssims am Südufer des Braldu die ersten Bäume. Es waren fünf Pappeln, die ihm, gebeugt vom Wind, zuwinkten wie die Finger einer grüßenden Hand. Sie waren in einer Reihe gepflanzt, was menschlichen Einfluss verriet. Hier hatten nicht die rohen Kräfte des Karakorum gewirkt, die Eisplatten und Felsblöcke die Berghänge hinabschleuderten, ohne sich darum zu kümmern, ob dabei ein so unwichtiges Geschöpf wie zum Beispiel ein Mensch zu Schaden kam. Der Anblick dieser Bäume bestätigte Mortenson, dass er sein Abenteuer lebend überstanden hatte.

Er war so sehr in die Betrachtung der Pflanzenwelt versunken, dass er die Abzweigung hinunter zum Fluss verpasste, wo ein *zamba*, eine aus zusammengeknüpften Yakhaar-Seilen bestehende und zwischen zwei Felsen gespannte »Brücke«, über das reißende Wasser führte. Zum zweiten Mal hatte Mortenson sich verlaufen. Über die Brücke hätte er sein Ziel, das knapp dreizehn Kilometer nördlich des Flusses gelegene Askole, erreicht. Stattdessen ging er nun das Felssims am Südufer entlang auf die Bäume zu.

Auf die Pappeln folgte ein Aprikosenhain. Hier, auf dreitausend Metern, war die Ernte Mitte September bereits vorbei. Reife Früchte türmten sich haufenweise in Hunderten flacher Weidenkörbe und tauchten die Unterseiten der Blätter an den Bäumen im sich widerspiegelnden Licht in ein grelles Orange. Neben den Körben knieten Frauen, brachen die Früchte auf und sortierten die Kerne aus, um sie später wegen ihres nussigen Inneren zu knacken. Beim Anblick des *angrezi*, des fremden weißen Mannes, zogen sie sich hastig die Schleier vors Gesicht und flüchteten sich hinter die Bäume.

Andere Frauen waren gerade dabei, mit Sicheln Buchweizen und Gerste zu ernten, und blickten Mortenson verstohlen über ihre Körbe hinweg nach. Die Kinder hingegen kannten keine Scheu und liefen wie ein Kometenschweif hinter ihm her, als er durch die bräunlichen Felder marschierte. Die Kinder betasteten seinen *salwar kamiz*, suchten an seinem Handgelenk nach der nicht vorhandenen Uhr und wollten abwechselnd seine Hand halten.

Zum ersten Mal seit Monaten wurde sich Mortenson seines Aussehens bewusst. Sein Haar war lang und zottig, und er kam sich wie ein schmutziger Riese vor. Inzwischen hatte er seit über drei Monaten nicht mehr geduscht. Er ging gebeugt, um weniger bedrohlich auf die Kinder zu wirken, aber sie schienen sich nicht vor ihm zu fürchten. Ihre *salwar kamiz* waren ebenso zerrissen und fleckig wie sein eigener, und trotz der Kälte trugen die meisten keine Schuhe.

Mortensons Nase nahm das Dorf Korphe schon aus einiger Entfernung wahr, denn der Geruch von Wacholderholzrauch und der Gestank ungewaschener Körper waren nach der neutralen, sterilen Hochgebirgsluft übermächtig. Da er immer noch glaubte, auf dem richtigen Weg zu sein, nahm er an, dass es sich um Askole handelte, das er vor drei Monaten auf dem Hinweg zum K2 passiert hatte. Allerdings erschien ihm nichts hier vertraut. Als er den zeremoniellen Eingang zum Dorf erreichte – einen schlichten Torbogen aus Pappelstämmen, der sich einsam am Rande eines Kartoffelfeldes erhob –, führte er eine Prozession von fünfzig Kindern an.

In der Hoffnung, ihn am Dorfrand warten zu sehen, blickte er sich nach Mouzafer um. Stattdessen stand auf der anderen Seite des Tors ein runzeliger alter Mann, der so markante Zügen hatte, als wären sie aus den Felshängen gehauen. Er trug ein *topi*, eine runde Kopfbedeckung aus Schafwolle, die denselben würdigen Grauton besaß wie sein Bart. Er hieß Hadschi Ali und war der *nurmadhar*, der Dorfvorsteher, von Korphe.

»*Salam alaikum*«, begrüßte er Mortenson und schüttelte ihm die Hand. Er führte ihn durch das Tor und begleitete ihn zu einem zeremoniellen Bach, wo er den Amerikaner anwies, sich Hände und Gesicht zu waschen. Dann lud er ihn zu sich nach Hause ein, denn mangelnde Gastfreundschaft gilt den Balti als unverzeihliche Verfehlung.

Korphe schmiegte sich etwa zweihundertfünfzig Meter über dem Braldu auf einen Felsvorsprung, der so eigentümlich aus der Talwand hervorragte wie die mit Bohrhaken befestigte Schlafplattform eines Kletterers mitten im steilen Fels. Man hätte die eng gedrängten, schmucklosen dreistöckigen Steinhäuser kaum von den Bergwänden unterscheiden können, wären da nicht die bunten Haufen aus Aprikosen, Zwiebeln und Weizengarben gewesen, die sich auf den Flachdächern türmten.

Hadschi Ali führte Mortenson in ein Haus, das ebenso schlicht wirkte wie die anderen. Nachdem er im großen Hauptraum einen Deckenhaufen so lange ausgeklopft hatte, bis sich der Staub gleichmäßig in der guten Stube verteilt hatte, breitete er am Ehrenplatz vor dem offenen Herdfeuer Kissen auf dem Boden aus und forderte den Gast auf, dort Platz zu nehmen.

Während der Tee zubereitet wurde, sprach niemand ein Wort. Nur das Scharren von Füßen und das Rascheln von Kissen war zu hören, als zwanzig männliche Mitglieder von Hadschi Alis weitverzweigter Familie nacheinander hereinkamen und sich rings um die Herdstelle niederließen. Der Großteil des beißenden Qualms von dem mit Yakdung geschürten Feuer unter dem Teetopf entwich zum Glück durch ein großes viereckiges Loch in der Decke. Als Mortenson hinaufblickte, sah er die Augen der fünfzig Kinder, die ihm gefolgt waren. Sie hatten sich rund um die Öffnung auf das Dach gelegt und spähten nun hinunter. Noch nie hatte sich ein Ausländer nach Korphe verirrt.

Hadschi Ali machte sich mit der Hand in der Tasche seiner bestickten Weste zu schaffen, wo er ranziges, getrocknetes Steinbockfleisch mit einem starken grünen Kautabak vermischte, den man *naswar* nennt. Als er mit dem Ergebnis zufrieden war, bot er Mortenson ein Stück an, worauf dieser, von den beifällig lachenden Männern beobachtet, den wohl herausforderndsten Imbiss seines Lebens zu sich nahm.

Als Hadschi Ali ihm dann einen Becher mit Buttertee reichte, trank er ihn fast schon mit Genuss.

Nachdem der Gastfreundschaft auf diese Weise Genüge getan war, beugte sich der Dorfvorsteher vor und hielt sein bärtiges Gesicht dicht an das von Mortenson. »*Cheezaley?*«, fragte er barsch, ein wichtiges Wort in der Sprache der Balti, das in diesem Fall so viel wie »Was zum Teufel hast du hier verloren?« bedeutete.

Mit ein paar Brocken Balti und viel Zeichensprache erklärte Mortenson den aufmerksam lauschenden Anwesenden, er sei Amerikaner und gekommen, um den K2 zu besteigen (was bei den Männern anerkennendes Gemurmel auslöste). Leider sei er krank und zu schwach geworden und deshalb hierher nach Askole zurückgekehrt, um jemanden zu finden, der ihn mit dem Jeep in das acht Stunden entfernte Skardu, die Hauptstadt von Baltistan, bringe.

Erschöpft sank Mortenson in die Kissen zurück. Der tagelange Fußmarsch und jetzt die mühsame Verständigung hatten ihn endgültig ausgelaugt. Hier am warmen Herdfeuer, in weiche Kissen gekuschelt und inmitten so vieler Menschen, spürte er, wie die Erschöpfung, die er so lange zurückgedrängt hatte, Besitz von ihm ergriff.

»*Met Askole*. Hier ist nicht Askole«, erwiderte Hadschi Ali lachend und wies auf den Boden zu seinen Füßen. »Korphe«, fügte er hinzu.

Erschrocken fuhr Mortenson hoch. Von Korphe hatte er noch nie gehört. Er war sicher, dass das Dorf auf keiner der ihm bekannten Karten des Karakorum verzeichnet war – und er hatte Dutzende davon studiert! Also rappelte er sich auf und entgegnete, er müsse nach Askole, um dort einen Mann namens Mouzafer zu treffen, der sein gesamtes Gepäck bei sich habe.

Hadschi Ali hinderte den Gast am Aufstehen, indem er ihn mit kräftigen Händen an den Schultern packte und ihn wieder auf die

Kissen drückte. Er rief seinen Sohn Twaha, der oft genug in Skardu gewesen war und deshalb ein paar Brocken Englisch sprach, und wies ihn an zu übersetzen. »Heute nicht Askole gehen. Großes Problem. Mit Fuß halber Tag«, radebrechte der Mann, der seinem Vater wie aus dem Gesicht geschnitten war – allerdings ohne Bart. »*Inschallah*, so Gott will, Hadschi morgen schicken Mann suchen Mouzafer. Jetzt du schlafen.«

Hadschi Ali erhob sich und scheuchte die Kinder vom Dach, wo durch das Loch der dunkler werdende Abendhimmel zu sehen war. Die Männer am Feuer verabschiedeten sich, um nach Hause zu gehen. Trotz aller Sorgen und obwohl er sich hätte ohrfeigen können, weil er sich schon wieder verlaufen hatte, schlief Mortenson rasch ein. Der Gedanke, was nun aus ihm werden solle, war für den Moment vergessen.

Fortschritt und Vollkommenheit

»Sagt uns, was wir am besten für euer Dorf tun können.«
»Mit allem Respekt, *Sahib*, aber was Kraft und Durchhaltevermögen angeht, können Sie uns nur wenig beibringen. Auch um Ihre Ruhelosigkeit beneiden wir Sie nicht. Ob wir vielleicht glücklicher sind als Sie? Doch wir würden uns freuen, wenn unsere Kinder zur Schule gehen könnten. Von allem, was Sie uns zu bieten haben, ist Bildung das, was wir uns am meisten für unsere Kinder wünschen.«

Gespräch zwischen Sir Edmund Hillary und Urkien Sherpa, aus *Schoolhouse in the Clouds*

Jemand hatte eine schwere Steppdecke über ihn gebreitet. Sie war warm und kuschelig, und Mortenson genoss das angenehme Gefühl. Seit dem späten Frühjahr hatte er keine Nacht mehr in einem Gebäude verbracht. Um sich herum sah er im Schein der Glut in der Herdstelle weitere schlafende Gestalten. Schnarchen in unterschiedlicher Lautstärke hallte durch den Raum. Er drehte sich auf die andere Seite und stimmte in den Chor ein.

Als er wieder aufwachte, war er allein. Durch die Öffnung in der Decke war deutlich ein blauer Himmel zu sehen. Als Hadschi Alis Frau Sakina bemerkte, dass Mortenson sich bewegte, brachte sie ihm ein *lassi*, ein Getränk aus Milch und Joghurt, ein frisches *chapatti*, in der Pfanne gebackenes Fladenbrot, und süßen Tee. Sie war die erste Balti-Frau, die sich ihm je genähert hatte. Mortenson fand, dass Sakina ein ausgesprochen gütiges Gesicht besaß. Es war sehr runzelig, aber die Falten schienen dadurch entstanden zu sein, dass sich zunächst um die Mundwinkel und Augen Lachfältchen eingegraben hatten, die dann im Laufe der Zeit ineinander übergegangen waren und sich schließlich über das ganze Gesicht ausgebreitet hatten. Sakina trug ihr langes Haar nach tibetischer Sitte in einer komplizierten Flechtfrisur und hatte eine *urdwa* auf dem Kopf, eine mit Perlen, Muscheln und antiken Münzen verzierte Wollmütze. Stehend wartete sie ab, bis Mortenson sein Frühstück gekostet hatte.

Er biss in das warme *chapatti*, tunkte es in das *lassi*, verschlang die Mahlzeit in Windeseile und stürzte den gezuckerten Tee hinunter. Sakina lachte beifällig und brachte ihm einen Nachschlag. Hätte Mortenson gewusst, dass Zucker für die Balti ein teures und rares Gut war, mit dem sie sehr sparsam umgingen, er hätte die zweite Tasse Tee abgelehnt.

Nachdem Sakina gegangen war, blickte Mortenson sich im Raum um, der spartanisch, ja geradezu ärmlich eingerichtet war. An einer Wand hing das ausgeblichene Plakat eines Reisebüros, das eine Schweizer Berghütte inmitten einer üppigen Blumenwiese darstellte. Alle anderen Gegenstände, von den geschwärzten Kochutensilien bis zu den oft reparierten Öllampen, erfüllten einen rein praktischen Zweck. Die warme Decke, unter der er geschlafen hatte, war aus dicker, rostbrauner Seide gefertigt und mit winzigen Spiegeln verziert, während die der anderen aus dünner, abgewetzter, an vielen Stellen geflickter Wolle bestanden. Offenbar hatten seine Gastgeber ihm die beste Decke ihres Haushaltes überlassen.

Am späten Nachmittag hörte Mortenson laute Stimmen. Als die Dorfbewohner zu der Felskante strömten, von der aus sich der Blick auf den Braldu öffnete, schloss er sich ihnen an. Von dort sah er einen Mann, der sich in einer aus alten Brettern zusammengeschusterten Kiste, die an einem in etwa siebzig Metern Höhe über den Fluss gespannten Stahlseil hing, vorwärtszog. Den Braldu auf diese Weise zu überqueren, ersparte dem Mann einen Fußmarsch von einem halben Tag, denn so lange hätte es gedauert, flussaufwärts zur nächsten Brücke zu wandern. Andererseits hätte ein Sturz den sicheren Tod bedeutet. Als der Mann etwa die Hälfte der Strecke hinter sich hatte, stellte Mortenson fest, dass es sich bei dem Besucher um Mouzafer handelte, der sich in die winzige »Kabine« gezwängt hatte. Als Sitz diente ihm ein sehr bekannt aussehender, gut vierzig Kilo schwerer Rucksack.

Diesmal war Mortenson auf Mouzafers heftiges Schulterklopfen vorbereitet, sodass er den Hustenanfall unterdrücken konnte. Der Träger trat einen Schritt zurück und musterte ihn mit tränennassen Augen von Kopf bis Fuß. »Allah ist groß!«, rief er aus, reckte die Hände in die Luft und schüttelte sie, als regnete es Manna vom Himmel.

Bei einem Brathuhn, das so mager und sehnig war wie die Balti, die es aufgezogen hatten, erfuhr Mortenson später in Hadschi Alis Haus, dass Mouzafer im Karakorum ein bekannter Mann war und seit drei Jahrzehnten als einer der fähigsten Hochgebirgsträger im Himalaya galt. Er hatte schon viel erlebt und zum Beispiel im Jahr 1960 den berühmten Bergsteiger Nick Clinch begleitet, den ersten Amerikaner, der es je auf den Gipfel des Masherbrum geschafft hatte. Doch am meisten beeindruckte Mortenson, dass Mouzafer seine Leistungen während ihres langen Fußmarsches nie im Gespräch erwähnt hatte.

Diskret überreichte Mortenson ihm dreitausend Rupien – viel mehr als den vereinbarten Lohn – und versprach ihm, ihn in seinem Dorf zu besuchen, wenn er wieder bei Kräften war. Er ahnte nicht, dass Mouzafer in den nächsten zehn Jahren noch eine wichtige Rolle in seinem Leben spielen sollte, indem er ihm half, die Klippen der gesellschaftlichen Konvention im nördlichen Pakistan zu umschiffen. Denn dafür besaß der Balti dasselbe Feingefühl wie für das Vermeiden von Lawinen und das Aufspüren von Gletscherspalten.

Einige Tage später trafen Mouzafer und Mortenson mit Darsney zusammen, und zu dritt machten sie sich im Jeep auf den Weg nach Skardu. Doch nachdem Mortenson eine Weile die schlichten Freuden einer guten Mahlzeit und eines bequemen Bettes in einer bekannten Bergsteigerherberge namens *K2 Motel* genossen hatte, spürte er, dass ihn eine unerklärliche Macht wieder in den Karakorum zog. Er hatte den Eindruck, in Korphe etwas sehr Eigenes, Seltenes entdeckt zu haben, und so kehrte er dorthin zurück, sobald er eine Mitfahrgelegenheit auftreiben konnte.

Er kam bei Hadschi Ali unter und gewöhnte sich bald einen festen Tagesablauf an. Jeden Morgen und Nachmittag unternahm er, stets in Begleitung von Kindern, die seine Hand hielten, einen kurzen Spaziergang durch Korphe. Dabei stellte er fest, dass diese winzige grüne Oase in einer staubigen Steinwüste ihre Existenz mühevoller Arbeit verdankte. Hunderte Bewässerungsgräben, die alle von Hand instand gehalten wurden, leiteten das Schmelzwasser des Gletschers zu den Feldern und Obsthainen.

Da er den gefährlichen Marsch über den Baltoro und die Gefahr nun hinter sich hatte, wurde Mortenson klar, wie knapp er dem Tod entronnen und wie schwach er inzwischen geworden war. Er schaffte es kaum den Fußweg zum Fluss hinunter, und als er dort sein Hemd auszog, um es im eiskalten Wasser zu waschen, erschrak er über sein eigenes Aussehen. »Meine Arme waren dünn wie Zahnstocher; ich konnte kaum fassen, dass sie mir gehörten«, erinnert er sich.

Als er keuchend ins Dorf zurückkehrte, fühlte er sich so gebrechlich wie die alten Männer, die stundenlang unter den Aprikosenbäumen von Korphe saßen, Wasserpfeife rauchten und Aprikosenkerne aßen. Schon nach ein, zwei Stunden im Freien war er wieder so erschöpft, dass er in Hadschi Alis Haus zurückkehrte, um von seinem Kissenlager am Herdfeuer aus den Himmel zu betrachten.

Der *nurmadhar* behielt Mortensons Zustand sorgfältig im Auge. Schließlich befahl er, einen der kostbaren *chogo rabak*, einen großen Schafbock, zu schlachten. Vierzig Menschen nagten jeden Fetzen gebratenen Fleischs von den Knochen des mageren Tiers und brachen dann mit Steinen die Knochen selbst auf, um das Mark mit den Zähnen herauszuholen. Als Mortenson sah, wie gierig sie das Fleisch verschlangen, wurde ihm klar, dass eine solche Mahlzeit für die Einwohner von Korphe Seltenheitswert besaß. Offenbar waren sie ständig vom Hunger bedroht.

Mit seinen Kräften kehrte auch seine Aufmerksamkeit zurück. Anfangs hatte er gedacht, in Korphe auf eine Art unberührtes Paradies gestoßen zu sein – so wie viele Touristen aus dem Westen glaubten, dass die Balti ein einfacheres und besseres Leben führten als sie selbst in ihren hoch entwickelten Heimatländern. Die ersten Besucher hatten dem Gebiet sogar den romantischen Namen »das Tibet der Aprikosen« gegeben.

»Offenbar wissen die Balti das Leben zu genießen«, schrieb der Italiener Maraini im Jahr 1958 nach einem Besuch in Askole und äußerte sich bewundernd über die »alten Männer, die in der Sonne sitzen und ihre exotischen Pfeifen rauchen, während die jüngeren im Schatten der Maulbeerbäume an ihren primitiven Webstühlen arbeiten. Ihre Geschicklichkeit weist auf lebenslange Erfahrung hin. Daneben sind zwei Jungen damit beschäftigt, einander sorgfältig und gewissenhaft die Läuse abzulesen.

Wir atmeten die Luft völliger Glückseligkeit und des absoluten Friedens«, fuhr er fort. »Das wirft die Frage auf, ob es nicht besser ist, in Unwissenheit zu leben und nichts von Asphalt, Kunststoffen, Autos, Telefonen und Fernsehern zu ahnen, glücklich zu sein, ohne all diese Dinge zu kennen?«

Fünfunddreißig Jahre später mussten die Balti noch immer auf die genannten Errungenschaften der Moderne verzichten, doch schon nach einigen Tagen im Dorf wurde Mortenson zunehmend bewusst, dass Korphe alles andere war als die paradiesische Idylle, von der westliche Idealisten träumten. In jeder Familie litt zumindest ein Mitglied an einem Kropf oder an grauem Star. Das ingwerfarbene Haar der Kinder, das er anfangs so bewundert hatte, war die Folge von Entfärbung durch eine Form der Protein-Mangelernährung namens Kwaschiorkor. Außerdem erfuhr er aus seinen Gesprächen mit Twaha, nachdem der Sohn des *nurmadhar* vom Abendgebet aus der Dorfmoschee zurückgekehrt war, dass der nächste Arzt eine Woche Fußmarsch entfernt in Skardu wohnte und nur eines von drei Kindern in Korphe seinen ersten Geburtstag erlebte.

Twaha erzählte Mortenson auch, seine eigene Frau Rhokia sei vor sieben Jahren bei der Geburt des ersten Kindes, der kleinen Dschahan, gestorben. Die rotbraune Decke mit den Spiegeln, unter der Mortenson hatte schlafen dürfen, war das wertvollste Stück aus Rhokias Mitgift gewesen.

Er wusste nicht, wie er sich bei seinen Gastgebern für ihre Großzügigkeit bedanken sollte. Aber er war fest entschlossen, es zumindest zu versuchen, und verteilte deshalb das wenige, was er besaß. Kleine nützliche Gegenstände wie frostbeständige, auslaufsichere

Bergsteigerflaschen und Taschenlampen waren bei den Balti sehr begehrt, denn sie mussten im Sommer weite Strecken zurücklegen, um ihr Vieh zu weiden. So verschenkte Mortenson sie an Hadschi Alis umfangreiche Verwandtschaft. Sakina gab er seinen Campingkocher; das für den Betrieb notwendige Kerosin war in jedem Balti-Dorf zu finden. Seine weinrote Fleecejacke hängte er Twaha über die Schultern, und obwohl sie diesem einige Nummern zu groß war, bestand Mortenson auf der Gabe. Hadschi Ali bekam die gefütterte Jacke, die ihn auf dem K2 gewärmt hatte.

Allerdings erwiesen sich der Inhalt des Erste-Hilfe-Koffers sowie seine Ausbildung zum Krankenpfleger in der Notaufnahme als am wertvollsten. Als seine Kräfte wieder zunahmen, marschierte er viele Stunden über die steilen Pfade, die die Häuser von Korphe miteinander verbanden, um der Lawine der Not Einhalt zu gebieten. Mortenson behandelte offene Wunden mit Antibiotikasalbe und schnitt Entzündungen auf. Wohin er auch blickte, sah er in den dunklen Häusern der Balti, wo alte Menschen schon jahrelang schweigend litten, flehende Augen. Er schiente Knochenbrüche und verabreichte Schmerzmittel und Antibiotika, um für ein wenig Linderung zu sorgen. Bald sprachen sich seine Erfolge herum, sodass die Kranken in der Umgebung von Korphe ihre Verwandten schickten, um »Dr. Greg« zu holen – es war der Name, unter dem Mortenson später im ganzen nördlichen Pakistan bekannt werden sollte. Seine Beteuerungen, er sei doch nur Krankenpfleger, stießen auf taube Ohren.

Während seiner Zeit in Korphe spürte Mortenson oft die Gegenwart seiner kleinen Schwester Christa, insbesondere dann, wenn er mit den Kindern zusammen war. »Ihr Leben war so entsetzlich mühsam«, berichtet er. »Sie erinnerten mich daran, wie Christa um die einfachsten Dinge kämpfen musste. Und daran, wie sie nicht aufgab, ganz gleich, welche Steine ihr das Leben auch in den Weg legte.« Er beschloss, etwas für die Kinder zu tun, und nahm sich vor, von seinem letzten Geld Schulbücher oder andere Lernmaterialien zu kaufen und sie an ihre Schule zu schicken, wenn er wieder in der Hauptstadt Islamabad war.

Als Mortenson eines Abends vor dem Schlafengehen mit Hadschi

Ali am Feuer saß, äußerte er Interesse daran, die Schule von Korphe zu besuchen. Obwohl er sah, wie sich das faltige Gesicht des alten Mannes verdüsterte, ließ er nicht locker. Schließlich erklärte sich der Dorfvorsteher bereit, ihn gleich am folgenden Vormittag dorthin zu begleiten.

Nach dem üblichen Frühstück aus *chapattis* und Tee führte Hadschi Ali Mortenson einen steilen Pfad zu einem großen, etwa zweihundertfünfzig Meter über dem Baltoro gelegenen Felssims hinauf. Das Panorama war malerisch, denn die eisigen Gipfel des oberen Baltoro ragten oberhalb von Korphes grauen Felswänden rasiermesserscharf in den Himmel hinein. Doch Mortenson bewunderte nicht die Aussicht, sondern musste zu seinem Entsetzen feststellen, dass die zweiundachtzig Kinder – achtundsiebzig Jungen und die vier Mädchen, die den Mut gehabt hatten, sich ihnen anzuschließen – im Freien auf dem gefrorenen Boden knieten. Hadschi Ali wich Mortensons Blick aus, als er erklärte, das Dorf habe keine Schule, da die pakistanische Regierung keinen Lehrer zur Verfügung stelle. Ein Lehrer verdiene umgerechnet einen Dollar am Tag, und das Dorf könne sich das nicht leisten. Also müssten sie sich mit dem Nachbardorf Munjung einen Lehrer teilen, der drei Tage pro Woche in Korphe unterrichte. Die übrige Zeit bleibe es den Kindern überlassen, die Aufgaben, die er ihnen mitbringe, allein zu wiederholen.

Beklommen sah Mortenson zu, wie die Schüler Habachtstellung einnahmen und den »Schultag« mit dem Singen der pakistanischen Nationalhymne begannen. »Gesegnet sei das heilige Land. Glücklich sei das Reich des Wohlstands, das Symbol unserer Entschlossenheit, unser Land Pakistan«, intonierten sie auf reizend falsche Weise, während ihnen der Atem in der bereits winterkalten Luft in Wolken vor dem Mund stand. Mortenson erkannte Twahas siebenjährige Tochter Dschahan, die mit umgelegtem Kopfschleier kerzengerade dastand. »Mögen Ruhm und Ehre für immer unsere Nation, das Land und den Staat bescheinen«, schmetterte sie. »Die Flagge mit Halbmond und Stern führt uns zu Fortschritt und Vollkommenheit.«

Während Mortenson in Korphe wieder zu Kräften gekommen war, hatte er die Dorfbewohner häufig über die vom Volk der Pandschabi dominierte pakistanische Regierung klagen hören, die sie als Fremdlinge aus dem Tiefland betrachteten. Immer wieder hieß es, eine Mischung aus Korruption und Gleichgültigkeit sorge dafür, dass das wenige für die Menschen in Baltistan bestimmte Geld auf dem langen Weg von der Hauptstadt in die entlegene Bergregion verloren gehe. Es wollte ihnen nicht in den Kopf, warum die Regierung in Islamabad sich so ins Zeug gelegt hatte, den Indern dieses Gebiet abzunehmen, das einmal zu Kaschmir gehört hatte, aber dennoch nichts für die dortige Bevölkerung tat.

Außerdem war offensichtlich, dass die meisten Gelder, die nach Baltistan flossen, der Armee zugedacht waren, um das kostspielige unentschiedene Duell mit den indischen Truppen am Siachen-Gletscher zu finanzieren. Aber ein Dollar täglich für einen Lehrer? Mortenson traute seinen Ohren nicht. Wie kam es, dass ein Staat, selbst wenn er so arm war wie Pakistan, an etwas derart Lebensnotwendigem sparte? Was hinderte die Flagge mit Halbmond und Stern daran, diese Kinder den kurzen Weg zu »Fortschritt und Vollkommenheit« zu führen?

Als die letzten Töne der Nationalhymne verklungen waren, ließen sich die Kinder in einem Kreis nieder, und fingen an, die Multiplikationstabelle abzuschreiben. Die meisten kratzten die Zahlen mit eigens zu diesem Zweck mitgebrachten Stöckchen in die Erde. Die Privilegierteren wie Dschahan besaßen Schiefertafeln, auf die sie ebenfalls mit Stöckchen sowie einer Mischung aus Matsch und Wasser schrieben. »Können Sie sich eine amerikanische vierte Klasse vorstellen, die ohne Lehrer still dasitzt und ihre Aufgaben macht?«, fragt Mortenson. »Der Anblick zerriss mir das Herz. Diese Kinder wollten unbedingt etwas lernen, ganz gleich, welche Hindernisse sich ihnen auch in den Weg stellen mochten. Ich fühlte mich an Christa erinnert und wusste, dass ich etwas unternehmen musste.«

Aber was? Wenn Mortenson sich einfach ernährte und in den billigsten Unterkünften übernachtete, würde sein Geld gerade genügen, um mit dem Jeep und dem Bus nach Islamabad zu fahren und den Flug nach Hause zu nehmen.

In Kalifornien erwarteten ihn Zeitverträge als Krankenpfleger, und alles, was er besaß, passte in den Kofferraum von La Bamba, dem weinroten, spritdurstigen Buick, in dem er mehr oder weniger wohnte. Und dennoch musste es einen Weg geben.

Als er neben Hadschi Ali auf dem Felssims stand, über das Tal blickte und die Berge betrachtete, die zu bezwingen er um die halbe Welt gereist war, erschien es ihm plötzlich absurd, auf den K2 zu steigen, nur um dort eine Kette zu hinterlassen. Um das Andenken seiner Schwester zu ehren, gab es eine viel bedeutsamere Geste. Er legte Hadschi Ali die Hände auf die Schultern, so wie der alte Mann es seit ihrer ersten gemeinsamen Tasse Tee schon oft getan hatte. »Ich werde eine Schule für euch bauen«, verkündete Mortenson, ohne zu ahnen, dass er mit diesen Worten einen völlig neuen Lebensweg einschlug, der noch viel kurvenreicher und beschwerlicher sein sollte als die falsch gewählten Pfade auf seinem Rückmarsch vom K2. »Ich werde eine Schule bauen«, wiederholte er. »Das verspreche ich euch.«

Das Lagerhaus

Wahre Größe fußt stets auf derselben Grundlage:
auftreten, sprechen und handeln zu können wie ein
ganz gewöhnlicher Mensch.

Schams ad-Din Mohammad Hafez

Im Lagerraum roch es nach Afrika. Als Mortenson in der offenen Tür der mit zwei mal drei Metern besenschrankgroßen Kabine stand, während draußen auf der belebten San Pablo Avenue der Berufsverkehr vorbeibrauste, kam er sich so fremd vor, wie man sich nur nach einem achtundvierzigstündigen Flug fühlen kann. Beim Start in Islamabad war er noch voller Tatendrang gewesen und hatte eifrig unzählige Pläne für die Finanzierung seiner Schule geschmiedet. Doch nun, zurück im kalifornischen Berkeley, machte sich Ratlosigkeit in ihm breit. Unter dem gnadenlos sonnigen Himmel und umgeben von wohlhabenden College-Studenten, die fröhlich das nächste Café ansteuerten, empfand er ein Gefühl der Unwirklichkeit, und sein Versprechen an Hadschi Ali erschien ihm wie eine Szene aus einem der schon fast vergessenen Filme, die er im Halbschlaf während einer der drei schier endlosen Flugetappen gesehen hatte.

Zeitverschiebung. Kulturschock. Ganz gleich, wie man diese eigenartige Benommenheit auch nennen mochte, er kannte diese Dämonen von früher nur zu gut. Deshalb war er auch hierhergekommen, so wie immer nach einem Bergabenteuer. Nach Berkeley zum Lagerraum 114, einer muffigen Kabine, die Mortensons Identität beherbergte.

Er tastete in der wohlriechenden Dunkelheit nach dem Zugseil der Glühbirne, die an der Decke hing, und machte Licht. An einer Wand waren staubige Kletter-Fachbücher gestapelt. Die aus kostbarem Ebenholz geschnitzte Elefantenkarawane hatte einst seinem Vater gehört. Und auf einem eselsohrigen Fotoalbum thronte Gigi, der kaffeebraune Stoffaffe, der in jener fernen Vergangenheit, an die er sich nur noch aus dem Gefühl heraus erinnern konnte, immer sein treuester Freund gewesen war.

Als Mortenson nach dem Spielzeugtier griff, stellte er fest, dass diesem die afrikanische Kapokfüllung aus einer schadhaften Naht an der Brust rieselte. Er hielt sich den Affen an die Nase, atmete tief ein und befand sich schlagartig wieder in Tansania, im Garten des lang gezogenen Holzhauses unter den schützenden Ästen des Pfefferbaums.

Wie sein Vater war Mortenson in Minnesota geboren. Doch 1958, als er gerade erst drei Monate alt gewesen war, hatten seine Eltern ihn mit auf das größte Abenteuer ihres Lebens genommen, einen Einsatz als Missionare und Lehrer im Schatten des Kilimandscharo, des höchsten Berges auf dem afrikanischen Kontinent.

Irvin Mortenson, Gregs Vater, war ein wohlmeinender, schweigsamer Lutheraner, der mit Worten so sparsam umging, als handelte es sich dabei um Geld, das man nicht leichtsinnig verschwenden durfte. Er war weit über eins achtzig groß, kräftig gebaut und sportlich wie später sein Sohn. Seine schon als Baby ausgesprochen vierschrötige Statur hatte ihm nach dem berühmten amerikanischen Boxer den Spitznamen Dempsey eingebracht, der für den Rest seines Lebens an ihm hängen bleiben sollte. Als siebtes und letztes Kind einer nach der Weltwirtschaftskrise verarmten Familie hatte Dempsey es dank seiner sportlichen Fähigkeiten geschafft, aus einem winzigen Fischerdorf im Norden Minnesotas herauszukommen. Mit einem Football-Stipendium hatte er die Universität von Minnesota besucht und einen Abschluss als Sportlehrer gemacht. Sein Körper war von den Spuren gezeichnet, die er den gegnerischen Verteidigern verdankte.

Seine zukünftige Frau Jerene verliebte sich in ihn, kurz nachdem ihre Familie von Iowa nach Minnesota gezogen war. Sie war ebenfalls Sportlerin. Als Dempsey, der damals in der Army diente und in Kansas stationiert war, drei Tage Heimaturlaub bekam, feierten sie eine Blitzhochzeit. »Dempsey hatte Fernweh«, erinnert sich Jerene heute. »Er war als Soldat auch in Japan gewesen, und es hatte ihm gefallen, mehr von der Welt zu sehen als nur Minnesota. Eines Tages, ich war gerade mit Greg schwanger, kam er nach Hause und meinte: ›In Tanganjika werden Lehrer gebraucht. Lass uns nach Afrika gehen.‹ Da konnte ich schlecht Nein sagen. Wenn man jung ist, hält man sich nicht mit Zweifeln auf. Also haben wir es einfach gemacht.«

Sie wurden in einem Land eingesetzt, von dem sie nicht mehr wussten, als dass es auf der Landkarte von Ostafrika zwischen Kenia und Ruanda zu finden war. Nach vier Jahren in den entlegenen Usambara-Bergen zogen sie in die südlich des Kilimandscharo gelegene Stadt Moshi, was auf Suaheli »Rauch« bedeutet. Die lutherische Missionsgesellschaft brachte die Mortensons im früheren Haus eines griechischen Waffenhändlers unter, einem ausladenden Gebäude aus Betonschalsteinen, das von den Behörden beschlagnahmt worden war. Der glückliche Zufall, der so oft eine spontane Entscheidung belohnt, wollte es, dass sich die Familie leidenschaftlich in das Land verliebte, das nach der Unabhängigkeit und der Vereinigung mit dem Inselstaat Sansibar ab 1964 Tansania hieß. »Je älter ich werde, desto mehr weiß ich meine Kindheit zu schätzen. Sie war ein Paradies«, sagt Mortenson.

Noch mehr als das Gebäude, das über einen üppig grünen Garten verfügte, galt ihm der gewaltige Pfefferbaum als Zuhause. »Der Baum symbolisierte für mich Beständigkeit. Bei Abenddämmerung schwärmten die unzähligen darin lebenden Fledermäuse aus, um zu jagen. Wenn es geregnet hatte, roch der ganze Garten nach Pfeffer. Ein einfach köstlicher Duft.«

Da weder Dempsey noch Jerene religiöse Fanatiker waren, wurde das Haus der Mortensons weniger zum Gemeindezentrum als zum

Treffpunkt für die Nachbarschaft. Dempsey hielt zwar Unterricht in der Sonntagsschule, gründete aber auch Tansanias erste Highschool-Baseball-Liga. Allerdings gab es zwei Projekte, die ihm und Jerene ganz besonders am Herzen lagen.

Mit Feuereifer stürzte Dempsey sich in seine Lebensaufgabe, die darin bestand, Mittel für den Aufbau des Kilimanjaro Christian Medical Center zu sammeln, Tansanias erstes Lehrkrankenhaus. Mit dem gleichen Einsatz widmete sich Jerene der Gründung der Moshi International School, die von einem bunten Gemisch von Kindern aus aller Herren Länder besucht wurde. Greg, der ebenfalls auf diese Schule ging, fühlte sich inmitten der vielen verschiedenen Sprachen und Kulturen so wohl wie ein Fisch im Wasser. Woher jemand stammte, war für ihn nicht von Bedeutung, weshalb es ihn stets sehr bestürzte, wenn Länder Kriege gegeneinander führten. Während eines heftigen Konflikts zwischen Indien und Pakistan bedrückte es ihn ziemlich, dass die indischen und pakistanischen Schüler sich in den Pausen erbittert bekriegten, einander mit imaginären Maschinengewehren beschossen oder »Enthauptung« spielten.

»Ansonsten war es eine wundervolle Schule«, erinnert er sich. »Etwa so wie die Vereinten Nationen im Kleinen. Da wir aus achtundzwanzig verschiedenen Ländern kamen, wurden alle Feiertage begangen: das jüdische Chanukka, Weihnachten, das hinduistische Diwali und das islamische Id al-Fitr.«

»Greg ging furchtbar ungern in die Kirche«, erzählt Jerene. »Denn die alten afrikanischen Damen wollten immer seine blonden Haare anfassen.« Doch im Grunde spielten Rassenunterschiede in Mortensons Kindheit keine Rolle. Bald sprach er so fließend und akzentfrei Suaheli, dass die Leute ihn am Telefon für einen Einheimischen hielten. Im Kirchenchor sang er alte europäische Kirchenlieder, und er wurde außerdem Mitglied einer sonst nur aus Afrikanern bestehenden Tanztruppe, die an *Saba Saba*, dem wichtigsten staatlichen Feiertag Tansanias, an einem im landesweiten Fernsehen ausgestrahlten Wettbewerb teilnahm.

Mit elf bestieg Greg seinen ersten hohen Berg. »Seit meinem sechsten Lebensjahr starrte ich auf den Gipfel des Kilimandscharo und bettelte meinen Vater an, mich dorthin mitzunehmen.« Endlich fand Dempsey, dass sein Sohn nun alt genug sei, um die Strecke zu schaffen. Allerdings wurde die Tour zum höchsten Punkt Afrikas alles andere als ein Spaß: »Ich würgte und übergab mich den ganzen Weg. Es war einfach scheußlich. Doch als ich bei Morgengrauen auf dem Gipfel stand und die afrikanische Savanne sah, die sich unter mir erstreckte, war ich dem Klettern für den Rest meines Lebens verfallen.«

Jerene brachte noch drei Mädchen zur Welt: Kari, Sonja Joy, und als Greg schon zwölf war, wurde schließlich Christa geboren. Dempsey hielt sich oft mehrere Monate in Europa und den USA auf, um Gelder zu sammeln und qualifiziertes Personal für das Krankenhaus anzuwerben. Während der Abwesenheit seines Vaters übernahm Greg, der bereits mit dreizehn über eins achtzig groß war, ohne Probleme die Rolle des Mannes im Haus. Nachdem Christa geboren worden war und ihre Eltern sie taufen ließen, wurde Greg ihr Pate.

Anders als die drei älteren Mortenson-Kinder, deren Körpergröße sich rasch der ihrer Eltern annäherte, blieb Christa klein und zierlich, und spätestens als sie in die Schule kam, war nicht mehr zu übersehen, dass sie ziemlich aus der Art geschlagen war. Als Kleinkind zeigte sie eine starke Unverträglichkeitsreaktion auf eine Pockenimpfung. »Ihr Arm verfärbte sich pechschwarz«, erinnert sich Jerene, die der Ansicht ist, dass sich der Beginn von Christas geistiger Entwicklungsstörung mit dieser Injektion eines lebenden, vom Rind gewonnenen Virus erklären lässt. Mit drei erkrankte sie dann an einer schweren Hirnhautentzündung, von der sie sich nach Auffassung ihrer besorgten Mutter nie wieder ganz erholte. Im Alter von acht Jahren stellten sich bei ihr schließlich häufige Anfälle ein, und man diagnostizierte Epilepsie. Doch auch sonst war Christa stets schwächlich. »Sie lernte zwar rasch lesen«, berichtet Jerene, »doch die Wörter waren für sie nur Geräusche. Sie hatte keine Ahnung, was sie bedeuteten.«

Greg, der noch immer weiterwuchs, zahlte es jedem heim, der es wagte, seine kleine Schwester zu hänseln. »Christa war die Umgänglichste von uns«, lautet seine Einschätzung. »Sie trug ihre Einschränkungen mit Würde. Da das morgendliche Anziehen bei ihr eine Ewigkeit dauerte, legte sie sich ihre Sachen stets schon am Vorabend zurecht, damit sie uns vor der Schule nicht zu lange aufhielt. Immer nahm sie Rücksicht auf andere. In mancherlei Hinsicht war sie wie mein Dad. Sie waren beide gute Zuhörer.«

Dempsey lieh insbesondere den jungen, ehrgeizigen Afrikanern in Moshi sein Ohr. Sie wollten es unbedingt zu etwas bringen, doch das postkoloniale Tansania bot – damals wie heute, denn es ist eines der ärmsten Länder der Erde – nicht viele Möglichkeiten. Arbeit gab es eigentlich nur als Hilfskraft in der Landwirtschaft. Als das Lehrkrankenhaus fertig war und einen Teil des Betriebs aufgenommen hatte, beharrte Dempsey deshalb trotz des Widerstandes vieler ausländischer Ausschussmitglieder darauf, begabte einheimische Schüler bei der Vergabe von Stipendien für ein Medizinstudium zu bevorzugen. Schließlich stünden ausländischen Kindern und dem Nachwuchs der wohlhabenden ostafrikanischen Elite genügend Alternativen offen.

Kurz nach Gregs vierzehntem Geburtstag wurde das Krankenhaus mit seinen sechshundertvierzig Betten fertig. Bei der Eröffnungszeremonie hielt der tansanische Präsident eine Rede. Gregs Vater besorgte literweise Bananenbier und rodete im Garten sämtliche Büsche, um Platz für die fünfhundert Einheimischen und Zugereisten zu schaffen, die er zur Feier des Tages zu einem Grillabend eingeladen hatte. Für die Musiker war unter dem Pfefferbaum eine Bühne aufgebaut worden. Von dort oben herab und in ein traditionelles schwarzes tansanisches Gewand gehüllt, dankte Dempsey der Gemeinde, die er inzwischen als seine Heimat betrachtete.

Nach vierzehn Jahren in Afrika hatte er einige Kilo zugelegt, hielt sich jedoch kerzengerade. Sein Sohn beobachtete ihn bei seiner Rede und fand, dass er zwar nicht mehr der Sportler von früher, aber noch immer eine beeindruckende Erscheinung war. »Ich möchte eine Vorhersage treffen«, verkündete Dempsey auf Suaheli und wirkte dabei so sehr mit sich im Einklang, dass Greg seinen Vater zum ersten Mal in einer Situation erlebte, in der es diesem nicht unangenehm war, vor einer Menschenmenge zu sprechen. »In zehn Jahren wird jeder

Chefarzt am Kilimanjaro Medical Center aus Tansania stammen. Es ist Ihr Land. Es ist Ihr Krankenhaus.«

»Ich spürte, wie stolz die Afrikaner waren«, erinnert sich Mortenson. »Den Ausländern wäre es lieber gewesen, wenn mein Dad von den Einheimischen Dankbarkeit eingefordert hätte, doch er motivierte sie, ihre eigenen Leistungen zu schätzen und noch mehr für sich selbst zu tun. Die Ausländer machten ihm dafür ganz schön die Hölle heiß. Aber wissen Sie was? Genauso ist es gekommen. Das Krankenhaus, das er gebaut hat, existiert bis heute und ist das beste Lehrkrankenhaus in Tansania. Zehn Jahre nach seiner Fertigstellung waren alle Chefärzte tansanischer Herkunft. Ich war so stolz, dass dieser große, breitschultrige Mann mein Vater war. Er hat mir und auch vielen anderen beigebracht, dass man alles schaffen kann, wenn man nur an sich glaubt.«

Nachdem Schule und Krankenhaus reibungslos funktionierten, war die Aufgabe der Mortensons in Tansania erfüllt. Dempsey erhielt das verlockende Angebot, ein Krankenhaus für palästinensische Flüchtlinge auf dem Ölberg in Jerusalem zu gründen, doch die Mortensons beschlossen, dass ihre Kinder nun die Vereinigten Staaten kennenlernen sollten.

Greg und seine Schwestern waren aufgeregt, aber gleichzeitig war ihnen ein wenig bang vor der Rückkehr in ein Land, das sie durchaus als ihre Heimat betrachteten, obwohl sie bis jetzt höchstens sechs Mal zu einem kurzen Besuch dort gewesen waren. Im Lexikon seiner Eltern hatte Greg die Einträge zu allen fünfzig Staaten gelesen, um sich auf Amerika vorzubereiten und es sich besser vorstellen zu können. Vierzehn Jahre lang hatten die Verwandten in Minnesota in Briefen von Familienfeiern berichtet, die die Mortensons hatten verpassen müssen. Außerdem hatte man Zeitungsausschnitte geschickt, in denen aus den *Twin Cities* berichtet wurde, den Zwillingsstädten, wie die gesamte Region um die benachbarten Großstädte Minneapolis und Saint Paul genannt wird. Greg bewahrte sie in seinem Zimmer auf und studierte sie immer wieder. Für ihn waren sie Zeugen einer fremden Kultur, die er gerne verstehen wollte.

Also packten die Mortensons ihre Bücher, Webarbeiten und Schnitzereien in Kisten und kamen zuerst in dem alten dreistöckigen Haus von Jerenes Eltern in Saint Paul unter, bevor sie günstig ein hellgrünes Haus in dem gutbürgerlichen Vorort Roseville kauften. An seinem ersten Tag auf einer amerikanischen Highschool war Greg erleichtert, so viele schwarze Schüler auf den Fluren zu sehen. Nun fühlte er sich Moshi nicht mehr so fern. Rasch sprach sich herum, dass der große, unbeholfene Neuling aus Afrika kam.

In der Pause schubste ein hochgewachsener, magerer Basketballspieler, der die Kühlerfigur eines Cadillac an einer Goldkette um den Hals trug, Greg gegen einen Trinkbrunnen, während sich seine Freunde bedrohlich um den Neuzugang scharten. »Du bist gar kein Afrikaner«, höhnte er. Dann prügelten die Jungen gemeinsam auf Greg ein, der schützend die Hände über den Kopf hob und sich fragte, was er wohl verbrochen haben mochte. Als sie endlich aufhörten, ließ er mit zitternden Lippen die Arme sinken, worauf der Anführer die Faust ballte und ihm ein blaues Auge verpasste. Ein anderer Junge griff nach einem Mülleimer und stülpte ihn Greg über den Kopf. Den stinkenden Eimer auf dem Kopf, stand er neben dem Trinkbrunnen und hörte, wie das Gelächter seiner Peiniger auf dem Flur verhallte.

Im Großen und Ganzen gewöhnte er sich jedoch rasch an die amerikanische Kultur. Er war ein guter Schüler, insbesondere in Mathematik, Musik, den Naturwissenschaften und – dank seiner erblichen Veranlagung – selbstverständlich auch im Sport.

Nachdem die Mortensons in die Vorstadt gezogen waren, verschaffte Greg sein Einsatz als Verteidiger in der Football-Mannschaft der Highschool wenn schon nicht die Freundschaft, so doch zumindest den Respekt seiner Mitschüler. Allerdings gab es da eine amerikanische Sitte, mit der er einfach nicht zurechtkam. »Greg war noch nie im Leben pünktlich«, schmunzelt seine Mutter. »Das war schon in seiner Kindheit so. Er lebt nun einmal nach afrikanischer Zeit.«

Der Einsatz der Familie in Afrika war zwar in vielerlei Hinsicht lohnend gewesen, nur leider nicht finanziell, weshalb die Studiengebühren an einer privaten Universität die Mittel der Mortensons überstiegen. Also fragte Greg seinen Vater um Rat. »Ich habe mit einem Stipendium der Army das College besucht«, erklärte Dempsey. »Das ist nicht die schlechteste Möglichkeit.« Und so suchte Greg im April seines letzten Highschool-Jahres ein Rekrutierungsbüro der Army in Saint Paul auf und verpflichtete sich für zwei Jahre. »So kurz nach dem Vietnamkrieg wirkte das auf mein Umfeld ziemlich merkwürdig«, meint er heute. »Meine Mitschüler konnten es nicht fassen, dass ich allen Ernstes zum Militär wollte. Aber wir waren pleite.«

Vier Tage nach seinem Highschool-Abschluss begann er in Fort Leonard Wood, Missouri, mit der Grundausbildung. Während die meisten seiner ehemaligen Schulkameraden im Sommer vor Beginn des College ausschliefen, wurde er an seinem ersten Morgen schon um fünf von einem Ausbilder aus dem Schlaf gerissen, der gegen sein Bett trat und »Hände vom Schwanz, rein in die Socken!« brüllte.

»Ich war fest entschlossen, mich nicht von diesem Kerl einschüchtern zu lassen«, hebt Mortenson hervor. Und so traf der Ausbilder ihn am nächsten Morgen um fünf voll bekleidet und auf seinem ordentlich gemachten Bett sitzend an. »Daraufhin schrie er mich wieder an, weil ich die vorgeschriebenen acht Stunden Schlaf nicht eingehalten hatte, und ließ mich vierzig Liegestützen machen. Danach brachte er mich ins Kompaniebüro, heftete mir einen Streifen an den Ärmel und begleitete mich zurück zu meinem Bett. ›Das ist Mortenson, euer neuer Zugführer‹, verkündete der Sergeant. ›Er ist jetzt euer Vorgesetzter, also müsst ihr Flaschen tun, was er euch sagt.‹«

Allerdings war Mortenson zu zurückhaltend, um seine Kameraden herumzukommandieren. Doch er brachte bei der Army ausgezeichnete Leistungen und war wegen des Football-Trainings und der Mitgliedschaft in der Leichtathletikmannschaft seiner Highschool in Topform. Daher belasteten ihn die Strapazen der Grundausbildung weniger als die schlechte Stimmung, die nach dem Vietnamkrieg beim Militär herrschte. Er wurde an Artilleriegeschützen geschult, zum Sanitäter ausgebildet – was sein Interesse an der Medizin weckte –, und schließlich bei der Dreiunddreißigsten Panzerdivision in Deutschland stationiert. »Ich war total naiv, als ich mich verpflichtete, doch die Army kennt Mittel und Wege, einem das rasch auszutreiben«, meint Mortenson. »Viele Jungs, die in Vietnam gewesen waren, hingen an der Nadel und spritzten sich im Bett eine Überdosis. Wir mussten dann die Leichen abholen.« Er erinnert sich auch an einen Wintermorgen, an dem er die Leiche eines Sergeants barg, den seine Kameraden zusammengeschlagen und einfach im Schnee hatten liegen lassen, weil er schwul gewesen war.

Während seiner Zeit in Bamberg, unweit der Grenze zur damaligen DDR, erwarb Mortenson auch eine Fähigkeit, die ihm später noch sehr nützlich sein sollte: Dank der unregelmäßigen Dienstzeiten beim Militär konnte er jederzeit und überall sofort einschlafen. Seine Führung als Soldat war mustergültig. »Ich habe nie auf jemanden geschossen«, betont er. »Allerdings sprechen wir hier von der Zeit, bevor die Berliner Mauer fiel. Deshalb verbrachten wir viele Stunden damit, durch die Zielfernrohre unserer M-16 die DDR-Soldaten zu beobachten.« Während des Wachdiensts wäre Mortenson theoretisch ermächtigt gewesen, auf DDR-Grenzsoldaten zu schießen, falls diese das Feuer auf einen flüchtenden ostdeutschen Zivilisten eröffnet hätten. »Hin und wieder passierte das auch, aber nie wenn ich Dienst hatte. Gott sei Dank!«

Die meisten weißen Soldaten, die Mortenson in Deutschland kennenlernte, verbrachten die Wochenenden damit, »sich den Tripper zu holen, zu saufen oder zu fixen«. Darum schloss er sich lieber den schwarzen Soldaten an und nutzte wie sie die kostenlosen Militärflüge nach Rom, London oder Amsterdam. Zum ersten Mal hatte er Gelegenheit zu reisen, und er genoss die Freiheit und die Gesellschaft seiner Kameraden sehr: »In der Army waren die meisten meiner Freunde schwarz. In Minnesota war das ein wenig schwierig gewesen, doch in der Army war die Rasse das Letzte, was einen interessierte. In Deutschland fühlte ich mich akzeptiert und war zum ersten Mal seit Tansania nicht einsam.«

Mortenson erhielt eine Tapferkeitsmedaille für die Evakuierung verletzter Soldaten während eines Manövers. Froh über dieses Stück Lebenserfahrung, wurde er nach zwei Jahren ehrenhaft entlassen. Allerdings hatte er sich in dieser Zeit zusätzlich zu seiner chronischen Unpünktlichkeit eine zweite schlechte Angewohnheit zugelegt: die absolute Unfähigkeit, vorwärts einzuparken. Noch lange nach seiner Entlassung setzte er seinen Wagen – sei es ein Jeep in Baltistan oder die Familienkutsche vor einem Einkaufszentrum in den USA – stets rückwärts in die Parklücke, wie es in der Army üblich ist, damit man im Falle eines Beschusses rasch fliehen kann.

Mit einem Football-Stipendium schrieb sich Mortenson an einem winzigen College in Minnesota ein. Jedoch wurden ihm die gutbürgerlichen Mitstudenten und das Leben auf dem kleinen provinziellen Campus bald zu langweilig, weshalb er mit einem Army-Stipendium an die vielfältigere Universität von South Dakota in Vermillion wechselte, die bedeutend mehr Möglichkeiten bot.

Inzwischen war Jerene ebenfalls wieder Studentin geworden und auf dem Wege, in Pädagogik zu promovieren. Dempsey war währenddessen für ein geringes Gehalt im Schuldnerarchiv der Staatskanzlei von Minnesota beschäftigt und langweilte sich entsetzlich. Also war das Geld in der Familie knapper als je zuvor. Mortenson arbeitete während seines gesamten Studiums, spülte Geschirr in der Mensa und übernahm Nachtschichten im Dakota Hospital. Jeden Monat schickte er heimlich einen Teil seines Verdienstes nach Hause an seinen Vater.

Er studierte gerade im zweiten Jahr in Vermillion, als bei Dempsey im April 1981 Krebs diagnostiziert wurde. Er war achtundvierzig Jahre alt. Als Mortenson, der Chemie und Pflegewissenschaft belegt hatte, erfuhr, dass sich Metastasen gebildet und auf Lymphknoten und Leber ausgebreitet hatten, wurde ihm klar, dass er seinen Vater vermutlich bald verlieren würde. Obwohl er eigentlich für Klausuren büffeln und außerdem noch neben dem Studium jobben musste, setzte er sich jedes zweite Wochenende sechs Stunden lang ins Auto, um in Minnesota bei seinem Vater zu sein. Und jedes Mal war er erschrocken, wie rasch es mit Dempsey bergab ging.

Da Mortenson sich inzwischen gut in medizinischen Dingen auskannte, überredete er die Ärzte, die Bestrahlungen einzustellen. Er wusste, dass der Tod nicht mehr weit war, und wollte, dass sein Vater die wenige Zeit genoss, die ihm noch blieb. Mortenson erbot sich sogar, das Studium abzubrechen, um Dempsey zu pflegen, doch der war strikt dagegen. So ging es mit den Besuchen im Zweiwochentakt weiter. Bei schönem Wetter trug Mortenson seinen Vater – entsetzt darüber, wie stark dieser abgenommen hatte – ins Freie, damit er dort auf einem Liegestuhl in der Sonne sitzen konnte. Dempsey, der vermutlich immer noch an dem prachtvollen Garten in Moshi hing, war sehr stolz auf seinen Kräutergarten und wies seinen Sohn an, jedes Unkraut ordentlich auszuzupfen.

Wenn Mortenson nicht schlafen konnte, hörte er oft spätnachts das Geräusch der Schreibmaschine, als Dempsey in allen Einzelheiten den Ablauf seiner eigenen Beerdigung plante. Währenddessen döste Jerene auf dem Sofa und wartete, bis das Tippen verstummte, um ihren Mann ins Bett zu bringen.

Im September besuchte Mortenson seinen Vater das letzte Mal. Inzwischen lag Dempsey bereits in Saint Paul im Krankenhaus. »Ich hatte am nächsten Morgen eine Klausur und wollte eigentlich nicht so spät nach Hause kommen. Aber ich konnte ihn einfach nicht allein lassen«, erzählt Mortenson. »Es fiel ihm nie leicht, Zuneigung zu zeigen. Doch er hatte die ganze Zeit die Hand auf meiner Schulter. Als ich schließlich aufstand, um zu gehen, meine er: ›Es ist alles erledigt. Alles ist gut. Ich habe für alles gesorgt.‹ Er hatte erstaunlich wenig Angst vor dem Tod.«

Wie in Moshi, wo Dempsey zur Feier ihrer erfolgreich abgeschlossenen Arbeit eine gewaltige Abschiedsparty gegeben hatte, hatte er auch seinen Abschied von dieser Erde bis hin zum letzten Kirchenlied festgelegt. Friedlich starb er am nächsten Morgen.

In der mit Trauergästen überfüllten lutherischen Kirche in Roseville wurde das von ihm entworfene Programm mit dem Titel *Die Freude heimzukehren* verteilt. Mortenson hielt eine Abschiedsrede auf Suaheli und nannte seinen Dad *baba, kaka, ndugu* – Vater, Bruder, Freund. Dempsey, der stets stolz auf seine Zeit beim Militär gewesen war, wurde auf einem Veteranenfriedhof in Minneapolis zur letzten Ruhe gebettet.

Nach dem Tod seines Vaters fühlte sich Mortenson, der inzwischen einen ausgezeichneten Abschluss in Pflegewissenschaften und Chemie in der Tasche hatte, vollkommen ungebunden und frei. Er spielte mit dem Gedanken, an einer Privatuniversität in Ohio Medizin zu studieren, und wäre sogar angenommen worden, doch die Vorstellung, noch einmal fünf Jahre warten zu müssen, bevor er endlich eigenes Geld verdiente, schreckte ihn ab. Außerdem begann er sich nach dem Tod seines Vaters zunehmend Sorgen darüber zu machen, auch Christa zu verlieren, denn sie litt immer häufiger an Krampfanfällen. Deshalb kehrte er für ein Jahr nach Hause zurück und kümmerte sich um seine kleine Schwester. Er besorgte ihr eine Stelle in einer Fabrik, die Infusionsbeutel herstellte, und fuhr die Busstrecke durch Saint Paul so oft mit ihr ab, bis sie sich den Weg eingeprägt hatte. Christa interessierte sich sehr für die Freundinnen ihres Bruders und hatte viele Fragen über Sex auf dem Herzen, die sie ihrer Mutter nicht zu stellen wagte. Als Mortenson erfuhr, dass Christa einen Freund hatte, bat er eine Krankenschwester, mit ihr über Verhütung zu sprechen.

Im Jahr 1986 schrieb er sich an der staatlichen Indiana-Universität in Bloomington im Fach Neurophysiologie ein, da er in seinem Idealismus glaubte, auf diese Weise ein Mittel gegen die Krankheit seiner Schwester finden zu können, wenn er sich nur genug ins Zeug legte. Allerdings drehten sich die Räder der medizinischen Forschung zu langsam für einen ungeduldigen Achtundzwanzigjährigen: Je mehr Mortenson zum Thema Epilepsie lernte, desto weiter schien Christas Heilung in die Ferne zu rücken. Wenn er über dickleibigen Lehrbüchern brütete oder im Labor saß, ertappte er sich immer wieder dabei, dass seine Gedanken zu den zarten Quarzadern in den Granitwänden der Needles schweiften, spitzen Felsformationen in den in South Dakota gelegenen Black Hills, wo er sich im Vorjahr zusammen mit zwei Collegefreunden die Grundlagen des Kletterns angeeignet hatte.

Der Ruf der Berge wurde immer lauter. Mortenson besaß den alten weinroten Buick seiner Großmutter, den er La Bamba getauft hatte. Er verfügte über einige Tausend Dollar Ersparnisse. Und er sehnte sich nach einem anderen Leben, einem, das sich hauptsächlich in der freien Natur abspielte – wie jenes, das er damals in Tansania so geliebt hatte. Da Kalifornien ihm dafür am geeignetsten erschien, lud er seine Habe in La Bamba und machte sich auf den Weg nach Westen.

Wie immer, wenn Mortenson sich mit Leib und Seele einer Sache verschreibt, verlief seine Lernkurve als Bergsteiger so steil wie die Felswände, die er bald erklimmen sollte. Wenn er heute seine ersten Jahre in Kalifornien schildert, klingt es, als hätten der einwöchige Lehrgang in den südkalifornischen Suicide Rocks und seine Kletterei im Vorstieg einer Seilschaft an den Siebentausendern Nepals unmittelbar aneinander angeschlossen. Nach dem strengen Regiment seiner Mutter, der Armee, dem College und der Universität empfand er das ungebundene Leben – klettern, ein wenig jobben und dann wieder klettern – als neu und berauschend. Er heuerte als Pfleger in der Notaufnahme an und leistete Nacht- und Wochenendschichten in verschiedenen Krankenhäusern im Umkreis von San Francisco. Als Gegenleistung für die bei anderen unbeliebten Arbeitszeiten nahm er sich die Freiheit heraus, verschwinden zu können, wenn der Berg ihn rief.

Klettern ist für die einschlägige Szene im Großraum San Francisco eine Betätigung, die einen Menschen ganz und gar vereinnahmen kann, und auch Mortenson war nicht in der Lage, sich dem Sog zu entziehen. Er wurde Mitglied einer in einem alten Lagerhaus eingerichteten Kletterhalle, die *City Rock* hieß, und feilte dort stundenlang an seiner Technik. Außerdem hatte er mit dem Marathonlaufen angefangen und ging zwischen seinen Expeditionen zum Mount Baker, Annapurna IV, Baruntse und einigen anderen Himalaya-Gipfeln ins Fitness-Studio. »Zwischen 1989 und 1992 war Klettern mein Leben«, urteilt er im Rückblick. Dabei faszinierte ihn die Geschichte des Bergsteigens ebenso wie die Herausforderung, sich mit einer unnachgiebigen Felswand zu messen. Er eignete sich ein gewaltiges Wissen über die historischen Hintergründe des Bergsteigens an und durchkämmte die Antiquariate nach Bergsteigerberichten aus dem 19. Jahrhundert: »In jenen Jahren benutzte ich die Bergsteiger-Bibel *The Freedom of the Hills* als Kopfkissen.«

Christa besuchte ihn jedes Jahr. Mortenson versuchte, ihr seine Liebe zu den Bergen begreiflich zu machen, fuhr mit ihr in den

Yosemite-Nationalpark und zeigte ihr von unten die vielen Routen, auf denen er bereits den Half Dome bestiegen hatte, einen halbkugelförmigen Granitmonolithen mit einer gewaltigen glatten Nordwestwand.

Am 23. Juli 1992 war Mortenson mit seiner damaligen Freundin auf dem Mount Sill in der östlichen Sierra Nevada unterwegs. Als sie gegen halb fünf Uhr morgens einen Gletscher hinabgingen, auf dem sie nach dem Besteigen des Gipfels biwakiert hatten, stolperte Mortenson plötzlich, überschlug sich einmal und rutschte dann den steilen Hang hinab. Dabei hatte er so viel Schwung, dass er bei jedem Aufprall anderthalb Meter in die Luft geschleudert wurde, bevor er wieder auf den betonharten gefrorenen Schnee krachte. Wegen des schweren Rucksacks, der an ihm zerrte, kugelte er sich die linke Schulter aus und brach sich das Schlüsselbein. Erst nach einem Fall von etwa zweihundertfünfzig Höhenmetern gelang es ihm, die Spitze seines Eispickels in den Schnee zu rammen und sich mit dem gesunden Arm festzuhalten.

Nachdem Mortenson vierundzwanzig Stunden lang unter Halluzinationen und Schmerzen den Berg hinunter- und den Wanderpfad zum Wagen zurückgetaumelt war, fuhr seine Freundin ihn in die nächste Notaufnahme. Von dort aus rief Mortenson seine Mutter an, um ihr mitzuteilen, dass er das Abenteuer heil überstanden hatte. Allerdings erhielt er eine schreckliche Nachricht, die viel schmerzhafter war als seine Verletzungen. Während er am Mount Sill um sein Leben gekämpft hatte, wollte seine Mutter Christa wecken, da für deren dreiundzwanzigsten Geburtstag eine Reise geplant war. »Als ich in ihr Zimmer kam, kauerte Christa auf allen vieren, als hätte sie sich wieder ins Bett legen wollen, nachdem sie auf der Toilette gewesen war«, erinnert sich Jerene. »Sie war blau angelaufen. Wahrscheinlich sollten wir erleichtert sein, dass der Tod durch den schweren Krampfanfall so schnell kam. Sie war buchstäblich mitten in der Bewegung erstarrt.«

Den Arm in der Schlinge, kam Mortenson zur Beerdigung nach Minnesota. Die Trauerfeier wurde in derselben Kirche abgehalten, in der auch der Abschied von Dempsey stattgefunden hatte.

Wieder zurück in Kalifornien, fühlte Mortenson sich so ziel- und hoffnungslos wie noch nie in seinem Leben. Deshalb empfand er den Anruf von Dan Mazur – eines erfahrenen Bergsteigers, dem große Zielstrebigkeit nachgesagt wurde – als Rettung in letzter Minute. Mazur plante eine Expedition zum K2, der größten Herausforderung für einen Bergsteiger, und brauchte einen Sanitäter. Ob Mortenson Lust habe mitzukommen? Für diesen bedeutete die Anfrage einen Weg, sein Leben wieder ins Lot zu bringen und gleichzeitig das Andenken an seine Schwester zu ehren. Er würde den Gipfel besteigen, vor dem alle die größte Hochachtung hatten, und diese Leistung Christa widmen. Es musste doch einen Weg geben, ihrem so sinnlosen Tod eine Bedeutung zu verleihen!

Mortenson ließ Gigi langsam sinken und setzte den Stoffaffen wieder auf das Fotoalbum. Draußen auf der San Pablo Avenue rumpelte ein Lastwagen vorbei, sodass die kleine Kammer erbebte. Mortenson verließ den Lagerraum, um seine Kletterausrüstung aus dem Kofferraum von La Bamba zu holen.

Sorgsam hängte er Geschirr, Seile, Steigeisen, Karabinerhaken, Bohrhaken und Steigklemmen an die Wand, wo sie während der letzten fünf Jahre nur kurz zwischen seinen Reisen und Klettertouren verweilt hatten. Seine Ausrüstung hatte ihn über Kontinente hinweg auf Gipfel getragen, die für den Menschen einstmals unbezwingbar schienen – doch nun kamen ihm diese Hilfsmittel nutzlos vor. Was braucht man, um Gelder zu sammeln?, fragte er sich vielmehr. Wie konnte er seine Landsleute für ein paar Kinder interessieren, die am anderen Ende der Welt im Kreis draußen in der Kälte saßen und ihre Lektionen mit Stöckchen in die Erde ritzten? Er löschte das Licht, sodass die Gegenstände im Lagerraum in Dunkelheit versanken – und damit auch ihre Besonderheit verloren. Ein Strahl der kalifornischen Sonne fiel noch auf die zerschrammten Plastikaugen des Stoffaffen. Dann schloss Mortenson die Tür ab.

Fünfhundertachtzig Briefe, ein Scheck

Lass Trauer und Sehnsucht in deinem Herzen wohnen.
Gib niemals auf und verliere die Hoffnung nicht.
Allah sagt: »Ich liebe die, die zerbrochen sind.«
Also zermalme dein Herz und zerbreche.

Scheich Abu-Said Abil-Kheir, auch genannt
»Niemand, Sohn des Niemand«

Die Schreibmaschine war zu klein für Mortensons Hände. Immer wieder erwischte er zwei Tasten auf einmal, worauf er den Brief aus der Maschine riss und wieder von Neuem begann, was die Angelegenheit noch teurer machte. Die Mietgebühr von einem Dollar pro Stunde für die alte IBM Selectric erschien ihm durchaus vernünftig, allerdings hatte er nach fünf Stunden in dem Kopierladen im Zentrum von Berkeley erst vier Briefe geschafft.

Abgesehen davon, dass IBM die Tasten so eng zusammengepackt hatte, bestand ein weiteres Problem darin, dass Mortenson nicht wusste, wie er sich am besten ausdrücken sollte. »Sehr geehrte Ms Winfrey«, begann er im Zwei-Finger-Suchsystem den fünften Brief. »Ich bin ein Bewunderer Ihrer Sendung. Ich sehe in Ihnen jemanden, dem das Wohlergehen seiner Mitmenschen am Herzen liegt. Ich schreibe Ihnen, um Ihnen von einem kleinen Dorf in Pakistan zu erzählen, das Korphe heißt. Dort möchte ich gerne eine Schule gründen. Wussten Sie, dass viele Kinder in diesem wunderschönen Teil des Himalaya gar nicht zur Schule gehen?«

Dann kam die Stelle, an der er immer wieder hängen blieb. Mortenson war nämlich nicht sicher, ob er den Stier bei den Hörnern packen und von Geld sprechen oder nur neutral um Unterstützung bitten sollte. Und wenn er um Geld ersuchte, sollte er dann einen festen Betrag nennen? »Ich plane, eine Schule mit fünf Räumen für etwa hundert Schüler bis zur fünften Klasse zu bauen«, tippte er weiter. »Als ich in Pakistan war, um den K2 zu besteigen (bis ganz nach oben habe ich es nicht geschafft), habe ich mit einigen einheimischen Fachleuten gesprochen. Wenn ich vor Ort verfügbare Materialien verwende und einheimische Handwerker beschäftige, werden zwölftausend Dollar sicher für den Bau der Schule genügen.«

Und jetzt wurde es richtig schwierig: Um wie viel sollte er bitten? Um den ganzen Betrag? »Jede Summe, die Sie dazu beitragen könnten, wäre eine große Hilfe«, schrieb er. Im nächsten Moment stellte er fest, dass er sich beim letzten Wort schon wieder vertippt hatte, und riss die Seite aus der Maschine, um abermals zu beginnen.

Als er schließlich nach San Francisco fuhr, um seine Nachtschicht in der Notaufnahme des UCSF Medical Center anzutreten, hatte er gerade einmal sechs Briefe fertiggestellt, kuvertiert und mit einer Briefmarke versehen. Einen an Oprah Winfrey, die Talkshow-Königin, je einen an den leitenden Nachrichtensprecher jedes Fernsehsenders und spontan auch einen an die Schauspielerin Susan Sarandon, da sie einen so sympathischen Eindruck auf ihn machte und außerdem sozial engagiert zu sein schien.

Einen Zeigefinger am Steuer des Buick, lenkte Mortenson La Bamba durch den Berufsverkehr. Dieses Auto war wenigstens ein technisches Gerät, dessen Größe seinen gewaltigen Pranken angepasst war. Er stoppte und kurbelte das Fenster auf der Beifahrerseite herunter, um die Briefe in einen der Kästen zu werfen, die vor dem Postamt von Berkeley direkt am Straßenrand standen.

Ein ziemlich klägliches Ergebnis für einen ganzen Arbeitstag. Aber wenigstens hatte er den ersten Schritt gemacht. Er musste unbedingt schneller tippen lernen, denn er hatte sich fünfhundert Briefe zum Ziel gesetzt. Als er sich mit La Bamba wieder in den Verkehr einfädelte, der in westlicher Richtung über die Bay Bridge rollte, schwirrte ihm der Kopf vor freudiger Erwartung, und er fühlte sich, als hätte er eine Zündschnur angesteckt. Jetzt brauchte er nur noch auf die Explosion guter Nachrichten zu warten.

Falls es wieder einmal zu einer Messerstecherei gekommen war oder Patienten mit blutigen Geschwüren vorstellig wurden, verging die Zeit in der Notaufnahme wie im Fluge. Kamen jedoch keine dringenden Fälle herein, krochen vor allem die frühen Morgenstunden im Schneckentempo dahin. In Nächten wie diesen hielt Mortenson auf einer der Liegen ein Nickerchen oder plauderte mit den Ärzten, wie zum Beispiel mit Tom Vaughan. Der magere, hochgewachsene Brillenträger war ein eher ernsthafter Mensch. Außerdem war der Lungenspezialist ebenfalls Bergsteiger, hatte in den Anden den Aconcagua bezwungen, den höchsten Berg außerhalb Asiens, und den Gipfel des Nanda Devi erreicht, des höchsten Berges Indiens. Zudem hatte er 1982 als begleitender Arzt an einer amerikanischen Expedition zum Gasherbrum II in Pakistan teilgenommen. Deshalb freundeten sich der Arzt und der Krankenpfleger rasch miteinander an.

»Vom Gasherbrum II war der K2 zu sehen«, erinnert sich Vaughan. »Ein unbeschreiblich faszinierender und Ehrfurcht gebietender Anblick. Ich wollte von Greg unbedingt wissen, wie es gewesen war, ihn zu besteigen.« Vaughan selbst hatte sich an dem nach landläufiger Meinung am einfachsten zu bezwingenden Achttausender versucht, doch in jener Saison war es keinem Mitglied seines Teams gelungen, den Gipfel zu stürmen. Außerdem war ein Teilnehmer der Expedition von einer Lawine über eine Felskante gerissen worden und blieb für immer verschollen.

Also hatte Vaughan eine gute Vorstellung davon, welche gewaltige Leistung es bedeutete, einen mörderischen Gipfel wie den K2 beinahe erreicht zu haben. Zwischen den eingelieferten Notfällen sprachen die beiden Männer über die einsame Pracht des Baltoro, der in ihrer beider Augen der beeindruckendste Ort der Erde war. Außerdem erkundigte sich Mortenson bei Vaughan eingehend nach Maßnahmen gegen das Lungenödem, das Anschwellen der Lunge, das schon bei so vielen Bergsteigern zum Tod oder zu dauerhaften Schäden geführt hatte.

»Greg war in einem Notfall unglaublich schnell und tüchtig und hatte immer die Ruhe weg«, so Vaughan. »Allerdings schien er mit dem Herzen nicht bei der Sache zu sein, wenn man mit ihm über medizinische Themen sprach. Damals hatte ich den Eindruck, dass er nur die Zeit bis zu seiner Rückkehr nach Pakistan zu überbrücken versuchte.«

Vielleicht war Mortenson in Gedanken ja wirklich in einem fast zwanzigtausend Kilometer entfernten Bergdorf. Dennoch konnte er den Blick nicht von einer gewissen Anästhesistin abwenden, und wenn sie einander begegneten, wurden ihm jedes Mal die Knie weich. Die Ärztin hieß Dr. Marina Villard. »Eine klassische Schönheit«, entsinnt Mortenson sich. »Außerdem war auch sie Bergsteigerin. Sie schminkte sich nicht und hatte dunkles Haar und volle Lippen, die ich kaum ansehen konnte. Wenn wir zusammenarbeiteten, stand ich Höllenqualen aus. Ich wusste nicht, ob ich mich mit ihr verabreden oder ihr aus dem Weg gehen sollte, um wieder klar denken zu können.«

Um während des Geldsammelns möglichst wenig auszugeben, beschloss Mortenson, sich die Wohnungsmiete zu sparen. Schließlich hatte er ja seinen Lagerraum. Und der Rücksitz von La Bamba war so lang wie ein Sofa, verglichen mit einem zugigen Zelt auf dem Baltoro also ein verhältnismäßig bequemer Schlafplatz. Seine Mitgliedschaft bei *City Rock* erhielt Mortenson jedoch aufrecht, nicht nur wegen der Kletterwand, die er fast täglich nutzte, um in Form zu bleiben, sondern auch wegen der Duschen. Jeden Abend suchte er sich eine dunkle, ruhige Straße in einem Industriegebiet, um ungestört schlafen zu können. In seinen Schlafsack gewickelt, vermochte er sich auf dem Rücksitz von La Bamba beinahe auszustrecken, und er ertappte sich dabei, dass er vor dem Einschlafen immer wieder an Marina dachte.

An Tagen, an denen er nicht arbeiten musste, tippte sich Mortenson mühsam durch Hunderte Briefe an alle amerikanischen Senatoren. In der öffentlichen Bibliothek durchforstete er Lifestyle-Zeitschriften, die er sonst nicht einmal mit der Beißzange angefasst hätte, nach den Namen von Filmstars und Popsängern, die er auf eine zusammengefaltet in einem Gefrierbeutel aufbewahrte Liste eintrug. Er schrieb Adressen aus einem Buch ab, das die hundert reichsten Amerikaner aufführte. »Ich hatte keine Ahnung, wie ich es am besten anstellen sollte«, erzählt er. »Ich legte einfach eine Liste von Personen an, die mir einflussreich, beliebt oder wichtig erschienen, und schrieb ihnen einen Brief. Damals war ich sechsunddreißig Jahre alt und hatte nicht den leisesten Schimmer von Computern. So naiv war ich in jener Zeit.«

Als Mortenson eines Tages wieder zum Kopierladen wollte, fand er das Geschäft zu seiner Überraschung geschlossen vor. Also machte er sich auf den Weg zum nächsten Copyshop, um dort eine Schreibmaschine zu mieten.

»Ich erklärte ihm, dass wir keine Schreibmaschinen hätten«, berichtet Kishwar Syed, der Besitzer des Ladens. »Schließlich lebten wir im Jahr 1993. ›Warum nehmen Sie keinen Computer?‹, fragte ich. Da antwortete er, er wisse nicht, wie ein Computer funktioniert.«

Bald erfuhr Mortenson, dass Syed Pakistaner war und aus einem kleinen Dorf im mittleren Pandschab stammte. Als Syed hörte, warum Mortenson diese Briefe schreiben wollte, setzte er ihn an einen Computer und erteilte ihm einige kostenlose Unterrichtsstunden, bis sein neuer Freund das Gerät bedienen konnte.

»In meinem Dorf in Pakistan gab es keine Schule, weshalb ich Gregs Projekt sehr wichtig fand«, sagt Syed. »Sein Vorhaben war so gewaltig, dass ich mich verpflichtet fühlte, ihm zu helfen.«

Mortenson war fasziniert davon, dass man mit dem Computer Textstellen ausschneiden und kopieren konnte. Wie ihm klar wurde, hätte er die dreihundert Briefe, für die er mehrere Monate gebraucht hatte, auf diese Weise an einem einzigen Tag schreiben können. Angeleitet von Syed und angetrieben von zahlreichen Tassen Kaffee arbeitete er ein ganzes Wochenende lang fieberhaft an seinen Briefen, bis er das selbst gesteckte Ziel von fünfhundert Stück erreicht hatte. Anschließend überlegten er und Syed, ob sich die Liste der Prominenten nicht noch erweitern ließe, bis Mortenson am Ende fünfhundertachtzig Bettelbriefe beisammen hatte. »Es war wirklich interessant«, meint er. »Ein Pakistaner half mir zu lernen, wie man einen Computer benutzte, damit pakistanische Kinder Lesen und Schreiben lernen konnten.«

Nachdem er die Briefe zur Post gebracht hatte, kehrte er an seinen freien Tagen in Syeds Laden zurück, um mithilfe seiner neuen Computerkenntnisse sechzehn Anträge auf Stiftungsfördermittel für die Schule in Korphe zu schreiben.

Wenn Mortenson und Syed nicht gemeinsam über der Tastatur saßen, unterhielten sie sich über Frauen. »Es war eine gleichzeitig traurige und schöne Zeit«, erinnert sich Syed. »Wir sprachen über die Einsamkeit und die Liebe.« Er war mit einer Frau verlobt, die seine Mutter in Karatschi für ihn ausgesucht hatte. Nun musste er Geld für die Hochzeit sparen, um sie in die USA holen zu können.

Als Mortenson ihm seine Schwärmerei für Marina gestand, schmiedete Syed zahlreiche Pläne, wie sein Freund sich mit ihr verabreden könnte. »Hör auf mich«, mahnte er. »Du wirst auch nicht jünger und solltest langsam eine Familie gründen. Worauf wartest du noch?«

Allerdings geriet Mortenson jedes Mal ins Stocken, wenn er Marina zum Abendessen einladen wollte. Doch während ihrer gemeinsamen Dienste im UCSF Medical Center erzählte er ihr alles über den Karakorum und seine Pläne, dort eine Schule zu bauen. Um nicht in den Augen dieser Frau zu versinken, konzentrierte er sich beim Reden voll und ganz auf seine Schilderung. Aber immer wenn er nach einem Bericht über Etienne Fines Rettung, sein Herumirren auf dem Baltoro und seine Zeit in Korphe unter Hadschi Alis Obhut aufblickte, stellte er fest, dass Marinas Augen funkelten. Nachdem sie zwei Monate so miteinander gesprochen hatten, bereitete sie Mortensons Qualen ein Ende, indem sie ihn kurzerhand fragte, ob er mit ihr ausgehen wolle.

Seit seiner Rückkehr aus Pakistan hatte Mortenson gelebt wie ein Bettelmönch. Sein Frühstück bestand meistens aus einem Kaffee und einem Krapfen, die es in einer kambodschanischen Bäckerei für neundneunzig Cent im Sonderangebot gab. Häufig aß er danach bis zum Abendessen nichts und gönnte sich dann einen Burrito für drei Dollar in einem der vielen Taco-Läden im Zentrum von Berkeley.

Zu ihrer ersten Verabredung lud Mortenson Marina in ein Fischrestaurant in Sausalito ein, das direkt am Wasser lag, und bestellte – wegen des Preises zähneknirschend – eine Flasche Weißwein. Mit vollem Engagement und Hals über Kopf stürzte er sich in die Beziehung. Aus einer früheren Ehe hatte Marina zwei Töchter, die fünfjährige Blaise und die dreijährige Dana. Bald hatte Mortenson die beiden Mädchen fast ebenso gern wie ihre Mutter.

An den Wochenenden, die die Kinder bei ihrem Vater verbrachten, fuhren Mortenson und Marina oft in den Yosemite-Nationalpark, übernachteten in La Bamba und stiegen auf Gipfel wie den Cathedral Spire. Wenn die Mädchen zu Hause waren, nahm Mortenson sie zum Indian Rock mit, einer malerischen Felsnase in den idyllischen Berkeley Hills, wo er ihnen die Grundlagen des Kletterns beibrachte. »Es war, als hätte ich plötzlich eine Familie«, schildert er seine damaligen Empfindungen. »Und mir wurde klar, dass ich mich immer danach gesehnt hatte. Wenn nun auch noch Gelder für die Schule hereingekommen wären, ich hätte im siebten Himmel geschwebt.«

Besorgt hatte Jerene Mortenson, die inzwischen in Wisconsin lebte, aus der Ferne die Odyssee ihres Sohnes verfolgt. Nach ihrer Promotion war sie Rektorin einer Grundschule geworden. Sie überredete Mortenson, vor ihren sechshundert Schülern einen Diavortrag zu halten. »Erwachsenen zu erklären, warum ich Schülern in Pakistan helfen wollte, war mir ziemlich schwergefallen«, meint er. »Aber die Kinder verstanden mich sofort. Als sie die Bilder sahen, konnten sie es nicht fassen, dass es Gleichaltrige gab, die bei kaltem Wetter draußen sitzen und Unterricht ohne Lehrer abhalten mussten. Und da beschlossen sie, etwas zu unternehmen.«

Einen Monat nach seiner Rückkehr nach Berkeley erhielt Mortenson einen Brief von seiner Mutter. Sie schrieb, ihre Schüler hätten spontan eine Aktion mit dem Namen *Pennies for Pakistan* ins Leben gerufen und in zwei 40-Liter-Mülltonnen 62345 1-Cent-Münzen gesammelt. Als Mortenson den von seiner Mutter mitgeschickten Scheck über 623,45 Dollar auf ein Konto einzahlte, hatte er das Gefühl, dass das Blatt sich endlich gewendet hatte. »Die Kinder hatten den ersten Schritt getan, um die Schule zu bauen«, hebt er hervor. »Und zwar mit etwas, das in unserer Gesellschaft praktisch wertlos ist – Pennys. In anderen Ländern kann man damit jedoch Berge versetzen.«

Ansonsten ging es allerdings weiter nur schleppend voran. Seit Mortenson den ersten seiner fünfhundertachtzig Briefe verschickt hatte, waren mittlerweile sechs Monate verstrichen. Endlich erhielt er die erste und einzige Antwort, und zwar von einem bekannten Fernsehjournalisten, der ebenfalls Absolvent der Universität von South Dakota war, was Mortenson in seinem Brief erwähnt hatte. Zusammen mit einem Schreiben, in dem er ihm viel Glück wünschte, schickte der Journalist einen Scheck über hundert Dollar. Nach und nach trudelten auch die Antworten der verschiedenen Stiftungen ein – ein Schlag in die Magengrube, denn sie setzten Mortenson davon in Kenntnis, dass alle sechzehn Anträge auf Fördermittel abgelehnt worden waren.

Er zeigte Tom Vaughan den Brief des Journalisten und klagte darüber, wie mühsam sich die Beschaffung von Geldern hinziehe. Vaughan war Fördermitglied der American Himalayan Foundation (AHF) und beschloss, diese Organisation um Hilfe zu bitten. Sein kurzer Artikel über Mortensons K2-Ersteigung und dessen Vorhaben, in Korphe eine Schule zu bauen, wurde im landesweiten Infobrief der Stiftung veröffentlicht. Außerdem erinnerte Vaughan die AHF-Mitglieder, von denen viele zu den berühmtesten und besten Bergsteigern der Vereinigten Staaten gehörten, an Sir Edmund Hillarys Erbe in Nepal.

Nachdem Hillary in Begleitung von Tenzing Norgay 1953 den Mount Everest bezwungen hatte, war er oft in die Khumbu-Region zurückgekehrt und hatte sich einer Aufgabe gewidmet, die er selbst als viel schwieriger beschrieb als die Ersteigung des höchsten Gipfels der Welt – er hatte Schulen in den armen Dörfern der Sherpa gebaut, deren Trägern er den Erfolg seiner Expedition verdankte.

In seinem 1964 erschienen Buch *Schoolhouse in the Clouds*, das sein wohltätiges Engagement behandelt, schrieb Hillary mit bemerkenswertem Weitblick von der Notwendigkeit, in den ärmsten und abgelegensten Gegenden der Erde Hilfsprogramme zu starten – an Orten wie dem Khumbu und Korphe. »Langsam und widerstrebend sieht die Welt endlich ein, dass die wohlhabenderen und technisch entwickelteren Länder die Verantwortung haben, den weniger entwickelten zu helfen«, heißt es in dem Buch. »Und zwar nicht nur aus Mildtätigkeit, sondern weil wir uns nur auf diese Weise einen dauerhaften Frieden sichern können.«

Allerdings war Hillarys Weg in einer Beziehung weitaus weniger steinig gewesen als bislang der von Mortenson, denn nach der Bezwingung des höchsten Gipfels der Erde war der Neuseeländer eine weltweite Berühmtheit. Wenn er sich wegen Finanzmitteln für seine Schulen an mögliche Spender wandte, überschlugen diese sich förmlich, um seine Himalayan Schoolhouse Expedition zu unterstützen. Ein großer Enzyklopädie-Verlag aus Chicago erwies sich als der großzügigste Geldgeber und stattete Hillary 1963 mit zweiundfünfzigtausend Dollar aus. Eine US-Kaufhauskette, die seit Kurzem Zelte und Schlafsäcke mit Hillary-Emblem führte, kleidete die Expeditionsmitglieder ein und stellte ihnen ein Filmteam zur Verfügung, um Hillarys Bemühungen zu dokumentieren. Weitere Gelder flossen, als Hillarys Agenten die europäischen Film- und Verlagsrechte verkauften und vor seiner Abreise nach Nepal einen Vorschuss für das künftige Buch über die Expedition heraushandelten.

Mortenson hingegen hatte nicht nur den Gipfel des K2 verfehlt, sondern war völlig pleite nach Hause zurückgekehrt. Und da er die Sache mit Marina nicht vermasseln wollte, indem er sie vielleicht zu sehr bedrängte, verbrachte er weiterhin die meisten Nächte in La Bamba. Inzwischen war er bei der Polizei bekannt und wurde häufig mitten in der Nacht vom grellen Strahl einer Taschenlampe geweckt, sodass er sich schlaftrunken ans Steuer setzen musste, um sich einen neuen Schlafplatz zu suchen, wo man ihn hoffentlich bis zum Morgen in Ruhe lassen würde.

Seit einiger Zeit spürte Mortenson, dass das Geld zwischen ihm und Marina allmählich zum Problem wurde. Offenbar hatten die Übernachtungen in La Bamba und die Kletterausflüge am Wochenende für sie ihren Reiz verloren. Leider fiel seine Reaktion recht schroff aus, als sie an einem kalten Frühlingsnachmittag auf dem Weg in den Yosemite-Nationalpark vorschlug, sich doch einmal etwas zu gönnen und die Nacht im historischen *Ahwahnee Hotel* zu verbringen, einem beeindruckenden Juwel der Westküsten-Architektur aus der Vorkriegszeit. Ein einziges Wochenende in diesem Hotel hätte beinahe das gesamte Geld verschlungen, das Mortenson bis jetzt für seine Schule gespart hatte, weshalb er sich rundheraus weigerte. Und so herrschte das restliche Wochenende lang im feuchtkalten Wageninneren dicke Luft.

Als Mortenson an einem für San Francisco typischen kalten und nebeligen Sommertag zur Arbeit kam, reichte Vaughan ihm einen von seinem Rezeptblock abgerissenen Zettel. »Dieser Typ hat den Artikel über dich im Infobrief gelesen und mich angerufen«, erklärte er. »Er ist Bergsteiger und außerdem Wissenschaftler. Allerdings hat er, wie ich zugeben muss, keinen sonderlich sympathischen Eindruck auf mich gemacht. Er wollte wissen, ob du Drogen nimmst und das Geld verpulvern würdest. Aber er scheint reich zu sein. Du solltest dich bei ihm melden.« Mortenson betrachtete den Zettel. *Dr. Jean Hoerni*, stand da neben einer Nummer mit der Vorwahl von Seattle. Er bedankte sich bei Vaughan und steckte den Zettel auf dem Weg in die Notaufnahme in die Hosentasche.

Am nächsten Tag schlug Mortenson in der öffentlichen Bibliothek von Berkeley Jean Hoernis Namen nach und entdeckte zu seiner Überraschung Hunderte Artikel, die hauptsächlich die Halbleiterindustrie behandelten. Hoerni war ein in der Schweiz geborener Physiker, der seinen Abschluss in Cambridge gemacht hatte. Mit einer Gruppe kalifornischer Wissenschaftler hatte er einen integrierten Schaltkreis entwickelt, den Vorläufer des Siliziumchips. Da seine Genialität nur von seiner Reizbarkeit übertroffen wurde, hielt er es nie lange in einem Job aus, zumeist deshalb, weil er wieder einmal mit seinen Geschäftspartnern aneinandergeraten war. Im Laufe seiner bemerkenswerten Karriere gründete er ein halbes Dutzend Firmen, die sich nach seinem Abschied zu Industriegiganten entwickelten. Als Hoerni sich mit Tom Vaughan in Verbindung setzte, um Mortenson aufzuspüren, war er mittlerweile siebzig Jahre alt und besaß ein Privatvermögen von mehreren Hundert Millionen Dollar.

Auch Hoerni war Bergsteiger. Als junger Mann hatte er sich am Mount Everest versucht und Gipfel auf fünf Kontinenten erklommen. Er war nicht nur willensstark, sondern auch körperlich so gut in Form, dass er sogar einmal eine kalte Nacht in großer Höhe in einem mit Zeitungspapier ausgestopften Schlafsack überlebt hatte. Später schrieb er an den Herausgeber des *Wall Street Journal* und lobte das Blatt als »die bei Weitem wärmste Zeitung auf dem Markt«.

Den Karakorum, den er von Wandertouren kannte, hatte er besonders ins Herz geschlossen. Der Kontrast zwischen der idyllischen Landschaft und der bitteren Armut der Balti habe ihn sehr betroffen gemacht, wie er Freunden anvertraute.

Mortenson wechselte zehn Dollar in Vierteldollarmünzen und rief vom öffentlichen Fernsprecher der Bibliothek Hoerni zu Hause in Seattle an. »Hier spricht Greg Mortenson. Tom Vaughan hat mir Ihre Nummer gegeben. Ich rufe an, weil ...«, begann er, nachdem einige kostspielige Minuten vergangen waren, bis Hoerni endlich selbst an den Apparat kam.

»Ich weiß, was Sie wollen!«, fiel ihm eine barsche Stimme mit französischem Akzent ins Wort. »Aber wer garantiert mir, dass Sie sich mit dem Geld, das ich Ihnen für die Schule gebe, nicht an einen mexikanischen Strand verdrücken, Gras rauchen und Ihre Freundin vögeln?«

»Ich ...«, stammelte Mortenson.

»Wie bitte?«

»Nein, Sir, das werde ich auf gar keinen Fall tun. Ich möchte nur Kindern zu einer Schulbildung verhelfen. Im Karakorum. Sie brauchen dringend unsere Unterstützung. Das Leben dort ist sehr hart.«

»Das ist mir bekannt«, erwiderte Hoerni. »Ich war 1974 selbst dort. Auf dem Weg zum Baltoro.«

»Waren Sie trekken oder Mitglied einer Ex...?«

»Also, was genau soll Ihre Schule denn kosten?«, unterbrach Hoerni ihn knurrig, während Mortenson das Telefon mit weiteren Münzen fütterte.

»Ich habe mich mit einem Architekten und einem Bauunternehmer in Skardu getroffen und den Preis aller Materialen mit ihnen durchgerechnet«, antwortete er. »Die Schule soll fünf Räume bekommen, vier als Klassenzimmer und einer ...«

»Eine Summe!«, raunzte Hoerni.

»Zwölftausend Dollar«, entgegnete Mortenson nervös, »aber jeder Betrag wäre ...«

»Ist das alles?«, gab Hoerni ungläubig zurück. »Oder soll das ein Scherz sein? Sie können wirklich mit zwölf Riesen eine Schule bauen?«

»Ja, Sir.« Das Herz klopfte Mortenson bis zum Hals. »Da bin ich ganz sicher.«

»Dann brauche ich Ihre Adresse« entgegnete Hoerni.

»Äh, das ist ein bisschen schwierig.«

Wie auf Wolken ging Mortenson kurz darauf zu seinem Auto. Er fand, dass er heute einen triftigen Grund hatte, nicht in La Bamba zu übernachten.

Eine Woche später öffnete er sein Postfach. Darin befand sich ein Umschlag mit einem Empfangsbeleg für einen Scheck über zwölftausend Dollar, den Hoerni – ausgestellt auf Mortensons Namen – an die AHF geschickt hatte. Auf einem zusammengefalteten Zettel aus kariertem Papier stand: *Bauen Sie bloß keinen Mist. Grüße, J. H.*

Die Erstausgaben mussten zuerst dran glauben. Jahrelang hatte Mortenson die antiquarische Buchhandlung in Berkeley durchstöbert, insbesondere das Hinterzimmer, wo er Hunderte alter Bücher über das Bergsteigen gefunden hatte. Er schleppte sechs volle Kartons aus seinem Auto in den Laden. Zusammen mit einigen seltenen Büchern seines Vaters, die noch aus Tansania stammten, brachten sie knapp sechshundert Dollar ein.

Während Mortenson darauf wartete, dass Hoernis Scheck gutgeschrieben wurde, verkaufte er alles, was er besaß, um sein Flugticket und seine Lebenshaltungskosten in Pakistan zu finanzieren. Marina teilte er mit, er werde nun den Weg, den er bereits vor ihrem Kennenlernen beschritten habe, bis zu Ende gehen und sein Versprechen an die Kinder von Korphe wahrmachen. Er beteuerte, nach seiner Rückkehr werde sich alles ändern. Er werde eine Vollzeitstelle annehmen, sich eine Wohnung suchen und ein geregeltes Leben führen.

Seine Kletterausrüstung brachte er zu dem Geschäft, wo er in den Jahren als begeisterter Kletterer den Großteil seiner Einkünfte gelassen hatte. Obwohl es vom Lagerraum bis zu dem Laden nur vier Autominuten waren, fühlte sich Mortenson, als müsse er den ganzen Kontinent überqueren. »Es war, als gäbe ich das Leben auf, das ich seit meiner Ankunft in Kalifornien geführt hatte«, beschreibt er seine Empfindungen. Er verließ den Laden mit knapp fünfzehnhundert weiteren Dollar in der Tasche.

Am Morgen vor seinem Abflug fuhr er Marina zur Arbeit und fällte dann eine ganz besonders schwere Entscheidung: Er setzte La Bamba bei einem Gebrauchtwagenhändler in Oakland rückwärts in eine Parklücke und gab den Wagen für fünfhundert Dollar ab. Die alte Spritschleuder hatte ihn treu vom Mittleren Westen in sein neues Leben als Bergsteiger begleitet. Ein Jahr lang war sie sein Zuhause gewesen, während er sich durch den Dschungel des Spendensammelns gekämpft hatte. Nun würde der Verkaufserlös ihn ans andere Ende der Welt bringen. Nachdem er noch einmal die ausladende weinrote Motorhaube getätschelt hatte, steckte er das Geld ein und ging mit seinem Seesack zu dem Taxi, das darauf wartete, ihn zur nächsten Etappe seines Lebens zu fahren.

Über Rawalpindis Dächern

Beten ist besser als schlafen.

Aus dem adhan, dem sunnitischen Ruf zum Morgengebet

Den Körper schützend um das Geld gekrümmt, wachte Mortenson völlig durchgeschwitzt auf. In einem abgewetzten grünen Nylonbeutel hatte er zwölftausendachthundert Dollar in abgegriffenen Hundertern bei sich. Zwölftausend für die Schule, achthundert, von denen er in den nächsten Monaten leben wollte. In dem spartanisch ausgestatteten Raum gab es keine andere Möglichkeit, das Geld zu verstecken, als unter seiner Kleidung. Wie so häufig seit seiner Abreise aus San Francisco tätschelte Mortenson ganz automatisch den Beutel und schwang dann die Füße von dem wackeligen *charpoy*, der schlichten Bettstatt mit einer Liegefläche aus geflochtenen Seilen, auf den vor Hitze feuchten Betonboden.

Als er den Vorhang beiseiteschob, wurde er mit der Aussicht auf ein Stück Himmel belohnt, in den das grün gekachelte Minarett der nahe gelegenen Moschee des Ministeriums für Transportwesen hineinragte.

Der Himmel war violett, was Morgengrauen oder Abenddämmerung bedeuten konnte. Schlaftrunken rieb Mortenson sich die Augen und überlegte. Eindeutig Abend. Bei Morgengrauen war er in Islamabad eingetroffen, und offenbar hatte er den ganzen Tag verschlafen.

Die Reise rund um die halbe Welt hatte wegen des Billigtickets sechsundfünfzig Stunden in Anspruch genommen und von San Francisco nach Atlanta, Frankfurt, Abu Dhabi, Dubai und schließlich – am Ende dieses Tunnels aus Zeitzonen und stickigen Wartehallen – auf den geschäftigen und brütend heißen Flughafen von Islamabad geführt. Nun befand Mortenson sich in der grünen Schwesterstadt der pakistanischen Hauptstadt, dem geschäftigen Rawalpindi, wo die Hotelpreise günstiger waren. Wie der Geschäftsführer des *Khyaban* ihm versichert hatte, handelte es sich bei seiner Unterkunft um das »am meisten billige« Zimmer.

Jede Rupie zählte, denn ein vergeudeter Dollar bedeutete weniger Bausteine oder Bücher für die Schule. Für acht Rupien, etwa zwei Dollar, die Nacht bewohnte Mortenson eine etwa sechs Quadratmeter große verglaste Kabine auf dem Hoteldach, die eher an ein Gewächshaus als an ein Fremdenzimmer erinnerte und offenbar erst nachträglich errichtet worden war. Er zog die Hose an, zupfte sich das an der Haut klebende *kamiz* von der Brust und öffnete die Tür. Jetzt, am frühen Abend, war die Luft draußen kaum kühler geworden. Aber wenigstens bewegte sie sich ein wenig.

Mit einem schmutzigen hellblauen *salwar kamiz* bekleidet, kauerte Abdul Schah, der *chokidar* des Hotels, auf den Fersen und musterte Mortenson mit dem einen Auge, das nicht vom grauen Star befallen war. »*Salam alaikum, Sahib*, Greg *Sahib*«, verkündete der Wachmann, als habe er den ganzen Nachmittag nur darauf gewartet, dass Mortenson sich regte, und erhob sich dann, um Tee zu holen.

Mortenson ließ sich auf einem verrosteten Klappstuhl neben einem Haufen Betonbausteine nieder, die auf die Erweiterungspläne des Hotels hinwiesen, und nahm die angeschlagene Porzellankanne mit dem klebrig süßen, milchigen Tee entgegen. Er musste dringend einen klaren Kopf bekommen und Pläne schmieden. Bei seinem letzten Aufenthalt im *Khyaban* vor einem Jahr hatte er im Gegensatz zu heute einer gründlich durchorganisierten Expedition angehört. Jeder Tag war bis zur letzten Minute mit Aufgaben wie dem Packen von Taschen, dem

Sortieren von Mehlsäcken und gefriergetrockneter Nahrung, dem Einholen von Genehmigungen, dem Kauf von Flugtickets und der Beschaffung von Trägern und Maultieren angefüllt gewesen.

»Mr Greg, *Sahib*«, meinte Abdul, als habe er seine Gedanken gelesen, »darf ich Sie fragen, warum Sie zurückgekommen sind?«

»Ich möchte eine Schule bauen, *inschallah*.«

»Hier in Rawalpindi, Greg *Sahib*?«

Während Mortenson nach und nach die Teekanne leerte, erzählte er Abdul von seinem Scheitern am K2, dem Herumirren auf dem Gletscher und davon, wie die Einwohner von Korphe den Fremden, der eines Tages in ihrem Dorf aufgetaucht war, gastfreundlich aufgenommen hatten.

Mittlerweile kauerte Abdul wieder auf den Fersen. Er zog Luft durch die Zähne ein, kratzte sich den ausladenden Bauch und überlegte. »Sind Sie ein reicher Mann?«, erkundigte er sich und musterte dabei zweifelnd Mortensons abgewetzte Turnschuhe und seinen abgetragenen braunen *salwar kamiz*.

»Nein.« Mortenson hatte keine Ahnung, wie er die zahlreichen Fehlschläge des letzten Jahres in Worte fassen sollte. »Viele Leute in Amerika, sogar Kinder, haben ein wenig Geld für die Schule gespendet«, erklärte er schließlich. Er zog den grünen Nylonbeutel unter seinem Hemd hervor und zeigte Abdul die Scheine. »Das reicht genau für eine Schule, wenn ich sorgfältig wirtschafte.«

Entschlossen stand Abdul auf. »Wenn Allah, der Gnädige und Allmächtige, es will, werden wir morgen ein gutes Geschäft abschließen. Wir müssen aber hart verhandeln.« Er sammelte das Teegeschirr ein und ging.

Mortenson blieb auf dem Klappstuhl sitzen und lauschte dem elektrischen Knistern, als im benachbarten Minarett der Ministeriums-Moschee Stromkabel zusammengedreht wurden, damit der Muezzin die Gläubigen per Lautsprecher mit dem *adhan* zum Gebet rufen konnte. Der Amerikaner sah, wie ein Schwarm Schwalben in einer einzigen Bewegung aufflog und dabei zunächst die Form des Tamariskenbaums im Hotelgarten beibehielt, in dem die Vögel gesessen hatten, bevor sie über die Dächer davonflatterten.

In ganz Rawalpindi hallten die Rufe der Muezzine von einem halben Dutzend weiterer Moscheen durch die Abendluft. Mortenson hatte schon vor einem Jahr auf diesem Dach gesessen und die Geräusche, die die Dämmerung über Rawalpindi hervorbrachte, als exotische Begleitmusik zu seiner Expedition genossen. Doch nun hatte er das Gefühl, als sprächen die Ausrufer ihn direkt an und forderten ihn auf, endlich etwas zu unternehmen. Ihr traditioneller Gesang, der von jahrhundertealtem Glauben und religiöser Pflicht zeugte, klang wie ein Befehl, aktiv zu werden. Also schob er die Befürchtungen beiseite, er könne am Bau der Schule scheitern, die ihn schon das ganze Jahr quälten. Morgen war es Zeit, anzufangen.

Das Klopfen fiel mit dem morgendlichen Ruf des Muezzins zusammen. Als um halb fünf die Lautsprecher knisternd ansprangen und man zunächst ein kräftiges Räuspern hörte, bevor ganz Rawalpindi zum Gebet gerufen wurde, öffnete Mortenson die Tür seines Verschlags und sah sich Abdul gegenüber, der ihm mit entschlossener Miene ein Teetablett hinhielt. »Das Taxi wartet. Aber zuerst trinken Sie Ihren Tee, Greg *Sahib.*«

»Taxi?«, wiederholte Mortenson schlaftrunken.

»Der Zement«, erwiderte Abdul geduldig, als müsste er einem besonders begriffsstutzigen Schüler die Grundregeln der Arithmetik erklären. »Wie soll man eine Schule ohne Zement bauen?«

»Das geht natürlich nicht«, antwortete Mortenson lachend und trank einen kräftigen Schluck Tee, um erst einmal richtig wach zu werden.

Bei Sonnenaufgang rasten sie auf der ehemaligen Grand Trunk Road nach Westen. Früher einmal war diese Straße die wichtigste Verbindung zwischen Kabul und dem zweitausendsechshundert Kilometer entfernten Kalkutta gewesen. Doch inzwischen hatte man sie zur Staatsstraße herabgestuft, denn die Grenzen zu Afghanistan und Indien waren viel zu häufig geschlossen. Der winzige gelbe japanische Kleinwagen besaß offenbar keine Stoßdämpfer, sodass Mortenson, der sich auf den Miniatur-Rücksitz gezwängt hatte, ständig darauf achten musste, mit dem Kinn nicht gegen seine zusammengepressten Knie zu knallen, während sie mit hundert Stundenkilometern durch Schlaglöcher krachten.

Als sie um sechs in Taxila eintrafen, war es schon sehr heiß. Im Jahr 326 vor Christus hatte Alexander der Große auf dem letzten, östlichsten Vorstoß zum Rand des Reiches seine Soldaten hier einquartiert. Taxilas Lage an der Kreuzung der von Osten nach Westen verlaufenden Handelsrouten, die später die Grand Trunk Road werden sollten, und der sich silbrig vom Himalaya herabwindenden Seidenstraße aus China hatte die Ortschaft in der Antike zu einem wichtigen Umschlagplatz gemacht. Heute jedoch gab es in Taxila nur noch Überreste aus dem Altertum zu sehen. Früher einmal hatte das drittgrößte buddhistische Kloster hier gestanden, von dem aus Buddhas Lehren bis ins Gebirge im Norden verbreitet worden waren. Inzwischen aber waren zwar die alten Moscheen wieder gut in Schuss, doch die buddhistischen Schreine verfielen langsam, sodass sie kaum noch von dem Felsgestein zu unterscheiden waren, aus dem man sie einst erbaut hatte. Die staubige Ansammlung von Gebäuden an den braunen Hügelausläufern des Himalaya war nun eine Industriestadt, in der die pakistanische Armee Nachbauten veralteter sowjetischer Panzer herstellen ließ. Und vier qualmende Schlote gehörten zu den vier großen Zementfabriken, die das Material für den Großteil der pakistanischen Infrastruktur lieferten.

Mortenson wollte schnurstracks gleich in die erste Fabrik marschieren und mit den Verhandlungen beginnen. Doch wieder wurde er von Abdul zurechtgewiesen wie ein unwissender Schüler. »Aber Greg *Sahib*! Zuerst müssen wir Tee trinken und über Zement reden.«

Auf einem wackeligen Höckerchen balancierend, pustete Mortenson in sein fünftes Gläschen grünen Tee und versuchte, dem Gespräch zu folgen, das Abdul mit drei uralten Gästen der Teestube führte. Ihre weißen Bärte waren mit gelben Nikotinflecken durchsetzt. Die Debatte verlief mit großer Leidenschaft und drehte sich, wie Mortenson vermutete, in erschöpfender Weise um Zement.

»Also«, meinte er, nachdem er ein paar schmutzige Rupienscheine auf den Tisch gelegt hatte, »in welche Fabrik gehen wir? Fecto? Fauji? Askari?«

»Das konnten sie mir leider nicht sagen«, erwiderte Abdul. »Aber sie haben mir eine andere Teestube empfohlen. Der Cousin des Wirts war früher in der Zementbranche.«

Zwei weitere Teestuben und unzählige Tässchen grünen Tees später – es war bereits gegen Mittag – hatten sie endlich eine Antwort. Fauji-Zement galt als preisgünstig und außerdem als verhältnismäßig frei von Zusätzen, sodass er bei den Wetterverhältnissen im Himalaya nicht zerbröckeln würde. Der Kauf der hundert Zementsäcke, die Mortenson für seine Schule eingerechnet hatte, erwies sich als weniger abenteuerlich als erwartet. Eigentlich war er auf harte Verhandlungen gefasst, als er Abdul ins Büro von Fauji-Zement folgte. Doch der Hotelwächter bestellte nur brav die Ware und bat Mortenson um eine Anzahlung von hundert Dollar. »Warum haben wir nicht gehandelt?«, fragte dieser und steckte die Quittung ein, die eine Lieferung von hundert Säcken ins *Khyaban* noch in derselben Woche zusicherte.

Im heißen Inneren des Taxis bedachte Abdul seinen Schützling ein weiteres Mal mit einem nachsichtigen Blick. Er zündete sich eine Zigarette an und wedelte den Rauch zusammen mit Mortensons Einwänden beiseite. »Handeln? Bei Zement geht das nicht. Die Zementbranche ist ...« – er suchte nach den richtigen Worten, damit dieser begriffsstutzige Amerikaner ihn auch ja richtig verstand – »... wie eine Mafia. Morgen im Rajah-Basar geht das Handeln erst richtig los.«

Mortenson stützte das Kinn auf die Knie, und das Taxi machte sich auf den Rückweg nach Rawalpindi.

Als Mortenson sich in der Herrendusche des Hotels den braunen *kamiz* über den Kopf ziehen wollte, hörte er Stoff reißen. Bei näherer Betrachtung des Rückens stellte sich heraus, dass das Kleidungsstück zwischen Schultern und Taille in der Mitte aufklaffte. Nachdem er sich unter der tröpfelnden Dusche so gut wie möglich den Straßenstaub abgewaschen hatte, zog er sein einziges pakistanisches Kleidungsstück wieder an. Der *salwar kamiz* von der Stange hatte ihm auf dem Weg zum K2 und zurück gute Dienste geleistet, doch nun brauchte er dringend einen neuen.

Abdul fing Mortenson auf dem Weg zu seinem Zimmer ab, schnalzte beim Anblick des Risses missbilligend mit der Zunge und schlug einen Besuch bei einem Schneider vor.

Sie verließen die grüne Oase des *Khyaban* und traten hinaus in die Straßen von Rawalpindi. Auf der anderen Straßenseite wartete ein Dutzend Pferdedroschken. Die Tiere scharrten schwitzend im heißen Staub, während ein älterer Mann mit hennagefärbtem Bart heftig über den Preis verhandelte.

Als Mortenson aufblickte, bemerkte er zum ersten Mal das in grellen Primärfarben gestaltete Plakat an der belebten Kreuzung Kashmir Road und Adamjee Road. *Bitte beehren Sie Dr. Azad*, stand auf Englisch darauf. Daneben war ein unbeholfen, aber mit kühnem Schwung gezeichnetes Skelett zu sehen, in dessen leeren Augenhöhlen winzige Totenköpfe funkelten. *Keine Nebenwirkungen!*, garantierte der Rest des Werbespruchs.

Die Schneiderwerkstatt verzichtete auf Werbung. Versteckt lag sie in einem Betonlabyrinth unweit der Haider Road, das verschiedene Läden beherbergte und in dem es zuging wie in einem Bienenstock. Entweder befand sich das Gebäude noch im Rohbau oder es war schon vor einem Jahrzehnt seinem Schicksal überlassen worden. Mansur Khan mochte zwar – von Stoffballen, einer Schneiderpuppe und einem Ventilator umgeben – in einem einen Meter achtzig breiten Schaufenster kauern, doch er strahlte eine majestätische Würde aus. Mit seiner strengen, schwarz geränderten Brille und dem akkurat gestutzten weißen Bart wirkte er fast wie ein Wissenschaftler, als er Mortenson ein Maßband um die Brust legte, erstaunt das Ergebnis musterte, noch einmal nachmaß und sich die Zahlen dann auf einen Block notierte.

»Mansur möchte sich bei Ihnen entschuldigen, *Sahib*«, erklärte Abdul. »Denn er wird für Ihren *salwar kamiz* sechs Meter Stoff brauchen, während bei unseren Landsleuten vier genügen. Deshalb muss er Ihnen fünfzig Rupien mehr berechnen. Ich glaube, er hat recht.«

Mortenson war einverstanden und bestellte zwei Garnituren *salwar kamiz.* Daraufhin kletterte Abdul auf die Arbeitsfläche des Schneiders und zerrte energisch Ballen in leuchtendem Blau und Pistaziengrün hervor. Doch Mortenson, der an den Staub von Baltistan dachte, bestand auf zwei Garnituren in einem identischen Braun. »Da sieht man den Dreck nicht so«, meinte er zu dem enttäuschten Abdul.

»*Sahib*, Greg *Sahib*«, flehte der, »es ist viel besser, wenn Sie wie ein sauberer Gentleman herumlaufen. Dann werden die Menschen mehr Respekt vor Ihnen haben.«

Mortenson sah Korphe vor sich, dessen Bewohner während des endlosen Winters gemeinsam mit ihrem Vieh in den Kellern ihrer Häuser aus Stein und Lehm an qualmenden Feuern aus Yakdung kauerten – und zwar in der einzigen Kleidung, die sie besaßen.

»Nein, ich nehme lieber Braun«, beharrte er.

Während Mansur Mortensons Anzahlung kassierte, tönte der Ruf des Muezzins durch die kleinen Läden. Rasch steckte der Schneider das Geld weg, entrollte einen ausgeblichenen rosafarbenen Gebetsteppich und richtete ihn präzise aus.

»Würden Sie mir zeigen, wie man betet?«, fragte Mortenson, einer plötzlichen Eingebung folgend.

»Sind Sie Moslem?«

»Ich achte den Islam«, erwiderte er unter Abduls beifälligem Blick.

»Kommen Sie«, forderte Mansur ihn erfreut auf und winkte ihn auf die mit Gegenständen bedeckte Arbeitsfläche, auf der auch die mit Stecknadeln gespickte Schneiderpuppe ohne Kopf stand. »Vor dem Gebet muss sich jeder Moslem waschen«, begann Mansur. »Ich habe dieses *wudu* bereits erledigt. Also zeige ich es Ihnen beim nächsten Mal.« Er rollte ein Stück des braunen Stoffballens, den Mortenson ausgesucht hatte, neben seinem Gebetsteppich aus, glättete es und wies den Amerikaner an, sich ebenfalls hinzuknien. »Zuerst müssen wir uns nach Mekka wenden, wo unser heiliger Prophet, der Friede sei mit ihm, ruht. Dann müssen wir vor Allah, dem Allmächtigen, knien, gesegnet sei sein Name.«

Wegen seiner Körpergröße hatte Mortenson Mühe, in der engen

Schaufensternische auf die Knie zu gehen. Er stieß versehentlich gegen die Schneiderpuppe, die daraufhin drohend über ihm hin und her wackelte wie eine erzürnte Gottheit.

»Nein!«, rief Mansur. Mit seinen kräftigen Händen packte er Mortensons Handgelenke und legte ihm die Arme über Kreuz. »Wir treten nicht vor Allah wie ein Mann, der auf einen Bus wartet, sondern beugen uns respektvoll seinem Willen.«

Die Arme steif überkreuzt, hörte Mortenson zu, wie Mansur leise begann, das wichtigte Gebet des Islam zu sprechen – die *schahada*, das Glaubensbekenntnis.

»Er sagt, Allah ist freundlich und groß«, übersetzte Abdul hilfsbereit.

»Das habe ich verstanden.«

»Ruhe!«, schimpfte Mansur. Er verbeugte sich starr aus der Taille heraus und berührte mit der Stirn den Gebetsteppich.

Mortenson versuchte, seinem Beispiel zu folgen, hielt aber inne, als er spürte, wie sein zerrissenes Hemd unschön auseinanderklaffte, sodass der Lufthauch des Ventilators seinen nackten Rücken streifte. »Gut so?«, fragte er mit Blick auf seinen Lehrmeister.

Der Schneider musterte ihn eindringlich durch seine Brille mit dem dicken schwarzen Gestell. »Versuchen Sie es noch einmal, wenn Sie Ihre *salwar kamiz* abholen«, erwiderte er und rollte seinen Gebetsteppich fest zusammen. »Dann wird es vielleicht noch.«

Bei Sonnenaufgang herrschte auf dem Rajah-Basar ein organisiertes Chaos, das Mortenson faszinierend fand. Obwohl Abdul nur mit dem linken Auge sehen konnte, nahm er Mortenson am Arm und führte ihn geschickt durch das Gewühl von Trägern, die schwankende Drahtrollen auf den Köpfen balancierten, und Eselskarren, die es eilig hatten, in Sackleinen gewickelte Eisblöcke an den Empfänger auszuliefern, bevor sie in der jetzt schon beachtlichen Hitze zusammenschmolzen und damit auch an Wert verloren.

Rings um einen großen Platz befanden sich Läden, in denen es alles gab, was man auch nur im Entferntesten zum Errichten oder Abreißen eines Gebäudes brauchte. Acht nebeneinanderliegende

Geschäfte boten in nahezu identischen Auslagen Vorschlaghämmer an. In einem Dutzend weiterer schien man nur mit Nägeln zu handeln, deren verschiedene Typen funkelnd in sarggroßen Wannen lagen. Nachdem Mortenson so viel Zeit mit organisatorischen Dingen wie dem Sammeln von Geldern und Fürsprechern verbracht hatte, war er begeistert, die Materialien zum Bau seiner Schule endlich greifbar vor sich zu sehen. Vielleicht würde dieser Nagel dort der letzte sein, mit dem die Schule in Korphe endgültig fertiggestellt wurde.

Allerdings war Mortenson fest entschlossen, nicht übermütig zu werden und hart zu verhandeln. Unter dem Arm trug er ein schuhkartongroßes und in Zeitungspapier gewickeltes Bündel Rupien, das er beim Geldwechsler für zehn seiner Hundertdollarscheine erhalten hatte.

Sie fingen bei einer Holzhandlung an, die sich äußerlich nicht von ihren Nachbarn zur Rechten und Linken unterschied. Doch Abduls Entschluss stand fest. »Dieser Mann ist ein guter Moslem«, erklärte er.

Mortenson folgte ihm einen langen, schmalen Flur entlang, vorbei an einem Dickicht aus Latten, die in schiefem Winkel an der Wand lehnten. Man bot ihnen einen Platz auf einem hohen Stapel ausgeblichener Teppiche neben dem Inhaber Ali an, dessen lavendelfarbener *salwar kamiz* trotz seines staubigen und schmutzigen Gewerbes so sauber war, dass es an ein Wunder grenzte. Mortenson war sein fleckiger, zerrissener *kamiz*, den Abdul wieder zusammengenäht hatte, damit er hielt, bis die neuen Sachen fertig waren, schrecklich peinlich. Ali entschuldigte sich, dass der Tee noch nicht fertig sei, und schickte einen Jungen, um drei Flaschen Orangenlimonade zu holen, während sie warteten.

Für zwei nagelneue Hundertdollarscheine hatte ein Architekt, der sein Büro in einem Verschlag in der Hotelhalle des *Khyaban* betrieb, nach Mortensons Vorstellungen Pläne für eine L-förmige Schule mit fünf Räumen gezeichnet. Am Rand hatte er die Materialien vermerkt, die zum Errichten des siebenhundert Quadratmeter großen Gebäudes nötig waren. Das Holz war mit Sicherheit der kostspieligste Posten. Mortenson entrollte den Plan und las die in winziger Handschrift verfassten Anmerkungen des Architekten vor. »Zweiundneunzig Vierkanthölzer von jeweils einem Meter achtzig Länge. Fünfundvierzig Sperrholzplatten à eins zwanzig mal zwei vierzig.« Allein dafür hatte der Architekt bereits zweitausendfünfhundert Dollar veranschlagt. Mortenson reichte Abdul die Pläne.

Während der Amerikaner die lauwarme Orangenlimonade trank, sah er zu, wie Abdul die einzelnen Punkte laut wiederholte, und zuckte zusammen, als die geschickten Finger des Holzhändlers die Beträge in den Taschenrechner auf seinen Knien eintippten.

Schließlich rückte Ali die blendend weiße Gebetskappe auf seinem Kopf zurecht, strich sich über den langen Bart und nannte eine Summe. Sofort sprang Abdul aus dem Schneidersitz auf und fasste sich an die Stirn, als hätte man auf ihn geschossen. Im nächsten Moment stieß er Klagelaute aus und stöhnte Verwünschungen. Dank seiner bemerkenswerten Sprachbegabung konnte sich Mortenson im Alltag zwar gut auf Urdu verständigen, doch das Gejammer, die Flüche und die wortreichen Beleidigungen, die Abdul von sich gab, kamen in seinem Vokabular der pakistanischen National- und Amtssprache nicht vor. Schließlich beugte sich der Hotelwächter drohend über Ali hinab, als wollte er ihn erwürgen. Mortenson verstand laut und deutlich, dass Abdul den Inhaber fragte, ob er ein Moslem oder ein Ungläubiger sei. Der Herr, der sich die Ehre gebe, sein Holz kaufen zu wollen, sei ein Heiliger, der gekommen sei, um die Bedürftigen zu unterstützen. Ein wahrer Moslem würde die Gelegenheit ergreifen, armen Kindern zu helfen, anstatt ihnen das Geld aus der Tasche zu ziehen.

Während Abduls Darbietung verzog Ali keine Miene. Gemächlich trank er seine Limonade und richtete sich offenbar darauf ein, sich Abduls Tirade bis zum Ende anzuhören.

Bevor er in die Verlegenheit geriet, auf die Vorwürfe antworten zu müssen, wurde der duftende grüne Tee in ungewöhnlich wertvollen Tassen aus Porzellan gebracht. Alle drei Männer gaben Zucker in ihre Tassen, und eine Weile war es bis auf das Klappern der Löffel beim Umrühren still im Raum.

Ali nahm einen prüfenden Schluck, nickte beifällig und rief dann einige Anweisungen in den Flur. Mit noch immer finsterer Miene stellte Abdul die Teetasse unberührt neben seine überkreuzten Beine. Alis halbwüchsiger Sohn, dem bereits Flaum auf der Oberlippe spross, erschien mit zwei Mustern Vierkanthölzer. Wie zwei Buchstützen legte er sie links und rechts neben Mortensons Tasse auf den Teppich und verschwand wieder.

Ali ließ den Tee im Mund kreisen, als handelte es sich um alten Bordeaux, schluckte ihn schließlich hinunter und setzte dann zu einem fachlichen Vortrag an. Zuerst deutete er auf das Holzstück zu Mortensons Rechter. Die Oberfläche wies dunkle Astlöcher und Harzspuren auf. Splitter ragten heraus wie die Stacheln eines Stachelschweins. Ali nahm es, hielt es längs ans Auge wie ein Fernrohr und blickte Mortenson durch die Wurmlöcher an. »Arbeit von hier«, verkündete er auf Englisch.

Dann zeigte Ali auf das andere Stück Holz. »Englische Arbeit.« Es war frei von Astlöchern und ordentlich diagonal gesägt. Er hielt Mortenson das Holz vors Gesicht und wedelte mit der freien Hand daneben herum, damit seinem Kunden der Duft der Kiefernwälder des Kaghan-Tals, aus dem das Holz stammte, in die Nase stieg.

Alis Sohn kehrte mit zwei Sperrholzplatten zurück, die er – jede für sich – auf ein paar aufeinandergestapelte Holzklötze legte. Danach zog er die Sandalen aus und stellte sich auf die erste Platte. Obwohl er sicher nicht mehr als fünfzig Kilo wog, gab sie unter ihm nach und bog sich mit einem Unheil verkündenden Knirschen. Die zweite Platte hingegen wippte nur ein bisschen. Auf Alis Befehl fing der Junge an, auf und nieder zu springen, um die Stabilität der Platte zu beweisen. Das Holz blieb unversehrt.

»Drei Schichten«, meinte Ali zu Mortenson und schürzte verächtlich die Lippen, ohne die erste Platte auch nur eines Blickes zu würdigen. »Vier Schichten«, fuhr er dann strahlend vor Stolz fort und wies auf die Platte, auf der sein Sohn noch immer wohlbehalten herumhüpfte.

Ali fiel wieder in Urdu. Allerdings war es überflüssig, jedes einzelne Wort zu verstehen, denn er legte offenkundig dar, dass man natürlich auch Holz für ein Butterbrot kaufen könne – allerdings auf Kosten der Qualität. Natürlich gebe es skrupellose Geschäftsleute, die minderwertige Ware verhökerten. Aber was für eine Schule ließe sich damit bauen? Wahrscheinlich würde sie nach einem Jahr einstürzen. Während ein kleiner Junge von sieben Jahren gerade mit seinen Klassenkameraden aus dem Koran zitierte, würde der Fußboden unter ihm zusammenbrechen und das schlecht verarbeitete, gefährliche Holz ihm die Adern aufschlitzen. Wolle der geschätzte Herr vor lauter Geiz sein Gewissen wirklich mit dem Tod eines Siebenjährigen belasten, der langsam verblute?

Mortenson leerte die zweite Tasse Tee und rutschte unruhig auf dem staubigen Teppichstapel herum, während die Theatervorführung weiterging. Drei Mal marschierte Abdul zur Tür, als wollte er sich verabschieden. Und drei Mal gaben Alis Preisvorstellungen ein wenig nach. Inzwischen war die Teekanne leer. Nachdem sie fast zwei Stunden so verbracht hatten, war Mortenson mit seiner Geduld am Ende. Er stand auf und bedeutete Abdul, ihm nach draußen zu folgen. Schließlich müssten sie noch etwa drei Dutzend ähnlicher Verhandlungen führen. Wenn er wirklich übermorgen mit einem voll beladenen Lastwagen nach Baltistan aufbrechen wollte, konnten sie keine Minute mehr entbehren.

»Setzen Sie sich, setzen Sie sich!« Ali packte Mortenson am Ärmel. »Sie haben gewonnen. Er hat mich im Preis schon gedrückt!«

Mortenson sah Abdul an. »Ja, das stimmt, Greg *Sahib*«, bestätigte dieser. »Sie müssen nur siebenundachtzigtausend Rupien bezahlen.« Rasch rechnete Mortenson im Kopf nach – zweitausenddreihundert Dollar. »Was habe ich Ihnen gesagt?«, meinte Abdul. »Er ist ein guter Moslem. Und jetzt machen wir den Vertrag.«

Während Ali nach einer zweiten Kanne Tee rief, versuchte Mortenson, sich in Geduld zu üben.

Am späten Nachmittag des zweiten mit Feilschen verbrachten Tages saß Mortenson, die Blase voller Tee, mit Abdul auf einem Karren, um ins *Khyaban* zurückzukehren. Das kleine Pferd, das das Gefährt zog, schien noch erschöpfter zu sein als die beiden Passagiere. Die Tasche von Mortensons *salwar* war mit Quittungen über Hämmer, Sägen, Nägel, Wellblechplatten für das Dach und Holzbalken, die ganz bestimmt nicht über den Schulkindern zusammenbrechen würden, vollgestopft. Sämtliches Material würde ab dem Morgen des folgenden Tages zu dem Lastwagen geliefert werden, den sie für die dreitägige Fahrt über den Karakorum-Highway gemietet hatten.

Abdul hatte zwar vorgeschlagen, ein Taxi zurück zum Hotel zu nehmen, doch Mortenson, der seinen Bestand an Rupien rasch dahinschmelzen sah, beharrte auf Sparsamkeit. Also brauchten sie über eine Stunde für den drei Kilometer langen Weg. Über die Straßen waberten die Abgase aus den schwarzen englischen Morris-Taxis, deren Auspuffanlagen nicht mit Schalldämpfern versehen waren.

Im Hotel spülte Mortenson sich den Staub des Tages mit lauwarmem Wasser eimerweise vom Leib, ohne den *salwar* auszuziehen. Anschließend machte er sich eilig auf den Weg zum Schneider, um seine neuen Kleider abzuholen, bevor der Laden wegen des Freitagsgebets schloss.

Mansur Khan war gerade dabei, Mortensons fertige *salwar kamiz* mit einem kohlebeheizten Bügeleisen zu glätten. Dabei summte er ein Lied auf Urdu mit, das eine klagende Frauenstimme im Radio sang. Die Musik hallte aus dem Laden eines Schusters blechern durchs Gebäude und wurde von einem traurigen Geschepper untermalt, als die Ladenbesitzer ihre Sicherheitsgitter herunterließen, um Feierabend zu machen.

Mortenson schlüpfte in das saubere, hafermehlfarbene Hemd des einen frisch gebügelten, noch warmen *salwar kamiz* und zog dann, durch das knielange Oberteil dezent vor Blicken verborgen, die weite Hose an. Nachdem er den Tunnelzug an der Taille, das *azarband*, mit einer festen Schleife zugebunden hatte, drehte er sich zu Mansur um, damit dieser sein Werk in Augenschein nahm.

»Wie entsetzlich!«, empörte sich der Schneider und machte einen Satz auf Mortenson zu. Er griff nach dem *azarband*, das dem Ungläubigen aus der Hose hing, und steckte es in den Taillenbund. »Es so zu tragen, ist verboten!«, schimpfte er. Mortenson fühlte sich in der pakistanischen Kultur wie in einem Minenfeld, wo die strengen Verhaltensregeln nur darauf zu warten schienen, dass er von einer Sprengfalle in die nächste stolperte. Dennoch nahm er sich fest vor, nach Möglichkeit kein weiteres Missfallen mehr hervorzurufen.

Mansur putzte seine Brille mit dem Hemdzipfel, wobei sein ordentlich geschnürter Hosenbund zum Vorschein kam, und unterzog Mortenson einer gründlichen Musterung. »Jetzt sehen Sie aus wie ein halber Pakistaner«, meinte er. »Wollen wir es noch einmal mit dem Gebet versuchen?«

Mansur schloss seinen Laden und ging mit Mortenson nach draußen. Das Tageslicht wurde rasch von der Dämmerung verdrängt, sodass auch die tropische Hitze ein wenig nachließ. Arm in Arm mit dem Schneider schlenderte Mortenson in Richtung des gekachelten Minaretts der Ministeriums-Moschee. Auf beiden Seiten der Kashmir Road gingen auch andere Männer in Zweier- und Dreiergruppen an geschlossenen oder gerade schließenden Läden vorbei. Da das Autofahren während des Abendgebets als ungehörig galt, herrschte kaum Verkehr.

Als sie noch zwei Straßenecken von dem einschüchternden Minarett der Moschee entfernt waren – von der Mortenson bislang angenommen hatte, sie sei ihr Ziel –, führte Mansur ihn zu dem großen, staubigen Parkplatz einer Tankstelle, wo mehr als hundert Männer mit der traditionellen Waschung vor dem Gebet beschäftigt waren. Mansur füllte einen Wasserkrug an einem Hahn und zeigte dem Amerikaner dann die strenge Reihenfolge, in der die Waschungen stattzufinden hatten.

Mortenson folgte dem Beispiel des Schneiders, ging in die Hocke, krempelte Hosenbeine und Ärmel auf und begann mit den unreinsten Körperteilen, indem er zunächst Wasser über seinen linken, dann den rechten Fuß laufen ließ. Anschließend war die linke Hand an der Reihe. Mortenson wandte sich der rechten Hand zu, während Mansur sich vorbeugte, um den Krug nachzufüllen und sich danach das Gesicht zu waschen. Dabei gab er einen kräftigen Furz von sich. Mit einem Seufzer ging der Schneider in die Knie und begann von Neuem am linken Fuß mit seinen Waschungen. Als Mortenson es ihm nachtun wollte, hielt er ihn zurück. »Nein, nur ich. Ich bin wieder unrein«, erklärte er.

Als seine Hände noch einmal gereinigt waren, drückte der Schneider einen Finger zuerst ans linke, dann ans rechte Nasenloch und schnaubte. Wieder ahmte Mortenson ihn nach. Um sie herum hob ein Getöse aus Husten und Spucken an, das von den entfernten Rufen zum Gebet untermalt wurde. Wie Mansur spülte Mortenson sich nun noch ordentlich die Ohren und zu guter Letzt den Körperteil aus, der bei den Moslems als der heiligste gilt – den Mund, aus dem die Gebete direkt in Allahs Ohren aufsteigen.

Mortenson wusste schon seit Längerem, dass »Moslem« wörtlich »der sich unterwirft« bedeutet. Und wie viele Amerikaner, die eher dem Individualismus anhängen, hatte er diese Vorstellung stets als entwürdigend empfunden. Als er nun aber zwischen Hunderten Fremden kniete und zusah, wie sie nicht nur Unreinheit, sondern offenbar auch die Beschwernisse und Sorgen ihres Alltags wegwuschen, entdeckte er zum ersten Mal auch Vorzüge darin, sich einem gemeinsamen ritualisierten Gebet zu unterwerfen.

Jemand schaltete den Generator der Tankstelle ab, und die Tankwarte verhüllten die grellfarbigen Zapfsäulen mit dezenten Laken. Mansur nahm eine kleine weiße Gebetskappe aus der Tasche und drückte sie platt, damit sie auf Mortensons großem Kopf sitzen blieb. Die beiden Männer reihten sich ein und knieten sich auf die Teppiche, die der Schneider mitgebracht hatte. Mortenson war bekannt, dass sich hinter der Mauer mit dem riesigen violetten und orangefarbenen Schild, das für die Benzinmarke warb und dem sie sich nun zugewandt hatten, Mekka lag. Dennoch konnte er sich des Eindrucks nicht erwehren, dass sie sich hier vor der Geschäftstüchtigkeit texanischer und saudischer Ölbarone verneigten. Aber er verdrängte den zynischen Gedanken sogleich wieder.

Wie Mansur kniete er sich mit überkreuzten Armen hin und wandte sich respektvoll an Allah. Ihm war klar, dass die Männer um ihn herum nicht auf das Werbeschild an der Mauer, sondern in sich hinein blickten. Auch für ihn schienen sie sich nicht zu interessieren. Während Mortenson mit der Stirn den noch warmen Boden berührte, wurde ihm bewusst, dass man ihn zum ersten Mal, seit er sich in Pakistan aufhielt, nicht als Außenstehenden betrachtete. Ja mehr noch, niemand achtete überhaupt auf ihn. »Allah ist groß«, betete er leise. Er stimmte in den Chor auf dem dunklen Parkplatz ein und spürte den starken Glauben der Menschen um sich herum, der so mächtig war, dass er eine Tankstelle in eine Gebetsstätte verwandeln konnte. Welche weiteren wundersamen Veränderungen standen ihm wohl noch bevor?

Der schwere Weg nach Hause

Dieses raue und prächtige Land,
Mit seinen schneebedeckten Felskuppen und
kristallkalten Flüssen,
Den dichten Wäldern, wo Zypressen, Wachholder
und Eschen wachsen,
Ist ebenso mein Körper wie der, den du vor dir siehst.
Ich kann mich weder von ihm noch von dir trennen.
Unsere vielen Herzen schlagen im gleichen Takt.

Aus dem Kriegsgesang des König Gesar

Lange vor Morgengrauen klopfte Abdul an die Tür. Allerdings lag Mortenson schon seit Stunden wach, denn er hatte vor lauter Angst, dass heute etwas schiefgehen könnte, kaum ein Auge zugetan. Er stand auf, öffnete und verstand erst nicht, warum der einäugige Hotelwächter ihm ein Paar blank geputzter Schuhe hinstreckte.

Es waren seine Tennisschuhe. Offenbar hatte Abdul, während Mortenson geschlafen hatte, Stunden damit verbracht, die zerschlissenen und ausgeblichenen Treter zu flicken, zu schrubben und zu polieren, damit sie seriöser und wie etwas aussahen, das ein Mann, der auf eine lange und beschwerliche Reise aufbrach, mit Stolz schnüren würde. Auch sich selbst hatte Abdul zur Feier des Tages herausgeputzt. Sein eigentlich silbergrauer Bart war mit Henna leuchtend orange gefärbt.

Nach dem Tee wusch sich Mortenson mit kaltem Wasser aus einem Eimer und dem letzten Rest Seife, die er schon die ganze Woche rationierte. Seine Habe füllte den alten Seesack nur zur Hälfte. Er ließ zu, dass Abdul die Tasche schulterte, denn ihm war klar, dass er sich nur eine Schimpftirade einhandeln würde, falls er versuchen sollte, sie selbst zu tragen. Dann verabschiedete er sich von seiner Privatsauna auf dem Dach.

Wegen seiner sauberen Schuhe und weil er wusste, wie viel Abdul am äußeren Schein gelegen war, erklärte er sich einverstanden, die Fahrt zum Rajah-Basar mit dem Taxi zu machen. Der schwarze Morris aus der Kolonialzeit, der eine der Hinterlassenschaften des zurückweichenden britischen Empire gewesen war, rollte gemächlich durch die noch leeren Straßen.

Obwohl es auf dem Marktplatz mit den geschlossenen Läden noch ziemlich dunkel war, entdecken sie ihren Lastwagen auf Anhieb. Wie bei den meisten Bedfords in diesem Land war von dem ursprünglichen Armeetransporter aus den Vierzigerjahren, als Pakistan noch zu Britisch-Indien gehört hatte, nicht viel übrig geblieben. Die meisten beweglichen Teile waren unzählige Male ausgetauscht und durch solche aus einheimischer Produktion ersetzt worden. Die ursprünglich olivgrüne, für diesen König des Karakorum-Highway allerdings viel zu gewöhnliche Lackierung war unter einer Flut von Schmuckspiegelchen und Metallrauten verschwunden. Außerdem hatte man in einer der vielen Bedford-Werkstätten von Rawalpindi jeden Zentimeter freier Fläche großzügig in bunter »Disco-Farbe« ertränkt. Die meisten der schrillen, in Limonengrün, Gold und kreischendem Scharlachrot gehaltenen Ornamente bestanden aus Schnörkeln und Arabesken, da der Islam gegenständliche Darstellungen verbietet. Allerdings wurde die Kricketlegende Imran Khan, dessen lebensgroßes Porträt an der Heckklappe prangte, derart als Nationalheld verehrt, dass nicht einmal der frommste Pakistaner Einwände gegen die Abbildung mit dem wie ein Zepter emporgereckten Schläger erhoben hätte.

Nachdem Mortenson das Taxi bezahlt hatte, umrundete er den schlafenden Koloss und machte sich auf die Suche nach der Besatzung des Lasters, damit endlich mit der Arbeit begonnen werden konnte. Ein sonores Grollen brachte ihn dazu, sich unter die Ladefläche zu beugen, wo drei Gestalten in Hängematten lagen und schliefen – wobei zwei von ihnen im Duett schnarchten.

Der *adhan*, der von einem Minarett auf der anderen Seite des Platzes ohne Rücksicht auf die frühe Stunde ertönte, weckte die Männer, bevor Mortenson Gelegenheit dazu gehabt hatte. Während sich die drei stöhnend aus den Hängematten hievten, kräftig ausspuckten und die erste von vielen Zigaretten an diesem Tag anzündeten, kniete sich Mortenson mit Abdul zum Gebet hin. Der Amerikaner hatte den Eindruck, dass der Hotelwächter wie die meisten Moslems einen inneren Kompass besaß, der beständig auf Mekka ausgerichtet war. Obwohl sich vor ihnen das wenig ansehnliche, noch geschlossene Tor der Holzhandlung erhob, versuchte Mortenson, seinen Geist auf einen Punkt zu richten, der über die rein äußere Umgebung hinausging. Da kein Wasser verfügbar war, krempelte Abdul Hosenbeine und Ärmel hoch und führte die Waschungen symbolisch durch, indem er die Unreinheiten abwischte. Mortenson folgte seinem Beispiel und verschränkte dann die Arme zum Morgengebet. Abdul beobachtete ihn kritisch und nickte schließlich beifällig.

»Also«, meinte Mortenson, »sehe ich jetzt aus wie ein Pakistaner?«

Abdul rieb ihm den Schmutz von der Stirn, wo diese den kühlen Boden berührt hatte. »Wie ein Pakistaner nicht«, erwiderte er. »Aber als Bosnier könnten Sie durchgehen.«

Nach dem Gebet erschien der wieder in einen makellos sauberen *salwar kamiz* gewandete Ali und öffnete das Tor seines Geschäfts. Nachdem Mortenson ihn begrüßt hatte, holte er ein kleines schwarzes, auf dem Basar gekauftes Schulheft heraus und stellte einige Berechnungen an. Wenn der Bedford mit den Einkäufen beladen war, würden bereits mehr als zwei Drittel seiner zwölftausend Dollar ausgegeben sein. Danach hatte er nur noch dreitausend, um Arbeitskräfte zu bezahlen und die Baumaterialien mit Jeeps auf schmalen Straßen nach Korphe zu schaffen. Außerdem musste er bis zum Abschluss der Bauarbeiten auch von etwas leben.

Sechs Angehörige aus Alis großer Familie verstauten unter Anleitung des Fahrers und seiner Männer zunächst das Holz auf dem Wagen. Beim Verladen der Holzplatten zählte Mortenson jede einzelne und vergewisserte sich, dass es auch wirklich die aus vier

Schichten bestehenden waren. Zufrieden sah er zu, wie danach der Stapel durch die auf die Platten geschichteten Vierkanthölzer immer größer wurde.

Als die Sonne über dem Markt aufging, betrug die Temperatur schon knapp vierzig Grad. Bald erhob sich ein symphonisches Geklapper, da die Ladenbesitzer ihre metallenen Rollläden hochzogen oder die Eisentore ihrer Geschäfte öffneten. Inzwischen trafen auf Eselskarren und den Köpfen von Trägern, mit Fahrrad- und Motorradrikschas weitere Baumaterialien ein und wurden durch die Menschenmenge zum Laster transportiert. Ein zweiter Bedford brachte die hundert Zementsäcke.

Obwohl es auf der Ladefläche schrecklich heiß war, beaufsichtigte Abdul die Arbeiter und rief Mortenson den Namen jedes Gegenstandes zu, der verladen wurde, damit der Amerikaner ihn auf seiner Liste abhaken konnte. Mit wachsender Begeisterung sah Mortenson zu, wie die zweiundvierzig verschiedenen Posten, die Abdul und er nach harten Verhandlungen gekauft hatten – Äxte, Maurerkellen und ein Wald von Schaufeln –, ordentlich in den Transporter gestapelt wurden.

Am Nachmittag wogte eine dichte Menschenmenge um den Bedford, denn inzwischen hatte sich herumgesprochen, dass ein hünenhafter Ungläubiger in einem braunen Pyjama einen Lastwagen mit Spenden für muslimische Schulkinder bepackte. Die Träger mussten sich durch fünf Reihen Schaulustiger drängen, um ihre Last loszuwerden. Außerdem führte der Anblick von Mortensons Füßen mit der Schuhgröße achtundvierzig zu vielen verwunderten Blicken und anzüglichen Witzen vonseiten des Publikums, und lautstark wurde über seine Nationalität gemutmaßt. Bosnien oder Tschetschenien galten als die wahrscheinlichsten Herkunftsländer dieses hochgewachsenen und grobschlächtigen Fremden. Als Mortenson, dessen Urdu immer fließender wurde, die Spekulationen unterbrach und verkündete, er sei Amerikaner, musterten die Leute seinen verschwitzten und schmutzigen *salwar kamiz* sowie die Dreckschmiere auf seiner fettig-feuchten Haut, und einige Männer erwiderten, sie glaubten ihm nicht.

Zwei der wichtigsten Werkzeuge, eine Wasserwaage und ein Senkblei, fehlten. Mortenson war sicher, dass sie geliefert worden waren, konnte sie jedoch in dem sich rasch füllenden Lastwagen nicht finden. Abdul machte sich mit Feuereifer auf die Suche und hievte Zementsäcke beiseite, bis er die Werkzeuge tief unten im Laster entdeckte, wohin sie durchgerutscht waren. Er wickelte sie in ein Tuch und schärfte dem Fahrer ein, die Sachen bis zur Ankunft in Skardu sorgsam im Führerhaus aufzubewahren.

Am Abend hatte Mortenson alle zweiundvierzig Posten auf seiner Liste abgehakt. Der Warenberg war auf eine Höhe von sieben Metern angewachsen. Die Männer hatten ihre liebe Not, die Ladung noch vor Einbruch der Dunkelheit zu sichern, indem sie Sackleinen darüberspannten und das Ganze dann fest mit dicken, netzartig von Seite zu Seite gespannten Seilen vertäuten.

Schließlich stieg Mortenson vom Laster, um sich von Abdul zu verabschieden. Die Zuschauer drängten sich nach vorne, um ihm Zigaretten sowie zerschlissene Rupienscheine für seine Schule zuzustecken. Ungeduldig ließ der Fahrer den Motor aufheulen, sodass schwarzer Dieselruß aus den beiden Auspuffen des Fahrzeugs quoll. Ungerührt von Lärm und Getümmel, stand Abdul mitten in der Menge und sprach ein Bittgebet für eine gute Reise. Er schloss die Augen, führte die Hände ans Gesicht, um Allahs Geist ganz in sich aufzunehmen, und strich sich über den gefärbten Bart. Sein leidenschaftliches Flehen für Mortensons Wohlergehen wurde vom lauten Hupen des Bedford übertönt.

Abdul öffnete die Augen und umfasste Mortensons große, schmutzig Pranke mit beiden Händen. Als er seinen amerikanischen Freund musterte, stellte er fest, dass die erst am Vorabend von ihm geputzten Schuhe schon wieder voller Staub waren. Dasselbe galt für den nagelneuen *salwar kamiz.* »Jetzt sehen Sie nicht mehr aus wie ein Bosnier, Greg *Sahib*«, meinte Abdul und klopfte ihm auf den Rücken, »sondern genau wie ein Pakistaner.«

Nachdem Mortenson oben auf die Ladefläche gestiegen war und dem ausgelaugt am Rand der Menge stehenden Abdul noch einmal zugenickt hatte, legte der Fahrer den Gang ein. »Allah ist groß!«, jubelte die Menge, als Mortenson siegreich die Arme reckte und winkte, bis der wie eine kleine Flamme leuchtende hennarote Bart seines Freundes im Menschengewühl verschwunden war.

Mit Mortenson auf der Ladefläche röhrte der Bedford in westlicher Richtung aus der Stadt hinaus. Obwohl Mohammed, der Fahrer, ihn gedrängt hatte, doch in dem verqualmten Führerhaus Platz zu nehmen, hatte Mortenson beschlossen, die Fahrt stilvoll im Freien zu genießen. Die Mechaniker in der Bedford-Werkstatt in Rawalpindi hatten vorne eine schwungvolle Verlängerung an die Ladefläche angeschweißt, die wie ein in keckem Winkel getragener Hut über das klappernde Führerhaus ragte. Auf der Krempe dieses Hutes richtete sich Mortenson inmitten der Ladung ein gemütliches Nest aus Sackleinen und Heuballen ein, sodass er die Straße aus der Vogelperspektive betrachten konnte und nicht so durchgerüttelt wurde. Gesellschaft leisteten ihm einige Käfige voll schneeweißer Hühner, die Mohammed mitgenommen hatte, um sie in den Bergen zu verkaufen. Aus den offenen Fenstern des Bedford plärrte wilde Popmusik aus dem Pandschab.

Als sie das belebte Rawalpindi hinter sich gelassen hatten, öffnete sich die trockene braune Landschaft und wurde immer grüner. Durch die in der Nachmittagshitze flirrende Luft grüßten die Hügelausläufer des Himalaya zu ihnen herüber. Kleinere Fahrzeuge wichen jedes Mal an den Straßenrand aus und machten dem riesigen Lastwagen Platz, wenn sie dessen schrille Hupe hörten, und die Fahrer jubelten beim Anblick des Porträts von Imran Khan, der sie mit kühn gerecktem Schläger überholte.

Mortenson war in ruhiger, gelassener Stimmung, als sie an idyllischen Tabakfeldern vorbeikamen, die grünlich schimmerten wie ein windbewegtes tropisches Meer. Nachdem er eine Woche lang in der Hitze um jede Rupie hatte feilschen müssen, konnte er sich nun endlich entspannt zurücklehnen. »Seit meiner Ankunft in Rawalpindi hatte ich nur geschwitzt, aber oben auf dem Laster war es kühl und windig«, erinnert er sich. »Hoch oben auf meinem Thron fühlte ich mich wie ein König. Ich glaubte, es schon geschafft zu haben. Ich saß buchstäblich auf meiner Schule, hatte alles Notwendige gekauft und nicht mehr ausgegeben als geplant. Nicht einmal Jean Hoerni hätte etwas zum Meckern gefunden. Ich ging davon aus, dass die Schule in wenigen Wochen fertig sein würde. Dann konnte ich nach Hause zurückkehren und Zukunftspläne schmieden. Ich wusste nicht, wann ich das letzte Mal so zufrieden gewesen war.«

Als Mohammed heftig auf die Bremse trat und am Straßenrand stoppte, musste Mortenson sich an den Hühnerkäfigen festhalten, um nicht unten auf der Motorhaube zu landen. Er beugte sich an der Seite nach unten und erkundigte sich auf Urdu, warum sie angehalten hätten. Mohammed wies auf ein bescheidenes weißes Minarett am Rande eines Tabakfelds und auf die Männer, die darauf zuströmten. Nachdem die Popmusik hastig abgeschaltet worden war, hörte Mortenson den *adhan*, den der Wind zu ihnen herüberwehte. Er hatte nicht gewusst, dass der Fahrer, der doch eben noch ungeduldig zum Aufbruch gedrängt hatte, fromm genug war, um zum Abendgebet anzuhalten. Allerdings wurde ihm zunehmend klar, dass er in diesem Teil der Welt vieles nicht verstand. Jedenfalls würde er auf diese Weise ausreichend Gelegenheit haben, das Beten zu üben, sagte er sich, während er an der Fahrertür hinunterkletterte.

Als es dunkel wurde und sie sich an einer Imbissbude neben der Straße mit grünem Tee und drei Tellern *dal chana*, einem Eintopf aus gelben Linsen, gestärkt hatten, legte sich Mortenson wieder oben auf den Laster und beobachtete den funkelnden Sternenhimmel.

Dreißig Kilometer westlich von Rawalpindi bogen sie in Taxila in nördlicher Richtung von der pakistanischen Hauptverkehrsader ab und fuhren in Richtung Berge. Vermutlich hatte der Kampf um die Vorherrschaft zwischen Buddhismus und Islam vor vielen Jahrhunderten mit dem Aufeinandertreffen der Religionen hier am Verkehrsknotenpunkt in Taxila begonnen. Doch für Mortenson mit seiner schwankenden Schule auf Rädern waren die Kollisionen der tektonischen Platten, die einige Millionen Jahre früher stattgefunden hatten, von größerer Bedeutung.

Hier traf die Ebene aufs Gebirge, und der steile Teil der alten Seidenstraße begann. Nun konnte es gefährlich werden. Isabelle Bird, eine unerschrockene Pionierin, wie sie nur das viktorianische England hervorbringen konnte, schilderte im Jahr 1876, wie schwierig es gewesen sei, von den Ebenen des indischen Subkontinents nach Baltistan – oder »Klein-Tibet«, wie sie es nannte – zu reisen. »Wer ins Hochland will, muss auf eine Kutsche oder einen bergtauglichen Wagen verzichten«, schrieb sie. »Der Großteil des Weges will zu Fuß zurückgelegt werden, und wem sein Pferd am Herzen liegt, der führt es die felsigen, steilen Stellen, von denen es nicht wenige gibt, am Zügel. Die ›Straßen‹«, fährt sie fort und setzt das Wort in ironische Anführungsstriche, »wurden unter großer Anstrengung und mit hohen Kosten gebaut, weil die Natur den Konstrukteur zwingt, ihrem Lauf zu folgen. So muss der Mensch die schmalen Täler, Schluchten, Spalten und Abgründe berücksichtigen, die sie hier für ihn bereithält. Häufig handelt es sich bei diesen ›Straßen‹ ... lediglich um ein Sims über einem reißenden Fluss. Wenn zwei Karawanen einander begegnen, muss die eine Platz machen, indem sie den bergseitigen Hang hinaufklettert, wo häufig Absturzgefahr besteht. Beim Zusammentreffen mit einer solchen Karawane ... wurde das Pferd meines Dieners von einem beladenen Maultier in den Abgrund gestoßen und ertrank.«

Der Karakorum-Highway (KKH) – die Straße, die der Bedford, begleitet vom Schnaufen seiner beiden Auspuffe, nun hinaufrumpelte – bedeutete im Vergleich zu den Pfaden, auf denen Isabelle Birds Reisegesellschaft sich abgemüht hatte, eine gewaltige, aber auch kostspielige Verbesserung. Der Bau des KKH wurde 1958 vom gerade erst unabhängig gewordenen Pakistan begonnen, da man sich dringend eine Straßenverbindung nach China wünschte, dem Verbündeten gegen Indien. Seither eine Dauerbaustelle, ist der KKH eine der größten technischen Herausforderungen, der sich die Menschheit je gestellt hat. Da man den Weg buchstäblich in den Fels der schroffen Indus-Schlucht schlagen musste, kostete der KKH für jeden seiner vierhundert Kilometer einen Bauarbeiter das Leben. Die ursprüngliche Straße war so unpassierbar, dass pakistanische Ingenieure gezwungen waren, die Bulldozer zu zerlegen, die Einzelteile auf Maultiere zu verladen und die Maschinen an Ort und Stelle wieder zusammenzusetzen, um mit der Arbeit beginnen zu können. Das pakistanische Militär versuchte zwar, die Bulldozer mit einem russischen MI-17-Helikopter einzufliegen, der schwere Lasten zu bewegen vermag, doch schon beim ersten Flug stieß er wegen des starken Windes in der schmalen Schlucht an eine Felswand und stürzte in den Indus. Alle neun Besatzungsmitglieder kamen ums Leben.

Im Jahr 1968 erboten sich die Chinesen, denen daran gelegen war, für ihre Industriegüter bessere Transportwege zu einem neuen Absatzmarkt zu erschließen, um den russischen Einfluss in Zentralasien einzudämmen und die Allianz mit dem strategischen Verbündeten gegen Indien zu zementieren, sich um den endgültigen Ausbau der insgesamt dreizehnhundert Kilometer langen Strecke von Kashgar im südwestlichen China bis nach Islamabad zu kümmern und ihn auch zu finanzieren. Ein Heer von Straßenbauarbeitern war mehr als ein Jahrzehnt beschäftigt, bis der neue »Highway der Freundschaft« im Jahr 1978 für vollendet erklärt wurde – ein Affront gegen Indien.

Je höher sie kamen, desto kühler wurde die Luft, in der bereits ein erster Hauch von Winter mitschwang. Mortenson legte sich eine Wolldecke um Kopf und Schultern. Zum ersten Mal fragte er sich, ob er die Schule wohl vor dem endgültigen Wintereinbruch würde fertigstellen können. Doch er schob den Gedanken beiseite, lehnte den Kopf an einen Heuballen und ließ sich von dem langsamen Schaukeln des Lastwagens einlullen, bis er schließlich einschlief.

Bei Morgengrauen wurde er von einem Hahn in dem Käfig dicht neben seinem Kopf gnadenlos geweckt. Mortenson fühlte sich steif und durchgefroren und musste dringend zur Toilette. Als er sich über den Rand des Lasters beugte, um Mohammed zum Anhalten aufzufordern, sah er, wie der bullige Beifahrer den geschorenen Kopf weit aus dem Fenster streckte. Neben der Straße gähnte ein fünfhundert Meter tiefer felsiger Abgrund, in dem ein reißender kaffeebrauner Strom über Flusssteine hinwegschäumte. Mortenson blickte auf und stellte fest, dass sie zwischen dreitausend Meter hohen Granitwänden entlangfuhren, die zu beiden Seiten des Flusses emporragten. Der Bedford keuchte eine steile Steigung hinauf und geriet kurz vor der Kuppe ins Rutschen, während Mohammed sich unter Einsatz roher Gewalt mit dem ersten Gang abmühte. Mortenson lehnte sich über die Beifahrerseite und bemerkte, dass die Hinterreifen nur etwa dreißig Zentimeter von der Felskante entfernt dahinrollten, sodass sich ein Regen aus Kieselsteinen in die Schlucht ergoss, als Mohammed Gas gab. Sobald die Räder zu dicht an den Rand gerieten, stieß der Beifahrer einen scharfen Pfiff aus, und der Laster schwenkte nach links.

Da Mortenson Mohammed nicht ablenken wollte, beschloss er, sein Anliegen zu verschieben. Als er hierhergekommen war, um den K2 zu besteigen, waren seine Gedanken so auf sein Ziel fixiert gewesen, dass er die Busfahrt den Indus entlang nur nebenbei wahrgenommen hatte. Und auf dem Rückweg hatte er darüber nachgegrübelt, wie er wohl das nötige Geld für seine Schule auftreiben sollte. Erst jetzt, beim Wiedersehen mit diesem wilden Land an Bord eines Bedford, der mit fünfundzwanzig Stundenkilometern diese »Highway« genannte Rumpelstrecke hinaufschnaufte, wurde ihm richtig klar, wie gründlich die Berge und Schluchten Baltistan vom Rest der Welt abschirmten.

Nach einer Weile wurde die Schlucht ein wenig breiter. Ein kleines Dorf schmiegte sich an den Felsabbruch, und sie machten Rast, um ein Frühstück aus *chapattis* und schwarzem Tee mit Milch und Zucker – zu sich zu nehmen. Danach bestand Mohammed darauf, dass Mortenson sich ebenfalls ins Führerhaus setzte. Da der Fahrer diesmal keinen Widerspruch duldete, nahm der Amerikaner zähneknirschend zwischen ihm und den beiden Beifahrern Platz.

Mohammed war so zierlich gebaut, dass er die Pedale des riesigen Fahrzeugs kaum erreichte. Sein bulliger Beifahrer rauchte eine Haschischpfeife nach der anderen und pustete den Qualm seinem Kollegen ins Gesicht, einem jungen Burschen, der wohl alles dafür gegeben hätte, wenn ihm endlich richtig der Bart gewachsen wäre.

Wie außen war der Bedford auch innen opulent dekoriert. Die Fahrerkabine quoll schier über von roten Blinklämpchen, Holzschnitzereien aus Kaschmir, 3-D-Fotos beliebter Bollywood-Stars, unzähligen Silberglöckchen und einem Strauß Plastikblumen, die sich Mortenson bei jedem von Mohammeds schwungvollen Bremsmanövern ins Gesicht bohrten. »Ich fühlte mich wie in einem Puff auf Rädern«, beschreibt er die Situation. »Nur nutzten uns die Räder nicht sonderlich viel. Es war eher, als hätte man einem Regenwurm beim Kriechen zugesehen.«

An den steilsten Stellen sprangen die Beifahrer aus dem Wagen und rollten große Steine unter die Hinterräder. Wenn der Bedford sich ein paar Meter vorwärtsgequält hatte, sammelten sie die Steine ein und wiederholten die Sisyphus-Prozedur. So ging es immer weiter, bis die Straße endlich ebener wurde. Ab und zu begegneten sie einem privaten Jeep. Manchmal kam ihnen auch ein Bus entgegen, dessen weibliche Passagiere sich gegen den Straßenstaub und neugierige männliche Blicke von Kopf bis Fuß verhüllt hatten. Doch meistens waren sie allein auf der Straße.

Die Sonne verschwand früh hinter den hohen Felswänden, sodass es am Grund der Schlucht schon am späten Nachmittag stockfinster war. Als Mohammed um eine schwer einzusehende Kurve bog, musste er ruckartig auf die Bremse treten, um nicht mit dem Heck eines Reisebusses zusammenzustoßen. Auf der Straße vor ihnen stauten sich Hunderte Fahrzeuge – Jeeps, Busse und Bedfords – vor der Zufahrt zu einer Betonbrücke. Mortenson und Mohammed stiegen aus, um sich die Sache anzusehen.

Als sie sich der Brücke näherten, stellten sie fest, dass die Verzögerung nicht an einem der häufigen Steinschläge oder Lawinen lag, für die der KKH berüchtigt war. Zwei Dutzend bärtige wilde Gesellen mit schwarzen Turbanen auf dem Kopf blockierten die Straße. Ihre Raketenwerfer und Kalaschnikows waren lässig auf eine Abteilung pakistanischer Soldaten in schmucken Uniformen gerichtet, die ihre Waffen klugerweise hatten stecken lassen. »Nicht gut«, murmelte Mohammed, zwei der wenigen englischen Wörter, die er beherrschte.

Einer der Turbanträger ließ seinen Raktenwerfer sinken und winkte Mortenson zu sich. Da dieser nach der zweitägigen Reise schmutzig war und außerdem die Wolldecke um den Kopf gehüllt hatte, nahm er nicht an, dass er wie ein Ausländer aussah.

»Wo kommst du her?«, fragte der Mann auf Englisch. »Amerika?« Er musterte Mortensons Gesicht im Schein einer Propangaslaterne. Mortenson stellte fest, dass der Mann leuchtend blaue Augen hatte. Sie waren mit *surma* umrandet, der schwarzen Schminke, wie sie die allerfrömmsten – einige würden sagen: fanatischsten – Absolventen der fundamentalistischen *madaris* verwendeten. Es waren Männer, die in jenem Jahr, 1994, als Fußsoldaten über die Westgrenze strömten, um Afghanistan unter ihre Kontrolle zu bringen – die Taliban.

»Ja, Amerika«, bestätigte Mortenson ängstlich.

»Amerika Nummer eins«, verkündete der Mann. Er legte den Raketenwerfer weg, zündete eine einheimische Zigarette an und reichte sie Mortenson. Eigentlich war der ja Nichtraucher, doch er hielt es in diesem Moment für ratsam, genießerisch einige Züge zu nehmen. Begleitet von Entschuldigungen und ohne den Mann anzusehen, fasste Mohammed Mortenson sanft am Ellenbogen und zog ihn zurück zum Bedford.

Von Imran Khan aufmerksam beobachtet, zündeten sie hinter dem Heck des Wagens ein kleines Feuer an, kochten Tee und richteten sich darauf ein, die Nacht hier zu verbringen. Währenddessen versuchte Mohammed, etwas von den Gerüchten aufzuschnappen, die unter den vielen Hundert gestrandeten Autofahrern kursierten. Den ganzen Tag lang blockierten die Bärtigen nun schon die Brücke, sodass man eine Abteilung Soldaten aus dem fünfunddreißig Kilometer entfernten Militärstützpunkt in Pattan herbeigerufen hatte, die dafür sorgen sollten, die Straße wieder freizubekommen.

Da Mortenson Urdu nur bruchstückhaft verstand und außerdem widersprüchliche Berichte im Umlauf waren, war er nicht sicher, ob er alles richtig mitbekam. Aber er verstand, dass es sich hier um das Dorf Dasu in Kohistan handelte, einem wilden, unkontrollierbaren Teil der Nordwestlichen Grenzprovinz Pakistans. Die Region war für ihre bewaffneten Banden berüchtigt, denn der Arm der Regierung in Islamabad reichte nicht bis hierher. In den Jahren nach dem 11. September und dem Krieg der Amerikaner gegen die Taliban in Afghanistan wurden diese entlegenen schroffen Täler zum Zufluchtsort für die Islamisten sowie ihre Hintermänner und Geldgeber von El Kaida, die sich in dieser bergigen Wildnis mühelos zu verstecken wussten.

Die Bewaffneten, die die Brücke besetzt hielten, lebten in einem nahen Tal und behaupteten, ein von der Regierung beauftragter Bauunternehmer aus dem fernen, im Tiefland gelegenen Islamabad sei mit Millionen Rupien eingetroffen, die zum Ausbau der Talpfade in Forststraßen bestimmt gewesen seien. Das hätte es ihnen ermöglicht, ihr Holz zu verkaufen. Allerdings habe der Bauunternehmer das Geld in die eigene Tasche gesteckt und sei verschwunden, ohne auch nur einen Handschlag zu tun. Nun wollten sie den Karakorum-Highway so lange blockieren, bis man ihnen den Mann auslieferte, damit sie ihn an dieser Brücke aufknüpfen konnten.

Nachdem der Tee getrunken war und sie die von Mortenson herumgereichten Kräcker verspeist hatten, beschlossen die vier Männer, sich schlafen zu legen. Trotz Mohammeds Warnung, dass es im Führerhaus sicherer sei, entschied sich Mortenson für seinen Stammplatz oben auf dem Laster. Von seinem Hochbett aus, das er mit den schlafenden Hühnern teilte, konnte er die zerlumpten, Paschtunisch sprechenden Kohistaner auf der Brücke im Schein ihrer Laternen beobachten. Die Pakistaner aus dem Tiefland, die gekommen waren, um mit ihnen zu verhandeln, sprachen Urdu und schienen einer völlig anderen ethnischen Gruppe anzugehören. Mit ihren ordentlichen Uniformen, den sauberen blauen Baretten und den fest um die schmale Taille geschlungenen Patronengurten sahen sie beinahe mädchenhaft aus. Nicht zum ersten Mal fragte sich Mortenson, ob Pakistan nicht eher ein Wunschtraum als eine richtige Nation war.

Sicher, dass er die ganze Nacht kein Auge zutun würde, bettete er seinen Kopf auf den Heuballen. Doch es war schon taghell, als er von Gewehrfeuer geweckt wurde. Er setzte sich auf und blickte zunächst in die rosafarbenen Augen der weißen Hühner, die ihn stumpf anstierten. Erst dann bemerkte er die Kohistaner, die auf der Brücke standen und mit ihren Kalaschnikows in die Luft schossen.

Mortenson spürte, wie der Bedford ansprang, und sah Qualm aus den Auspuffen wabern. Also beugte er sich zum Fahrerfenster hinunter. »Gut«, verkündete Mohammed mit einem Lächeln und legte den Gang ein. »Schießen aus Freude, *inschallah*.« Er gab Gas.

Aus den Hauseingängen und Gassen des Dorfes hasteten verschleierte Frauen, die sich dort während der langen Nacht einen Unterschlupf gesucht hatten, zurück zu ihren Fahrzeugen.

Als sie in der langen, staubigen und im Schneckentempo dahinkriechenden Wagenkolonne die Dasu-Brücke passierten, sah Mortenson, dass der Kohistaner, der ihm am Vortag die Zigarette angeboten hatte, und seine Kameraden die Fäuste reckten und aus ihren automatischen Waffen weiter wie wild in die Luft feuerten. Noch nie, nicht einmal auf einem Schießstand der Army, hatte Mortenson je einen solchen Radau gehört. Da er keinen betrügerischen Bauunternehmer aus dem Tiefland an der Brücke baumeln sah, nahm er an, dass es den Bärtigen gelungen war, mit den Soldaten eine angemessene Entschädigung auszuhandeln.

Immer steiler ging es bergauf. Bald ragten die Wände der Schlucht so hoch empor, dass man nur noch einen kleinen Streifen des in der Hitze weißlich flirrenden Himmels erkennen konnte. Sie fuhren die Westflanke des Nanga Parbat entlang, der mit seinen 8126 Metern der neunthöchste Berg der Welt ist und sich am westlichen Rand des Himalaya befindet. Allerdings war der »Nackte Berg«, wie er auch genannt wird, für Mortenson von der tiefen Schlucht des Indus aus nicht zu sehen. Als passionierter Bergsteiger spürte er aber regelrecht, wie ihn der sich im Osten auftürmende Berg lockte. Um sich zu vergewissern, dass er die Richtung korrekt eingeschätzt hatte, beobachtete er den Indus. Bäche tragen das Schmelzwasser von den Gletschern des Nanga Parbat durch Schluchten und über mit Flechten bewachsene Felsen hinunter in den Indus und durchziehen die von Gesteinssediment milchig weiß verfärbte Wasseroberfläche des Flusses mit leuchtend blauen Sprenkeln.

Kurz vor Gilgit, der bevölkerungsreichsten Stadt in Pakistans Norden, verließen sie den Karakorum-Highway, der von hier aus weiter nach China verläuft und als höchst gelegene befestigte Straße der Welt auf mehr als viertausendsechshundert Metern über den Khunjerab-Pass führt. Stattdessen folgten sie dem Indus nach Osten in Richtung Skardu. Obwohl die Temperaturen fielen, wurde es Mortenson beim Anblick der vertrauten Landschaft ganz warm ums Herz: Dieses korridorartige Flusstal, das von zahl- und namenlosen Siebentausendern eingefasst wurde, war der Eingang zu »seinem« Baltistan. Auch wenn die felsige Mondlandschaft des westlichen Karakorum vermutlich eine der unwirtlichsten der Erde ist, fühlte sich Mortenson, als wäre er endlich nach Hause gekommen. Die düstere Schlucht und die von der Hochgebirgssonne zum Leuchten gebrachten Spitzen der Granittürme schienen ihm ein stimmigeres heimatliches Umfeld zu sein als die pastellfarben verputzten Bungalows in Berkeley. Sein zwischenzeitlicher Aufenthalt in Amerika, die zunehmenden Spannungen mit Marina, die mühevolle Jagd nach Spendengeldern und die Nachtschichten im Krankenhaus waren für ihn plötzlich so unwirklich wie ein verblassender Traum. Die Steinwände und Felskolosse hier verkörperten die Realität.

Zwei Jahrzehnte zuvor hatte sich die irische Krankenschwester Dervla Murphy ebenso von den Bergen angezogen gefühlt wie er. Vom gleichen kühnen Wagemut getrieben wie Isabella Bird, hatte sie die Warnungen erfahrener Abenteurer, Baltistan sei im Schnee unpassierbar, in den Wind geschlagen und den Karakorum mitten im Winter zu Pferd und in Begleitung ihrer fünfjährigen Tochter durchquert.

In ihrem Buch *Where the Indus Is Young* fällt es der sonst recht wortgewandten Dervla Murphy so schwer, ihre Reise durch diese Schlucht zu beschreiben, dass es ihr beinahe die Sprache verschlägt: »Keines der Adjektive, mit denen man eine Berglandschaft für gewöhnlich belegt, scheint hier zu passen. Eigentlich ist schon das Wort ›Landschaft‹ an sich absurd und nicht zutreffend. ›Pracht‹ oder ›Größe‹ helfen nicht weiter, um einen Eindruck von dieser gewaltigen Schlucht zu vermitteln, die sich schmal, dunkel, karg und tief Kilometer um Kilometer dahinschlängelt, ohne dass einen auch nur ein einziger Grashalm, ein Kraut oder ein winziger Busch daran erinnern würde, dass es auch eine Flora gibt. Nur der jadegrüne, zuweilen von wildem weißem Schaum gekrönte Indus bildet eine farbliche Abwechslung zu den graubraunen Felsspalten, den kahlen Abgründen und den steilen Hängen.«

Auf ihrem Ritt am Südufer des Indus entlang malte Dervla Murphy sich aus, wie schrecklich es sein müsse, diese sogenannte Straße mit einem Kraftfahrzeug überwinden zu wollen. Ein Autofahrer müsse hier dem Fatalismus frönen, schreibt sie, sonst »hätte er nie den Mut, mit einem überladenen, schlecht ausbalancierten und vermutlich defekten Jeep stundenlang diesen Weg entlangzufahren, wo ein einziger kleiner Fehler dazu führen kann, dass das Auto viele Hundert Meter tief in den Indus stürzt. Da der Fluss den einzig möglichen Weg durch diese unwirtlichen Berge gefunden hat, bleibt uns lediglich übrig, ihm zu folgen. Die Dramatik kann nur begreifen, wer die Schlucht des Indus bereist hat, wobei ein vernünftiger Mensch dabei am besten zu Fuß geht«.

Auf einem solchen überladenen, schlecht ausbalancierten, aber zumindest technisch einwandfreien Bedford schwankte Mortenson nun auf einem sieben Meter hohen Berg Baumaterialien für seine Schule hin und her. Wenn der Laster über die Hinterlassenschaft eines Steinschlags holperte, gerieten sie immer wieder gefährlich nah an die Felskante. Hunderte Meter unter ihnen lag das Wrack eines Busses, das nun friedlich vor sich hin rostete, und in regelmäßigen Abständen erinnerten weiße Gedenktafeln für die »Märtyrer« an die Straßenbauarbeiter, die im Kampf gegen diese Felswände ihr Leben gelassen hatten. Vielen Tausenden pakistanischer Soldaten war es zu verdanken, dass die Straße nach Skardu seit Dervla Murphys Tagen erheblich »ausgebessert« worden war, damit Lastwagen den Nachschub für die kriegerischen Auseinandersetzungen mit Indien liefern konnten. Allerdings sorgten Steinschläge und Lawinen, immer wieder unvermittelt in den Abgrund wegbrechende Stücke des bröckeligen Asphalts sowie die mangelnden Ausweichmöglichkeiten bei Gegenverkehr dafür, dass jedes Jahr zahlreiche Fahrzeuge von der Straße in die Tiefe stürzten.

Zehn Jahre später, in der Zeit nach dem 11. September, wurde

Mortenson häufig von anderen Amerikanern danach gefragt, welchen Gefahren er in dieser Region durch Terrorismus ausgesetzt sei. »Wenn ich in Pakistan sterbe, dann bei einem Verkehrsunfall, nicht durch eine Bombe oder Kugel«, lautete stets seine Antwort. »Die wirklichen Gefahren drohen dort im Straßenverkehr.«

An der Beschaffenheit des Lichts merkte er, dass die Schlucht sich langsam öffnete, noch bevor er wusste, wo genau sie sich inzwischen befanden. Als sie sich am späten Nachmittag langsam eine steile Straße hinunterquälten, wurde die Luft leuchtender und klarer. Die klaustrophobischen Felswände wichen zurück, entfalteten sich und mündeten in der Ferne in einem Ring aus schneebedeckten Riesen, die das Skardu-Tal umgaben. In der Ebene am Fuß des Passes angekommen, trat Mohammed aufs Gas. Endlich hatte der Indus sie freigegeben und plätscherte nun in weiten Schleifen schlammig und fast so breit wie ein See dahin. Auf dem Talboden glühten bräunliche Sanddünen in der heißen Nachmittagssonne. Wenn man nicht nach oben zu den grellweiß blendenden Gipfeln schaute, wähnte man sich beinahe auf der Arabischen Halbinsel, fand Mortenson.

Am Stadtrand von Skardu verkündeten ihnen die Aprikosen- und Walnusshaine, dass ihre Odyssee den Indus entlang endlich vorüber war. Hoch oben auf den Baumaterialien seiner Schule thronend, fuhr Mortenson in Skardu ein. Als er den Männern zuwinkte, die mit den für Baltisan typischen weißen *topi* auf den Köpfen entlang der Straße bei der Obsternte waren, erwiderten sie den Gruß schmunzelnd. Kinder rannten neben dem Bedford her und brachten durch Geschrei ihre Sympathie gegenüber Imran Khan und dem Ausländer zum Ausdruck, der ihrem Idol quasi auf den Schultern ritt. Es war die triumphale Rückkehr, die Mortenson sich sehnsüchtig erträumt hatte, seit er sich darangemacht hatte, den ersten der fünfhundertachtzig Briefe zu schreiben. Und er war sicher, dass das glückliche Ende seines Abenteuers gleich hinter der nächsten Kurve auf ihn wartete.

Scheitern am Braldu

Vertraue auf Allah, aber binde dein Kamel an.

Handgeschriebenes Schild am Eingang des Luftwaffenstützpunkts des Fünften Geschwaders in Skardu

Der erste Pappelast schlug Mortenson ins Gesicht, bevor er Gelegenheit zum Ausweichen hatte. Der zweite riss ihm die Decke vom Kopf, sodass sie in der Staubwolke des Bedford am Baum hängend zurückblieb. Also legte Mortenson sich oben auf dem Laster flach auf den Bauch und sah zu, wie Skardu am Ende einer tunnelartigen Allee in Sicht kam. Zum Schutz gegen hungrige Ziegen waren die Stämme der Bäume mit Stoff umwickelt.

Ein olivgrüner Militärhubschrauber vom französischen Typ Lama, der sich auf dem Weg vom Baltoro-Gletscher zum Stützpunkt des Fünften Luftwaffengeschwaders in Skardu befand, flog langsam und tief über den Bedford hinweg. Mortenson erkannte eine in Sackleinen gewickelte menschliche Gestalt auf einer Trage, die an den Landekufen befestigt war, und dachte an Etienne Fine, der nach seiner Rettung den gleichen Flug hatte durchmachen müssen. Aber wenigstens hatte er überlebt.

Am Fuße des abweisenden, zweihundertfünfzig Meter hohen Karpocho, des Felsens von Skardu, auf dem die Ruine einer Festung über die Stadt wacht, wurde der Bedford langsamer, damit eine

Schafherde den Basar überqueren konnte. Nach dem dröhnenden Schweigen in der Indus-Schlucht wirkte die belebte Straße mit ihren kleinen Buden, die Fußbälle, billige Pullover aus chinesischer Herstellung und zu ordentlichen Pyramiden aufgeschichtete ausländische Erzeugnisse wie Ovomaltine und das Fruchtsaftpulver Tang anboten, fast überwältigend weltstädtisch.

Da es hier keine Sandverwehungen gab, war das weit ausgedehnte Tal an dieser Stelle fruchtbar. Das Umland der Stadt erinnerte inmitten der schroffen Schluchten an eine Oase und war früher tatsächlich einmal ein Rastplatz für die Karawanen gewesen, die auf der Handelsstraße von dem heute im indischen Teil Kaschmirs gelegenen Kargil nach Zentralasien gezogen waren. Doch die Teilung Britisch-Indiens im Jahr 1947 sowie die Schließung der Grenze zwischen den beiden daraus hervorgegangenen und sofort miteinander verfeindeten Staaten Pakistan und Indien hatten Skardu eine Randlage in einem unwirtlichen Teil Pakistans beschert. Erst durch die Rolle als Versorgungs- und Ausgangspunkt vieler Expeditionen, die die eisigen Riesen des Karakorum stürmten, hatte die Stadt in jüngerer Zeit wieder an Bedeutung gewonnen.

Mohammed stoppte am Straßenrand; allerdings zog er nicht weit genug hinüber, damit die sechs nachfolgenden Jeeps vorbeifahren konnten. Er beugte sich aus dem Fenster und fragte Mortenson laut rufend nach dem Weg, während hinter ihnen heftig gehupt wurde. Mortenson kletterte von seinem fahrenden Thron, um sich ins Führerhaus zu zwängen.

Wie sollte es nun weitergehen? Korphe befand sich acht Jeepstunden entfernt. Außerdem gab es keine Möglichkeit, dort anzurufen und zu melden, dass er zurückgekommen war, um sein Versprechen einzulösen. Vielleicht könnte Changazi, ein Veranstalter von Trekking- und Klettertouren, der auch die Expedition zum K2 organisiert hatte, ihm ja helfen, Leute zu finden, die das Baumaterial für die Schule das Braldu-Tal hinauftransportierten. Also fuhren sie zu Changazis in ordentlichem Weiß gestrichenen Haus, und Mortenson klopfte an die massive grüne Holztür.

Mohammed Ali Changazi öffnete persönlich. Er trug einen makellos gestärkten weißen *salwar kamiz* – ein Hinweis darauf, dass er es nicht nötig hatte, sich die Hände schmutzig zu machen. Für einen Balti war er ziemlich groß, und mit seinem akkurat gestutzten Bart, der Adlernase und den eindringlichen, blau umrandeten braunen Augen gab er ein sehr beeindruckendes Bild ab. Auf Balti bedeutet *changazi* so viel wie »Abkömmling von Dschingis Khan«. Umgangssprachlich bezeichnet das Wort aber auch einen rücksichtslosen und skrupellosen Menschen. »Changazi ist in der Tat mit allen Wassern gewaschen«, urteilt Mortenson. »Aber natürlich wusste ich das damals noch nicht.«

»Dr. Greg!« Changazi fiel ihm überschwänglich um den Hals. »Was machen Sie denn hier? Die Bergsaison ist doch vorbei.«

»Ich habe die Schule mitgebracht!«, erwiderte Mortenson mit einem triumphierenden Grinsen und rechnete eigentlich mit einem Lob. Nach der Besteigung des K2 hatte er mit Changazi über sein Vorhaben gesprochen, und dieser hatte ihm sogar bei einer groben Berechnung der Materialkosten geholfen. Nun jedoch schien er keine Ahnung mehr zu haben, wovon die Rede war.

»Ich habe alles Notwendige für den Bau der Schule in Rawalpindi besorgt und hergebracht.«

Changazi wirkte immer noch verdattert. »Jetzt ist es zu spät, um etwas zu bauen«, antwortete er. »Warum haben Sie das Material eigentlich nicht hier in Skardu gekauft?«

Mortenson hatte gar nicht gewusst, dass das möglich war. Während er nach den richtigen Worten suchte, wurde ihre Unterhaltung von einem lauten Hupen des Bedford unterbrochen. Mohammed wollte abladen und so schnell wie möglich nach Rawalpindi zurückkehren. Als die Besatzung des Lasters die Abdeckung entfernte, musterte Changazi bewundernd den hohen Berg wertvoller Güter.

»Das können Sie alles in meinem Büro lagern«, schlug er vor. »Dann trinken wir Tee und überlegen uns, wie wir mit Ihrer Schule weitermachen.« Er musterte Mortenson von Kopf bis Fuß und verzog beim Anblick seines rußgeschwärzten, verschmierten Gesichts und der verfilzten Haare angewidert das Gesicht. »Aber zuerst müssen Sie sich waschen.«

Der bullige Beifahrer reichte Mortenson Senkblei und Wasserwaage, die immer noch ordentlich in Abduls Tuch gewickelt waren. Während rasch Zementsäcke, Spannholzplatten und Kanthölzer abgeladen und an dem plötzlich zunehmend begeistert wirkenden Changazi vorbeigetragen wurden, wickelte Mortenson das Stück Seife aus, das sein Gastgeber ihm zur Verfügung gestellt hatte. Dann machte er sich daran, den in vier Tagen angesammelten Straßenstaub mit einem Topf voll Wasser wegzuschrubben, das Changazis Gehilfe Yakub über einem Gaskocher erwärmt hatte. Vermutlich hat Changazi das Gerät bei irgendeiner Expedition mitgehen lassen, mutmaßte Mortenson.

Plötzlich argwöhnisch geworden, wollte er zuerst eine Bestandsaufnahme der Materialien durchführen. Doch Changazi beharrte darauf, das auf später zu verschieben. Während der Muezzin zum Gebet rief, führte Changazi Mortenson in sein Büro, wo Diener einen teuren, kaum benutzten Schlafsack auf einem *charpoy* zwischen dem Schreibtisch und einer nicht mehr aktuellen Weltkarte ausgebreitet hatten. »Ruhen Sie sich aus«, sagte Changazi in einem Ton, der keinen Widerspruch duldete. »Wir sehen uns nach dem Abendgebet.«

Mortenson wurde von lauten Stimmen aus dem Nachbarzimmer geweckt. Als er aufstand, stellte er an der grell durch die Fenster hereinscheinenden Bergsonne fest, dass er die ganze Nacht durchgeschlafen hatte. Nebenan saß ein kleiner, muskulöser Balti mit finsterer Miene vor einer unberührten Tasse Tee im Schneidersitz auf dem Boden. Mortenson erkannte Akhmalu, den Koch, der die K2-Expedition begleitet hatte. Akhmalu stand auf und tat, als wollte er Changazi vor die Füße spucken, was bei den Balti als schwerste aller Beleidigungen gilt. Im nächsten Moment bemerkte er Mortenson auf der Türschwelle.

»Dr. Girek!«, rief er aus. Seine Miene veränderte sich so plötzlich wie eine Bergwand, auf die ein Sonnenstrahl fällt, und er lief Mortenson strahlend entgegen, um ihn fest zu umarmen. Während sie sich an Tee, sechs Scheiben getoastetem Weißbrot und einem von Changazi stolz präsentierten Glas österreichischer Preiselbeermarmelade gütlich taten, das dieser irgendwo aufgetrieben hatte, wurde Mortenson klar, dass ein Machtkampf ausgebrochen war. Das Eintreffen der Baumaterialien hatte sich bereits in Skardu herumgesprochen. Als derjenige, der für Mortenson monatelang *dal* und *chapatti* zubereitet hatte, war Akhmalu nun hier, um seine Ansprüche auf die milden Gaben geltend zu machen.

»Dr. Girek, Sie haben mir versprochen, in mein Dorf zu kommen und *salam* zu sagen«, begann er. Und er hatte recht, das hatte Mortenson in der Tat. »Der Jeep wartet schon. Wir fahren sofort nach Khane.«

»Vielleicht morgen oder übermorgen«, wehrte Mortenson ab und ließ dabei den Blick schweifen. Von der am Vorabend angekommenen Lastwagenladung Baumaterialien im Wert von über siebentausend Dollar war nicht einmal mehr ein Hammer zu entdecken – weder in diesem Raum noch im nächsten oder auf dem durch das Fenster gut einzusehenden Hof.

»Aber mein ganzes Dorf erwartet Sie, Sir«, protestierte Akhmalu. »Wir haben schon ein Festmahl vorbereitet.« Bei dem Gedanken, dass durch seine Weigerung Lebensmittel vergeudet würden, die ein Balti-Dorf sich kaum leisten konnte, bekam Mortenson ein schlechtes Gewissen und gab nach. Changazi begleitete ihn hinaus zu Akhmalus gemietetem Jeep und nahm auf dem Rücksitz Platz, ohne zu fragen, ob er ebenfalls eingeladen sei.

Gleich hinter Skardu endete die Teerstraße. »Wie weit ist es nach Khane?«, erkundigte sich Mortenson, während der rostrote Land Cruiser auf einer schmalen, kurvenreichen Straße zu einem Felssims über dem Indus hinaufholperte. Die Steine auf dem Fahrweg waren kaum kleiner als die Reifen des Wagens.

»Sehr weit«, antwortete Changazi mit finsterer Miene.

»Ganz nah«, widersprach Akhmalu. »Nur drei bis sieben Stunden.«

Lachend machte Mortenson es sich auf dem Ehrenplatz neben dem Fahrer gemütlich. Er hätte sich denken können, dass die Frage nach der Dauer einer Reise in Baltistan zwecklos war. Die Spannung zwischen den beiden Männern hinter ihm auf dem Rücksitz war mit

Händen zu greifen, und er spürte sie ebenso deutlich wie das Rütteln des Wagens. Aber er fühlte sich dennoch glücklich, denn vor sich sah er durch die rissige Windschutzscheibe das Panorama des knapp fünftausend Meter hohen Karakorum-Vorgebirges, dessen Ehrfurcht gebietende Gipfel bedrohlich wie braune, abgebrochene Zähne in einen makellosen Himmel ragten.

Stundenlang folgten sie einer unebenen Straße einen Seitenarm des Indus entlang, bis dieser sich nach Süden gen Indien wandte. Danach ging es weiter das Hushe-Tal hinauf, wo sie sich an den Shyok-Fluss mit seinem eiskalten, blauen, über große Felsen donnernden Gletscherschmelzwasser hielten. Als die Straße schlechter wurde, prallte die am Rückspiegel hängende laminierte 3-D-Aufnahme der *Kaaba*, dem zentralen islamischen Heiligtum in Mekka, immer wieder mit der gleichen Inbrunst gegen die Windschutzscheibe, mit der sich ein Betender an die Brust schlägt.

Der Hadschar-al-Aswad, der große schwarze Stein, der an der östlichen Ecke der *Kaaba* befestigt ist, gilt allgemein als Asteroid. Viele Moslems glauben, dass er zur Zeit Adams als Geschenk Allahs vom Himmel fiel. Seine schwarze Farbe weist auf seine Fähigkeit hin, die Sünden der Gläubigen aufzunehmen, die das Glück haben, die einst weiße Oberfläche berühren zu dürfen. Als Mortenson die von Geröll übersäten Abhänge neben der Straße hinaufschaute, hoffte er, dass keine weiteren Felsen sich ausgerechnet diesen Moment aussuchen würden, um vom Himmel zu stürzen.

Hohe braune Mauern mit gezinnten Abschlüssen schützten den Flickenteppich aus terrassenförmig angelegten Kartoffel- und Weizenfeldern und ähnelten ohne Sinn und Verstand errichteten Burgen. Als sie am späten Nachmittag die Stelle erreichten, wo sich das Hushe-Tal zu einem Pass verengt, kam Nebel auf. Doch da Mortenson monatelang topografische Karten des Karakorum studiert hatte, während Stürme ihn im K2-Basislager festgehalten hatten, wusste er, dass einer der eindruckvollsten Gipfel der Welt, der 7821 Meter hohe Masherbrum, direkt vor ihnen lag.

Anders als die übrigen hohen Berge des zentralen Karakorum war der Masherbrum von Süden, also vom ehemaligen britischen

Kronjuwel Kaschmir, aus gut zu sehen. Deshalb nannte der Vermessungsingenieur Thomas George Montgomery, ein Leutnant der British Royal Engineers, die weit über den Schnee emporragende graue Felswand Mitte des neunzehnten Jahrhunderts auch K1 oder Karakorum 1, denn es handelte sich um den ersten Gipfel in diesem entlegenen Gebiet, den er präzise kartografieren konnte. Sein höherer, jedoch schwerer einzusehender Nachbar zwanzig Kilometer im Nordosten erhielt dann wegen des späteren »Entdeckungsdatums« im Standardverfahren den Namen K2. Mortenson starrte in den weißen Dunst und wünschte sich, die Gipfelpyramide des Masherbrum möge die Wolken durchbrechen. Doch der Berg zog seinen Mantel fest um sich, während die Schneedecke seiner riesigen Hängegletscher die Nebelwand von innen her erleuchtete.

Der Jeep stoppte an einem über den Shyok schwingenden *zamba*. Mortenson stieg aus. Er hatte schon immer ein mulmiges Gefühl gehabt, diese Brücken aus Yakhaar zu überqueren, denn schließlich waren sie für Balti gedacht, die nur halb so viel wogen wie er. Als Akhmalu und Changazi ihm folgten, begann die Konstruktion heftig zu schwanken, sodass Mortenson sich aus Leibeskräften festhalten musste. Er umfasste die beiden Stränge des Geländers und setzte seine riesigen Füße wie ein Seiltänzer auf den einzelnen geflochtenen Strick, der ihn von den Stromschnellen fünfzehn Meter unter ihm trennte. Der *zamba* war glitschig von Gischt, und Mortenson musste sich so sehr auf seine Füße konzentrieren, dass er die Menschenmenge am anderen Ufer erst bemerkte, nachdem er dort angekommen war.

Ein zierlicher, bärtiger Balti, der eine schwarze Bergsteigerhose aus Goretex und ein orangefarbenes T-Shirt trug, half Mortenson, den festen Boden zu erreichen, auf dem das Dorf Khane stand. Der Mann hieß Janjungpa und war zur selben Zeit, die Mortenson auf dem Berg verbracht hatte, für eine gut ausgestattete holländische K2-Expedition als Träger tätig gewesen. Außerdem hatte er die unheimliche Fähigkeit besessen, immer ausgerechnet dann dem Basislager einen Besuch abzustatten, wenn sein Freund Akhmalu gerade das Mittagessen fertig hatte. Allerdings hatte Mortenson Gefallen an Janjungpas Gesellschaft und seiner prahlerischen Art gefunden und sich gerne seine Geschichten von den Dutzenden Expeditionen erzählen lassen, die er über den Baltoro geführt hatte. Inzwischen hatte sich Janjungpa so an westliche Sitten gewöhnt, dass er einem Ausländer die Hand schütteln konnte, ohne zuvor Allah anzurufen. Durch das Gewirr aus Gassen führte er Mortenson nun an den aus Lehm und Stein erbauten Häusern von Khane vorbei und fasste ihn am Ellenbogen, um ihm über die mit Unrat gefüllten Abwassergräben zu helfen.

Janjungpa und der hochgewachsene Ausländer gingen an der Spitze einer Prozession von zwei Dutzend Männern. Zwei braune Ziegen folgten ihnen mit einem flehenden Blick aus gelben Augen. Vor einem ordentlichen weiß gestrichenen Haus angekommen, stiegen die Männer eine Holzleiter hinauf. Oben roch es nach gekochtem Huhn.

Mortenson nahm auf einigen von seinem Gastgeber nachlässig ausgeklopften Kissen Platz. Währenddessen drängten sich die Männer von Khane in den kleinen Raum und ließen sich im Kreis auf dem ausgeblichenen geblümten Teppich nieder. Von seinem Platz aus hatte Mortenson einen Blick über die Dächer der umliegenden Häuser und zu der steilen, felsigen Schlucht, die Khane das Wasser zum Trinken und zur Bewässerung der Felder heranführte.

Janjungpas Söhne breiteten in der Mitte des Kreises eine rosafarbene Plastiktischdecke aus und stellten Mortenson Platten mit Brathuhn, Rübensalat und einen Eintopf aus Schafsleber und -hirn vor die Füße. »Ich möchte Mr Girek Mortenson dafür danken, dass er sich die Ehre gibt, hierherzukommen und eine Schule im Dorf Khane zu bauen«, verkündete Janjungpa, nachdem er abgewartet hatte, bis Mortenson den ersten Bissen Huhn gekostet hatte.

»Eine Schule für Khane?«, stieß der Amerikaner entsetzt hervor und wäre beinahe an dem Huhn erstickt.

»Ja, wie Sie es versprochen haben.« Janjungpa musterte die anwesenden Männer so eindringlich, als müsste er ein Plädoyer vor Geschworenen halten. »Eine Kletterschule.«

Mortensons Gedanken überschlugen sich, während er die Gesichter der anderen auf Hinweise darauf absuchte, dass es sich um einen Scherz handelte. Doch die wettergegerbten Züge der Männer von Khane blieben so unbewegt wie die Felsen draußen vor dem Fenster, die gleichmütig im Sonnenlicht aufragten. Mortenson ließ seine Monate am K2 Revue passieren. Er und Janjungpa hatten erörtert, wie man den Balti-Trägern die für das Bergsteigen nötigen Kenntnisse vermitteln könne, da sie häufig nicht einmal die grundlegendsten Bergrettungsmanöver kannten. Ausführlich hatte sich Janjungpa über die hohe Verletzungsrate und die mageren Löhne der Träger ausgelassen. Mortenson wusste noch genau, dass der Balti Khane beschrieben und ihn dorthin eingeladen hatte. Aber er war sicher, dass niemals eine Schule erwähnt worden war. Und ein Versprechen hatte es auch nie gegeben.

»Girek *Sahib*, hör nicht auf Janjungpa. Er ist verrückt«, intervenierte Akhmalu. Mortenson fiel ein Stein vom Herzen. »Er redet von einer Kletterschule.« Akhmalu schüttelte heftig den Kopf. »Aber Khane braucht eine richtige Schule für die Kinder, nicht eine, damit Janjungpa noch reicher wird. Das müssen Sie tun.« Mortensons Erleichterung legte sich schlagartig.

Er bemerkte, dass Changazi, der links von ihm saß, sich gegen ein dickes Kissen zurücklehnte. Ein dünnes Lächeln umspielte seine Lippen, und mit den Fingernägeln pflückte er elegant das Fleisch von einer Hühnerkeule. In der Hoffnung, dass Changazi Partei für ihn ergreifen und diesem Wahnsinn ein Ende bereiten würde, versuchte Mortenson, Blickkontakt mit ihm aufzunehmen, Doch schon brach eine hitzige Debatte auf Balti los. Rasch bildeten sich zwei Fraktionen, an deren Spitzen Akhmalu und Janjungpa standen. Die Frauen kletterten auf die umliegenden Hausdächer und schützten sich mit ihren Umschlagtüchern gegen den eiskalten Wind, der vom Masherbrum heranwehte, um die immer lauter werdende Debatte zu belauschen.

»Ich habe nie etwas versprochen«, versuchte Mortenson es erst auf Englisch und dann, als niemand zuhörte, auf Balti. Doch der körperlich größte Mensch im Raum schien plötzlich unsichtbar geworden zu sein. Also verfolgte er die hitzige Diskussion so gut er konnte. Immer wieder hörte er, wie Akhmalu Janjungpa als habgierig beschimpfte. Aber dieser wies jeglichen Vorwurf zurück und beharrte starrsinnig darauf, Mortenson habe es ihm versprochen.

Nach einer guten Stunde stand Akhmalu auf und packte Mortenson am Arm. Offenbar wollte er das Ergebnis nach seinen Wünschen beeinflussen, indem er ihn zu sich nach Hause schleppte. Und so führte Akhmalu die immer noch durcheinanderschimpfende Männerprozession die Holzleiter wieder hinunter, über einen schlammigen Bewässerungsgraben hinweg und eine andere Leiter in sein eigenes Haus hinauf. Nachdem sich alle wieder in einem, diesmal kleineren Wohnzimmer auf Kissen niedergelassen hatten, baute auch Akhmalus Sohn, der bei Mortensons Expedition als Küchenjunge fungiert hatte, verschiedene Gerichte zu Füßen des Gastes auf. Der Rübensalat war mit einem Ring aus Wildblumen dekoriert, und schimmernde Nieren schwammen in einem Eintopf aus Schafsinnereien. Aber ansonsten war die Speisenfolge fast identisch mit der bei Janjungpa.

Akhmalus Sohn gab eine Niere, das beste Stück im Eintopf, auf einen Teller mit Reis und reichte ihn Mortenson mit einem schüchternen Lächeln, bevor er die anderen Männer bediente. Mortenson schob die Niere beiseite und aß nur den in der fettigen Sauce schwimmenden Reis, was jedoch niemand zu bemerken schien. Er war wieder unsichtbar geworden. Die Männer von Khane griffen herzhaft zu und debattierten angeregt, als hätten die Mahlzeit und der Streit vorhin niemals stattgefunden. Sie kauten jedes Argument der jeweiligen Lager noch einmal so gründlich von vorne bis hinten durch wie die Hühner- und Hammelknochen, die sie mit ihren Zähnen knackten.

Nachdem die Diskussion bereits vier Stunden andauerte, brannten Mortenson vom dichten Zigarettenqualm im Raum die Augen. Er kletterte auf Akhmalus Dach und lehnte sich gegen eine Garbe frisch geernteten Buchweizens, um sich gegen den Wind zu schützen. Der aufgehende Mond glomm langsam hinter dem Bergkamm im Osten auf, und der Wind hatte die Wolken vom Gipfel des Masherbrum vertrieben. Lange blickte Mortenson zu den messerscharfen Gipfelgraten hinüber, denen das Mondlicht eine unheimliche Kontur verlieh. Er wusste, ja, spürte förmlich, dass sich gleich dahinter die gewaltige Pyramide des K2 erhob. Wie einfach war es doch, als Bergsteiger nach Baltistan zu kommen, dachte er. Vor einem lag eine festgelegte Strecke, und man brauchte sich nur auf den Gipfel zu konzentrieren. Genauso musste er nun auch vorgehen und Arbeitskräfte und Material beschaffen, bis er sein Ziel erreicht hatte. Oder an der Aufgabe gescheitert war.

Durch die große viereckige Öffnung im Dach zogen Zigarettenrauch und der Qualm des mit Yakdunk geschürten Feuers zu ihm hinauf und verpesteten die Luft. Die ebenfalls heraufdringenden streitlüsternen Stimmen der Männer verdarben Mortenson die Laune. Er nahm eine dünne Jacke aus seinem kleinen Rucksack, legte sich auf den Buchweizen und breitete sie wie eine Decke über seiner Brust aus. Der beinahe volle Mond erhob sich jetzt über die Kammlinie im Osten und schien oben auf der Bergkante zu balancieren wie ein großer weißer Felsen, der jeden Moment herunterfallen und das Dorf Khane zermalmen konnte.

Na los, fall schon runter, dachte Mortenson. Dann schlief er ein.

Am Morgen war die Südwand des Masherbrum wieder in Wolken gehüllt. Als Mortenson steifbeinig nach unten kam, saß Changazi da und trank Tee mit Milch. Mortenson bestand darauf, dass Changazi sie zurück nach Skardu brachte, bevor die Mahlzeiten und Diskussionen von Neuem begannen. Janjungpa und Akhmalu, die nicht bereit waren, schon aufzugeben und Mortenson ziehen zu lassen, stiegen ebenfalls in den Jeep.

Auf dem Weg nach Skardu zeigte Changazi wieder sein schmallippiges Lächeln. Mortenson hätte sich ohrfeigen können, weil er so viel Zeit vergeudet hatte. Bei ihrer Ankunft war es in Skardu winterlich kalt, als wolle sogar das Wetter ihm zu verstehen geben, dass es ohnehin zu spät war, mit dem Bau der Schule zu beginnen. Tief hängende Wolken hüllten die Gipfel ein, und es nieselte unablässig, anstatt einmal kräftig abzuregnen, damit das Trauerspiel ein Ende hatte.

Trotz der Plastikklappen, die jetzt die Fenster des Jeeps verschlossen, war Mortensons *salwar kamiz* durchweicht, als sie vor Changazis

Haus hielten. »Ich lasse Yakub Wasser für Sie warm machen. In Ordnung?«, fragte Changazi mit einem Blick auf Mortensons nicht mehr nur schlammfarbene, sondern wirklich mit nassem Dreck verschmutzte Kleidung.

»Aber vorher würde ich gern einige Punkte klären«, entgegnete Mortenson, der nicht in der Lage war, seinen Ärger zu verhehlen. »Wo sind die Baumaterialien für meine Schule? Ich kann sie nirgendwo sehen.«

Changazi betrachtete ihn so milde wie ein Gottesmann. »Ich habe sie zu meinem anderen Büro bringen lassen.«

»Sie haben sie weggebracht?«

»Ja, an einen sicheren Ort«, bestätigte Changazi in bemüht geduldigem Ton, als spräche er mit einem begriffsstutzigen Kind.

»Was war denn hier das Problem?«, hakte Mortenson nach.

»Es gibt zu viele Diebe.«

»Ich will sofort meine Sachen sehen«, beharrte Mortenson. Er richtete sich zu voller Größe auf und trat einen Schritt auf den Balti zu. Changazi schloss die Augen, flocht die Finger ineinander und überkreuzte die Daumen. Als er die Augen wieder aufschlug, hatte es den Anschein, als hoffe er, Mortenson möge sich in Luft aufgelöst haben. »Es ist schon spät, und mein Gehilfe ist mit dem Schlüssel nach Hause gegangen«, erwiderte er. »Außerdem muss ich mich für das Abendgebet waschen. Aber ich verspreche Ihnen, dass ich Ihren Wunsch morgen zu Ihrer hundertprozentigen Zufriedenheit erfüllen werde. Gemeinsam werden wir diese streitenden Dorfbewohner loswerden und Ihre Schule bauen.«

Mortenson wachte bei Morgengrauen auf. Changazis Schlafsack wie einen Umhang über die Schultern gelegt, trat er auf die feuchte Straße hinaus. Die Gipfel der Fünfeinhalbtausender, die sich rings um die Stadt zogen, lagen noch in Wolken. Ohne den Anblick dieser Berge wirkte Skardu mit seinem vermüllten, von verrammelten Lädchen gesäumten Basar und den gedrungenen Gebäuden aus Lehmziegeln oder Betonsteinen schrecklich hässlich auf Mortenson. Zu Hause in Kalifornien hatte er Skardu als die goldene Hauptstadt eines mythischen Bergkönigreiches geschildert. Und dessen Bewohner, die Balti, hatte er als gute und anständige Menschen idealisiert. Doch als er jetzt im Nieselregen stand, fragte er sich, ob es sich bei jenem Baltistan nicht nur um ein Produkt seiner Phantasie handelte. Hatte er nach seinem Abenteuer auf dem K2 diese Region und ihre Bevölkerung womöglich aus lauter Freude, noch am Leben zu sein, übermäßig verklärt?

Er schüttelte den Kopf, um seine Zweifel zu verscheuchen, doch sie hielten sich hartnäckig. Obwohl Korphe nur hundertzwölf Kilometer nördlich von hier lag, schien es eine völlig andere Welt zu sein. Er beschloss, sich – wie auch immer – unverzüglich auf den Weg dorthin zu machen, sobald er seine Baumaterialien gefunden hatte. Er war schon so weit gekommen, er musste in dieser Krise nur fest und zuversichtlich an etwas glauben – und das war ebendieser gottverlassene Ort, der an den Felsen über der Braldu-Schlucht klebte. Er musste unbedingt dorthin gelangen, bevor er die Hoffnung aufgab.

Beim Frühstück verhielt sich Changazi ungewöhnlich fürsorglich. Ständig füllte er eigenhändig Mortensons Teetasse nach und versicherte ihm, sie würden aufbrechen, sobald der Fahrer mit dem Jeep da sei. Als der grüne Land Cruiser erschien, trafen auch Janjungpa und Akhmalu ein, die in einer billigen Herberge für Fernfahrer übernachtet hatten und von dort aus zu Fuß zu Changazis Haus gegangen waren. Schweigend fuhren die Männer los.

Der Weg führte durch Sanddünen nach Westen. Wo der Sand zurückwich, standen am Rand der Felder Säcke mit kürzlich geernteten Kartoffeln, die darauf warteten, abgeholt zu werden. Da sie mannshoch waren, hielt Mortenson sie anfangs für Menschen, die reglos im Nebel standen. Der Wind frischte auf und wehte die Wolkenfetzen beiseite. Als Mortenson einen kurzen Blick auf die funkelnden Schneefelder weit über sich erhaschte, hellte seine Stimmung sich auf.

Etwa anderthalb Stunden von Skardu entfernt, bogen sie von der Hauptstraße ab und quälten sich schliddernd eine Holperpiste hinauf, bis sie zu einer Gruppe großer, wohnlich wirkender Häuser aus Lehm und Stein kamen, die im Schatten einiger kümmerlicher

Weiden standen. Das war Kuardu, Changazis Heimatdorf. Der Fußmarsch durch einen Pferch, in dem Changazi die Schafe mit dem Fuß beiseiteschieben musste, verlief in angespannter Atmosphäre. Schließlich stiegen sie in die zweite Etage des größten Hauses im Dorf hinauf.

Im Wohnzimmer ließen sie sich nicht auf den üblichen staubigen geblümten Kissen, sondern auf violetten und grünen selbst aufblasenden Campingmatratzen nieder. An den Wänden hingen Dutzende gerahmter Fotos, auf denen Changazi in einem blütenweißen Gewand neben zerzausten Mitgliedern französischer, japanischer, italienischer und amerikanischer Expeditionen posierte. Mortenson sah auch sich selbst, unterwegs zum K2 und den Arm lässig um Changazis Schultern gelegt, und konnte kaum fassen, dass diese Aufnahme erst ein Jahr alt war. Das Gesicht, das ihm von dem Foto entgegenblickte, schien einem zehn Jahre jüngeren Mann zu gehören. Durch einen Türspalt beobachtete er, wie in der Küche Frauen auf zwei Kochern, die gewiss von einer Expedition stammten, etwas brieten.

Changazi verschwand im Nebenzimmer. Als er zurückkam, trug er über seinem *salwar kamiz* einen grauen italienischen Kaschmirpullover mit Rundausschnitt. Fünf ältere Männer mit ungepflegten Bärten und feuchten, schief sitzenden *topi* auf dem Kopf kamen herein und schüttelten Mortenson begeistert die Hand, bevor sie auf den Campingmatratzen Platz nahmen. Schließlich drängten sich mehr als fünfzig männliche Einwohner von Kuardu um eine Plastiktischdecke.

Changazi rief eine Karawane von Dienstboten herein, die so viele Platten mit Speisen servierten, dass Mortenson die Füße unterschlagen musste, um Platz zu machen. Immer mehr Gerichte wurden aufgetragen: ein halbes Dutzend Brathühner. Zu Rosetten geschnitzte Rettiche und Rüben. Ein Berg *biryani* – scharf gewürzter, mit Nüssen und Rosinen verfeinerter Basmatireis. Blumenkohl, der mit einem mit Kräutern gewürzten Teig paniert und dann frittiert worden war. Und schließlich etwas, das wie ein halbes Yak aussah und in einem Eintopf aus Chilis und Kartoffeln schwamm. Noch nie hatte Mortenson in Baltistan so viel Essen gesehen, und das mulmige Gefühl, das ihn schon während der Fahrt beschlichen hatte, stieg ihm jetzt wie bittere Galle in der Kehle hoch.

»Was soll das hier werden, Changazi?«, fragte er. »Wo sind meine Sachen?«

Sein Gastgeber löffelte Yakfleisch auf einen großzügigen Haufen *biryani* und stellte den Teller vor Mortenson hin, bevor er antwortete. »Das sind die Ältesten meines Dorfes«, erklärte er, wobei er auf die fünf alten Männer wies. »Ich verspreche, dass es hier in Kuardu keinen Streit geben wird. Sie haben bereits zugesagt, dafür zu sorgen, dass deine Schule noch vor dem Winter in unserem Dorf gebaut wird.«

Wortlos stand Mortenson auf und machte einen großen Schritt über die gedeckte Tafel hinweg. Er wusste, wie unhöflich es war, die angebotene Gastfreundschaft zurückzuweisen. Es war unverzeihlich, die Ältesten einfach so sitzen zu lassen und mit seinen unreinen Füßen über das Essen zu steigen. Doch er hielt es keine Minute länger hier aus.

Er rannte und rannte, bis er Kuardu hinter sich hatte, und stürmte dann wütend einen steilen Schafspfad hinauf. Obwohl die dünne Höhenluft ihm in der Lunge schmerzte, lief er immer weiter, bis ihm schwindlig wurde und die Landschaft um ihn herum verschwamm. In einer Lichtung oberhalb des Dorfes ließ er sich endlich keuchend auf den Boden fallen. Seit Christas Tod hatte er nicht mehr geweint. Aber nun, allein auf einer windumtosten Ziegenweide, schlug er die Hände vors Gesicht und wischte zornig die Tränen weg, die einfach nicht aufhören wollten zu fließen.

Als er schließlich aufblickte, stellte er fest, dass ein Dutzend Kinder hinter einem Maulbeerbaum Position bezogen hatte und ihn anstarrte. Sie hatten eine Herde weidender Ziegen bei sich. Doch der Anblick eines *angrezi*, der schluchzend auf dem Boden saß, sorgte dafür, dass sie die Tiere außer Acht ließen, die sich den Hügel hinauf davonmachten. Mortenson stand auf, klopfte sich den Staub von den Kleidern und ging auf die Kinder zu.

Vor dem ältesten Jungen, der etwa elf war, kauerte er sich hin.

»Was ... bist ... du?«, fragte der Junge und hielt Mortenson die Hand hin, die dieser mit seiner riesigen Pranke umfasste. »Ich heiße Greg und bin ein guter Mensch«, antwortete er.

»Ich heiße Greg und bin ein guter Mensch«, wiederholten die Kinder im Chor.

»Nein, *ich* heiße Greg, und wie heißt ihr?«, versuchte er es nochmals.

»Nein, *ich* heiße Greg, und wie heißt ihr?«, gaben die Kinder kichernd zurück.

Also wechselte Greg zu Balti. »*Min takpo Greg. Nga Amerikain.* Ich heiße Greg und bin Amerikaner. *Kiri min takpo in?* Und wie heißt ihr?«

Erfreut, den *angrezi* verstehen zu können, klatschten sie in die Hände.

Mortenson schüttelte jedem Kind die Hand, das daraufhin seinen Namen nannte. Die Mädchen wickelten sich vorsichtshalber das Kopftuch um die Hand, bevor sie den Ungläubigen berührten. Anschließend lehnte Mortenson sich an den Maulbeerbaum und begann, den Kindern Vokabeln beizubringen. »*Angrezi*«, sagte er und wies auf sich selbst. »Ausländer.«

»Ausländer«, riefen die Kinder unisono. Mortenson deutete auf seine Nase, sein Haar, seine Augen und seinen Mund. Jedes neue Wort wurde von den Kindern im Chor wiederholt, bevor sie in Gelächter ausbrachen.

Als Changazi ihn eine halbe Stunde später aufgespürt hatte, kniete Mortenson bei den Kindern auf dem Boden und kratzte mit einem Maulbeerzweig Multiplikationstabellen in die Erde.

»Dr. Greg, kommen Sie wieder mit hinein und trinken Sie einen Tee. Wir haben viel zu besprechen«, flehte Changazi.

»Wir haben überhaupt nichts zu besprechen, wenn Sie mich nicht nach Korphe bringen«, entgegnete Mortenson, ohne den Blick von den Kindern abzuwenden.

»Korphe ist sehr weit weg. Und es ist ein sehr schmutziges Dorf. Sie mögen diese Kinder. Warum bauen Sie Ihre Schule nicht hier?«

»Nein.« Mortenson wischte das Rechenergebnis einer ernsten

Neunjährigen mit der Handfläche weg und schrieb die richtige Zahl hin. »Sechs mal sechs ist sechsunddreißig.«

»Greg *Sahib*, bitte.«

»Korphe«, gab Mortenson zurück. »Bis dahin sage ich kein Wort mehr.«

Der Fluss verlief rechts von ihnen und strömte schäumend über Felsen, die so groß wie Häuser waren. Der Land Cruiser bockte und schlingerte, als müsste er sich durch diesen kaffeebraunen Strom quälen, nicht nur über die miserable »Straße«, die am Nordufer des Braldu entlangführte.

Inzwischen hatten Akhmalu und Janjungpa das Handtuch geworfen und sich nach einem hastigen und mürrischen Abschied von einem Jeep zurück nach Skardu bringen lassen, anstatt Mortenson weiter das Flusstal hinauf zu verfolgen. Während der acht Stunden, die der Land Cruiser nach Korphe brauchte, hatte Mortenson genug Zeit zum Nachdenken. Die ganze Fahrt lang lehnte Changazi auf dem Rücksitz an einem Sack Basmatireis. Er hatte sein weißes *topi* über die Augen gezogen und schlief trotz des Geholpers tief und fest. Jedenfalls schien es so.

Mortenson hatte ein wenig Mitleid mit Akhmalu. Schließlich wünschte sich der Mann nichts weiter als eine Schule für die Kinder seines Dorfes, deren Bau eigentlich Aufgabe der Regierung gewesen wäre. Allerdings war sein Zorn auf Janjungpas und Changazis Intrigenspiele und ihre Hinterlist größer als die Dankbarkeit, die er gegenüber Akhmalu für dessen im K2-Basislager monatelang treu geleisteten Dienste empfand. Und so kam es, dass seine Gefühle nach einer Weile ebenso trist und dunkel waren wie die Wasseroberfläche des potthässlichen Flusses, der neben ihnen dahinströmte.

Aber vielleicht beurteilte er diese Menschen ja auch ungerecht. Die wirtschaftliche Kluft, die sie trennte, war einfach zu groß. War es möglich, dass selbst ein in Teilzeit arbeitender Amerikaner, der seine Habe in einem Lagerraum aufbewahrte, für die Bewohner der ärmsten Region eines der ärmsten Länder der Erde nur ein wie Neon blinkendes Dollarzeichen bedeutete? Er beschloss, geduldiger zu sein, falls in Korphe ebenfalls ein Tauziehen um seinen Wohlstand ausbrechen sollte. Er würde alle Bittsteller anhören und so viele Mahlzeiten wie nötig in sich hineinstopfen, bevor er darauf bestand, dass die Schule allen zugutekommen sollte, anstatt der Bereicherung des Dorfvorstehers Hadschi Ali oder wem auch immer zu dienen.

Als sie die Korphe gegenüberliegende Felskante erreichten, war es schon seit einigen Stunden dunkel. Mortenson sprang aus dem Jeep und blickte zum anderen Ufer hinüber, konnte aber nicht feststellen, ob jemand da war. Auf Changazis Befehl hin drückte der Fahrer auf die Hupe und ließ die Scheinwerfer aufleuchten. Mortenson stellte sich in den Lichtstrahl und winkte in die Dunkelheit hinein, bis er von der anderen Seite ein Rufen hörte. Der Fahrer rangierte den Jeep so, dass die Scheinwerfer über das Wasser strahlten. Sie erblickten einen zierlichen Mann, der in der wackeligen Gondel saß und sich zu ihnen herüberzog.

Mortenson erkannte Hadschi Alis Sohn Twaha erst, kurz bevor dieser aus der Gondel sprang, die Arme um die Taille des Amerikaners schlang, ihn an sich drückte und seinen Kopf gegen Mortensons Brust presste. Er roch streng nach Rauch und Schweiß. Schließlich ließ er Mortenson los und sah ihn lachend an. »Mein Vater Hadschi Ali sagen, Allah dich eines Tages zu uns zurückschicken. Hadschi Ali wissen alles.«

Twaha half dem Besucher, sich in die Gondel zu zwängen. »Eigentlich war es eher eine Schachtel«, erzählt Mortenson. »Etwa wie eine große Obstkiste, zusammengehalten von ein paar Nägeln. Man zog sich das eingefettete Drahtseil entlang und versuchte dabei, nicht auf das Quietschen zu hören oder daran zu denken, dass man in die Tiefe stürzen würde, falls es riss. Denn das hätte das sichere Ende bedeutet.«

So hangelte er sich langsam das hundert Meter lange Stahlseil entlang, das im Wind hin und her schwankte. Er spürte Gischt in der Luft und konnte hören, allerdings nicht sehen, wie siebzig Meter tiefer der Braldu mit ungebremster Kraft dahinschoss und die Felsen glatt schliff. Im Lichtkegel der Scheinwerfer sah er auf einem Felsvorsprung über dem Ufer die Umrisse Hunderter Menschen, die herbeigeströmt waren, um ihn zu begrüßen. Offenbar war es die gesamte Einwohnerschaft Korphes. Und ganz rechts, an der höchsten Stelle des Vorsprungs, bemerkte er eine unverkennbare Gestalt. Hadschi Ali wirkte wie in Granit gemeißelt, als er, die Beine in den Boden gestemmt und den riesigen Schädel wie einen Felsen auf den massiven Schultern, Mortenson entgegenblickte, der sich unbeholfen über die Schlucht zog.

Hadschi Alis Enkelin Dschahan erinnert sich noch gut an diesen Abend. »Viele Bergsteiger versprechen den Anwohnern des Braldu das Blaue vom Himmel herunter und vergessen es, sobald sie zu Hause sind. Aber mein Großvater hat immer beteuert, Dr. Greg sei anders und werde zurückkommen. Dennoch war ich erstaunt, ihn schon so bald wiederzusehen. Und ich war auch wieder davon überrascht, wie riesengroß er war. Er sah so anders aus als wir Leute vom Braldu. Ich fand ihn sehr ... fremdartig.«

Beobachtet von Dschahan und den übrigen Einwohnern Korphes, bedankte sich Hadschi Ali laut bei Allah dafür, dass er den Gast wohlbehalten zurückgebracht hatte. Dann umarmte er den hochgewachsenen Amerikaner. Zu seinem Erstaunen stellte Mortenson fest, dass der Mann, den er seit einem Jahr als Hünen in Erinnerung hatte, ihm kaum bis an die Brust reichte.

Am knisternden Feuer in Hadschi Alis Haus, wo Mortenson damals völlig erschöpft und verloren gestrandet war, fühlte er sich sofort wieder heimisch. Glücklich saß er zwischen den Menschen, an die er während all der Monate gedacht hatte, als er seine Zeit damit verschwendet hatte, Anträge und Bettelbriefe zu schreiben, weil er wie ein Verrückter nach einer Möglichkeit gesucht hatte, hierher zurückzukommen und sein Versprechen zu halten. Er konnte es kaum erwarten, Hadschi Ali alles zu erzählen, doch zuerst musste den Ritualen der Gastfreundschaft Genüge getan werden.

Aus irgendeinem Versteck förderte Sakina ein uraltes Päckchen Zuckerkekse zutage und servierte sie Mortenson auf einem angeschlagenen Teller zu einem Buttertee. Er zerbrach die Kekse in winzige Stücke, um sie mit den anderen Männern aus Korphe zu teilen.

Hadschi Ali wartete, bis Mortenson den *paiyu cha* getrunken hatte, dann versetzte er ihm einen Klaps aufs Knie. *»Cheezaley!«*, rief er wie bei ihrer ersten Begegnung vor einem Jahr lachend aus. »Was zum Teufel willst du hier?« Aber diesmal hatte Mortenson sich nicht als erschöpfter Wanderer zufällig nach Korphe verirrt, sondern sich ein Jahr lang abgemüht, um die Voraussetzungen für seine Rückkehr zu schaffen.

»Ich habe alles dabei, was wir brauchen, um eine Schule zu bauen«, verkündete er auf Balti, wie er es eingeübt hatte. »Holz, Zement und Werkzeuge. Momentan liegen die Sachen noch in Skardu.« Er warf einen Blick auf Changazi, der gerade einen Keks in seinen Tee tunkte, und empfand kurz sogar ein wenig Zuneigung für ihn, denn schließlich hatte er ihn – wenn auch mit einigen Umwegen – hierher gebracht.

»Ich bin gekommen, um mein Versprechen einzulösen«, fuhr Mortenson fort und sah Hadschi Ali direkt in die Augen. »Hoffentlich können wir bald mit dem Bau beginnen, *inschallah.«*

Hadschi Ali steckte die Hand in die Westentasche und knetete gedankenverloren an seinem Vorrat getrockneten Steinbockfleischs herum. »Dr. Greg«, meinte er, »der allergnädigste Allah hat dich wieder nach Korphe geführt. Ich habe immer daran geglaubt und es so oft gesagt, wie der Wind durch das Braldu-Tal weht. Deshalb haben wir eingehend über die Schule gesprochen, während du in Amerika warst. Wir wünschen uns sehr eine Schule für Korphe.« Er richtete den Blick fest auf Mortenson. »Aber wir haben unseren Entschluss gefasst. Der Steinbock muss zuerst lernen, den Fluss zu überqueren, bevor er den K2 erklettern kann. Wir brauchen eine Brücke, bevor wir eine Schule bauen können. Das ist jetzt wichtiger für Korphe.«

»Ein *zamba?«*, hakte Mortenson in der Hoffnung nach, dass es sich um ein schreckliches Missverständnis handelte. Bestimmt lag es an seinen schlechten Balti-Kenntnissen. »Eine Brücke?«, wiederholte er sicherheitshalber auf Englisch.

»Ja, große Brücke aus Stein«, bestätigte Twaha. »Damit wir bringen können Schule nach Korphe.«

Langsam nahm Mortenson einen Schluck von seinem Tee. Seine Gedanken überschlugen sich. Er trank noch einen Schluck.

Das Volk hat gesprochen

Ach Männer, warum braucht eine schöne Frau für ihre Augen keinen Waffenschein? Sie feuern Schüsse auf euch ab wie Kugeln. Sie schlagen Wunden wie ein Schwert.

Graffiti an einer der ältesten buddhistischen Bildhauerarbeiten der Welt im Satpara-Tal, Baltistan

Am Internationalen Flughafen von San Francisco drängten sich hektische Mütter, die ihre Kinder fest an der Hand hielten. So kurz vor Weihnachten herrschte unter den abgehetzten Fluggästen eine gereizte Stimmung, denn alle hatten es eilig, ihren Flieger zu erwischen, um rechtzeitig bei ihrer Verwandtschaft zu sein. Als kaum verständliche Lautsprecherstimmen eine Verspätung nach der anderen durchgaben, war die Panik in der abgestandenen Luft fast mit Händen zu greifen.

Mortenson ging zum Gepäckband, um auf seinen abgewetzten, halb vollen Seesack zu warten, der hinter einigen überquellenden Koffern auf dem Förderband in Sicht kam. Nachdem er ihn geschultert hatte, hielt er – wie schon vorhin beim Verlassen der aus Bangkok gekommenen Maschine – in der Menschenmenge Ausschau nach Marina. Das leichte, für ankommende Reisende typische Lächeln auf dem Gesicht, ließ er den Blick über die Menge schweifen, konnte ihren dunklen Haarschopf jedoch nirgendwo entdecken.

Vor vier Tagen hatte er von einem öffentlichen Telefonkiosk in Rawalpindi mit ihr telefoniert. Obwohl die Verbindung sehr schlecht gewesen war, glaubte er verstanden zu haben, dass sie ihn vom Flughafen abholen wollte. Doch das sechsminütige Gespräch, das er eigentlich angemeldet hatte, war unterbrochen worden, bevor er ihr die Ankunftszeit hatte durchgeben können, und aus Sparsamkeit hatte er es kein zweites Mal versucht. Also rief er sie nun von einem Münzfernsprecher aus an, erreichte jedoch nur ihren Anrufbeantworter. »Hallo, Liebling!«

Er hörte selbst, wie gezwungen fröhlich sein Tonfall klang. »Ich bin es, Greg. Frohe Weihnachten! Wie geht es dir? Ich vermisse dich. Ich bin gut in San Francisco gelandet. Ich nehme jetzt die U-Bahn und komme zu dir ...«

»Greg«, meldete sie sich plötzlich. »Hallo.«

»Hallo. Ist alles in Ordnung?«, erkundigte er sich. »Du klingst so komisch.«

»Hör zu«, erwiderte sie. »Wir müssen reden. Während du weg warst, hat sich einiges geändert. Hast du Zeit?«

»Klar«, entgegnete er und spürte, wie ihm unter den Armen der Schweiß ausbrach. Seit drei Tagen hatte er nicht mehr geduscht. »Ich komme nach Hause«, fügte er hinzu und legte auf.

Da es ihm nicht gelungen war, die Schule zu bauen, hatte ihm vor der Heimkehr gegraut. Nur der Gedanke an Marina, Blaise und Dana hatte ihm den langen Flug über den Pazifik erträglicher gemacht. Wenigstens hatte er hier Menschen, die ihn liebten und nicht als Versager betrachteten, hatte er sich gesagt.

Mortenson nahm den Bus zum nächsten U-Bahnhof und stieg dann in San Francisco in die Straßenbahn nach Outer Sunset um, einem Unterbezirk im Westen der Stadt. Währenddessen ließ er Marinas Worte am Telefon immer wieder Revue passieren, grübelte darüber nach und versuchte, ihnen einen anderen Sinn zu entnehmen als den, der offensichtlich war – sie wollte sich von ihm trennen. Ihm wurde bewusst, dass er sie bis auf das eine Telefonat von Rawalpindi aus monatelang nicht angerufen hatte. Aber sie musste doch verstehen, dass er sich keine Auslandsgespräche leisten konnte, weil er das Geld für die Schule sparen musste. Oder? Er würde alles wiedergutmachen und mit dem wenigen Geld, das noch auf seinem Bankkonto in Berkeley lag, mit ihr und den Mädchen in den Urlaub fahren.

Als er in dem Viertel ankam, wo Marina wohnte, war er zwei Stunden unterwegs gewesen und die Sonne bereits im grauen Pazifik versunken.

Zerzaust vom heftigen Seewind, ging er an Reihen ordentlich verputzter, weihnachtlich geschmückter Häuser vorbei und stieg die Treppe zu Marinas Wohnung hinauf.

Marina riss die Tür auf, begrüßte ihn mit einer halbherzigen Umarmung und blieb auf der Schwelle stehen. Offenbar hatte sie nicht die Absicht, ihn hereinzubitten.

»Ich möchte dir nur eines sagen«, begann sie. Den Seesack immer noch geschultert, wartete er ab. »Ich treffe mich wieder mit Mario.«

»Mario?«

»Du kennst doch Mario, den Anästhesisten aus dem Krankenhaus.« Mortenson starrte sie verständnislos an. »Meinen Exfreund. Ich habe dir von ihm erzählt ...«

Marina redete immer weiter. Offenbar schilderte sie ihm die wenigen Male, die er Mario begegnet war, und ihre gemeinsamen Dienste in der Notaufnahme, doch der Name sagte ihm nichts. Er beobachtete nur ihren Mund, während sie sprach. Es musste an ihren vollen Lippen liegen, befand er. Sie waren das Schönste an ihr, sodass er sich nicht auf ihre Worte konzentrieren konnte. Erst bei dem Satz »... und deshalb habe ich für dich ein Motelzimmer reserviert« merkte er auf.

Noch während Marina weitersprach, wandte Mortenson sich ab und trat wieder in die kühle Meeresbrise hinaus. Inzwischen war es stockdunkel, und der Seesack, den er bis jetzt kaum bemerkt hatte, fühlte sich plötzlich so schwer an, dass er sich fragte, ob er ihn noch eine Straße weiter würde tragen können. Zum Glück leuchtete an der nächsten Ecke die rote Neonreklame des *Beach Motel* wie eine offene Wunde, die sofort versorgt werden musste.

In dem nach Zigarettenrauch stinkenden, mit Plastikpanelen getäfelten Zimmer, das man ihm für sein letztes Bargeld überlassen hatte, duschte Mortenson und suchte dann in seinem Seesack nach einem sauberen T-Shirt zum Schlafen. Er entschied sich für das, das am wenigsten Flecken hatte, und schlief bei eingeschaltetem Licht und laufendem Fernseher ein.

Eine Stunde später – in seiner Erschöpfung schlief er so tief, dass er nicht einmal träumte – wurde Mortenson von einem lauten Klopfen an der Tür geweckt. Er fuhr hoch, sah sich im Zimmer um und wähnte sich immer noch in Pakistan. Doch das Fernsehen brachte gerade auf Englisch eine Meldung über einen Burschen namens Newt Gingrich. Eine mit den Sternen und Streifen der US-Flagge versehene Grafik auf dem Bildschirm verkündete etwas, von dem Mortenson kein Wort verstand, sodass es genauso gut auch eine Fremdsprache hätte sein können: »Minderheitsvotum bringt Republikaner an die Macht.«

Als wäre sein Zimmer eine Schiffskabine auf hoher See, schwankte Mortenson zur Tür und riss sie auf. Vor ihm stand Marina in seinem liebsten gelben Goretex-Parka. »Tut mir leid. So hatte ich mir das nicht vorgestellt. Alles in Ordnung?«, fragte sie und zog den Parka fest um sich.

»Äh ... eher nicht, nein«, erwiderte Mortenson.

»Habe ich dich geweckt?«

»Ja.«

»Hör zu, ich wollte nicht, dass es so abläuft, aber ich konnte dich in Pakistan ja nicht erreichen.«

Da die Tür offen stand, war es kalt, und Mortenson zitterte in seiner Unterwäsche. »Ich habe dir Postkarten geschickt.«

»In denen stand, wie viel das Material für das Dach kostet und, ach ja, wie teuer es war, einen Lastwagen nach Skardu zu mieten. Wirklich romantisch. Über uns beide hast du kein Wort verloren, außer um wieder mal das Rückkehrdatum zu verschieben.«

»Seit wann gehst du wieder mit Mario?« Er zwang sich, den Blick von Marinas Lippen abzuwenden und ihr stattdessen in die Augen zu schauen. Doch im nächsten Moment überlegte er es sich anders und senkte den Kopf. Ebenfalls zu gefährlich.

»Das ist hier nicht das Thema«, entgegnete sie. »An deinen Postkarten war zu erkennen, dass ich nach deiner Abreise für dich nicht mehr existiert habe.«

»Das stimmt nicht«, protestierte er, fragte sich aber, ob sie nicht vielleicht recht hatte.

»Ich will nicht, dass du mich jetzt hasst. Du hasst mich doch nicht, oder?«

»Noch nicht«, antwortete er.

Seufzend nahm Marina die Arme auseinander. Sie hatte eine halb volle Flasche Baileys in der Hand, die sie Mortenson nun hinhielt. Er nahm sie entgegen.

»Du bist ein netter Kerl, Greg. Leb wohl.«

»Tschüss.« Er schloss die Tür, bevor er noch etwas sagte, das er später bereuen würde.

Die halb volle Flasche in der Hand, stand er in seinem einsamen Zimmer. Oder war sie halb leer? Außerdem mochte er keinen Baileys, was Marina eigentlich hätte wissen müssen. Er trank ohnehin kaum Alkohol, insbesondere nicht allein.

Im Fernsehen stand ein Mann mit durchdringender, selbstbewusster Stimme einem Reporter Rede und Antwort. »Die zweite amerikanische Revolution hat begonnen, und ich gebe Ihnen mein Ehrenwort, dass sich das Leben in unserem Land mit der neuen republikanischen Mehrheit im Kongress von Grund auf ändern wird. Das Volk hat entschieden.«

Mortenson durchquerte das Zimmer bis zum Abfalleimer. Der bestand aus stumpfem Metall und war verbeult vom Müll der vielen Menschen, die das Pech gehabt hatten, hier wohnen zu müssen. Mortenson hielt die Flasche mit ausgestrecktem Arm darüber und ließ sie fallen. Das Geräusch der auf Metall aufschlagenden Flasche klang in seinen Ohren wie das Zuknallen einer Stahltür. Dann sank er aufs Bett.

Zu Mortensons Liebeskummer kam erschwerend hinzu, dass er völlig pleite war, Als er nach den Feiertagen zweihundert Dollar von seinem Konto abheben wollte, teilte der Bankangestellte ihm mit, er besitze nur noch dreiundachtzig.

Also rief Mortenson seinen Vorgesetzten im UCSF Medical Center an, weil er hoffte, sofort eine Schicht arbeiten zu können, bevor sich seine Finanzkrise zuspitzte. »Sie hatten versprochen, zu Thanksgiving zurück zu sein«, entgegnete der Vorgesetzte. »Und jetzt haben Sie auch noch Weihnachten verpasst. Sie sind zwar einer unserer besten Mitarbeiter, Greg, doch jemanden, der nicht verfügbar ist, kann ich nicht gebrauchen. Sie sind gefeuert.« Mortenson fiel ein Satz ein, den er gesten bei dem Interview im Fernsehen gehört hatte, und er murmelte ihn in den nächsten Tagen immer wieder erbittert vor sich hin: »Das Volk hat entschieden.«

Er telefonierte einige Bekannte ab, bis er eine billige Bergsteigerunterkunft gefunden hatte, wo er fürs Erste bleiben konnte. Das heruntergewirtschaftete grüne viktorianische Haus stand in Berkeley. Einen Monat lang schlief Mortenson auf dem Fußboden in einem Flur in der oberen Etage. Studenten der Universität und Bergsteiger, die gerade vom Yosemite-Nationalpark zurückkehrten oder im Begriff standen aufzubrechen, feierten im Erdgeschoss bis spät in die Nacht hinein alkoholgeschwängerte Partys. Mortenson lag dann oben auf dem Flur in seinem Schlafsack und versuchte, nicht auf die Schlafzimmergeräusche zu achten, die durch die dünnen Wände peinlich gut zu hören waren. Wenn jemand zur Toilette wollte, musste er über den schlafenden Mortenson hinwegsteigen.

Allerdings bleibt ein qualifizierter Krankenpfleger, der sich um eine Anstellung bemüht, in den USA nicht lange arbeitslos. Nachdem Mortenson einige Tage lang mit öffentlichen Verkehrsmitteln zu Vorstellungsgesprächen durch die Stadt gefahren war – wobei er wegen des vorherrschenden Regenwetters La Bamba schmerzlich vermisste –, ergatterte er zwei Stellen im Nachtdienst: im San Francisco General Trauma Center und in der Alta Bates Burn Unit, einer Spezialabteilung für Brandverletzte, in Berkeley. Leider waren die Arbeitszeiten extrem ungünstig.

Nun konnte er sich endlich ein Zimmer im zweiten Stock eines Hauses ohne Aufzug in einer heruntergekommenen Straße in Berkeley leisten, und zwar als Untermieter bei einem polnischen Handwerker namens Witold Dudzinski. Mortenson verbrachte einige gesellige Abende mit seinem Vermieter, der Kette rauchte und pausenlos Wodka aus einer blauen Flasche ohne Etikett in sich hineinschüttete. Er kaufte den Wodka kistenweise, und bald fand Mortenson heraus, dass Dudzinski zwar gerne leidenschaftliche Monologe über Papst Johannes Paul II. hielt, aber eigentlich keine Zuhörer brauchte, wenn er genug intus hatte. Also saß Mortenson abends meistens allein in seinem Zimmer und versuchte, nicht an Marina zu denken.

»Es war nicht das erste Mal, dass eine Frau sich von mir getrennt hatte«, erläutert er. »Aber diesmal war es anders. Es tat wirklich weh. Und mir blieb nichts anderes übrig, als es auszuhalten. Das dauerte.«

In manchen Nächten gab es dankenswerterweise so viel zu tun, dass es Mortenson gelang, sich selbst und seine Sorgen zu vergessen. Wer vor einem fünfjährigen Kind steht, das am halben Oberkörper Verbrennungen dritten Grades aufweist, hat keine Zeit für Selbstmitleid. Außerdem wusste er es sehr zu schätzen, dass er die Schmerzen der Patienten in einem gut ausgerüsteten westlichen Krankenhaus rasch lindern konnte, wo Medikamente, Gerätschaften und Verbandsmaterial sofort und nicht erst nach einer achtstündigen Fahrt über oft unpassierbare Straßen verfügbar waren – ein himmelweiter Unterschied zu seinen sieben Wochen in Korphe.

Nachdem Hadschi Ali ihm am Herdfeuer seines Hauses die Hiobsbotschaft in Sachen Brücke verkündet hatte, hatten sich Mortensons Gedanken überschlagen, und er hatte sich wie ein Tier in der Falle gefühlt. Doch nach einer Weile hatte er sich wieder beruhigt und sich sogar erstaunlich gelassen gefühlt. Er war sich bewusst, dass er am Ziel seines Weges angelangt war, in Korphe, dem letzten Dorf vor dem Reich des ewigen Eises. Bei den ersten Schwierigkeiten davonzulaufen, wie er es in Kuardu getan hatte, würde nichts nützen. Hier konnte er nirgendwohin; es gab keine Alternative. Er sah das triumphierende Lächeln, das um Changazis schmale Lippen spielte. Offenbar glaubte der Bursche, das Tauziehen um Mortensons Schule jetzt gewonnen zu haben.

Trotz seiner Enttäuschung konnte er den Menschen in Korphe

nicht böse sein. Natürlich brauchten sie eine Brücke. Wie sonst hätten sie die Schule denn auch bauen sollen? Etwa indem sie jedes Brett und jede Wellblechplatte einzeln in einer gefährlich schwankenden Gondel über den Braldu transportierten? Deshalb war er eher wütend auf sich selbst, weil er sein Vorhaben nicht besser geplant hatte. Und aus diesem Grund entschied er, so lange in Korphe zu bleiben, bis er genau wusste, was zu tun war, um sein Schulprojekt zu verwirklichen. Schließlich hatte seine Ankunft in diesem Dorf auch über mehrere Umwege geführt. Es war also kein Weltuntergang, noch einen weiteren zu gehen.

»Erklär mir genau, was das für eine Brücke werden soll«, bat er Hadschi Ali und brach damit das erwartungsvolle Schweigen im Raum, in dem sich alle erwachsenen Männer Korphes drängten. »Was benötigen wir? Wie fangen wir an?«

Er hoffte zu diesem Zeitpunkt noch, dass der Bau einer Brücke rasch und kostengünstig zu bewerkstelligen sei.

»Wir viel Dynamit brauchen zum Sprengen und müssen viele Steine schlagen«, erwiderte Hadschi Alis Sohn Twaha. Dann wurde auf Balti heftig darüber debattiert, ob man die Steine vor Ort hauen oder sie mit dem Jeep aus dem Tal herbeitransportieren solle. Ein weiterer Streitpunkt war, welcher Berg wohl den besten Granit hergebe. In anderen Punkten waren die Männer einer Ansicht: Stahlseile und Holzbretter müssten gekauft und aus Skardu oder Gilgit herangeschafft werden. Das Material und die Löhne der Facharbeiter würden Tausende Dollar verschlingen – eine Summe, die Mortenson nicht mehr besaß.

Deshalb antwortete er, er habe den Großteil seines Geldes bereits in Baumaterial für die Schule investiert und müsse deshalb nach Amerika zurückkehren, um noch mehr für die Brücke aufzutreiben. Eigentlich rechnete er damit, dass die Männer von Korphe so enttäuscht reagieren würden, wie er sich fühlte. Doch sie waren das Warten ebenso gewöhnt wie die dünne Luft auf dreitausend Metern Höhe. Schließlich verbrachten sie die Hälfte des Jahres untätig in vom Rauch der Yakdung-Feuer verqualmten Räumen, bis das Wetter freundlicher wurde und sie wieder ins Freie konnten. Ein Balti-Jäger verfolgte einen einzigen Steinbock oft tagelang und pirschte sich Stunde um Stunde an ihn heran, bis er nah genug war, um nicht die einzige Kugel, die er sich leisten konnte, zu vergeuden. Ein Bräutigam musste sich oft viele Jahre gedulden, bis das zwölfjährige Mädchen, das seine Eltern für ihn ausgesucht hatten, alt genug war, um seine Familie zu verlassen. Seit Jahrzehnten versprach die pakistanische Regierung in der weit entfernten Hauptstadt den Menschen am Braldu nun schon Schulen, ohne dass je etwas geschehen wäre. Und so war Geduld die größte Stärke der Dorfbewohner.

»Viel, viel danke«, stieß Hadschi Ali mühsam auf Englisch hervor, um Mortenson eine Freude zu machen. Die Dankbarkeit dafür, dass er das Projekt eigentlich gründlich vermasselt hatte, war mehr, als Mortenson ertragen konnte. Er drückte den alten Mann an sich, wobei ihm dessen Geruch von Holzrauch und feuchter Wolle in die Nase stieg. Strahlend winkte Hadschi Ali Sakina vom Kochfeuer herbei, damit sie dem Gast eine frische Tasse gebutterten Tee einschenkte. Inzwischen hatte Mortenson richtig Gefallen an dem Getränk gefunden.

Er wies Changazi an, ohne ihn nach Skardu zurückzukehren, und registrierte mit einer gewissen Befriedigung den Schrecken, der sich kurz auf dem Gesicht des anderen abzeichnete, bis der Balti sich wieder gefasst hatte. Mortenson selbst wollte bleiben und vor seiner Heimreise genau erfahren, was alles für den Bau der Brücke nötig war.

Mit Hadschi Ali fuhr er im Jeep flussabwärts, um die Brücken des unteren Braldu-Tals zu besichtigen. Wieder in Korphe, fertigte er in seinem Notizbuch eine Zeichnung der Brücke an, die die Dorfbewohner sich wünschten. Außerdem setzte er sich mit den Ältesten von Korphe zusammen, um über den Bauplatz zu beraten, wo die Schule, *inschallah*, nach seiner Rückkehr aus Amerika entstehen sollte.

Als der Wind, der den Baltoro hinunterwehte, die ersten Schneekristalle mit sich trug – ein Vorbote auf die langen Monate, die nur in geschlossenen Räumen verbracht werden konnten –, verabschiedete sich Mortenson. Inzwischen war es Mitte Dezember. Seit Changazi ihn hergebracht hatte, waren über zwei Monate vergangen, und er konnte die Abreise nicht länger hinausschieben. Nachdem er in mindestens der Hälfte aller Häuser von Korphe einen letzten Tee getrunken hatte, fuhr er in einem überladenen Jeep die holperige Straße am Südufer des Braldu hinunter. Bei ihm waren die elf Männer, die darauf bestanden hatten, ihn bis nach Skardu zu begleiten. Sie saßen so eng gedrängt, dass sie bei jeder Bodenunebenheit gemeinsam herumgeschleudert wurden, und so lehnten sie sich aneinander, um das Gleichgewicht zu halten und sich zu wärmen.

Wenn Mortenson nun nach seiner Schicht im Krankenhaus durch die Schattenwelt zwischen Tag und Nacht, in der man sich ganz allein auf der Erde wähnt, zu Fuß in sein kahles Zimmer in Dudzinskis nach Zigarettenrauch stinkender Wohnung zurückkehrte, fühlte er sich erschöpft und einsam. Die Kameradschaft und Verbundenheit des Dorflebens in Korphe erschienen ihm unendlich weit weg. Allerdings wagte er nicht, Jean Hoerni anzurufen, den einzigen Menschen, der vielleicht in der Lage gewesen wäre, ihm die Rückkehr zu finanzieren.

Den ganzen Winter trainierte Mortenson in der *City-Rock*-Kletterhalle, die in einem Industriegebiet zwischen Berkeley und Oakland lag. Obwohl sie ohne La Bamba schwieriger zu erreichen war, fuhr er häufig mit dem Bus hin, und zwar nicht nur, um in Form zu bleiben, sondern auch um andere Leute zu treffen. Als er sich für die Besteigung des K2 vorbereitet hatte, war er für die anderen Mitglieder von *City Rock* ein Held gewesen. Doch nun konnte er nur noch von gescheiterten Vorhaben erzählen – einem nicht erreichten Gipfel, dem Ende einer Beziehung sowie einer Brücke und einer Schule, die noch nicht gebaut waren.

Eines Nachts wurde Mortenson auf dem Nachhauseweg von der Arbeit gegenüber dem Haus, wo er wohnte, von vier höchstens vierzehnjährigen Jungen überfallen. Während der eine, eine Pistole in der zitternden Hand, auf Mortensons Brust zielte, leerte einer seiner Komplizen ihrem Opfer die Taschen. »Verdammte Scheiße, der Alte hat nur zwei Dollar dabei!«, rief der Junge, steckte das Geld ein und gab Mortenson die leere Brieftasche zurück. »Ist wieder mal typisch, dass wir ausgerechnet den einzigen Weißen in Berkeley überfallen mussten, der pleite ist!«

Und wirklich schien eine Pleite auf die andere zu folgen. Als es Frühling wurde, wuchs Mortensons Niedergeschlagenheit noch mehr. Er erinnerte sich an die hoffnungsfrohen Mienen der Männer von Korphe, als sie ihn in den Bus nach Islamabad gesetzt hatten. Sie waren so sicher gewesen, dass er – *inschallah* – bald mit dem Geld wiederkommen würde! Wie konnten sie derart großes Vertrauen in ihn setzen, während ihm der Glaube an sich selbst fehlte?

An einem späten Nachmittag im Mai – Mortenson lag gerade in seinem Schlafsack, der dringend gewaschen werden musste, und versuchte sich zum Gang in den Waschsalon aufzuraffen – läutete das Telefon. Am Apparat war Dr. Louis Reichardt. Im Jahr 1978 waren er und sein Partner Jim Wickwire die ersten Amerikaner auf dem Gipfel des K2 gewesen. Vor seinem eigenen Aufbruch zum K2 hatte Mortenson Reichardt angerufen und ihn um Rat gefragt. Seitdem hatten sie zwar selten, dann jedoch ziemlich ausführlich miteinander telefoniert. »Jean hat mir erzählt, dass du eine Schule bauen willst«, meinte Reichardt. »Wie läuft es denn so?«

Mortenson berichtete ihm die ganze Geschichte, angefangen bei den fünfhundertachtzig Briefen bis dahin, dass das Projekt wegen der fehlenden Brücke zum Stillstand gekommen war. Außerdem schilderte er dem väterlichen älteren Mann all seinen Kummer: Ihm sei gekündigt worden, seine Freundin habe sich von ihm getrennt, und er befürchte – das sei das Schlimmste –, von seinem geplanten Weg abzukommen.

»Nimm dich zusammen, Greg. Dass einem ab und zu Knüppel zwischen die Beine geworfen werden, ist ganz normal«, erwiderte Reichardt. »Schließlich ist dein Plan ja um einiges anspruchsvoller, als nur den K2 zu besteigen.«

»Dass Lou Reichardt so etwas sagte, bedeutete mir sehr viel«, hebt Mortenson hervor. »Immerhin war er einer meiner Helden.«

Die Strapazen, denen Reichardt und Wickwire während des Aufstiegs zum Gipfel hatten trotzen müssen, waren in Bergsteigerkreisen zur Legende geworden. Wickwire hatte im Jahr 1975 zum ersten Mal versucht, den Gipfel zu stürmen, war jedoch gescheitert. Drei Jahre später kehrten er und Reichardt zurück und befanden sich schon tausend Meter unterhalb des Gipfels auf dem gefürchteten West-Grat, als sie von einer Lawine aufgehalten wurden. Da sie nicht umkehren wollten, entschieden sie sich, auf den traditionellen Weg überzuwechseln, den Abruzzi-Grat, den die meisten Bergsteiger wählen. In einer Höhe von siebentausendsechshundert Metern querten sie über den ganzen Berg hinüber zur neuen Route und schafften es so bemerkenswerterweise bis zum Gipfel. Da Reichardts Sauerstoff zur Neige ging, machte er sich rasch an den Abstieg. Doch Wickwire blieb zurück, da seine Kameralinse angelaufen war und er noch Fotos schießen wollte, ein Fehler, der ihn beinahe das Leben gekostet hätte.

Ohne einen Scheinwerfer am Helm war der technisch anspruchsvolle Abstieg bei Dunkelheit nicht zu bewältigen, und so musste Wickwire die Nacht in dem höchsten je bekannt gewordenen Biwak verbringen. Der Sauerstoff ging ihm aus, und er erlitt schwere Erfrierungen. Hinzu kamen eine Lungenentzündung, eine Rippenfellentzündung und Verklumpungen in der Lunge, die zum Tode hätten führen können. Reichardt und die anderen taten alles, um Wickwire medizinisch zu versorgen und am Leben zu erhalten, bis er mit dem Helikopter ins Krankenhaus gebracht werden konnte. Wieder zurück in Seattle, musste er sich einer schweren Brustoperation unterziehen, bei der die Verklumpungen in der Lunge beseitigt wurden.

Also wusste Reichardt, was es bedeutete, Opfer zu bringen, um ein schwieriges Ziel zu erreichen. Seine Einschätzung, Mortenson habe sich für einen sehr schweren Weg entschieden, überzeugte diesen davon, dass er doch kein Versager war. Er musste bis zum Gipfel eben noch einige Meter hinter sich bringen.

»Ruf Jean an und erzähl ihm deine Geschichte«, riet Reichardt. »Bitte ihn, den Bau der Brücke zu finanzieren. Glaub mir, er kann es sich leisten.«

Zum ersten Mal seit seiner Rückkehr nach Hause hatte Mortenson das Gefühl, dass seine alten Kräfte wieder erwachten. Nachdem er aufgelegt hatte, kramte er in dem Gefrierbeutel, der seine Zettel mit verschiedenen Adressen enthielt, bis er das Stück kariertes Papier mit Hoernis Namen und Telefonnummer fand. *Bauen Sie bloß keinen Mist*, stand auch noch auf dem Zettel. Mortenson war nicht sicher, ob ihm das geglückt war. Doch seine Finger wählten bereits die Nummer. Das Telefon läutete.

Brücken bauen

Inmitten dieser gewaltigen Berge, am Rande der Existenz, die der Mensch nur besuchen, nicht aber bewohnen kann, gewinnt das Leben eine neue Dimension ..., allerdings kennen Berge keine Ritterlichkeit, und man vergisst häufig, wie gefährlich sie sind. Willkürlich martern sie die, die sich unter sie wagen, mit Schnee, Steinen, Wind und Kälte.

George Schaller, Stones of Silence

Die Stimme des Mannes im Telefonhörer klang verzerrt, als befände sich der Sprecher auf der anderen Seite des Globus. Allerdings wusste Mortenson, dass höchstens zweihundert Kilometer sie voneinander trennten. »Wiederholen Sie das«, bat die Stimme.

»Salam alaikum«, versuchte Mortenson, das Knistern zu übertönen. »Ich möchte fünf Rollen mit je einhundertzwanzig Meter Stahlseil kaufen. Dreifach geflochten. Haben Sie das auf Lager, Sir?«

»Gewiss«, erwiderte der Mann. Der Empfang wurde plötzlich besser. »Wären Sie mit anderthalb *lakh* Rupien pro Rolle einverstanden?«

»Bleibt mir denn etwas anderes übrig?«

»Nein«, erwiderte der Besitzer der Baustoffhandlung lachend. »Außer mir kann niemand im Norden solche Mengen Stahlseil anbieten. Dürfte ich Ihren werten Namen wissen?«

»Mortenson. Greg Mortenson.«

»Und von wo aus rufen Sie an, Mr Greg? Sind Sie auch in Gilgit?«

»In Skardu.«

»Und dürfte ich erfahren, was Sie mit so viel Stahlseil wollen?«

»Im Dorf meiner Freunde im oberen Braldu-Tal gibt es keine Brücke. Und deshalb werde ich ihnen helfen, eine zu bauen.«

»Ah, Sie sind Amerikaner, richtig?«

»Ja, Sir.«

»Ich habe von Ihrer Brücke gehört. Sind die Wege zu Ihrem Dorf mit dem Jeep befahrbar?«

»Wenn es nicht zu regnen anfängt, schon. Können Sie die Drahtseile liefern?«

»*Inschallah.*«

»*Mit Allahs Hilfe*«, nicht »nein« – eine Antwort, die nach Dutzenden vergeblicher Telefonate wie Musik in Mortensons Ohren klang. Außerdem war diese Antwort die einzig realistische auf eine Frage, die mit Transporten in der Nordregion zu tun hatte. Nun hatte er sein Stahlseil, das unverzichtbare, aber auch am schwierigsten aufzutreibende Bauelement für die neue Brücke. Es war erst Anfang Juni 1995. Wenn es nicht zu unvorhergesehenen Zwischenfällen kam, würde die Brücke vor dem Winter fertig sein, sodass man im folgenden Frühling mit dem Bau der Schule beginnen konnte.

Entgegen Mortensons Befürchtungen hatte sich Jean Hoerni erstaunlich großzügig gezeigt und einen weiteren Scheck ausgeschrieben, diesmal über zehntausend Dollar. »Wissen Sie, einige meiner Exfrauen geben an einem einzigen Wochenende mehr aus«, hatte er geknurrt. Aber er hatte Mortenson auch ein Versprechen abgenommen: »Bauen Sie die Schule, so schnell Sie können. Und wenn Sie fertig sind, bringen Sie mir ein Foto. Ich werde nämlich nicht jünger.« Mortenson hatte es ihm sehr gerne zugesichert.

»Der Mann führt diese Stahlseile tatsächlich?«, erkundigte sich Changazi nun.

»Ja.«

»Und wie viel verlangt er?«

»Achthundert Dollar pro Rolle, wie Sie gesagt haben.«

»Und er liefert sie bis ins Tal hinauf?«

»*Inschallah*«, erwiderte Mortenson, während er den Hörer des Telefons einhängte, das in Changazis Büro stand. Da er nun Hoernis

Geld in der Tasche und wieder ein festes Ziel vor Augen hatte, freute er sich über Changazis Gesellschaft. Dass für diesen bei jeder Transaktion ein paar Rupien abfielen, war ein angemessener Preis für die breite Palette von Kontakten, über die Changazi verfügte. Als ehemaliger Polizist schien er jeden in der Stadt zu kennen. Außerdem hatte er Mortenson für all die gelagerten Baumaterialen eine Quittung ausgestellt; es gab also keinen Grund, warum der Amerikaner Changazis Verbindungen nicht nutzen sollte.

Eine Woche übernachtete Mortenson schon auf dem *charpoy* in Changazis Büro, über dem an der Wand die veraltete Weltkarte hing, und mit nostalgisch gefärbter Freude entdeckte er, dass Tansania darauf noch als Tanganjika bezeichnet wurde. Changazi nutzte die Zeit, um seine Abenteuer und Gaunereien zu schildern, was Mortenson recht unterhaltsam fand. Das Wetter war den ganzen Sommer über erstaunlich gut gewesen, und die Geschäfte florierten. Changazi hatte einige Expeditionen ausgerüstet, so zum Beispiel eine deutsch-japanische Gruppe, die den K2 besteigen wollte, und eine italienische Mannschaft, die einen zweiten Anlauf auf den Gasherbrum IV wagte. Deshalb hatte Changazi überall in seinem Büro Proteinriegel aus Deutschland gebunkert wie ein Eichhörnchen Nüsse. Hinter seinem Schreibtisch stapelten sich eine Kiste mit einem japanischen Energy-Drink und sechs Schachteln italienische *biscotti*.

Allerdings trugen die ausländischen Delikatessen, die Changazi am meisten zu schätzen wusste, Namen wie Hildegund und Isabella. Obwohl er neben einer Frau und fünf Kindern, die in seinem Haus im fernen Rawalpindi lebten, auch noch eine zweite Frau in einem angemieteten Haus in der Nähe des Polizeipräsidiums in Skardu untergebracht hatte, bediente Changazi sich während der Touristensaison aus dem reichhaltigen Angebot an Bergsteigerinnen und Trekkerinnen, von denen immer mehr nach Skardu kamen.

Er erläuterte Mortenson, wie er seine Seitensprünge mit seinem Gewissen als frommer Moslem vereinbarte. Sobald ihm wieder eine Inge oder Aiko über den Weg lief, ging er in die Moschee und bat seinen Mullah um die Erlaubnis zu einer *muthaa*, einer Ehe auf Zeit. In Teilen des schiitischen Pakistan war diese Sitte noch immer verbreitet bei verheirateten Männern, die eine Zeit lang auf die Zuwendung ihrer Ehefrau verzichten mussten, weil sie in einem fernen Krieg kämpften oder sich auf einer weiten Reise befanden. Allerdings hatte Changazi seit Beginn der Bergsaison schon einige *muthaa* geführt. Doch wie er Mortenson vergnügt erklärte, sei es in Allahs Augen besser, die Verbindung – und sei sie noch so kurz – zu segnen, als einfach nur mit der Betreffenden ins Bett zu gehen.

Mortenson erkundigte sich, ob Balti-Frauen auch Anspruch auf eine *muthaa* hätten, wenn ihre Männer verreist seien.

»Nein, natürlich nicht!«, entsetzte sich Changazi und schüttelte angesichts dieser naiven Frage den Kopf. Dann bot er Mortenson einen *biscotto* an, damit sein Gast ihn in den Tee tunken konnte.

Da die Stahlseile nun bestellt und unterwegs waren, reservierte Mortenson sich einen Platz in einem Jeep nach Askole. Die Straße durch das Shigar-Tal wurde dicht von Bäumen gesäumt, an denen Äpfel und Aprikosen reiften. Die Luft war so klar, dass die schroffen rostroten und ockergelben Gebirgskämme der fünfeinhalbtausend Meter hohen Ausläufer des Karakorum zum Greifen nah schienen. Außerdem war die Straße für eine von Felsbrocken übersäte Staubpiste, die dem Rand einer Bergwand abgerungen war, recht passierbar.

Doch als sie in das Braldu-Tal einbogen, erschienen von Süden her tief hängende Wolken und hatten den Jeep rasch eingeholt. Sicher war das der Monsun, der von Indien heranzog. Jedenfalls waren alle Insassen des fensterlosen Jeeps bei der Ankunft in Askole klatschnass und mit grauem Schlamm bespritzt.

Als Mortenson aus dem Fahrzeug stieg, prasselte der Regen auf ihn herunter, und auf der Straße bildeten sich tiefe Schlammpfützen. Zu Fuß wären es nach Korphe noch viele Stunden gewesen. Und da sich der Fahrer nicht dazu überreden ließ, den Weg bei Dunkelheit fortzusetzen, musste Mortenson die Nacht zähneknirschend auf einigen Reissäcken in einem Laden verbringen, der an das Haus von Askoles *nurmadhar* Hadschi Mehdi angrenzte. Der Boden war nass, sodass die Ratten alles versuchten, um das trockene Plätzchen auf den Säcken mit Mortenson teilen zu können.

Am nächsten Morgen regnete es immer noch sintflutartig. Weil der Jeepfahrer bereits eine Fuhre zurück nach Skardu hatte, machte Mortenson sich zu Fuß auf den Weg. In Askole fühlte er sich noch immer nicht so recht wohl. Da alle Expeditionen, die nach Nordosten zum Baltoro wollten, von hier aus aufbrechen mussten, war die einheimische Bevölkerung vom übermäßigen Kontakt mit Besuchern aus dem Westen verdorben. Schließlich waren die Bergsteiger darauf angewiesen, in letzter Minute vergessene Lebensmittel zu kaufen oder Träger einzustellen. Und so hatten sich immer mehr Bewohner des Ortes darauf verlegt, diese Notlage auszunutzen. Die Kaufleute von Askole hatten sich angewöhnt – wie es in so vielen letzten Siedlungen vor dem Niemandsland üblich war –, überteuerte Preise zu verlangen, und weigerten sich stur zu handeln.

Als Mortenson durch eine von tiefem Schlamm bedeckte Gasse ging, die von den gewölbten Mauern der aus Lehm und Stein erbauten Hütten gesäumt wurde, spürte er, wie ihn jemand von hinten am *salwar* fasste. Er drehte sich um und sah einen Jungen, dessen Kopf von Läusen wimmelte. Das Kind streckte dem *angrezi* die Hand hin. Obwohl der Kleine kein Englisch sprach und deshalb nicht um Geld oder einen Stift bitten konnte, war die Geste unmissverständlich. Mortenson nahm einen Apfel aus dem Rucksack und reichte ihn dem Jungen. Doch der warf die Frucht nur verächtlich in den Rinnstein.

Als er nördlich von Askole an einem Feld vorbeikam, musste Mortenson sich wegen des Gestanks den Zipfel seines *kamiz* vor die Nase halten: Da Dutzende von Expeditionen, die zum Baltoro wollten, hier campiert hatten, war das ganze Gelände von menschlichen Exkrementen verschmutzt.

Mortenson kam ein Buch in den Sinn, das er vor Kurzem gelesen hatte – *Ancient Futures* von Helena Norberg-Hodge, die siebzehn Jahre lang südlich dieser Bergkette in Ladakh gelebt hatte. Es ist eine Region, die Baltistan sehr ähnelt, aber durch die von den Kolonialmächten willkürlich durch den Himalaya gezogenen Grenzen von Pakistan abgetrennt wurde. Nachdem Helena Norberg-Hodge sich fast zwei Jahrzehnte lang mit der Kultur der Ladakhi befasst hatte, war sie zu dem Schluss gekommen, dass die Wahrung der Tradition – also das Leben in der Großfamilie und im Einklang mit der Natur – für die Menschen dort vorteilhafter sei und sie glücklicher mache als eine »Verbesserung« ihres Lebensstandards durch die Errungenschaften der Moderne.

»Früher dachte ich, man könne den ›Fortschritt‹ nicht aufhalten und dürfe ihn auch nicht infrage stellen«, schreibt sie. »Ich habe tatenlos zugesehen, wie eine neue Straße mitten durch einen Park gebaut wurde und wie man eine zweihundert Jahre alte Kirche abriss, um Platz für einen Bankenpalast aus Stahl und Glas zu schaffen ... auch damit, dass das Leben mit jedem Tag anstrengender und schneller zu werden schien, hatte ich mich abgefunden. Inzwischen tue ich das nicht mehr. In Ladakh habe ich gelernt, dass viele Wege in die Zukunft führen, und ich hatte das Privileg, eine andere, vernünftigere Lebensweise kennenzulernen – ein Leben, das auf der gemeinsamen Entwicklung von Mensch und Natur beruht.«

Sie gibt zu bedenken, dass westliche Entwicklungshelfer alten Kulturen nicht unkritisch moderne »Verbesserungen« überstülpen sollten. Außerdem könnten die Industrieländer von Menschen wie den Ladakhi viel über den Aufbau einer nachhaltigen, zukunftsfähigen Gesellschaft lernen. »Ich habe gesehen«, heißt es in ihrem Buch, »dass Gemeinschaft und eine enge Beziehung zum Land das menschliche Leben mehr bereichern als alle materiellen Güter oder technischen Neuerungen. Ich habe gesehen, dass ein anderer Weg möglich ist.«

Während Mortenson nun, den rasch dahinströmenden Braldu zur Rechten, durch die vom Regen glitschige Schlucht nach Korphe marschierte, machte er sich Sorgen, dass seine Brücke sich womöglich negativ auf das jetzt noch schwer zu erreichende Dorf auswirken könnte. »Die Einwohner von Korphe führten zwar ein hartes, aber auch von Traditionen geprägtes, sehr ursprüngliches Leben«, erläutert er. »Obwohl die Brücke es ihnen ermöglichen würde, innerhalb von Stunden anstatt Tagen ein Krankenhaus zu erreichen und leichter ihre Ernte zu verkaufen, befürchtete ich, dass Korphe Schaden nehmen könnte, wenn die Außenwelt über die Brücke Zutritt zum Dorf bekäme.«

Die Männer von Korphe erwarteten Mortenson am Ufer und holten ihn in der Gondel nach drüben. Auf beiden Seiten der Schlucht lagen dort, wo die zwei Pfeiler der Brücke entstehen sollten, Hunderte grob behauener Granitblöcke zum Bau bereit. Hadschi Ali hatte Mortenson schließlich überzeugt, aus den jeweils nur wenige Hundert Meter enfernten Felswänden geschlagene Steine zu verwenden, anstatt sie mühsam über den Fluss oder auf häufig nicht passierbaren Straßen hierher zu schaffen. Denn so arm Korphe materiell gesehen auch sein mochte, Steine waren hier im Überfluss vorhanden.

Die Menschen folgten Mortenson durch das verregnete Dorf zu Hadschi Alis Haus, um den Bau der Brücke zu besprechen. Plötzlich stand ein langhaariges schwarzes Yak zwischen zwei Häusern und versperrte ihnen den Weg. Tahira, die zehnjährige Tochter von Hussein, dem gebildetsten Mann von Korphe, zerrte an dem Seil, das am Nasenring des Tiers befestigt war, damit es Platz machte. Doch das Yak hatte offenbar andere Pläne. Nachdem es gemütlich einen dampfenden Dunghaufen in den Schlamm gesetzt hatte, machte es sich auf den Heimweg. Tahira schlug ihr weißes Kopftuch zurück und bückte sich hastig, um den Yakdung zu Fladen zu formen, die sie danach gegen die nächstbeste Hausmauer unter den Dachvorsprung klatschte, damit der Regen bloß nicht den kostbaren Brennstoff wegspülte.

Als Sakina in Hadschi Alis Haus zur Begrüßung Mortensons Hand nahm, wurde ihm bewusst, dass er zum ersten Mal von einer Balti-Frau berührt wurde. Wie um seine Reaktion abzuschätzen, lächelte sie ihm kühn ins Gesicht. Anstelle einer Antwort überschritt auch er eine kulturelle Schwelle, indem er ihre »Küche« betrat, die nur aus einer von Steinen eingefassten Feuerstelle, einigen Regalen und einem verzogenen Schneidebrett aus Holz bestand, das auf dem gestampften Lehmboden lag. Mortenson nahm eine Handvoll Reisig und begrüßte Sakinas Enkelin Dschahan, die schüchtern lächelte und sich einen Zipfel des dunkelroten Kopftuchs zwischen die Zähne klemmte, um sich dahinter zu verstecken.

Kichernd versuchte Sakina, Mortenson aus der Küche zu scheuchen. Doch er holte ein wenig *tamburok*, einen nach Kräutern schmeckenden grünen Bergtee, aus einem angelaufenen Messinggefäß und füllte den geschwärzten Teekessel aus einem 40-Liter-Benzinkanister aus Plastik, der Wasser vom Fluss enthielt. Nachdem Mortenson das qualmende Feuer mit ein wenig Reisig angeschürt hatte, setzte er den Kessel auf.

Schließlich schenkte er Korphes Ältestenrat und sich selbst bitteren grünen Tee ein und ließ sich dann zwischen Hadschi Ali und der Herdstelle auf einem Kissen nieder. Der brennende Yakdung füllte den Raum mit beißendem Qualm.

»Meine Großmutter war schockiert, als Dr. Greg in ihre Küche ging«, erzählt Dschahan. »Aber da er für sie inzwischen wie ihr eigener Sohn war, ließ sie ihn gewähren. Nach einer Weile änderte sich ihre Haltung, und sie fing an, meinen Großvater aufzuziehen, er solle sich seinen amerikanischen Sohn zum Beispiel nehmen und mehr im Haushalt helfen.«

Doch sofern es um die Interessen von Korphe ging, ließ Hadschi Ali in seiner Umsicht und Wachsamkeit nur selten nach. »Mich wunderte es immer, wie er ohne Telefon, elektrischen Strom oder Radio über alles auf dem Laufenden war, was im Braldu-Tal und darüber hinaus geschah«, staunt Mortenson heute noch. Zwei mit den Stahlseilrollen für die Brücke beladene Jeeps seien knapp dreißig Kilometer von Korphe entfernt durch einen Steinschlag, der die Straße blockiere, aufgehalten worden, teilte Hadschi Ali den Anwesenden nun mit. Da es Wochen dauern würde, das Geröll zu entfernen, und man wegen des schlechten Wetters kein schweres Gerät aus Skardu herbeischaffen konnte, schlug er vor, das Stahlseil zu Fuß ins Dorf zu bringen. Wenn alle kräftigen Männer mithalfen, würde man sofort mit dem Bau der Brücke beginnen können.

Also machten sich, vom Halbwüchsigen bis hin zu Hadschi Ali und seinen weißbärtigen Altersgenossen, am nächsten Tag fünfunddreißig Balti im Regen auf den Weg. Mortenson wunderte sich, wie Männer, denen eine derartige Plackerei bevorstand, nur so fröhlich sein konnten. Der Transport des Stahlseils nach Korphe dauerte zwölf Stunden. Jede Rolle wog vierhundert Kilo, sodass zehn Männer nötig waren, um sie an den dicken Holzstangen zu tragen, die sie durch die Mitte der Spule geführt hatten.

Mortenson, der über dreißig Zentimeter größer war als die Männer von Korphe, wollte sich ebenfalls beteiligten. Allerdings geriet die Last dadurch in eine solche Schieflage, dass er es aufgeben musste und den anderen nur bei der Arbeit zusehen konnte. Doch niemand nahm Anstoß daran. Die meisten Männer hatten für westliche Expeditionen als Träger gearbeitet und vergleichbar schweres Gepäck den Baltoro hinaufgeschleppt.

Die Balti waren guter Dinge und kauten *naswar*, den starken Tabak, den Hadschi Ali immer wieder aus dem schier unerschöpflichen Vorrat in seiner Westentasche zutage förderte. Für sie sei es ein Vergnügen, sich für den Vorteil ihres eigenen Dorfes abzuplagen anstatt für das in ihren Augen unverständliche Treiben ausländischer Bergsteiger, erklärte der sich Seite an Seite mit seinem Vater abmühende Twaha Mortenson grinsend.

In Korphe gruben die Männer an beiden Ufern tiefe Fundamente in den morastigen Boden. Allerdings dauerte der Monsun an, und da der Beton bei Nässe nicht aushärten würde, schlugen Twaha und einige andere junge Männer vor, auf die Steinbockjagd zu gehen, bis es zu regnen aufhörte. Sie luden Mortenson ein, sie zu begleiten.

Da er nur seine Turnschuhe, einen Regenmantel, einen *salwar kamiz* und einen billigen Acrylpullover aus chinesischer Produktion besaß, den er in Skardu auf dem Basar gekauft hatte, fühlte er sich für eine Klettertour im Hochgebirge nicht richtig ausgerüstet. Aber die anderen Männer hatten auch nicht mehr vorzuweisen. Twaha, immerhin Sohn des *nurmadhar*, trug ein derbes Paar Schnürschuhe aus braunem Leder, das Geschenk eines durchreisenden Bergsteigers. Zwei Männer hatten nur Lederlappen fest um die Füße gewickelt, die anderen mussten sich mit Plastiksandalen begnügen.

Im Dauerregen verließen sie Korphe in nördlicher Richtung und marschierten durch Buchweizenfelder, die sich an jeder auch nur im Entferntesten zu bewässernden Stelle fanden. Die beinahe reifen Ähren erinnerten an winzige Maiskolben und bogen sich im prasselnden Regen an den schwankenden Stängeln. Stolz hatte Twaha das einzige Gewehr der Jagdgesellschaft geschultert, eine britische Muskete aus der frühen Kolonialzeit. Mortenson konnte kaum glauben, dass er mit diesem Museumsstück tatsächlich einen Steinbock erlegen wollte.

Der Amerikaner erblickte die Brücke, die er auf dem Rückweg vom K2 übersehen hatte, einen wackeligen *zamba* aus Yakhaar, der zwischen zwei gewaltigen Felsen über den Braldu gespannt war. Der Anblick stimmte ihn froh. Der Weg über diese Brücke führte nach Askole und umrundete das Dorf, das er inzwischen als zweites Zuhause betrachtete. Doch ohne den unfreiwilligen Umweg von damals hätte sein Leben gewiss keine so interessante Wendung genommen.

Als sie weitergingen, wurde die Schlucht enger, sodass der Regen und die Gischt des Braldu die Männer gleichermaßen durchnässten. In schwindelerregender Höhe führte der Pfad an der Felswand entlang. Generationen von Balti hatten verhindert, dass er weggespült wurde, indem sie flache Gesteinsstücke so ineinander verkeilt hatten, dass ein nicht sonderlich stabiles, etwa siebzig Zentimeter breites Sims entstanden war. Die Männer aus Korphe, die an ihren geflochtenen Körben nicht schwer zu tragen hatten, liefen so leichtfüßig darüber, als spazierten sie über ein flaches Feld. Mortenson hingegen setzte bedächtig einen Fuß vor den anderen, verlegte seinen Körperschwerpunkt in Richtung Berg und ließ die Fingerspitzen an der Felswand entlanggleiten. Dass es bis hinunter zum Braldu ungefähr siebzig Meter waren, war ihm nur allzu bewusst.

Der Fluss war hier hässlich und bildete einen starken Kontrast zu der Schönheit der eisigen Gipfel, die ihn geboren hatten. In Tiefen, in die kaum je ein Lichtstrahl drang, strömte der schlammbraune Braldu durch ein Gewirr aus schwarzen und braunen Felsen. Er erinnerte dabei an eine sich windende Schlange, und es war kaum zu glauben, dass dieser reißende Strom den Lebensquell für den goldenen Buchweizen und all die anderen in Korphe angebauten Feldfrüchte darstellte.

An der Zunge des Biafo-Gletschers hörte es auf zu regnen. Ein einsamer Sonnenstrahl bohrte sich durch die Wolkendecke und tauchte den Bakhor Das, einen Gipfel im Osten, in ein zitronengelbes Licht. Die Männer nannten die knapp sechstausend Meter hohe, wie eine Schutzgottheit über ihrem Dorf aufragende Pyramide »Korphe-K2«, da sie in ihrer klaren Form ihrem großen Bruder oben am Baltoro glich. In Tälern wie dem am oberen Braldu ist es dem Islam nicht gelungen, die alten animistischen Religionen völlig zu verdrängen, und so deuteten die Männer aus Korphe den Anblick ihres Berges als gutes Omen für ihr Jagdglück. Angeführt von Twaha, sprachen sie ein Gebet an die Götter des Karakorum und schworen, nur einen einzigen Steinbock zu schießen.

Um auf ein solches Tier zu stoßen, muss man sehr hoch klettern. Der bekannte Biologe und Naturkundler George Schaller hat den Steinbock im ganzen Himalaya erforscht. Zwei Jahrzehnte zuvor war er genau diese Schlucht hinaufgestiegen, um Daten über die Tiere zu sammeln sowie mögliche Gebiete auszukundschaften, von denen er hoffte, die pakistanische Regierung würde sie zum Karakorum-Nationalpark erklären. Doch während der langen Tage, die er über das Fernglas gebeugt wartete, bewunderte er einfach nur, wie ausgezeichnet sich der Steinbock an die raue Umgebung angepasst hatte. Schaller fand heraus, dass kein Tier im Karakorum in so großer Höhe grast wie der Steinbock. Dank seiner Trittsicherheit kann er auf schmalen Felssimsen bis auf über fünftausend Meter klettern, also viel weiter als seine Fressfeinde, der Wolf und der Schneeleopard. An der Vegetationsgrenze weidet er alpine Schösslinge und Gräser bis auf die Wurzeln ab und muss zehn bis zwölf Stunden täglich fressen, um sein Gewicht zu halten.

Bei der Zunge aus schmutzigem Eis, die den Anfang des Biafo-Gletschers bildete, blieb Twaha stehen und nahm einen kleinen kreisförmigen Gegenstand aus der Tasche der weinroten Fleecejacke, die Mortenson ihm am Ende seines ersten Aufenthalts in Korphe geschenkt hatte. Es war ein *tomar*, ein »Mut-Medaillon«. Die Balti hängen solch ein *tomar* jedem Neugeborenen um den Hals, um die bösen Geister abzuwehren, denen sie die Schuld an der tragisch hohen Säuglingssterblichkeit in ihrem Volk geben. Niemals würden sie ohne diese Vorsichtsmaßnahme etwas so Gefährliches tun wie beispielsweise einen sich in Bewegung befindlichen Strom aus Eis zu überqueren. Twaha befestigte das kunstvoll aus roter und rotbrauner Wolle geflochtete Medaillon am Reißverschluss von Mortensons Jacke. Nachdem alle ihre *tomar* angebracht hatten, nahmen sie den Gletscher in Angriff.

Da Mortenson nun mit Männern unterwegs war, die jagten, um etwas zu essen zu haben, sah er die eisige Wildnis mit völlig anderen Augen als damals bei seinen Expeditionen mit Menschen aus westlichen Ländern, die aus den verschiedensten Gründen die Gipfel gestürmt hatten. Kein Wunder, dass die hohen Berge des Himalaya bis zur Mitte des zwanzigsten Jahrhunderts unbezwungen geblieben waren. Schließlich wären die Menschen, die schon seit Jahrtausenden in ihrer unmittelbaren Nähe lebten, niemals auf den Gedanken gekommen, sich nur um der sportlichen Herausforderung willen dort hinaufzuwagen. Sie hatten genug damit zu tun, Nahrung und Brennmaterial zu beschaffen, denn auf dem Dach der Welt zu überleben, kostete einen Menschen alle seine Kraft.

Es war ein Punkt, in dem sich die Balti kaum von den Steinböcken unterschieden, die sie jagten.

Die Männer stiegen in westlicher Richtung auf und bahnten sich einen Weg durch rutschende Eisplatten und vorbei an tiefen, tropisch blau schimmernden Schmelzwasserteichen. In unergründlichen Spalten gurgelte Wasser, und immer wieder durchschnitt das Donnern von Steinschlägen die Stille, da die ständigen Temperaturschwankungen Felsbrocken lockerten. Ganz in der Nähe im Norden, aber jetzt hinter einer Wolkenbank verborgen, erhob sich der Ogre, eine 7285 Meter hohe, kahle Felswand, die bislang erst einmal bezwungen worden war – im Jahr 1977 von den britischen Kletterern Chris Bonington und Doug Scott. Allerdings rächte sich der Ogre während des Abstiegs der Kletterer, sodass Scott mit zwei gebrochenen Beinen zurück zum Basislager kriechen musste.

Der Biafo erstreckt sich bis zum Snow Lake auf eine Höhe von fünftausend Metern hinauf, wo er sich mit dem Hispar-Gletscher vereint, der sich wiederum bis hinunter ins Hunza-Tal zieht. Die von der Zunge des einen bis zur Zunge des anderen hundertzwanzig Kilometer messenden Eisflüsse bilden das längste durchgehende außerpolare Gletschersystem. Früher nutzten bewaffnete Banden aus dem Hunza-Tal diese natürliche Straße, um plündernd ins Braldu-Tal einzufallen, doch heute hatte die Jagdgesellschaft den Gletscher für sich. Nur hin und wieder waren die Spuren eines Schneeleoparden zu sehen, auf die Twaha begeistert hinwies. Über ihren Köpfen kreisten neugierig zwei Lämmergeier in einem thermischen Aufwind.

Nach dem stundenlangen Marsch in Turnschuhen über brüchiges Eis hatte Mortenson eingefrorene Füße. Tahiras Vater Hussein nahm Heu aus seinem Korb und stopfte die Schuhe des Amerikaners damit aus, sodass die Kälte erträglicher wurde – allerdings nur ein wenig. Mortenson fragte sich, wie sie ohne Zelte oder Schlafsäcke die bitterkalten Nächte überstehen sollten. Allerdings hatten die Balti schon lange vor der Ankunft der hochmodern ausgerüsteten Kletterer aus den westlichen Ländern am Biafo gejagt.

Die Nächte verbrachten sie daher in Höhlen entlang der Seitenmoräne, deren Lage die Balti ebenso gut kannten wie eine Beduinenkarawane den Standort von Wasserlöchern in der Wüste. Jede Höhle war mit trockenem Gestrüpp sowie Beifuß- und Wacholderzweigen zum Feuermachen ausgestattet. Unter schweren Gesteinsbrocken holten die Männer Säcke mit Linsen und Reis hervor, die beim letzten Besuch hier hinterlassen worden waren. Gemeinsam mit dem schädelförmigen *kurba*-Brot, das die Balti mithilfe erhitzter Steine buken, sorgten diese Vorräte dafür, dass sie die für die Fortsetzung der Jagd erforderliche Energiezufuhr erhielten.

Nach vier Tagen stießen sie auf ihren ersten Steinbock – einen Kadaver, dessen von Lämmergeiern und Schneeleoparden fein säuberlich abgenagtes Gerippe auf einem flachen Stein lag. Auf einem Sims hoch über dem Skelett entdeckte Twaha eine Herde von sechzehn grasenden Steinböcken. »*Skiin! Skiin!*«, rief er. Es war die Bezeichnung der Balti für die Tiere, deren gewaltige geschwungene Hörner in den wolkigen Himmel ragten. Allerdings waren die Steinböcke zu weit entfernt, um auf sie zu schießen. Wie Twaha vermutete, war der tote Steinbock von einer Lawine in die Tiefe gerissen worden, da er so weit unterhalb des Weideplatzes lag. Der Sohn des Dorfvorstehers trennte den ausgeblichenen Schädel mit den Hörnern von der Wirbelsäule und band ihn an Mortensons Rucksack. Ein Geschenk.

Der Biafo hat eine Schlucht zwischen Felswände gegraben, die höher sind als die des Grand Canyon. Die Männer stiegen bis zu der Stelle bergauf, vor der der Gletscher auf den lang gestreckten Nordgrat des Latok I traf, an dem schon viele Expeditionen scheiterten. Zweimal schlichen sich die Jäger vorsichtig und gegen den Wind an Steinbockherden an, aber die Tiere erspürten ihre Gegenwart mit einem Feingefühl, das Mortenson nur bewundern konnte, sodass sie nie nahe genug herankamen, um einen Schuss zu wagen.

Am siebten Tag bemerkte Twaha kurz vor Einbruch der Dunkelheit einen Bock auf einem Felsvorsprung etwa zwanzig Meter über ihnen. Er kippte eine Dose Schießpulver in den Lauf seiner Muskete, schob eine Stahlkugel hinterher und stopfte das Ganze fest. Mortenson und die anderen krochen hinter ihn und drückten sich eng an die Felswand, damit der Steinbock sie nicht entdeckte. Vom Lauf des Gewehrs klappte Twaha zwei Bügel herunter, stützte die Waffe damit auf einen Felsen und spannte ganz leise den Hahn – allerdings nicht leise genug. Der Steinbock wirbelte zu ihnen herum. Sie waren nahe genug dran, um zu sehen, wie sich sein langer Bart ängstlich sträubte. Mortenson stellte fest, dass sich Twahas Lippen in einem stillen Gebet bewegten, bevor er abdrückte.

Ein ohrenbetäubender Knall ertönte, und ein Regen aus Steinchen prasselte auf die Jäger herab. Twahas Gesicht war vom Schießpulver so schwarz wie das eines Bergarbeiters. Mortenson war sicher, dass er danebengeschossen hatte, denn der Steinbock stand noch. Aber im nächsten Moment gaben dessen Vorderläufe nach, und Mortenson sah, dass aus einer Wunde am Hals des Tieres Dampf in die eiskalte Luft aufstieg. Der Steinbock versuchte noch zweimal, wieder auf die Beinen zu kommen, doch dann wurde er ganz still und kippte zur Seite. »Allah ist groß!«, riefen die Männer aus Korphe im Chor.

Bei Dunkelheit wurde die Beute zerlegt, und jeder trug einen Teil davon in eine der Höhlen, wo sie ein Feuer anzündeten. Geschickt hantierte Hussein mit einem gebogenen Messer, das so lang wie sein Unterarm war. Das intelligente, schmale, ein wenig melancholisch wirkende Gesicht konzentriert verzogen, zerteilte er die Leber und gab jedem der Männer ein Stück. Mortenson war es gleichgültig, was er da aß, Hauptsache, es war warm. Als einziger Bewohner von Korphe hatte Hussein den Braldu verlassen und war im fernen Lahore im Tiefland zwölf Jahre lang zur Schule gegangen. Als er sich nun mit blutverschmierten Armen in der dunklen Höhle über die Jagdbeute beugte, schien seine Schulzeit in den schwülwarmen Ebenen des Pandschab unendlich weit zurückzuliegen. Mortenson kam zu dem Schluss, dass Hussein einen ausgezeichneten Lehrer für die Schule in Korphe abgeben würde, denn er besaß die Fähigkeit, die beiden so unterschiedlichen Welten miteinander zu verbinden.

Als die Jäger nach Korphe zurückkehrten, hatte der Regen aufgehört, und das Wetter war kühl und klar. Bei ihrem Einzug ins Dorf wurden sie empfangen wie Helden. Den Schädel des erlegten Steinbocks hoch erhoben, schritt Twaha voran. Mortenson bildete mit seinem Geschenk auf dem Rücken die Nachhut. Die Hörner des Lawinenopfers ragten über seinen Kopf hinweg, sodass es aussah, als hätte er selbst ein Gehörn.

Die Männer verschenkten gewürfeltes Steinbockfett an die Kinder, die sie umringten und die Leckerei lutschten wie Bonbons. Die mehreren Hundert Kilo Fleisch in den Körben der Jäger wurden gerecht unter deren Familien aufgeteilt. Nachdem der Schädel des Steinbocks durch Auskochen entfleischt und das Gehirn mit Zwiebeln und Kartoffeln zu einem Eintopf verarbeitet worden war, hängte Hadschi Ali die Trophäe, die sein Sohn nach Hause gebracht hatte, zu den vielen anderen, die bereits über der Haustür prangten. Es waren stolze Erinnerungen an die Tage, als er selbst noch kräftig genug gewesen war, um auf die Jagd zu gehen.

In der Regionalhauptstadt Gilgit hatte Mortenson seine Zeichnungen der Brücken über den unteren Braldu einem Ingenieur der pakistanischen Armee vorgelegt. Dieser hatte sich die Skizzen angesehen, einige Veränderungsvorschläge zur Stabilisierung der Konstruktion gemacht und einen detallierten Plan gezeichnet, der auch die genaue Lage der Stahlseile bestimmte. Er sah zwei zwanzig Meter hohe Pfeilerpaare vor, die von Bögen aus gegossenem Beton gekrönt wurden, und zwar in einem Abstand, der breit genug war, um ein Yakgespann durchzulassen. Die knapp neunzig Meter lange Hängebrücke sollte zwanzig Meter über der Hochwasserlinie verlaufen.

In Skardu heuerte Mortenson eine Mannschaft erfahrener Maurer an, die den Bau der Pfeiler beaufsichtigen sollten. Von jeweils vier Männern aus Korphe mühsam gehoben, wurden die Steinblöcke akkurat auf die von den Maurern gelegten Zementfundamente gesetzt. Die Kinder beobachteten den ganzen Vorgang neugierig und feuerten ihre Väter und Onkel an, deren Gesichter von der Anstrengung, die Steine gerade zu halten, rot angelaufen waren. Stein um Stein wuchsen so die insgesamt vier dreischichtigen, sich nach oben hin verjüngenden Pfeiler zu beiden Seiten des Flusses empor.

Dank dem milden herbstähnlichen Wetter waren die langen Arbeitstage nicht sehr beschwerlich. Jeden Abend bewunderte Mortenson die Früchte ihrer gemeinsamen Bemühungen, wenn er nachzählte, wie viele Blöcke heute wieder verbaut worden waren. Während die Männer den Großteil des Juli mit dem Brückenbau verbrachten, bestellten die Frauen die Felder. Als die Pfeiler über dem Fluss immer höher wurden, verfolgten die Frauen und Kinder die Bauarbeiten von den Hausdächern aus.

Bevor sich der bedrückende Winter über das Dorf legte, spielte sich das Leben dort hauptsächlich im Freien ab. Die meisten Familien nahmen die beiden Mahlzeiten des Tages auf dem Dach ein. Mortenson hatte große Freude daran, mit Hadschi Ali und dessen Familie die letzten Strahlen der Abendsonne zu genießen, von Dach zu Dach mit den Nachbarn zu plaudern, die es ebenso taten, und sich dabei eine Schale mit *dal* und Reis sowie eine Tasse starken *tamburok* schmecken zu lassen. Die Balti saßen auf ihren warmen, trockenen Dächern inmitten der Früchte einer guten Ernte, aßen, rauchten und schwatzten genauso ruhig und entspannt, als befänden sie sich auf der Terrasse eines Pariser Straßencafés. Mortenson war überzeugt, dass diese Menschen trotz des Mangels, den sie leiden mussten, den Schlüssel zu einem anspruchslosen Glück besaßen, das in den Industrieländern ebenso vom Aussterben bedroht war wie die alten Wälder oder bestimmte Tierarten.

Nachts nutzen Junggesellen wie Twaha und Mortenson das milde Wetter, um unter den Sternen zu schlafen. Inzwischen sprach Mortenson fließend Balti, sodass Twaha und er sich bis tief in die Nacht unterhielten, während das restliche Korphe längst schlief. Häufig drehte sich das Gespräch um Frauen. Mortenson stand kurz vor seinem vierzigsten Geburtstag, Twaha würde bald fünfunddreißig werden.

Er gestand Mortenson, dass er seine Frau Rhokia sehr vermisse. Inzwischen war es neun Jahre her, dass er sie bei der Geburt Dschahans, ihres einzigen Kindes, verloren hatte. »Sie war sehr schön«, schwärmte er, als sie dalagen und zur Milchstraße hinaufblickten, die heute so dicht aussah wie ein Schal. »Ihr Gesicht war schmal wie das von Dschahan, und sie lachte und sang den ganzen Tag fröhlich wie ein Murmeltier.«

»Wirst du wieder heiraten?«, fragte Mortenson.

»Ach, das wäre für mich nicht weiter schwer. Eines Tages werde ich *nurmadhar* sein, und ich besitze bereits viel Land. Allerdings habe ich mich bis jetzt in keine andere Frau verlieben können.« Vertraulich senkte Twaha die Stimme. »Aber manchmal ... habe ich Spaß.«

»Darfst du das denn, ohne verheiratet zu sein?«, erkundigte sich Mortenson, den diese Frage schon seit seiner Ankunft in Korphe beschäftigte. Bis jetzt hatte er sie jedoch noch nicht zu stellen gewagt.

»Ja, natürlich«, erwiderte Twaha. »Mit Witwen. In Korphe gibt es viele Witwen.«

Mortenson dachte an die engen Häuser, wo zahlreiche Familienmitglieder Seite an Seite auf Kissen schliefen. »Wo gehst du dazu hin ... du weißt schon?«

»In den *handhok* natürlich«, antwortete Twaha. Jedes Haus in Korphe besaß auf dem Dach eine kleine Hütte aus Flechtwerk, die der

Lagerung von Getreide diente. »Soll ich dir eine Witwe besorgen? Sicher sind schon einige in Dr. Greg verliebt.«

»Danke, aber ich glaube, das wäre keine gute Idee«, lehnte Mortenson ab.

»Hast du eine Freundin in deinem Dorf?«, erkundigte sich Twaha. Und so schilderte ihm Mortenson sein desolates Liebesleben der letzten zehn Jahre. Er erwähnte auch Marina und stellte fest, dass es inzwischen nicht mehr so wehtat, über sie zu sprechen.

»Aha, sie hat dich verlassen, weil du kein Haus besitzt«, merkte Twaha an. »So etwas passiert in Baltistan öfter. Doch jetzt kannst du ihr erzählen, dass du in Korphe ein Haus und fast schon eine Brücke hast.«

»Ich möchte gar nicht mehr mit ihr zusammen sein«, erwiderte Mortenson, und ihm wurde klar, dass er es wirklich so meinte.

»Dann solltest du dir rasch eine andere Frau suchen«, riet Twaha ihm. »Bevor du alt und fett wirst.«

An dem Tag, als sie das erste Seil zwischen den Pfeilern spannten, meldeten einige Träger, die gerade vom Baltoro kamen, eine Gruppe von Amerikanern sei auf dem Weg hierher. Den Plan des Ingenieurs auf den Knien, saß Mortenson auf einem Felsen am Nordufer des Braldu und sah zu, wie zwei Gruppen mithilfe von Yakgespannen die Trageseile spannten und sie, so gut es ohne Elektrowerkzeuge möglich war, an den Pfeilern vertäuten.

Anschließend balancierten die Geschicktesten unter den Männern wie Seiltänzer hin und her, fädelten die senkrechten Halteseile an den vom Ingenieur eingezeichneten Stellen ein und befestigten sie mit Schellen.

Am Nordufer des Braldu näherte sich ein imposant aussehender Amerikaner, der eine weiße Baseballkappe trug und sich schwer auf seinen Wanderstock stützte. Neben ihm ging der gut aussehende, muskulöse Einheimische, den er als Führer und Leibwächter beschäftigte.

»Das ist ja ein wahrer Hüne, der da auf dem Stein sitzt, lautete mein erster Gedanke«, erinnert sich George McCown. »Ich hatte keine Ahnung, was er dort wollte. Er hatte lange Haare und trug einheimische Kleidung. Doch er war eindeutig kein Pakistaner.«

Mortenson rutschte von seinem Felsen und hielt dem Mann die Hand hin. »Sind Sie George McCown?«, fragte er. Der andere ergriff seine Hand und nickte ungläubig. »Dann wünsche ich Ihnen alles Gute zum Geburtstag«, fuhr Mortenson grinsend fort und überreichte seinem Landsmann einen verschlossenen Umschlag.

George McCown gehörte mit Lou Reichardt und Sir Edmund Hillary dem Vorstand der American Himalayan Foundation an und war an seinem sechzigsten Geburtstag mit seinen beiden Kindern zum K2 unterwegs gewesen, um das Basislager einer von ihm finanziell unterstützten Expedition zu besuchen. Die Geburtstagskarte des AHF-Vorstands war zuerst nach Askole geschickt und dann von den verdatterten örtlichen Behörden an Mortenson übergeben worden. Offenbar dachten die Einheimischen, ein Amerikaner werde einen anderen schon finden.

McCown war Vorstandsvorsitzender gewesen und hatte später ein erfolgreiches eigenes Unternehmen gegründet. Nun hatte er gerade eine Knieoperation hinter sich und fragte sich, ob ihn sein Knie nach dem wochenlangen Marsch über den Gletscher wohl in die Zivilisation zurücktragen würde. Das Zusammentreffen mit Mortenson munterte ihn beträchlich auf: »Nach einem Monat in dieser unwirtlichen Einöde war ich unerwartet jemandem begegnet, mit dem ich ein vernünftiges Gespräch führen konnte. Es war wirklich ein großes Glück, Greg Mortenson kennenzulernen.«

Dieser erzählte McCown, wie er das Geld für die Brücke und die Schule erst nach einem Artikel von Tom Vaughan im Infobrief der AHF hatte auftreiben können. Beide Männer freuten sich über die Zufallsbegegnung. »Greg ist jemand, den man auf Anhieb sympathisch und vertrauenswürdig findet«, so McCown. »Er verfolgt niemals Hintergedanken und ist ein sanfter Riese. Als ich all den Leuten zusah, die ihm beim Brückenbau halfen, war klar, dass sie ihn sehr gernhatten. Er arbeitete mit, als wäre er einer von ihnen. Mir war rätselhaft, wie er das als Amerikaner geschafft hatte.«

Als Mortenson sich McCowns Begleiter auf Balti vorstellte, antwortete dieser auf Urdu. Es stellte sich heraus, dass er kein Balti, sondern ein Wakhi aus dem entfernten Charpurson-Tal an der afghanischen Grenze war und Faisal Baig hieß.

Mortenson beschloss, seinen Landsmann um einen Gefallen zu bitten: »Ich fühlte mich in Korphe ziemlich allein auf weiter Flur, weil ich für alles verantwortlich war. Die Leute hier sollten das Gefühl bekommen, dass nicht nur ich ihnen helfen wollte, sondern sich auch andere Amerikaner für ihr Schicksal interessierten.«

»Er steckte mir ein dickes Bündel Rupien zu«, berichtet McCown, »und bat mich, den großen Boss aus Amerika zu spielen. Also legte ich eine oscarreife Vorführung hin, stolzierte wie ein Chef herum und zahlte allen ihren Lohn aus. Ich lobte sie für ihren Fleiß und forderte sie auf, hart zu arbeiten, damit sie so schnell wie möglich fertig würden.«

Kurz darauf setzte er seinen Marsch fort, um seine Kinder einzuholen. Allerdings entstand an dem Tag, an dem die Seile zwischen den beiden Pfeilern gespannt wurden, mehr als nur eine Verbindung zwischen dem nördlichen und dem südlichen Ufer des Braldu. Als das Leben für Ausländer in Pakistan immer gefährlicher wurde, erklärte sich Faisal Baig bereit, als Mortensons Leibwächter zu fungieren. Und der inzwischen in seine Firma in Kalifornien zurückgekehrte McCown sollte sich zu einem von Mortensons einflussreichsten Fürsprechern entwickeln.

Ende August, zehn Wochen nachdem der damals noch morastige Boden aufgegraben worden war, stand Mortenson mitten auf der knapp neunzig Meter langen, schwankenden Brücke und bewunderte die ordentlichen Betonbögen zu beiden Seiten, die stabilen dreischichtigen Steinfundamente und das Gewebe aus Stahlseilen, das alles zusammenhielt. Hadschi Ali reichte ihm die letzte Bohle und forderte ihn auf, sie an ihren Platz zu legen. Doch Mortenson bestand darauf, dass der Dorfvorsteher von Korphe die Brücke vollenden müsse. Hadschi Ali hob das Brett über den Kopf, dankte dem gnädigen Allah dafür, dass er in seiner Güte den Ausländer in ihr Dorf geführt hatte, kniete sich dann hin und verschloss die letzte Lücke über dem schäumenden Braldu. Die Frauen und Kinder, die von ihrem Platz hoch über dem Südufer aus alles beobachteten, jubelten begeistert.

Wieder abgebrannt, aber fest entschlossen, das restliche für die Schule bestimmte Geld nicht anzutasten, schickte Mortenson sich an, nach Berkeley zurückzukehren, um dort während des Winters und Frühjahrs genug Geld für seine Rückkehr zu verdienen. An seinem letzten Abend in Korphe saß er mit Twaha, Hussein und Hadschi Ali auf dem Dach und erörterte das für den Sommer geplante Ausheben der Schulfundamente. Hussein hatte sich erboten, als Bauplatz ein ebenes Feld zu stiften, das seiner Frau gehörte. Von dort aus hatte man einen unverstellten Blick auf den Bakhor Das, den Korphe-K2. Genau diese Aussicht würde nach Mortensons Auffassung die Schüler dazu ermutigen, nach Höherem zu streben. Also nahm er das Angebot an, allerdings unter der Bedingung, dass Hussein der erste Lehrer der Schule in Korphe werden müsse.

Die Abmachung wurde bei zur Feier des Tages mit dem kostbaren Zucker gesüßten Tee getroffen und durch einen Handschlag besiegelt. Dann sprachen sie aufgeregt weiter über die Schule, bis es dunkel wurde.

Zweihundertfünfzig Meter unter ihnen flackerten mitten über dem Fluss Laternen, als die Einwohner von Korphe neugierig immer wieder die Grenze überquerten, die sie bis jetzt völlig von der Außenwelt abgeschnitten hatte – einer Welt, in die Mortenson nur widerstrebend zurückkehrte.

Sechs Tage

In deinem Herzen gibt es eine Kerze,
die nur angezündet werden muss.
In deiner Seele herrscht eine Leere,
die nur darauf wartet, gefüllt zu werden.
Das spürst du doch sicher selbst.

Dschalal ad-Din ar-Rumi

In der Alta Bates Station für Brandverletzte blinkten rote und grüne LED-Anzeigen auf unzähligen Monitoren. Obwohl es vier Uhr morgens war, empfand Mortenson, der sich im Schwesternzimmer auf einem viel zu kleinen Plastikstuhl zusammenkauerte und immer wieder nach einer bequemeren Position suchte, etwas, auf das er viel zu lange hatte verzichten müssen, seit er die Flasche Baileys in den Abfallkorb des Motels geworfen hatte – ein Glücksgefühl.

Vor ein paar Stunden hatte er die Hände eines Zwölfjährigen mit Antibiotikasalbe behandelt und die Verbände gewechselt. Der Stiefvater hatte dem Jungen die Hände auf die heiße Herdplatte gedrückt. Doch die Wunden – zumindest die körperlichen – heilten gut. Ansonsten war es eine ruhige Nacht gewesen. Mortenson überlegte, dass er gar nicht ans andere Ende der Welt zu reisen brauchte, um Gutes zu tun. Schließlich half er auch hier anderen Menschen. Aber jede Schicht und jeder Dollar, der sich auf seinem Konto ansammelte, ließen den Tag näherrücken, an dem er den Bau der Schule in Korphe fortsetzen konnte.

Da er wieder zur Untermiete bei Witold Dudzinski wohnte und

heute auf der Station nicht viel los war, freute er sich beinahe darüber, dass er hier seine Ruhe hatte und dem Zigarettenqualm und den Wodkadünsten entfliehen konnte. Sein roter OP-Anzug war so bequem wie ein Pyjama, und eigentlich hätte er bei diesem Dämmerlicht ein wenig dösen können – wenn nur dieser Stuhl nicht gewesen wäre!

Schlaftrunken schleppte Mortenson sich nach der Schicht nach Hause. Als er sich im Gehen einen starken Kaffee und ein glasiertes Teilchen aus der kambodschanischen Bäckerei genehmigte, verfärbte sich der schwarze Nachthimmel über den Berkeley Hills bereits bläulich. Bei seinem Haus angekommen, bemerkte er einen schwarzen Pkw, der vor Dudzinskis Pick-up in zweiter Reihe stand. Der Fahrersitz war zurückgeklappt, und darauf lag, das ganze Gesicht bis auf die Lippen von einer dunklen Haarmähne verdeckt, Dr. Marina Villart. Mortenson leckte sich den Zucker von den Fingern und öffnete die Fahrertür.

Marina setzte sich auf, streckte sich und schlang schläfrig die Arme um den Leib. »Du gehst nicht ans Telefon«, sagte sie.

»Ich hatte Dienst.«

»Ich habe viele Nachrichten hinterlassen«, fuhr sie fort. »Lösch sie einfach.«

»Was willst du hier?«, fragte Mortenson.

»Freust du dich nicht, mich zu sehen?«

Er kam zu dem Schluss, dass er sich nicht freute. »Klar«, erwiderte er dennoch. »Wie geht es dir?«

»Offen gestanden nicht so gut.« Sie klappte die Sonnenblende herunter, betrachtete sich im Spiegel und zog sich die Lippen nach.

»Was ist mit Mario?«

»Ein Fehler«, antwortete sie.

Mortenson wusste nicht, wo er mit seinen Händen hinsollte. Nachdem er den Kaffeebecher auf dem Autodach abgestellt hatte, ließ er sie einfach herabhängen.

»Du fehlst mir«, gestand Marina ihm. Als sie den Hebel zog, um den Sitz hochzustellen, prallte die Kopfstütze gegen ihren Hinterkopf. »Autsch! Hast du mich auch vermisst?«

Das Adrenalin, das nun durch Mortensons Adern pulste, war aufputschender als der starke Kaffee aus der Bäckerei. Wie konnte sie nach all dieser Zeit einfach hier aufkreuzen? Nach den vielen Nächte, die er sich in dem vergeblichen Versuch, sie und die dadurch gefundene Familie zu vergessen, in seinem Schlafsack auf Dudzinskis staubigem Fußboden hin und her gewälzt hatte, ohne ein Auge zuzutun!

»Es ist vorbei«, entgegnete Mortenson, knallte Marinas Wagentür zu und ging in die nach abgestandenem Rauch und Wodka stinkende Wohnung hinauf, wo er rasch einschlief.

Da sich nun eine Brücke über den oberen Braldu spannte und die Baumaterialien, für die Changazi ihm eine Quittung ausgestellt hatte, sich bald zu einer Schule zusammensetzen würden, sehnte Mortenson sich danach, mit jemandem zu sprechen, der einen Bezug zum Karakorum hatte. Dudzinskis Wohnung empfand er inzwischen nicht mehr als Versteck, um sich zu verkriechen, sondern als Möglichkeit, Geld zu sparen, um seine Arbeit in Pakistan beenden zu können.

Also rief er Jean Hoerni an, der ihm ein Ticket für einen Flug nach Seattle schickte und ihn bat, Fotos von der Brücke mitzubringen. In Hoernis Penthousewohnung, die eine malerische Aussicht auf den Lake Washington bot, lernte Mortenson endlich den Mann persönlich kennen, den er am Telefon als so einschüchternd empfunden hatte. Der Wissenschaftler war zierlich gebaut, hatte einen herabhängenden Schnurrbart und dunkle Augen, die Mortenson durch riesige Brillengläser musterten. Selbst mit siebzig war ihm anzumerken, dass er sein Leben lang Bergsteiger gewesen war. »Anfangs hatte ich Angst vor Jean«, räumt Mortenson ein. »Schließlich galt er als eiskalter Schweinehund. Aber zu mir hätte er nicht netter sein können.«

Er packte seinen Seesack aus, und bald beugten er und Hoerni sich über einen Couchtisch und betrachteten die Fotos, architektonischen Zeichnungen und Karten, die zum Teil bis auf den cremefarbenen Teppich herabhingen und sich dort auftürmten. Hoerni, der zweimal im Basislager des K2 gewesen war, sprach mit Mortenson über die vielen anderen Dörfer, die wie Korphe nicht auf den Karten verzeichnet waren. Dann griff er zu einem dicken schwarzen Filzstift, um freudig eine neue Errungenschaft einzuzeichnen – die neue Brücke über den oberen Braldu.

»Jean war sofort begeistert von Greg«, erinnert sich Hoernis Witwe Jennifer Wilson. »Ihm gefiel, dass er so idealistisch naiv und ganz und gar kein Geschäftsmann war. Außerdem fand er es gut, dass Greg sich keine Vorschriften machen ließ. Jean war mit Leib und Seele Unternehmer und wusste Menschen zu schätzen, die die Ärmel hochkrempelten und Herausforderungen nicht scheuten. Nachdem er im Infobrief der AHF den Artikel über Greg gelesen hatte, meinte er zu mir: ›Die Amerikaner interessieren sich nur für Buddhisten, nicht für Muslime. Niemand wird diesen Burschen unterstützen. Also werde ich wohl etwas für ihn tun müssen.‹ Jean hatte im Leben viel geleistet. Aber die Herausforderung, eine Schule in Korphe zu bauen, reizte ihn ebenso wie seine wissenschaftlichen Forschungen. Er fühlte sich dieser Region sehr verbunden. Nachdem Greg gegangen war, sagte er zu mir: ›Meiner Ansicht nach stehen die Chancen, dass dieser junge Kerl es schafft, fünfzig zu fünfzig. Hut ab, wenn es klappt.‹«

Nach seiner Rückkehr in den Großraum San Francisco rief Mortenson George McCown an, und die beiden plauderten über ihr schicksalhaftes Zusammentreffen am anderen Ende der Welt. McCown lud ihn zu einer Veranstaltung der American Himalayan Foundation ein, die Anfang September stattfinden sollte. Sir Edmund Hillary würde einen Vortrag halten. Mortenson sagte zu.

Am Mittwoch, dem 13. September 1995, spazierte er in einem braunen Wollsakko, das seinem Vater gehört hatte, Khakihosen und abgewetzten Bootsschuhen aus Leder, die er ohne Socken trug, ins *Fairmont Hotel*. Das noble Haus steht in einem vornehmen Stadtteil von San Francisco an der einzigen Kreuzung, wo sich sämtliche Cable-Car-Linien der Stadt treffen. Ein angemessener Ort also für eine Veranstaltung, bei der für Mortenson viele Fäden zusammenlaufen sollten.

Im Jahr 1945 hatten sich Diplomaten aus vierzig Ländern im *Fair-*

mont zusammengesetzt, um die Charta der Vereinten Nationen zu entwerfen. Fünfzig Jahre später versammelte sich im mit Golddekor ausgestatteten *Venetian Ballroom* eine ebenfalls aus Vertretern der unterschiedlichsten Kulturen bestehende Menschenmenge zum jährlichen AHF-Sponsorendinner. An der Bar standen Finanziers und Fondsmanager in dezenten Anzügen neben Bergsteigern, die sich in den ungewohnten Sakkos und mit Krawatten um den Hals sichtlich unwohl fühlten. In schwarze Samtkleider gehüllte Damen der besseren Gesellschaft von San Francisco lachten über die Scherze buddhistischer Mönche aus Tibet, die zimtfarbene Gewänder trugen.

Am Eingang ließ sich Mortenson einen *kata* umlegen, den weißen Gebetsschal aus Seide, der jedem Gast zur Begrüßung überreicht wurde. Dann richtete er sich wieder auf, betastete seinen Schal, ließ das Stimmengewirr aus beinahe tausend Kehlen über sich hinwegbranden und versuchte, sich zu orientieren. Da sich alle im Raum zu kennen und in dieser Umgebung wohlzufühlen schienen, kam er sich wie ein Fremdkörper vor. Dann jedoch winkte ihn George McCown zu sich an die Bar, wo er gerade mit einem zierlich gebauten Mann plauderte. Mortenson erkannte Jean Hoerni auf Anhieb und ging auf die beiden zu, um sie zu umarmen.

»Ich habe George gerade gesagt, dass er Ihnen etwas spenden muss«, verkündete Hoerni.

»Tja, eigentlich reicht das Geld inzwischen für die Schule, wenn ich die Kosten gering halte«, erwiderte Mortenson.

»Nicht für die Schule«, entgegnete Hoerni. »Für Sie selbst. Wovon wollen Sie denn leben, bis das Gebäude fertig ist?«

»Was halten Sie von zwanzigtausend?«, fügte McCown hinzu.

Mortenson spürte, wie er feuerrot anlief, und es verschlug ihm die Sprache.

»Soll ich das als Ja verstehen?«, hakte McCown nach.

»Besorgen Sie ihm einen Cocktail«, spöttelte Hoerni grinsend. »Sonst fällt er uns noch in Ohnmacht.«

Beim Abendessen zeigte sich ein herausgeputzer Fotojournalist an Mortensons Tisch entsetzt darüber, dass sein Sitznachbar ohne

Socken zu einem solch formellen Anlass erschienen war; er stand auf und kaufte ihm in der Hotelboutique ein Paar. Ansonsten kann sich Mortenson heute kaum noch an die Mahlzeit erinnern, denn er stand noch immer unter Schock, weil sich seine Geldsorgen mit einem Mal in Luft aufgelöst hatten.

Doch der Umstand, dass er nach dem Essen einen seiner größten Helden sprechen hören durfte, war eine Erfahrung, die sich für immer in sein Gedächtnis eingrub. Als Sir Edmund Hillary auf die Bühne trat, sah er eher wie der Imker aus, der er einmal gewesen war, und nicht wie ein Prominenter, den die britische Königin zum Ritter geschlagen hatte. »Ed vom Berg«, wie er sich selbst oft nannte, hatte buschige Augenbrauen, einen zerzausten Haarschopf und schlechte Zähne. Der inzwischen fünfundsiebzigjährige berühmteste Bürger Neuseelands hatte ein kleines Bäuchlein bekommen und machte nicht mehr den Eindruck, als könnte er einen Achttausender stürmen. Doch für die versammelten Himalaya-Freunde war er eine lebende Legende.

Zu Anfang seines Vortrags führte er Dias von seiner Erstbesteigung des Mount Everest im Jahr 1953 vor. Die Aufnahmen wiesen die hellen, unnatürlichen Farben der frühen Kodachrome-Filme auf und zeigten einen in ewiger Jugend bewahrten, sonnengebräunten Hillary, der ins Licht blinzelte. Bescheiden sprach er über seine Leistung und meinte, viele andere hätten die Fähigkeit gehabt, vor ihm und Tenzig Norgay den Gipfel des Everest zu erreichen. »Ich war nichts weiter als ein begeisterter, nicht übermäßig begabter Kletterer, der eine Vision hatte und die zur Verwirklichung nötige Entschlossenheit besaß«, betonte er vor dem ehrfürchtig lauschenden Publikum. »Ich war ein Durchschnittsbursche, aber die Medien versuchten, einen Helden aus mir zu machen. Allerdings habe ich im Laufe der Jahre gelernt, dass man keinen Schaden nimmt, solange man den Unsinn, der über einen geschrieben wird, selbst nicht glaubt.«

Außer den üblichen Aufnahmen vom Mount Everest führte Hillary auch Bilder aus den Sechziger- und Siebzigerjahren vor. Sie zeigten kräftige Männer aus dem Westen Seite an Seite mit zierlichen Sherpas beim Bau von Schulen und Kliniken in Nepal. Auf einem Dia, das während der Umsetzung des ersten Hilfsprojekts 1961 entstanden war, balancierte Hillary mit nacktem Oberkörper und einem Hammer in der Hand wie eine Katze über einen Dachbalken. In den vier Jahrzehnten nach der Bezwingung des Dachs der Welt hatte er sich nicht auf seinen Lorbeeren ausgeruht. Stattdessen war er häufig in die Everst-Region zurückgekehrt und hatte mit seinem jüngeren Bruder siebenundzwanzig Schulen, zwölf Kliniken und zwei Flugplätze errichtet, um die Versorgung des Khumbu-Gebiets zu erleichtern.

Vor lauter Aufregung hielt es Mortenson nicht mehr auf seinem Stuhl, weshalb er sich bei seinen Tischnachbarn entschuldigte und in den hinteren Teil des Raums ging, wo er während Hillarys Vortrag auf und ab lief. Begierig sog er jedes Wort in sich auf, konnte es aber gleichzeitig kaum erwarten, in das nächste Flugzeug zu steigen, das ihn wieder nach Korphe brächte. Er brannte darauf, sich an die Arbeit zu machen.

»Ich weiß nicht, ob ich möchte, dass man mich wegen irgendeiner bestimmten Sache in Erinnerung behält«, hörte er Hillary sagen. »Es hat mich sehr befriedigt, den Everest bestiegen zu haben. Doch als meine größte Leistung betrachte ich den Bau der Schulen und Kliniken. Das hat mir mehr bedeutet als mein Fußabdruck auf einem Berg.«

Als Mortenson spürte, wie ihm jemand auf die Schulter klopfte, drehte er sich um. Eine hübsche Frau in einem schwarzen Kleid lächelte zu ihm empor. Sie hatte kurzes rotes Haar und kam Mortenson bekannt vor, aber er konnte sie nicht einordnen.

»Ich wusste, wer Greg war«, erinnert sich Tara Bishop. »Denn ich hatte schon von seinem Vorhaben gehört. Außerdem gefiel mir sein Lächeln, und so machte ich mich an ihn heran.« Die beiden begannen eine angeregte Unterhaltung, in der sie viele gemeinsame Interessen entdeckten – und der Gesprächsstoff ist ihnen bis heute nicht ausgegangen.

Um die anderen Gäste, die Hillary zuhörten, nicht zu stören, flüsterten sie einander ins Ohr und steckten die Köpfe dicht zusammen. »Greg schwört, ich hätte ihm dabei den Kopf auf die Schulter gelegt«, fährt Tara fort. »Ich weiß es nicht mehr, aber möglich wäre es schon. Ich war hingerissen von ihm und starrte ständig auf seine Hände. Sie sahen so groß und kräftig aus, und ich hätte sie gerne in meine genommen.«

Taras Vater Barry Bishop, ein Fotograf bei *National Geographic*, erreichte den Gipfel des Mount Everest am 22. Mai 1963 als Mitglied der ersten amerikanischen Expedition. Er hatte die Route festgelegt, nachdem er Fotos seines Freundes Edmund Hillary studiert hatte, und den mörderischen Aufstieg dann für das Magazin dokumentiert. »Was tun wir, wenn wir endlich den Gipfel erreichen und uns dort auf den Boden fallen lassen?«, schrieb Bishop. »Wir weinen. Alle Hemmungen sind auf einmal wie weggeblasen, und wir heulen wie die Kleinkinder. Vor Freude, weil wir den mächtigsten aller Berge bezwungen haben. Und vor Erleichterung, weil die Quälerei endlich vorbei ist.«

Allerdings war seine Erleichterung ein wenig voreilig gewesen. Beim Abstieg wäre er beinahe abgestürzt und den ganzen Weg nach Tibet hinuntergerutscht. Außerdem ging ihm der Sauerstoff aus, und fast wäre er auf Nimmerwiedersehen in einer Gletscherspalte verschwunden. Zu guter Letzt erlitt er so schwere Erfrierungen, dass er von Sherpas ins Dorf Namche Bazaar getragen und von dort aus mit dem Helikopter nach Kathmandu ins Krankenhaus gebracht werden musste. »Im stillen Krankenhaus dachte ich über die Lektionen nach, die wir gelernt haben«, hielt er fest. »Der Everest besitzt eine abweisende und feindselige Wucht. Wer ihn herausfordert, erklärt ihm den Krieg und muss seinen Angriff ebenso klug und grausam planen wie eine militärische Operation. Wenn die Schlacht dann geschlagen ist, bleibt der Berg dennoch unbesiegt. Es gibt keine wahren Gewinner, nur Überlebende.«

Barry Bischop hatte überlebt und kehrte zunächst nach Washington zurück. Im Jahr 1968 lud er Frau, Sohn und Tochter in ein Wohnmobil und fuhr mit ihnen von Amsterdam nach Kathmandu, worauf sie dann zwei Jahre in Jumla im westlichen Nepal lebten. Nachdem Bishop mit seiner Familie wieder nach Washington zurückgekehrt war, wurde er Vorsitzender des *National-Geographic*-Komitees für Forschung und Entdeckung. Tara erinnert sich, dass Edmund Hillary oft in Washington bei ihnen zu Gast war. Dann schwelgten die begeisterten Bergsteiger gemütlich bei billigem Bier in Erinnerungen an den Everest. 1994 zog Bishop mit seiner Frau nach Bozeman in Montana, wo er in seinem Keller eine der weltweit bestsortierten Privatbibliotheken zum Thema Himalaya aufbaute.

Nach all den überstandenen Gefahren wurde ihm schließlich eine ganz gewöhnliche Autofahrt nach San Francisco zum Verhängnis. Nachdem er sich im selben Jahr, 1994, mit seiner Frau dorthin auf den Weg gemacht hatte, um bei ebenjenem jährlichen Sponsorendinner der American Himalayan Foundation zu sprechen, kam sein Wagen in Idaho von der Straße ab und überschlug sich viermal, bis er endlich in einer Sandgrube liegen blieb. Da Taras Mutter im Gegensatz zu ihrem Mann angeschnallt war, überlebte sie leicht verletzt. Barry Bishop hingegen wurde aus dem Wagen geschleudert und erlag seinen Kopfverletzungen.

Nun erzählte Tara einem ihr völlig unbekannten Mann, der neben ihr in einem abgedunkelten Ballsaal stand, die ganze Geschichte: Der Wagen war mit ihren Kinderbildern und Tagebüchern bepackt gewesen, die ihr Vater ihr hatte mitbringen wollen. Wildfremde Leute hatten am Unfallort die ihr so wertvollen auf dem Highway herumliegenden Erinnerungsstücke eingesammelt und ihr zugeschickt. Später hatte sie mit ihrem Bruder die Unglücksstelle besucht, Gebetsfahnen in ein Gebüsch am Straßenrand gehängt und Bombay Gin, den ihr Vater so geliebt hatte, über die Blutflecken gegossen, die im Sand immer noch zu sehen gewesen waren. »Das Merkwürdige daran war, dass ich die Situation gar nicht als seltsam empfand«, hebt Tara hervor. »Mich Greg anzuvertrauen, erschien mir sinnvoller als alles, was ich in dem Jahr seit dem Tod meines Vaters getan hatte.«

Als im *Venetian Ballroom* die Lichter angingen, spürte Mortenson, wie sich sein Herz dieser unbekannten Frau öffnete. »Anfangs trug Tara hochhackige Schuhe, wofür ich noch nie etwas übrig hatte«, erzählt er. »Doch irgendwann taten ihr so die Füße weh, dass sie stattdessen Kampfstiefel anzog. Keine Ahnung, warum mich das so anrührte, aber so war es eben. Ich fühlte mich wie ein Schuljunge.

Als ich sie in ihrem kurzen schwarzen Kleid und den schweren Stiefeln dastehen sah, wusste ich, dass sie die richtige Frau für mich ist.«

Gemeinsam machten sie Sir Hillary ihre Aufwartung, und er drückte Tara sein Beileid zum Tod ihres Vaters aus. »Es war unglaublich«, fährt Mortenson fort. »Die Begegnung mit Tara begeisterte mich mehr als die Gelegenheit, endlich mit einem Mann zu sprechen, den ich schon seit Jahren verehrte.« Nachdem Mortenson Tara Jean Hoerni und George McCown vorgestellt hatte, schlossen sie sich den Menschen an, die aus dem Saal strömten. »Inzwischen wusste Tara, dass ich kein Auto hatte, und sie erbot sich, mich nach Hause zu bringen. Ich hatte zwar schon mit Freunden eine Mitfahrgelegenheit vereinbart, verriet ihr aber nichts davon und versetzte die anderen, um mit Tara zusammen sein zu können.« Bei seiner Ankunft im *Fairmont Hotel* war Mortenson – wie immer – pleite und einsam gewesen. Doch als er nun aufbrach, hatte er die Zusage für ein Jahresgehalt in der Tasche und seine zukünftige Frau bei sich.

Während sie in Taras altem grauem Volvo durch San Franciscos Bankenviertel, über den verstopften Freeway 101 und die Bay Bridge fuhren, erzählte Mortenson seiner neuen Freundin alles über sich. Er schilderte seine Kindheit in Moshi und beschrieb den Pfefferbaum, das Krankenhaus seines Vaters sowie die Schule seiner Mutter. Er sprach auch über Christas und Dempseys Tod. Und so baute er, hoch über dem schwarzen Wasser der San Francisco Bay und auf dem Weg zu den Lichtern in den Oakland Hills, die funkelten wie unentdeckte Sterne, wieder eine Brücke – eine, die sein und Taras Leben miteinander verband.

Sie stoppten vor dem Haus, in dem Dudzinskis Wohnung lag. »Ich würde dich ja gerne reinbitten«, meinte Mortenson. »Aber es ist ziemlich ungemütlich da drin.« Also blieben sie noch zwei Stunden im Auto sitzen und redeten – über Baltistan, die Schwierigkeiten beim Bau der Schule in Korphe und über Taras Bruder, der eine Expedition zum Mount Everest plante. »Als ich im Wagen neben ihm saß, schoss mir plötzlich ein Gedanke durch den Kopf«, erinnert sich Tara. »Obwohl wir einander noch nicht einmal angefasst hatten, wusste ich, dass ich mit diesem Menschen den Rest meines Lebens verbringen würde. Es war ein ganz entspanntes und angenehmes Gefühl.«

»Hättest du etwas dagegen, wenn ich dich entführe?«, fragte sie. In ihrer Einzimmerwohnung, einer umgebauten Garage in Rockridge, einem hübschen Stadtteil von Oakland, schenkte Tara zwei Gläser Wein ein und gab Mortenson dann den ersten zärtlichen Kuss. Ihr Tibet-Terrier lief ihnen währenddessen zwischen den Füßen herum und kläffte den fremden Mann wütend an.

»Willkommen in meinem Leben.« Tara trat ein wenig zurück, um Mortenson in die Augen zu sehen.

»Willkommen in meinem Herzen«, erwiderte er. Dann schloss er sie in die Arme.

Am nächsten Morgen, einem Donnerstag, fuhren sie wieder über die Bay Bridge zum San Francisco International Airport, denn Mortenson hatte bei British Airways für den Sonntag einen Flug nach Pakistan gebucht. Sie erzählten der Mitarbeiterin am Ticketschalter ihre Geschichte und überredeten sie, den Flug auf den übernächsten Sonntag umzubuchen und auf die Gebühr zu verzichten.

Tara promovierte gerade in Psychologie und plante, klinische Psychologin zu werden. Da sie alle Seminare bereits abgeschlossen hatte, konnte sie sich ihre Zeit selbst einteilen. Und weil Mortenson sich nicht mehr für weitere Schichten im Krankenhaus eingetragen hatte, verbrachten sie Tag und Nacht zusammen und konnten ihr Glück kaum fassen. In Taras altem Volvo fuhren sie drei Stunden lang in das südlich von San Francisco gelegene Santa Cruz, wo sie bei Verwandten von Mortenson in Strandnähe unterkamen. »Greg war ein ungewöhnlicher Mensch«, meint Tara. »Er hatte überhaupt keine Scheu, mir alles über sich zu erzählen und mich seiner Familie vorzustellen. Einige meiner bisherigen Beziehungen waren ziemliche Katastrophen gewesen. So ist es also, wenn man den Richtigen gefunden hat, wurde mir klar.«

An dem Sonntag, an dem Mortensons ursprünglich gebuchter Flug nach Pakistan ohne ihn startete, kehrten sie ins Umland von

San Francisco zurück und fuhren durch gelbbraune Hügel, auf denen dicht an dicht grüne Eichen wuchsen. »Wann heiraten wir?«, fragte Tara und sah den Mann an, den sie erst seit vier Tagen kannte.

»Was hältst du von Dienstag?«, gab ihr Beifahrer zurück.

Am Dienstag, dem 19. September, schritt Greg Mortenson, in Khakihose, einem elfenbeinfarbenen Hemd aus Rohseide und einer bestickten tibetischen Weste, Hand in Hand mit seiner Verlobten Tara Bishop die Stufen des Rathauses von Oakland hinauf. Die Braut trug einen Leinenblazer, einen geblümten Minirock und, um ihrem zukünftigen Mann eine Freude zu machen, keine hochhackigen Pumps, sondern Sandalen mit flachen Absätzen.

»Wir dachten, wir würden nur ein paar Papiere unterschreiben und unseren Trauschein abholen. Die Feier mit unseren Familien wollten wir nachholen, wenn Greg aus Pakistan zurück war«, erinnert sich Tara. Doch im Rathaus von Oakland war man auf eine Hochzeit mit allen Schikanen eingerichtet. Für eine Gebühr von dreiundachtzig Dollar wurde das Brautpaar von einem Richter in einen Konferenzsaal geführt und erhielt die Anweisung, sich unter einen Torbogen aus weißen Plastikblumen zu stellen, dic an einer Pinnwand befestigt waren. Eine Latina mittleren Alters, die Margarita hieß und im Schreibbüro des Richters beschäftigt war, stellte sich als Trauzeugin zur Verfügung und weinte während der ganzen Zeremonie.

Sechs Tage nach ihrer geflüsterten Unterhaltung im dunklen Ballsaal des *Fairmont Hotel* gaben Greg Mortenson und Tara Bishop einander das Jawort. »Als der Richter bei der Stelle ›in Armut und Reichtum‹ angelangt war, mussten Greg und ich beide laut lachen«, erzählt Tara. »Inzwischen kannte ich sein Zimmer bei Witold und wusste, dass er jeden Abend die Polster vom Sofa nahm, damit er eine weiche Unterlage für seinen Schlafsack hatte. Damals dachte ich zwei Dinge gleichzeitig: Ich heirate einen Mann, der kein Bett besitzt. Und: Mein Gott, ich liebe ihn so sehr!«

Die Jungvermählten riefen einige Freunde an und überraschten sie mit einer Einladung in ein italienisches Restaurant in San Francisco, um zu feiern. James Bullock, ein Freund Mortensons, war Cable-Car-Fahrer und beorderte sie ins Hafengebiet von San Francisco zur Drehscheibe am Embarcadero. Es war Hauptverkehrszeit, als Bullock sie in den voll besetzten rot und golden lackierten Waggon schob. Dann läutete er die Glocke und teilte allen anderen Fahrgästen mit, dass sie ein Brautpaar vor sich hatten. Auf der Fahrt durch das Bankenviertel wurden die Frischvermählten mit Zigarren, Geld und Glückwünschen überhäuft.

An der Endstation verriegelte Bullock die Türen und veranstaltete mit den beiden eine private Rundfahrt durch San Francisco. Dabei läutete er die ganze Zeit seine Glocke. An seinem unsichtbaren Kabel glitt der Waggon wie von Zauberhand am *Fairmont Hotel* vorbei durch die steilen Straßen, die eine malerische Aussicht nach Norden boten. Den Arm um seine Frau gelegt, beobachtete Mortenson, wie die untergehende Sonne den Pazifik jenseits der Golden Gate Bridge küsste und Angel Island in der Bucht von San Francisco in einen rosigen Schein tauchte, der für ihn immer die Farbe des Glücks verkörpern sollte. Als er ein ungewohntes Ziehen in den Wangen spürte, wurde ihm klar, dass er seit sechs Tagen pausenlos lächelte.

»Wenn die Leute hören, wie unsere Hochzeit ablief, reagieren sie meistens schockiert«, sagt er. »Aber ich finde es gar nicht seltsam, dass ich sie nach sechs Tagen geheiratet habe. Bei meinen Eltern war es schließlich ganz ähnlich, und es klappte. Mich wundert viel mehr, dass ich Tara überhaupt begegnet bin. Ich habe den einzigen Menschen auf der ganzen Welt getroffen, der für mich bestimmt war.«

Am Sonntag drauf packte Mortenson seinen Seesack, steckte den Beutel mit Hundertdollarscheinen in die Jackentasche und fuhr zum Flughafen. Doch vor dem Abflugterminal brachte er es einfach nicht über sich auszusteigen. Er drehte sich zu seiner Frau um, die grinste, weil sie gerade denselben Gedanken gehabt hatte. »Ich erkundige mich«, meinte Mortenson, »aber ich weiß nicht, ob sie es mir wieder durchgehen lassen.«

Er verschob seinen Flug noch zwei Mal, obwohl er stets sein Gepäck mitnahm, nur für den Fall, dass die Fluggesellschaft doch nicht mitspielen sollte. Aber er hätte sich keine Sorgen zu machen brauchen. Inzwischen kannten alle am Ticketschalter von British

Airways die Geschichte der zwei Turteltäubchen und schöpften immer wieder ihren Ermessensspielraum aus, um den beiden Zeit zu geben, einander besser kennenzulernen. »Es waren wundervolle zwei Wochen – und außerdem waren sie streng geheim«, berichtet Mortenson. »Niemand wusste, dass ich noch in der Stadt war. Wir verbarrikadierten uns einfach in Taras Wohnung und holten all die Jahre nach, in denen wir nichts voneinander geahnt hatten.«

»Schließlich kehrte ich in die Wirklichkeit zurück und rief meine Mutter an«, ergänzt Tara. »Sie war gerade in Nepal und wollte zu einer Trekkingtour aufbrechen.«

»Als Tara mich in Kathmandu erreichte, bat sich mich, mich erst einmal zu setzen. So einen Anruf vergisst man nicht«, schildert Lila Bishop es aus ihrer Sicht. »Obwohl meine Tochter ständig das Wort ›wundervoll‹ wiederholte, hörte ich nur ›sechs Tage‹.«

»›Mom, ich habe gerade einen wundervollen Mann geheiratet‹, teilte ich ihr mit. Ich merkte ihr ihre Skepsis an, aber sie gab sich Mühe, sich für mich zu freuen. ›Nun, du bist schon einunddreißig‹, erwiderte sie, ›und du hast eine Menge Frösche geküsst. Wenn du glaubst, dass er dein Prinz ist, dann stimmt das sicher auch.‹«

Eines Tages fuhr der graue Volvo zum vierten Mal vor dem Ticketschalter von British Airways vor. Mortenson verabschiedete sich mit einem Kuss von der Frau, die er schon sein ganzes Leben zu kennen glaubte, und schleppte seinen Seesack zur Theke.

»Sind Sie sicher, dass Sie heute wirklich mitfliegen wollen?«, neckte ihn die Mitarbeiterin. »Tun Sie auch das Richtige?«

»Ja, ganz bestimmt«, erwiderte Mortenson und drehte sich um, um seiner Frau zum letzten Mal durch die Glasscheibe zuzuwinken. »So sicher war ich noch nie im Leben.«

Hadschi Alis Lektion

Es mag absurd erscheinen, dass eine »primitive« Kultur im Himalaya uns Industrienationen etwas beizubringen hat. Doch unsere Suche nach einer lebbaren Zukunft führt uns wieder zurück zu dem alten Band zwischen uns selbst und der Erde, einem Zusammenhang, den traditionelle Kulturen nie vergessen haben.

Helena Norberg-Hodge

Als Mortenson vor Changazis Haus in Skardu eintraf, wurde ihm der Zugang von dessen selbst für einen Balti eher zierlich gebauten Gehilfen Yakub verwehrt, der mit seinem bartlosen Kinn und der schlanken Gestalt wie ein Zwölfjähriger wirkte, obwohl er schon Mitte dreißig war. Entschlossen stellte er sich Mortenson mit seinen ganzen einundvierzig Kilo in den Weg.

Aus seinem Rucksack förderte Mortenson den Gefrierbeutel zutage, in dem er alle wichtigen Papiere aufbewahrte, wühlte darin herum und zeigte Yakub die Aufstellung der Baumaterialien, die Changazi bei seinem letzten Besuch angefertigt hatte. »Ich muss diese Sachen abholen«, sagte er und hielt die Liste so, dass Yakub sie lesen konnte.

»Changazi *Sahib* ist in Rawalpindi«, verkündete der Gehilfe.

»Wann kehrt er denn nach Skardu zurück?«

»In einem oder zwei Monaten«, entgegnete Yakub und wollte ihm die Tür vor der Nase zuschlagen. »Dann können Sie ja wiederkommen.«

Mortenson hielt die Tür fest. »Am besten rufen wir ihn sofort an.«

»Geht nicht. Die Leitung nach Rawalpindi ist gestört.«

Mortenson war fest entschlossen, sich seinen Zorn nicht anmerken zu lassen. Wurden denn alle Angestellten von Changazi persönlich im Erfinden von Ausreden unterrichtet? Während er noch überlegte, ob er Yakub weiter bedrängen oder besser mit einem Polizisten zurückkehren sollte, erschien hinter dem Gehilfen ein würdig aussehender älterer Herr. Er trug ein aus ungewöhnlich feiner Wolle gewebtes braunes *topi* und einen ordentlich gestutzten Schnurrbart. Es war Ghulam Parvi, ein Steuerberater, den Changazi damit beauftragt hatte, seine Bücher in Ordnung zu bringen. Parvi hatte an der Universität von Karatschi, einer der besten Hochschulen des Landes, Wirtschaft studiert und war nicht nur einer der wenigen Akademiker in Baltistan, sondern überall in Skardu auch als frommer schiitischer Gelehrter bekannt. Yakub machte dem älteren Mann respektvoll Platz. »Kann ich Ihnen vielleicht behilflich sein, Sir?«, erkundigte sich Parvi in dem gepflegtesten Englisch, das Mortenson je in Skardu gehört hatte.

Er stellte sich vor und erläuterte sein Anliegen. Dann reichte er Parvi die Liste, damit dieser sich selbst ein Bild machen konnte. »Sie möchten also eine Schule für Balti-Kinder bauen«, meinte Parvi schließlich. »Changazi hat das mit keinem Wort erwähnt, obwohl er hätte wissen müssen, dass ich mich für dieses Projekt interessieren würde.« Er schüttelte den Kopf. »Wie merkwürdig.«

Eine Zeit lang war Ghulam Parvi Leiter einer Organisation mit dem Namen Wohlfahrtsverband Baltistan gewesen, die unter seiner Führung zwei Grundschulen am Stadtrand von Skardu erbaut hatte. Dann jedoch waren die versprochenen Fördermittel der pakistanischen Regierung ausgeblieben, sodass er inzwischen von gelegentlichen Aufträgen als Steuerberater leben musste. Nun standen sich die beiden Männer auf der Türschwelle gegenüber – der eine ein Ausländer mit dem nötigen Geld, um die Schule in Korphe Wirklichkeit werden zu lassen, der andere wohl der Mann im nördlichen Pakistan, der ihm am besten dabei helfen konnte und dieselben Ziele verfolgte.

»Mit Changazis Buchführung könnte ich mich noch die nächsten beiden Wochen herumschlagen, ohne dass es mir gelingen würde, ein System hineinzubringen«, meinte Parvi und schlang sich einen hellbraunen Schal um den Hals. »Wollen wir nachsehen, was aus Ihrem Baumaterial geworden ist?«

Yakub, der nicht wagte, Parvi zu widersprechen, fuhr sie in Changazis Land Cruiser zu einer heruntergekommenen, etwa anderthalb Kilometer südwestlich der Stadt gelegenen Baustelle am Ufer des Indus. Es handelte sich um den Rohbau eines Hotels, den Changazi begonnen hatte, bis ihm das Geld ausgegangen war. Das niedrige Gebäude aus Lehmziegeln hatte kein Dach und war von einem drei Meter hohen, von Bandstacheldraht gekrönten Zaun umgeben. Auf dem Gelände türmte sich Müll, den die Leute einfach über den Zaun geworfen hatten. Durch die scheibenlosen Fenster waren mit blauen Planen abgedeckte Stapel Baumaterial zu sehen. Nachdem Mortenson an dem dicken Vorhängeschloss und dem Zaun gerüttelt hatte, wandte er sich an Yakub. »Nur Changazi *Sahib* hat den Schlüssel«, stammelte dieser und wich Mortensons Blick aus.

Am folgenden Nachmittag kehrte der Amerikaner mit Parvi zurück. Dieser nahm einen Bolzenschneider aus dem Kofferraum ihres Taxis und näherte sich mit dem Werkzeug dem Zaun. Da rappelte sich ein Wachmann von dem Stein hoch, auf dem er gedöst hatte, und drohte mit einem rostigen Jagdgewehr, das eher einer Theaterrequisite als einer funktionstüchtigen Waffe glich. Offenbar war es doch möglich, in Rawalpindi anzurufen, dachte Mortenson. »Sie dürfen da nicht rein«, verkündete der Wachmann auf Balti. »Das Gebäude ist verkauft.«

»Auch wenn Changazi weiße Gewänder trägt, hat er eindeutig eine schwarze Seele«, meinte Parvi entschuldigend zu Mortenson.

Sobald er sich allerdings an den angeheuerten Wachmann auf der anderen Seite des Zaunes wandte, hatten seine Worte ganz und gar nichts Sanftmütiges mehr an sich. Die Schimpftirade in barschem, gutturalem Balti prasselten auf den Wächter ein wie Hammerschläge auf eine Felswand, sodass er den Widerstand rasch aufgab. Als Parvi verstummte und wieder den Bolzenschneider ans Schloss hob, legte der Mann das Gewehr weg, zog einen Schlüssel aus der Tasche, öffnete das Tor und bat sie herein.

Als Mortenson in den feuchten Räumen des aufgegebenen Hotels die blauen Planen anhob, entdeckte er etwa zwei Drittel seines Zements, Holzes und Wellblechs. Obwohl der Rest der Ladung, die sie den Karakorum-Highway hinaufgekarrt hatten, nie wieder zum Vorschein kommen sollte, genügte das Material wenigstens, um mit dem Bau zu beginnen. Mit Parvis Hilfe veranlasste Mortenson, dass alles mit dem Jeep nach Korphe gebracht wurde.

»Ohne Ghulam Parvi hätte ich in Pakistan gar nichts erreicht«, zeigt Mortenson sich überzeugt. »Mein Vater hatte sein Krankenhaus in Tansania mit der Unterstützung von John Moshi gebaut, einem klugen und tüchtigen einheimischen Partner. Parvi ist mein John Moshi. Beim Bau meiner ersten Schule war ich noch völlig unerfahren. Parvi zeigte mir, wie ich vorgehen musste.«

Bevor Mortenson sich im Jeep selbst auf den Weg nach Korphe machte, schüttelte er Parvi freundlich die Hand und bedankte sich für dessen Hilfe. »Geben Sie mir Bescheid, wenn ich noch etwas für Sie tun kann«, erwiderte Parvi mit einer leichten Verbeugung. »Es ist sehr löblich, dass Sie den Schülern in Baltistan helfen wollen.«

Die Steine wirkten eher wie eine alte Ruine und ganz und gar nicht wie das Baumaterial für eine neue Schule. Trotz des wunderschönen Herbstwetters, das die Pyramide des Korphe-K2 zum Leuchten brachte, fühlte sich Mortenson entmutigt, als er zusammen mit Hadschi Ali auf einem Hochplateau über dem Braldu stand und die Szene betrachtete.

Vor seinem Aufbruch aus Korphe im letzten Winter hatte er Zeltheringe in den gefrorenen Boden gehämmert und rote und blaue Nylonkordeln darangebunden, um den Grundriss der Schule mit ihren fünf Klassenzimmern zu markieren. Außerdem hatte er Hadschi Ali genug Geld hinterlassen, um in den Dörfern flussabwärts Arbeiter anzuwerben, die beim Hauen und Tragen der Steine helfen sollten. Deshalb hatte er eigentlich damit gerechnet, bei seiner Ankunft zumindest ausgehobene Fundamente vorzufinden. Doch stattdessen sah er nur zwei Steinhaufen auf einem Stück Brachland.

Als Mortenson mit Hadschi Ali die Baustelle inspizierte, hatte er Mühe, seine Enttäuschung zu verbergen. Da er wegen seiner Frau den Flug vier Mal verschoben hatte und auch aufgrund des Gezerres um die Baumaterialien, war er erst Mitte Oktober hier eingetroffen, also einen knappen Monat nach dem Hadschi Ali angekündigten Zeitpunkt. Man hätte in dieser Woche schon mit dem Hochziehen der Wände beginnen müssen, dachte er nun. Allerdings richtete Mortenson seine Wut gegen sich selbst und machte sich Vorwürfe. Schließlich konnte er nicht für den Rest seines Lebens zwischen den USA und Pakistan hin und her pendeln. Immerhin war er nun verheiratet und musste endlich einen Beruf ergreifen, der ihn auch ernährte. Und damit er sich eine feste Stelle suchen konnte, war es nötig, dass die Schule so schnell wie möglich fertig wurde. Nun aber sah es ganz danach aus, als würde sich der Bau wegen des Winters wieder verzögern. Zornig trat Mortenson nach einem Stein.

»Was ist los?«, erkundigte sich Hadschi Ali. »Du siehst aus wie ein junger Widder zur Brunftzeit.«

Mortenson holte tief Luft. »Warum habt ihr noch nicht angefangen?«, fragte er.

»Dr. Greg, nachdem du in dein Dorf zurückgekehrt warst, haben wir lange über deinen Plan gesprochen«, erwiderte Hadschi Ali. »Und wir sind zu dem Schluss gekommen, dass es Dummheit wäre, dein Geld an die Faulpelze aus Munjung und Askole zu verschwenden. Sie wissen, dass die Schule von einem reichen Ausländer gebaut wird, also werden sie nur herumtrödeln und viel streiten. Deshalb haben wir die Steine selbst gehauen. Das hat den ganzen Sommer gedauert, weil viele Männer fortmussten, um als Träger bei Expeditionen zu arbeiten. Aber keine Sorge. Dein Geld ist bei mir zu Hause sicher unter Verschluss.«

»Ich mache mir keine Sorgen um das Geld. Viel wichtiger ist, dass die Schule vor dem Winter ein Dach bekommt, damit die Kinder einen Platz zum Lernen haben«, entgegnete Mortenson.

Hadschi Ali tätschelte seinem ungeduldigen amerikanischen Freund väterlich die Schulter. »Ich danke dem gnädigen Allah für alles, was du getan hast. Doch die Menschen in Korphe leben schon seit sechshundert Jahren ohne Schule«, meinte er lächelnd. »Was macht da ein Winter mehr oder weniger?«

Auf dem Rückweg zu Hadschi Alis Haus, der sie an Weizengarben vorbeiführte, die darauf warteten, gedroschen zu werden, musste Mortenson alle paar Meter anhalten, um die Dorfbewohner zu begrüßen, die ihre Lasten stehen ließen, um ihn willkommen zu heißen. Frauen kehrten von den Feldern zurück, kippten die geernteten Ähren aus den Körben auf ihren Rücken, indem sie sich vorbeugten, und gingen dann wieder los, um mit ihren Sicheln weitere Halme abzumähen. Mortenson bemerkte, dass sie in die wollenen *urdwa* auf ihren Köpfen blaue und rote Fäden aus seinen Nylonseilen eingewebt hatten, die sich leuchtend von den gelben, an der Wolle haften gebliebenen Spelzen abhoben. In Korphe wurde nichts verschwendet.

Als Mortenson in dieser Nacht auf Hadschi Alis Dach neben Twaha unter den Sternen lag, entsann er sich daran, wie einsam er sich bei seinem letzten Aufenthalt hier gefühlt hatte. Nun dachte er an Tara, erinnerte sich, wie schön sie gewesen war, als sie ihm am Flughafen durch die Glasscheibe zugewinkt hatte. Das Glücksgefühl, das in ihm aufstieg, war so gewaltig, dass er die Neuigkeit nicht für sich behalten konnte.

»Twaha, schläfst du schon?«, fragte er.

»Nein.«

»Ich muss dir etwas erzählen. Ich habe geheiratet.«

Mortenson hörte ein Klicken und blinzelte in den Lichtstrahl der Taschenlampe, die er seinem Freund gerade aus Amerika mitgebracht hatte. Twaha hatte sich aufgerichtet und musterte ihn, um sicherzugehen, dass er ihn nicht auf den Arm nahm.

Im nächsten Moment fiel die Taschenlampe zu Boden, und Mortenson spürte, wie sein Freund ihm kräftig auf Schultern und Rücken klopfte, um ihm zu gratulieren. Dann ließ Twaha sich mit einem zufriedenen Seufzer auf seine Matratze sinken. »Hadschi Ali hat gesagt, dass Dr. Greg diesmal ganz anders aussieht«, meinte er lachend. »Er weiß wirklich alles.« Er schaltete die Taschenlampe ein und aus, um auszuprobieren, ob sie noch richtig funktionierte. »Darf ich dich nach ihrem werten Namen fragen?«

»Tara.«

»Ta...ra«, wiederholte Twaha und ließ sich das Wort, das auf Urdu »Stern« bedeutet, auf der Zunge zergehen. »Ist sie hübsch, deine Tara?«

»Sehr hübsch«, erwiderte Mortenson und spürte, wie er errötete.

»Wie viele Ziegen und Widder musstest du ihrem Vater geben?«

»Ihr Vater ist tot, so wie meiner. Außerdem haben wir in Amerika keinen Brautpreis.«

»Hat sie geweint, als sie ihre Mutter verlassen musste?«

»Sie hat es ihr erst nach der Hochzeit erzählt.«

Schweigend dachte Twaha über die eigenartigen Hochzeitsbräuche der Amerikaner nach.

Seit seinem ersten Besuch in Pakistan war Mortenson auf Dutzenden Hochzeiten eingeladen gewesen. Obwohl sich die Einzelheiten der Zeremonie von Dorf zu Dorf unterschieden, blieb eines immer gleich – die Trauer der Braut, die sich für immer von ihrer Familie verabschieden musste.

»Bei jeder Hochzeit kommt irgendwann der herzzerreißende Moment, wenn die Braut und ihre Mutter sich weinend aneinanderklammern«, erzählt Mortenson. »Der Vater des Bräutigams stapelt Säcke mit Mehl und Zucker aufeinander und verspricht Ziegen und Widder, während der Brautvater sich mit verschränkten Armen abwendet und immer mehr fordert. Wenn der in seinen Augen angemessene Preis erreicht ist, dreht er sich um und nickt. Und dann bricht die Hölle los. Ich habe erlebt, wie männliche Angehörige des Bräutigams die Braut und ihre Mutter buchstäblich mit körperlicher Gewalt auseinanderzerrten, während die Frauen jammerten und klagten. Wenn eine Frau ein abgelegenes Dorf wie Korphe verlässt, weiß sie, dass sie ihre Familie vielleicht nie wiedersieht.«

Am nächsten Morgen fand Mortenson auf seinem Teller neben dem üblichen Frühstück aus *chapatti* und *lassi* ein kostbares gekochtes Ei vor. Sakina lächelte ihm stolz von der Küchentür aus zu. Während Hadschi Ali das Ei für ihn schälte, meinte er: »Damit du stark genug bist, um viele Kinder zu zeugen.« Kichernd hielt Sakina den Schleier vors Gesicht.

Geduldig wartete Hadschi Ali, bis Mortenson die zweite Tasse Tee mit Milch geleert hatte. »Jetzt gehen wir die Schule bauen«, verkündete er dann mit einem breiten Grinsen.

Hadschi Ali kletterte aufs Dach und forderte alle Männer von Korphe auf, sich vor der Moschee zu versammeln. Bewaffnet mit fünf Schaufeln, die er aus Changazis Hotelrohbau gerettet hatte, folgte Mortenson dem Dorfvorsteher durch die schlammigen Gassen zur Moschee, während aus allen Hauseingängen die Männer herbeiströmten.

Ebenso wie die Gläubigen, die sie besuchten, hatte sich die Moschee von Korphe im Laufe der Jahrhunderte an ein verändertes Umfeld anpassen müssen. Da die Balti über keine Schriftsprache verfügten, wurde Geschichte stattdessen sorgfältig mündlich überliefert. Jeder Balti konnte seinen Ahnenstammbaum zehn bis zwanzig Generationen zurückverfolgen, und alle Einwohner Korphes wussten über die Vergangenheit des schiefen, von einer Lehmmauer umgebenen Holzbaus Bescheid. Er stand nun schon seit fast fünfhundert Jahren und hatte einst als buddhistischer Tempel gedient, bevor der Islam in Baltistan Fuß gefasst hatte.

Zum ersten Mal seit seiner Ankunft in Korphe trat Mortenson nun durch das Tor in diese Moschee. Während seiner früheren Besuche hatte er einen respektvollen Bogen um das Gotteshaus und Sher Takhi, den Mullah von Korphe, gemacht, da er nicht wusste, was dieser von einem Ungläubigen hielt, der sich hier herumtrieb und die Mädchen des Dorfes zur Schule schicken wollte. Doch Sher Takhi, ein magerer Mann mit grau meliertem Bart, lächelte Mortenson zu und führte ihn zu einem Gebetsteppich hinten im Raum. Wie die meisten Bewohner der Berge Baltistans sah er Jahrzehnte älter aus, nicht wie Mitte vierzig, was er in Wirklichkeit war.

Sher Takhi, der die weit verstreut lebenden Gläubigen von Korphe fünfmal täglich ohne Unterstützung eines Lautsprechers zum Gebet rief, hatte eine dröhnende Stimme, die den ganzen Raum füllte. Er ließ die Männer eine besondere *dua* beten, in der er Allah um seinen Segen und seine Hilfe beim Bau der Schule bat. Mortenson betete, wie der Schneider es ihm beigebracht hatte, indem er die Arme verschränkte und sich aus der Taille verbeugte. Allerdings hielten die Männer von Korphe die Arme steif an die Seite gepresst und verneigten sich vornüber bis zum Boden. Da wurde Mortenson klar, dass der Schneider ihn die sunnitische Gebetsweise gelehrt hatte.

Vor einigen Monaten hatte Mortenson in den Zeitungen aus Islamabad über die jüngsten Ausbrüche von Gewalt zwischen Sunniten und Schiiten gelesen. Ein Bus, der nach Skardu wollte, war auf dem Karakorum-Highway durch die Indus-Schlucht gefahren. Kurz hinter Chilas, einer von Sunniten dominierten Region, hatte eine Gruppe von zwölf maskierten und mit Kalaschnikows bewaffneten Männern die Straße blockiert und die Fahrgäste zum Aussteigen gezwungen. Die Schiiten wurden von den Sunniten getrennt. Dann schnitten die Maskierten achtzehn schiitischen Männern die Kehle durch. Ihre Frauen und Kinder mussten zusehen. Und nun betete Mortenson mitten im Herzen des schiitischen Pakistan wie ein Sunnit! Wie er wusste, waren die verschiedenen Glaubensrichtungen des Islam so untereinander zerstritten, dass Menschen schon aus geringerem Anlass getötet worden waren.

»Ich war hin- und hergerissen, ob ich rasch versuchen sollte zu lernen, wie ein Schiit zu beten, oder die günstige Gelegenheit ergreifen sollte, mir die alten buddhistischen Schnitzereien an den Wänden anzusehen«, erinnert er sich. Aber wenn die Balti den Buddhismus so sehr respektierten, dass sie ihre eher schmucklose Religion inmitten von prunkvollen buddhistischen Hakenkreuzen und Lebensrädern ausüben konnten, waren sie vermutlich auch tolerant genug, einen Ungläubigen zu dulden, der so betete, wie ein Schneider es ihm gezeigt hatte, sagte er sich, während sein Blick auf den Schnitzereien ruhte.

Diesmal stellte Hadschi Ali die Schnur zur Verfügung, allerdings keine blau-rote Nylonkordel, sondern ein vor Ort geflochtenes Seil. Unterstützt von Mortenson, maß er die richtigen Längen ab und tauchte das Seil in eine Mischung aus Kalk und Lauge, um die Baustelle auf die im Dorf altbewährte Methode abzustecken. Hadschi Ali und Twaha zogen das Seil stramm und ließen es dann auf den Boden schnellen, sodass auf dem harten Boden eine weiße Linie zurückblieb, die markierte, wo die Wände der Schule stehen sollten. Nachdem Mortenson die fünf Schaufeln verteilt hatte, wechselten er und die fünfzig Männer sich den ganzen Nachmittag lang beim Graben ab, bis rings um die Grundfläche der Schule eine einen Meter breite und einen Meter tiefe Rinne entstanden war.

Anschließend wies Hadschi Ali mit dem Kopf auf zwei große Steine, die man eigens zu diesem Zweck geschlagen hatte. Sechs Männer hoben sie mühevoll an und schleppten sie zu der Ecke des Fundaments, die auf den Korphe-K2 zeigte. Dann rief der Dorfvorsteher nach dem *chogo rabak.*

Mit feierlicher Miene ging Twaha los und kehrte mit einem gewaltigen aschgrauen Tier zurück, das beeindruckende gebogene Hörner hatte. »Normalerweise rührt sich ein Widder nur von der Stelle, wenn man ihn zieht«, erklärt Mortenson. »Doch in diesem Fall handelte es sich um den besten Widder des Dorfes, der so groß war, dass er Twaha hinter *sich* herschleppte. Dieser hatte seine liebe Not, das Tier festzuhalten, während es seiner eigenen Hinrichtung entgegenstrebte.«

Vor dem Eckstein brachte Twaha den *rabak* zum Stehen und packte ihn an den Hörnern. Dann drehte er den Kopf des Tieres sanft gen Mekka, während Sher Takhi erzählte, wie Allah Abraham aufgefordert habe, seinen Sohn zu opfern. Erst nach dem Beweis seiner Treue habe er stattdessen einen Widder nehmen dürfen. Im Koran lautet die Geschichte ganz ähnlich wie die von Abraham und Isaak in der Thora und im Alten Testament: »Als ich die Szene beobachtete, die mich an die biblischen Erzählungen erinnerte, die ich in der Sonntagsschule gehört hatte, wurden mir wieder einmal die vielen Gemeinsamkeiten dieser verschiedenen Religionen bewusst, deren Traditionen sich zum Großteil zu gemeinsamen Wurzeln zurückverfolgen lassen.«

Hussein, ein erfahrener Träger mit dem Körperbau eines Balti-Sumoringers, war für das Dorf als Schlachter und Schächter tätig. Während die Träger am Baltoro pro fünfundzwanzig Kilo Gepäck bezahlt wurden, war Hussein dafür bekannt, dass er sich stets die dreifache Last auflud und niemals weniger als siebzig Kilo schleppte. Er zückte ein langes Messer und berührte mit der Klinge leicht das schimmernde Fell an der Kehle des Widders. Nachdem Sher Takhi die Hände über den Kopf des *rabak* gehalten und Allah um Erlaubnis gebeten hatte, ihm das Leben nehmen zu dürfen, nickte er dem Mann mit dem blitzenden Messer zu.

Hussein stemmte die Füße in den Boden und zog das Messer geschickt durch die Luftröhre und die großen Halsvenen des Widders. In Fontänen schoss das warme Blut heraus, spritzte auf die Ecksteine und strömte dann in pulsierenden Schüben immer langsamer, bis das Herz des Tieres zu schlagen aufhörte. Ächzend vor Anstrengung durchtrennte Hussein nun die Wirbelsäule, und Twaha hielt den Kopf an den Hörnern in die Höhe. Mortenson sah dem Tier in die Augen, das seinen Blick starr erwiderte und fast ebenso lebendig wirkte wie vorhin, ehe Hussein ihm mit seinem Messer den Garaus gemacht hatte.

Die Frauen bereiteten Reis und *dal* vor, während die Männer den Widder häuteten und zerlegten. »An diesem Tag wurde nicht mehr weitergearbeitet«, erzählt Mortenson. »Genau genommen geschah den ganzen Herbst lang kaum noch etwas. Hadschi Ali hatte es zwar eilig damit, die Schule weihen zu lassen, doch mit dem Bau ließ er sich Zeit. Es fand ein gewaltiges Festmahl statt. Für Menschen, die nur ein paar Mal im Jahr Fleisch zu essen bekommen, war diese Mahlzeit viel wichtiger als eine Schule.«

Jeder Bewohner Korphes erhielt seinen Anteil an dem Fleisch. Nachdem die letzten Knochen aufgebrochen und das letzte bisschen Mark herausgesogen war, setzte sich Mortenson zu einer Gruppe Männer, die dort, wo hoffentlich bald der Schulhof entstehen würde, ein Feuer angezündet hatten. Während der Mond über dem Korphe-K2 aufging, tanzten die Männer um das Feuer, brachten Mortenson Verse aus dem großen, auf dem Dach der Welt sehr beliebten Himalaya-Epos *Gesar* bei und lehrten ihn auch einige der unzähligen Balti-Volksweisen.

Gemeinsam tanzten die Balti und der hochgewachsene Amerikaner wie die Derwische und sangen Lieder, die von Kämpfen zwischen verfeindeten Königreichen in den Bergen, der Grausamkeit der Pathan-Krieger, die aus Afghanistan ins Land geströmt waren, oder den Schlachten zwischen den baltischen Radschas und den seltsamen europäischen Eroberern handelten, die zur Zeit Alexanders des Großen aus dem Westen und später dann mit ihren angeworbenen nepalesischen Gurkhas aus Britisch-Indien im Süden und Osten gekommen waren. Die Frauen von Korphe, die sich inzwischen an den Ungläubigen in ihrer Mitte gewöhnt hatten, standen ein wenig abseits vom Feuer und stimmten mit strahlenden Gesichtern und klatschend in die Lieder ihrer Männer ein.

Mortenson wurde klar, dass die Balti auf eine lange Geschichte zurückblickten und eine reiche Tradition besaßen. Dass nichts davon schriftlich festgehalten war, machte ihre Sitten und Gebräuche nicht weniger bedeutsam. Die Menschen, die das Feuer umringten, brauchten eher Hilfe als Unterweisung. Nun würde die Schule ihnen eine Möglichkeit eröffnen, sich selbst zu helfen. Mortenson betrachtete die Baustelle, die bis jetzt nicht viel mehr als eine mit Widderblut besudelte Grube war. Auch wenn er bis zu seiner Heimkehr zu Tara hier nicht mehr viel erreichen würde, stand ihm in dieser Nacht des Feierns die fertige Schule so deutlich vor Augen wie der vom fahlen Mondschein beleuchtete Gipfel des Korphe-K2. Mortenson wandte sich wieder zum Feuer um.

Da Taras Vermieter es ablehnte, ihn mit in die gemütlich umgebaute Garagenwohnung einziehen zu lassen, schaffte Mortenson einen Teil der Habe seiner Frau in das Untermietzimmer bei Dudzinski. Der Rest wurde in seinem Lagerraum untergebracht. Als Mortenson Taras Bücher und Lampen neben den Ebenholzelefanten seines Vaters sah, hatte er das Gefühl, dass ihre Leben sich ebenso miteinander verflochten wie die hölzernen Tiere, die Rüssel an Schwanz in Kolonne liefen.

Tara hob einen Teil des wenigen Geldes ab, das ihr Vater ihr vermacht hatte, und kaufte einen breiten Futon, der einen Großteil des kleinen Zimmers vereinnahmte. Mortenson fand, dass das Eheleben ihm ausgezeichnet bekam. Zum ersten Mal seit seiner Ankunft in Kalifornien war er Besitzer eines Bettes und musste nicht mehr im Schlafsack übernachten. Und zum ersten Mal hatte er jemanden, mit dem er über den weiten Weg sprechen konnte, der hinter ihm lag, seit er zufällig auf das Dorf Korphe gestoßen war.

»Je mehr Greg von seiner Arbeit erzählte, desto klarer wurde mir, welches Glück ich hatte«, erinnert sich Tara. »Pakistan bedeutete ihm so viel, und diese Begeisterung übertrug sich auf alles, was er sonst tat.«

Auch Jean Hoerni war beeindruckt davon, wie Mortenson sich für die Menschen des Karakorum einsetzte, und lud ihn und Tara über Thanksgiving zu sich nach Seattle ein. Gemeinsam mit seiner Frau Jennifer Wilson bewirtete er die Gäste so großzügig, dass Mortenson sich an die Festmähler erinnert fühlte, die man ihm in Baltistan während des Tauziehens um die Schule vorgesetzt hatte. Hoerni war begierig darauf, alles zu erfahren, und so beschrieb Mortenson ihm die »Entführung« mit dem Jeep, das doppelte Abendessen in Khane und den halben Yak, den Changazi ihm in Kuardu hatte servieren lassen. Dann kam er auf die Gegenwart zu sprechen. Während das Essen auf seinem Teller kalt wurde, schilderte er das Ausheben der Schulfundamente, die Schächtung des *chogo rabak* und die Feier und den Tanz am Lagerfeuer, die bis in die Nacht gedauert hatten.

An diesem Thanksgiving hatte Mortenson wirklich allen Grund, dankbar zu sein. »Hören Sie«, meinte Hoerni, als sie mit riesigen Rotweingläsern in der Hand am offenen Kaminfeuer saßen. »Sie haben große Freude an Ihrem Engagement im Himalaya und scheinen Ihre Sache auch gut zu machen. Was also spräche dagegen, dass Sie solche Projekte hauptberuflich betreuen? Schließlich brauchen die Kinder in den Dörfern, deren Bewohner Sie zu bestechen versucht haben, ebenfalls Schulen. In Bergsteigerkreisen wird niemand auch nur einen Finger für Muslime krummmachen, da man sich nur mit den Sherpas, den Tibetern und den Buddhisten identifiziert. Was würden Sie sagen, wenn ich eine Stiftung gründe und Sie zum Vorsitzenden ernenne? Dann könnten Sie jedes Jahr eine Schule bauen. Wie finden Sie das?«

Mortenson griff nach der Hand seiner Frau. Der Vorschlag begeisterte ihn so sehr, dass es ihm die Sprache verschlug, denn er befürchtete, es könnte nur eine folgenlose spontane Idee Hoernis gewesen sein. Er trank einen Schluck Wein.

Im Winter wurde Tara schwanger – und Dudzinskis verqualmte Bude kam als Unterkunft für ein Baby absolut nicht in Frage. Taras Mutter Lila, die von allen ihren Kontakten in der Bergsteigerszene nur das Beste über Mortenson gehört hatte, lud das junge Paar in ihr Haus im historischen Stadtkern von Bozeman, Montana, ein. Mortenson, der inzwischen mit seiner Vergangenheit als Bergsteiger und damit auch Berkeley abgeschlossen hatte, verliebte sich auf den ersten Blick in das ländliche Städtchen am Fuße der wilden Gallatin Range. Lila Bishop erbot sich, dem jungen Paar Geld zu leihen, um die Anzahlung für ein kleines Haus gleich in der Nachbarschaft zu leisten.

Zu Anfang des Frühlings machte Mortenson zum letzten Mal die Tür des Lagerraums 114 in Berkeley hinter sich zu und fuhr mit seiner Frau in einem gemieteten Transporter nach Montana, wo sie zwei Straßen von Taras Mutter entfernt einen hübschen Bungalow bezogen. Das Haus verfügte über einen großen eingezäunten Garten, der sich wunderbar als Kinderspielplatz eignete. Ein himmelweiter Unterschied zu der verqualmten Wohnung eines polnischen Hilfsarbeiters in einem Viertel, wo vierzehnjährige Bandenmitglieder mit Pistolen herumfuchtelten.

Als Mortenson im Mai 1996 am Flughafen von Islamabad die Einreiseformulare ausfüllte, schwebte sein Stift unschlüssig über der Spalte »Beruf«. Jahrelang hatte er dort stets *Bergsteiger* eingetragen. Doch nun schrieb er in seiner ungelenken Blockschrift *Leiter des Central Asia Institute*. Hoerni hatte diesen Namen vorgeschlagen. Dem Wissenschaftler schwebte eine Organisation vor, die ebenso schnell wuchs wie eine seiner Halbleiterfirmen und bald überall in Pakistan und darüber hinaus in all den anderen Regionen entlang der Seidenstraße, deren Namen auf »-stan« endeten, Schulen bauen und weitere Hilfsprojekte umsetzen würde. Mortenson hingegen hatte da seine Zweifel. Es war schon schwierig genug, eine einzige Schule aus dem Boden zu stampfen, weshalb er noch gar nicht wagte, in derart großen Dimensionen zu denken. Allerdings bezog er nun ein zuverlässiges Jahresgehalt von 21 789 Dollar und hatte den Auftrag, langfristige Pläne zu entwickeln.

Aus Skardu schickte Mortenson eine Nachricht an Mouzafers Dorf. Er bot dem erfahrenen Träger einen festen Lohn an, wenn er nach Korphe kommen und beim Bau der Schule helfen würde. Bevor er sich auf den Weg in die Berge machte, stattete er außerdem Ghulam Parvi einen Besuch ab. Dieser wohnte in einem üppig grünen Viertel in den südlichen Hügeln von Skardu. Sein von einer Mauer umgebenes Haus stand direkt neben einer reich geschmückten Moschee, zu deren Bau er einiges beigetragen hatte. Das nötige Land dazu hatte sein Vater zur Verfügung gestellt. Beim Tee in Parvis Garten im Schatten von blühenden Apfel- und Aprikosenbäumen erklärte Mortenson, er plane nach der Fertigstellung der Schule in Korphe im nächsten Jahr noch eine weitere irgendwo in Baltistan zu bauen. Dann fragte er Parvi, ob dieser sich an dem Vorhaben beteiligen wolle. Wie von Hoerni ermächtigt, bot er ihm ein kleines Gehalt an, das sein Einkommen als Steuerberater aufbessern würde. »Ich merkte Greg sofort an, dass er ein großes Herz hat«, erklärt Parvi. »Wir beide wollen nur das Beste für die Kinder von Baltistan. Wie hätte ich einem solchen Mann seinen Wunsch abschlagen können?«

In Begleitung von Makhmal, einem gelernten Maurer, mit dem Parvi ihn bekannt gemacht hatte, traf Mortenson an einem Freitagnachmittag in Korphe ein. Als er zu Fuß die neue Brücke überquerte, begegnete er zu seiner Überraschung einigen Frauen aus Korphe, die in ihren besten Umschlagtüchern und Schuhen, die sie nur zu besonderen Anlässen trugen, auf ihn zukamen. Nachdem sie ihn mit einer Verbeugung begrüßt hatten, eilten sie weiter, um mit ihren Verwandten in den Nachbardörfern den religiösen Feiertag *juma* zu begehen, den Tag der Gemeinschaft der Gläubigen. »Da es nun möglich war, noch am gleichen Nachmittag zurückzukehren, hatten es sich die Frauen von Korphe angewöhnt, freitags ihre Angehörigen zu besuchen«, erläutert Mortenson. »Durch die Brücke wurden die Verbindungen zur Verwandtschaft mütterlicherseits gestärkt, sodass die Frauen viel zufriedener waren und sich nicht mehr so isoliert fühlten. Wer hätte gedacht, dass man Frauen mit so etwas Einfachem wie einer Brücke mehr Freiheit schenken konnte?«

Am anderen Ufer des Braldu stand Hadschi Ali auf dem höchsten Punkt des Felsvorsprungs – wie immer in einer an eine Statue erinnernden Pose. Begleitet von Twaha und Dschahan, hieß er seinen amerikanischen Sohn willkommen, umarmte ihn liebevoll und begrüßte auch den fremden Gast aus der großen Stadt herzlich.

Zu seiner Freude sah Mortenson seinen alten Freund Mouzafer schüchtern hinter Hadschi Ali stehen. Auch der Träger umarmte Mortenson und schlug als Zeichen des Respekts die Hand vors Herz, als sie zurücktraten, um einander zu betrachten. Mouzafer schien seit ihrer letzten Begegnung vor einem Jahr stark gealtert zu sein und sich gesundheitlich nicht wohlzufühlen.

»Yong chiina yot?«, begrüßte Mortenson ihn mit der traditionellen Formel der Balti. »Wie geht es dir?«

»An jenem Tag gut, gedankt sei Allah«, erinnert sich Mouzafer heute, zehn Jahre später, mit der müden Stimme eines alten Mannes, der allmählich schwerhörig wird. »Nur ein bisschen erschöpft.« Wie Mortenson bei einem Abendessen aus *dal* und Reis bei Hadschi Ali erfuhr, hatte Mouzafer achtzehn äußerst beschwerliche Tage hinter sich. Wieder einmal hatte ein Erdrutsch den einzigen Weg von Skardu nach Korphe blockiert gehabt. Mouzafer, der gerade erst von einer über zweihundert Kilometer langen Rundwanderung mit einer japanischen Expedition auf dem Baltoro zurückgekehrt war, hatte eine kleine Gruppe Träger, die mit vierzig Kilogramm schweren Zementsäcken beladen waren, die dreißig Kilometer flussaufwärts geführt. Der zierlich gebaute Mouzafer, damals ein Mann von Mitte fünfzig, hatte den Weg mehr als zwanzig Mal mit seiner schweren Last zurückgelegt. Er hatte Mahlzeiten ausfallen lassen und war Tag und Nacht marschiert, damit der Zement pünktlich zu Mortensons Eintreffen an der Baustelle war.

»Als ich Mr Greg Mortenson auf dem Baltoro kennenlernte, erlebte ich ihn als sehr freundlichen und aufgeschlossenen jungen

Mann«, erzählt Mouzafer. »Er hatte immer einen Scherz auf den Lippen und unterhielt sich frei von der Leber weg mit armen Leuten wie uns Trägern. Nachdem ich ihn auf dem Gletscher verloren hatte und befürchten musste, dass er da draußen im Eis sterben könnte, lag ich die ganze Nacht wach und betete zu Allah, er möge mir Gelegenheit geben, ihn zu retten. Und als ich ihn wiederfand, schwor ich, ihn für immer und mit all meiner Kraft zu schützen. Seitdem hat er den Balti viel gegeben. Da ich arm bin, kann ich ihm nur meine Gebete und meinen starken Rücken schenken. Und das habe ich gern getan, damit er seine Schule bauen konnte. Als ich nach dem vielen Betonschleppen in mein Heimatdorf zurückkehrte, warf meine Frau einen Blick auf mein eingefallenes Gesicht. ›Was ist los mit dir? Warst du im Gefängnis?‹, fragte sie«, schließt Mouzafer mit einem heiseren Auflachen.

Am nächsten Morgen ging Mortenson bei Tagesanbruch auf Hadschi Alis Dach auf und ab. Nun war er also Leiter einer Organisation und trug die Verantwortung dafür, dass nicht nur in diesem einen einsamen Bergdorf eine Schule gebaut wurde. Das Vertrauen, das Jean Hoerni in ihn gesetzt hatte, lastete schwer auf seinen breiten Schultern, und er war fest entschlossen, keine endlosen Besprechungen und Festessen mehr über sich ergehen zu lassen. Er musste sich ins Zeug legen, damit die Schule so schnell wie möglich fertig wurde.

Als sich die Dorfbewohner an der Baustelle versammelten, wurden sie von Mortenson, der Senkblei, Wasserwaage und Kassenbuch in der Hand hielt, bereits erwartet. »Der Beginn der Bauarbeiten verlief, als hätte man ein Orchester dirigieren müssen«, berichtet er. »Zuerst zertrümmerten wir die großen Felsen mit Sprengladungen aus Dynamit, dann schleppten Dutzende Helfer, die sich dennoch elegant durch das Chaos schlängelten, die so gewonnenen Steine zu den Maurern, wo Makhmal sie mit einigen geschickten Hammerschlägen auf seinen Meißel in erstaunlich gleichmäßig geformte Bausteine verwandelte. Währenddessen holten die Frauen Wasser vom Fluss und mischten den Zement in großen Löchern an, die wir in den Boden gegraben hatten. Die Maurer trugen den Zement auf die Steine auf und fügten sie zu langsam wachsenden Mauern zusammen. Zu guter Letzt liefen zahlreiche Dorfkinder herbei und schoben Gesteinssplitter in die Ritzen zwischen den Steinen.

»Wir wollten alle unbedingt helfen«, hebt Tahira hervor, die Tochter des Lehrers Hussein, die damals zehn Jahre alt war. »Mein Vater erzählte mir, die Schule würde etwas ganz Besonderes werden. Aber da ich keine Ahnung hatte, was eine Schule überhaupt war, rannte ich hin, um nachzusehen, warum so ein Trubel herrschte. Außerdem wollte ich etwas beitragen. Meine ganze Familie packte mit an.«

»Dr. Greg hatte Bücher aus seinem Land mitgebracht«, berichtet Hadschi Alis zu jener Zeit neun Jahre alte Enkelin Dschahan, die zusammen mit Tahira die erste Abschlussklasse der Schule von Korphe besuchen sollte. »Da auch Bilder von Schulen darin waren, hatten wir eine ungefähre Vorstellung davon, wie das Gebäude aussehen sollte. Ich fand, dass Dr. Greg mit seinen sauberen Sachen sehr würdevoll wirkte. Und die Kinder auf den Bildern in den Büchern sahen auch alle sehr sauber aus. Ich weiß noch, wie ich dachte, dass ich es vielleicht auch einmal zu etwas bringe, wenn ich so eine Schule besuche.«

Den ganzen Juni lang wurden die Mauern höher und höher. Doch da jeden Tag die Hälfte der Belegschaft fehlte, weil die Leute sich um ihre Felder und ihr Vieh kümmern mussten, gingen die Arbeiten für Mortensons Geschmack viel zu langsam voran: »Ich gab mir Mühe, ein strenger, aber gerechter Arbeitgeber zu sein. Den ganzen Tag verbrachte ich von Sonnenaufgang bis Sonnenuntergang auf der Baustelle und überprüfte mit Wasserwaage und Senkblei, ob die Mauern auch glatt und gerade waren. Außerdem hatte ich stets mein Notizbuch zur Hand und beobachtete alle mit Argusaugen, um bloß keine Rupie zu vergeuden. Weil ich Jean Hoerni nicht enttäuschen wollte, machte ich den Leuten mächtig Dampf.«

Eines sonnigen Nachmittags Anfang August kam Hadschi Ali zu Mortenson auf die Baustelle, klopfte ihm auf die Schulter und forderte ihn auf, mit ihm einen Spaziergang zu unternehmen. Der alte Mann führte den ehemaligen Bergsteiger eine Stunde lang bergauf. Er besaß noch immer eine Kondition, um die der Jüngere ihn beneidete. Mortenson hatte das Gefühl, wertvolle Zeit zu vergeuden, und als sie endlich ein schmales Felssims oberhalb des Dorfes erreichten, keuchte er deshalb nicht nur von der körperlichen Anstrengung, sondern beim Gedanken an all die Arbeiten, die ohne seine Aufsicht sicher liegen bleiben würden, auch vor innerer Anspannung.

Hadschi Ali wartete, bis Mortenson wieder zu Atem gekommen war, und forderte ihn dann auf, die Aussicht zu genießen. Die Luft war so sauber und frisch, wie es nur in großer Höhe möglich ist. Jenseits des Korphe-K2 erhoben sich die eisigen Gipfel des inneren Karakorum abweisend in den makellos blauen Himmel. Aus dreihundert Metern Höhe wirkte Korphe mit seinen grünen Feldern, auf denen die Gerste reifte, klein und verletzlich – ein Rettungsfloß mitten in einem Meer aus Stein.

Hadschi Ali legte Mortenson die Hand auf den Rücken. »Diese Berge sind schon sehr lange hier«, begann er. »Und wir ebenfalls.« Er rückte sein *topi* aus wertvoller brauner Lammwolle – das einzige Insignium der Macht, das der *nurmadhar* von Korphe je trug – auf seinem weißen Haarschopf zurecht. »Man kann den Bergen nicht sagen, was sie tun sollen«, fuhr er fort, sodass Mortenson bei seinem ernsten Tonfall aufmerkte. »Man muss lernen, auf sie zu hören. Deshalb pass auf, was *ich* dir zu sagen habe. Durch die Gnade des allmächtigen Allah hast du viel für mein Volk bewirkt, und wir wissen das auch zu schätzen. Aber nun möchte ich dich um einen Gefallen bitten.«

»Sehr gerne«, erwiderte Mortenson.

»Setz dich hin und sei still«, forderte Hadschi Ali ihn auf. »Du machst alle hier verrückt.«

»Mit diesen Worten nahm er mir Senkblei, Wasserwaage und Kassenbuch weg und ging zurück nach Korphe«, berichtet Mortenson. »Besorgt, was er nun vorhaben könnte, folgte ich ihm den ganzen Weg zu seinem Haus, wo er mit dem Schlüssel, den er stets an einem Lederriemen um den Hals trug, einen mit ausgeblichenen buddhistischen Schnitzereien verzierten Schrank öffnete. Er schloss meine Sachen dort neben einem Stück geräuchertem Steinbockfleisch, seinen Gebetsperlen und seiner alten britischen Muskete ein. Dann wies er Sakina an, uns Tee zu bringen.«

Angespannt wartete Mortenson eine halbe Stunde, während Sakina den *paiyu cha* zubereitete. Hadschi Ali ließ den Finger die Zeilen seines geliebten Korans entlangstreichen, blätterte willkürlich Seiten um, murmelte arabische Gebete und blickte ins Leere.

Als sie Porzellanschalen mit dampfendem, kochend heißem Buttertee in der Hand hielten, ergriff Hadschi Ali wieder das Wort. »Wenn du in Baltistan Erfolg haben willst, musst du unsere Lebensweise respektieren.« Er blies in die Schale. »Bei der ersten Tasse Tee mit einem Balti bist du ein Fremder. Bei der zweiten Tasse bist du ein Ehrengast. Und bei der dritten gehörst du zur Familie – und für unsere Familie opfern wir alles, sogar unser Leben.« Freundschaftlich griff er nach Mortensons Hand. »Dr. Greg, du musst dir die Zeit nehmen, diese drei Tassen Tee mit uns zu trinken. Wir mögen ungebildet sein, aber wir sind nicht dumm, und wir haben viele lange Jahre hier überlebt.«

»An diesem Tag lernte ich von Hadschi Ali die wichtigste Lektion meines Lebens«, bekennt Mortenson. »Wir Amerikaner glauben, alles schnell erledigen zu müssen, und sind das Land der zwanzigminütigen Mittagessen und der zweiminütigen Football-Trainingseinheiten. Unsere Regierung glaubte, mit der Aktion *Shock and Awe*, ›Angst und Schrecken‹, den Irakkrieg beenden zu können, noch ehe er angefangen hatte. Doch Hadschi Ali brachte mir bei, drei Tassen Tee mit anderen zu trinken, mein Tempo zurückzufahren und den Aufbau zwischenmenschlicher Beziehungen genauso wichtig zu nehmen wie die Umsetzung eines Projekts. Durch ihn verstand ich, dass die Menschen, mit denen ich zusammenarbeitete, mir mehr zu vermitteln hatten als umgekehrt.«

Drei Wochen später – Mortenson hatte sich inzwischen mit seiner Herabstufung vom Vorarbeiter zum Zuschauer abgefunden – reichten die Mauern der Schule ihm bereits über den Kopf, sodass nun nur noch das Dach fehlte. Da die von Changazi unterschlagenen Dachbalken nie wieder aufgetaucht waren, kehrte Mortenson nach Skardu zurück. Dort bestellten er und Parvi Balken, die stark genug waren, um die Schneemassen zu tragen, die Korphe den ganzen Winter lang einhüllten, und beaufsichtigten persönlich deren Produktion.

Wie nicht anders zu erwarten, wurden die Jeeps, die das Bauholz nach Korphe bringen sollten, wieder dreißig Kilometer vor dem Ziel von einem Erdrutsch aufgehalten, der die Straße versperrte. »Als Parvi und ich am nächsten Morgen erörterten, was wir tun sollten, sahen wir eine riesige Staubwolke das Tal hinunter- und auf uns zukommen«, berichtet Mortenson. »Auf unerklärlichem Wege hatte Hadschi Ali von unserer misslichen Lage erfahren. Die Männer von Korphe waren die ganze Nacht unterwegs gewesen und trafen klatschend, singend und gut gelaunt bei uns ein – kaum zu glauben bei Menschen, die die ganze Nacht nicht geschlafen hatten. Und dann geschah das größte aller Wunder: Sher Takhi war auch dabei und bestand darauf, die erste Last tragen zu dürfen. Eigentlich geziemt es sich für die heiligen Männer in den Dörfern nicht, sich mit körperlicher Arbeit zu erniedrigen. Und dennoch ließ er sich nicht davon abhalten und führte unsere Karawane von fünfunddreißig Dorfbewohnern an, die die Holzbalken zu Fuß die ganze weite Strecke bis nach Korphe trugen. Da Sher Takhi in jungen Jahren an Kinderlähmung erkrankt war und seitdem hinkte, muss der Weg unbeschreiblich beschwerlich für ihn gewesen sein. Trotzdem hatte er auf dem Transportmarsch nach Korphe immer ein Lächeln auf den Lippen. So wollte uns dieser eigentlich altmodisch eingestellte Mullah zeigen, dass er unseren Plan, den Kindern von Korphe – auch den Mädchen – eine Schulbildung zu ermöglichen, voll und ganz unterstützte.«

Allerdings teilten nicht alle Einwohner des Tals Sher Takhis Auffassung. Als Mortenson eine Woche später mit Twaha dastand und bewundernd Makhmal und seiner Truppe beim Anbringen der Dachbalken zusah, stießen die Jungen, die auf Korphes Hausdächern Ausschau hielten, plötzlich einen Warnschrei aus: Eine Gruppe von Fremden überquere gerade die Brücke und steuere auf das Dorf zu.

Mortenson folgte Hadschi Ali zu dessen Ausguck auf dem Felsen hoch über der Brücke und sah, dass sich fünf Männer dem Dorf näherten. Einer schien der Anführer zu sein, denn er marschierte an der Spitze. Seine vier bulligen Begleiter hatten Knüppel aus Pappelästen bei sich, die sie im Takt ihrer Schritte gegen ihre Handfläche schlagen ließen. Der Anführer, ein magerer, kränklicher älterer

Mann, musste sich beim Anstieg auf einen Stock stützen. Außerdem war er so unhöflich, fünfzig Meter vor Hadschi Ali stehen zu bleiben, sodass der *nurmadhar* vor Korphe ihm zur Begrüßung entgegengehen musste.

»Das ist Hadschi Mehdi. Ein böser Mensch«, raunte Twaha Mortenson zu.

Dieser hatte bereits Bekanntschaft mit dem Dorfvorsteher von Askole gemacht: »Er gebärdete sich gern als frommer Moslem, steuerte jedoch die Wirtschaft im ganzen Braldu-Tal wie ein Mafiaboss. Sobald ein Balti ein Schaf, eine Ziege oder ein Huhn verkaufte, forderte er seinen Anteil. Außerdem zockte er die Bergsteiger ab und verlangte Wucherpreise für Proviant. Wenn jemand auch nur ein Ei an eine Expedition abgab, ohne einen Prozentsatz vom Erlös an ihn abzuführen, schickte Hadschi Mehdi seine Gorillas los, die demjenigen mit ihren Stöcken eine Abreibung verpassten.«

Nachdem Hadschi Ali Hadschi Mehdi umarmt hatte, lehnte der *nurmadhar* von Askole die Einladung zum Tee ab. »Ich will hier draußen mit dir sprechen, damit mich alle hören können!«, rief er den Menschen zu, die sich auf dem Felsen versammelt hatten. »Mir ist nämlich zu Ohren gekommen, dass ein Ungläubiger hier ist, der muslimische Kinder, Jungen ebenso wie Mädchen, mit seinen Lehren vergiften will! Allah erlaubt es nicht, Mädchen zu unterrichten. Und *ich* erlaube den Bau dieser Schule nicht!«

»Wir werden die Schule fertig bauen«, entgegnete Hadschi Ali ruhig. »Da kannst du verbieten, so viel du willst.«

In der Hoffnung, die angespannte Stimmung auflockern zu können, machte Mortenson einen Schritt vorwärts. »Warum unterhalten wir uns nicht bei einer Tasse Tee?«

»Ich weiß, wer du bist, *kafir*«, zischte Hadschi Mehdi, wobei er das schlimmste Schimpfwort für einen Ungläubigen benutzte, das ihm zur Verfügung stand. Es bedeutet »Bedecker der Wahrheit« oder auch »Verweigerer des Glaubens«. »Und ich habe dir nichts zu sagen. Und du? Bist du etwa kein Moslem?«, fügte er, an Hadschi Ali gewandt, feindselig hinzu. »Es gibt nur einen Gott. Verehrst du Allah oder diesen *kafir*?«

Hadschi Ali legte Mortenson die Hand auf die Schulter. »Bis jetzt ist noch niemand gekommen, um meinem Dorf zu helfen. Obwohl ich dir jedes Jahr Geld gegeben habe, hast du keinen Finger für uns krumm gemacht. Dieser Mann ist ein besserer Moslem als du und hat meinen Respekt deshalb auch mehr verdient.«

Hadschi Mehdis Schläger spielten unruhig an ihren Stöcken herum. Mit einer Handbewegung hieß er sie innehalten. »Wenn du darauf bestehst, diese *kafir*-Schule zu behalten, wird dich das etwas kosten«, entgegnete Hadschi Mehdi und senkte die Augenlider. »Ich forderte zwölf deiner größten Widder.«

»Wie du möchtest.« Hadschi Ali wandte sich von ihm ab, um Hadschi Mehdi zu zeigen, wie sehr er sich mit dieser Erpressung selbst entwürdigt hatte. »Holt die *chogo rabak*«, befahl er.

»Dazu muss man verstehen, dass ein Widder in diesen Dörfern so viel Bedeutung hat wie das erstgeborene Kind, eine preisgekrönte Kuh oder ein Haustier zusammen genommen«, erklärt Mortenson. »Die wichtigste Pflicht des ältesten Sohnes einer Familie ist die Versorgung dieser Widder. Die Jungen waren dementsprechend am Boden zerstört.«

Hadschi Ali kehrte den Besuchern den Rücken zu, bis zwölf Jungen erschienen, die die Tiere mit den dicken Hörnern und schweren Hufen hinter sich herzogen. Er ließ sich von ihnen die Stricke reichen und band die Widder zusammen. Allen Kindern standen Tränen in den Augen, als sie dem *nurmadhar* ihren wertvollsten Besitz übergeben mussten. Hadschi Ali führte die kläglich blökenden Widder zu Hadschi Mehdi hinüber und warf ihm wortlos die Führungsleine zu. Dann machte er auf dem Absatz kehrt und ging, von den anderen Dorfbewohnern gefolgt, zur Baustelle.

»Es war das Ehrfurchtgebietendste, was ich je gesehen habe«, zeigt sich Mortenson beeindruckt. »Obwohl Hadschi Ali diesem Gauner gerade das halbe Vermögen des Dorfes übergeben hatte, lächelte er, als hätte er im Lotto gewonnen.«

Vor dem Gebäude, in das jeder im Dorf so viel Arbeit gesteckt hatte, blieb Hadschi Ali stehen. Die Schule mit ihren soliden, verputzten und gelb gestrichenen Steinmauern und den wetterabweisenden dicken Holztüren ragte stolz vor dem Korphe-K2 auf. Niemals wieder müssten die Kinder von Korphe auf dem gefrorenen Boden kniend ihre Lektionen lernen. »Seid nicht traurig«, tröstete der *nurmadhar* die bedrückten Dorfbewohner. »Lange nachdem die Widder tot und aufgegessen sind, wird diese Schule immer noch stehen. Hadschi Mehdi hat nur heute Fleisch auf dem Tisch. Unsere Kinder werden für immer Bildung haben.«

Als es dunkel wurde, forderte Hadschi Ali Mortenson auf, sich zu ihm an das in seinem Haus lodernde Feuer zu setzen. Er griff nach seinem eselsohrigen, mit Fettflecken bedeckten Koran und hielt ihn ans Licht. »Siehst du, wie schön dieser Koran ist?«, fragte er.

»Ja.«

»Ich kann ihn nicht lesen«, fuhr Hadschi Ali fort. »Ich kann überhaupt nicht lesen, und das ist, was mich in diesem Leben am meisten traurig macht. Deshalb werde ich alles tun, damit die Kinder in meinem Dorf dieses Gefühl niemals kennenlernen. Ich bin bereit, jeden Preis zu bezahlen, damit sie die Bildung bekommen, die sie verdienen.«

»Wie ich so neben ihm saß«, erinnert sich Mortenson, »wurde mir klar, dass alle Schwierigkeiten, die ich überwunden hatte – angefangen von meinem Versprechen, die Schule zu bauen, bis hin zu den Komplikationen bei der Fertigstellung –, verglichen mit den Opfern, die er für sein Volk bringen wollte, nichts waren. Dieser Mann, der weder lesen noch schreiben konnte und kaum aus seinem kleinen Dorf im Karakorum herausgekommen war, war der weiseste Mensch, dem ich je begegnet war.«

»Ein Lächeln muss mehr sein als eine Erinnerung«

Die Wasir sind der größte Stamm an der Grenze, verharren jedoch auf einem sehr niedrigen Stand der Zivilisation. Es handelt sich um ein Volk aus Räubern und Mördern, weshalb sie selbst bei den benachbarten muselmanischen Stämmen verschrien sind. Sie gelten als freiheitsliebend, blutrünstig, aufbrausend, leichtfertig, stolz, aber eitel. Für die sesshaften Mohammedaner verkörpern sie den Inbegriff der Barbaren.

Aus der 1911 erschienenen Ausgabe der Encyclopaedia Britannica

Aus dem zweiten Stock seines Hotelzimmers in dem heruntergekommenen *haveli* beobachtete Mortenson, wie ein Junge ohne Beine sich mühsam auf einem Holzbrett mit Rollen durch das Gewimmel des Khyber-Basars quälte. Das Kind schien nicht älter als zehn zu sein, und Mortenson schloss aus dem Narbengewebe an seinen Stümpfen, dass es einer Landmine zum Opfer gefallen war. Langsam arbeitete sich der Junge an den Kunden vorbei zu einem Karren, wo ein alter Mann, der einen Turban trug, in einem Kessel mit Kardamomtee rührte. Der Kopf des Kleinen befand sich auf einer Höhe mit den Abgasen, die den Auspuffen der vorbeifahrenden Taxis entströmten. Ein Stück weiter bemerkte Mortenson einen Mann, der gerade in einen mit Beinprothesen beladenen Pick-up stieg und den Motor anließ. Vermutlich konnte der Junge ihn nicht sehen.

Mortenson dachte daran, wie dringend der Kleine zwei dieser Prothesen gebraucht hätte, die sich da wie Feuerholz auf der Ladefläche des Pick-up türmten. Doch vermutlich würde er nie eine davon bekommen, denn gewiss hatte irgendein hiesiges Gegenstück von Changazi die Prothesen bei einer Hilfsorganisation gestohlen.

Im nächsten Moment stellte der Amerikaner fest, dass der Wagen rückwärts auf den Jungen zusteuerte. Mortenson sprach zwar kein Paschtunisch, die Landessprache hier vor Ort, rief aber dennoch auf Urdu »Vorsicht!«, weil er hoffte, dass der Kleine ihn verstehen würde. Aber er hätte sich keine Sorgen zu machen brauchen. Der Junge verfügte über den hoch entwickelten Überlebensinstinkt, der nötig war, um auf Peschawars Straßen buchstäblich nicht unter die Räder zu kommen, und flüchtete sich mit raschen Armbewegungen an den Straßenrand.

Peschawar ist die Hauptstadt des »Wilden Westens« von Pakistan. Da die Schule in Korphe nun beinahe stand, war Mortenson in seiner neuen Rolle als Leiter des Central Asia Institute auf der Grand Trunk Road in diese Grenzstadt gekommen.

Das sagte er sich wenigstens.

Peschawar ist außerdem das Tor zum Khyber-Pass, einer Verbindung zwischen Pakistan und Afghanistan, auf der sich zur damaligen Zeit Historisches tat: Schüler der *madaris*, der islamischen Lehranstalten, von Peschawar hatten ihre Bücher mit Kalaschnikows und Patronengurten vertauscht und marschierten nun über den Pass, um sich einer Bewegung anzuschließen, die sich den Sturz der verhassten afghanischen Führung auf die Fahnen geschrieben hatte.

In jenem August 1996 startete diese hauptsächlich aus Jugendlichen bestehende Armee, die sich *taliban*, »Schüler des Islam«, nannte, eine Überraschungsoffensive und nahm Dschalalabad ein, eine Großstadt auf der afghanischen Seite des Khyber-Passes. Die Grenztruppen sahen tatenlos zu, als Tausende bärtiger junger Burschen, die Turbane trugen und sich die Augen mit *surma* dunkel umrandet hatten, in Hunderten viertüriger Pick-ups über den Pass rollten, bewaffnet mit Kalaschnikows und dem Koran.

Die erschöpften Flüchtlinge, die sich vor den Kämpfen in Sicherheit brachten, hasteten in gleicher Anzahl nach Osten, wo die im Morast stehenden Lager am Stadtrand von Peschawar bald aus allen Nähten platzten. Mortenson hatte geplant, zwei Tage früher aufzubrechen, um Bauplätze für mögliche neue Schulen zu besichtigen. Allerdings hielt ihn die angespannte Lage in Peschawar fest.

Immer wieder schoss jemand zur Feier des Tages aus Automatikwaffen in die Luft. In den Teestuben wurde angeregt über die Blitzsiege der Taliban debattiert, und Gerüchte verbreiteten sich wie ein Lauffeuer: In den Vororten von Kabul, so hieß es, sammelten sich Bataillone der Taliban, aber vielleicht sei die Stadt auch schon erobert. Und Präsident Nadschibullah, der erste Mann des korrupten postsowjetischen Regimes in Afghanistan, sei angeblich entweder nach Frankreich geflohen oder in einem Fußballstadion hingerichtet worden.

Mit von Hundertdollarscheinen überquellenden Aktenkoffern war der siebzehnte Sohn einer wohlhabenden saudischen Familie in einer privaten Chartermaschine der Ariana Airlines mitten in dieses Tohuwabohu hineingeflogen. Dem Vernehmen nach soll der von einem Gefolge aus Kriegern begleitete Osama Bin Laden, der selbst ein erfahrener Afghanistan-Kämpfer gegen die Russen war, bei seiner Landung auf einem stillgelegten Luftwaffenstützpunkt am Stadtrand von Dschalalabad schlechter Laune gewesen sein. Schließlich hatte man ihn auf Druck der Vereinigten Staaten und Ägyptens aus dem Sudan ausgewiesen, wo er ein bequemes Leben geführt hatte. Inzwischen auf der Flucht und seiner saudischen Staatsbürgerschaft ledig, hatte er sich für Afghanistan entschieden, wo die chaotische Lage ihm glänzend ins Konzept passte. Allerdings war er mit Unterbringung und Verpflegung mehr als unzufrieden. Nachdem er sich bei seinen Gastgebern, den Taliban, über den miserablen Komfort beschwert hatte, richtete sich die volle Wucht seines Zorns gegen das Volk, das er für sein Exil verantwortlich machte: die Amerikaner.

Während Mortenson im nahe gelegenen Peschawar auf die Weiterreise wartete, startete Bin Laden seinen ersten Aufruf zum bewaffneten Kampf gegen die USA. In seiner »Erklärung des offenen Dschihad gegen die Amerikaner, die das Land der zwei Heiligtümer besetzen« – gemeint war Saudi Arabien, wo damals fünftausend US-Soldaten stationiert waren – forderte er seine Anhänger auf, alle Amerikaner anzugreifen, die ihnen begegneten, und ihnen »so viel Schaden wie möglich zuzufügen«.

Wie die meisten US-Bürger hatte Mortenson noch nie von Bin

Laden gehört. Doch da er glaubte, einen Platz im Cockpit der Geschichte ergattert zu haben, zögerte er, die Stadt zu verlassen. Außerdem fehlten ihm geeignete Begleiter. Vor seiner Abreise aus Korphe hatte Mortenson seine Pläne mit Hadschi Ali erörtert. »Versprich mir eines«, hatte der alte *nurmadhar* ihn ermahnt. »Fahr nirgendwo allein hin. Suche dir einen Gastgeber, dem du vertraust, am besten einen Dorfvorsteher, und warte, bis er dich zum Tee zu sich nach Hause einlädt. Erst dann droht dir keine Gefahr mehr.«

Allerdings war es leichter gesagt als getan, in Peschawar eine Vertrauensperson zu finden. Da die Stadt als Umschlagplatz der pakistanischen Schattenwirtschaft diente, wimmelte es hier von zwielichtigen Gestalten. Opium, Waffen und Teppiche hatten Peschawar zu Wohlstand verholfen, und die Männer, denen Mortenson seit seiner Ankunft begegnet war, machten auf ihn einen ebenso dubiosen Eindruck wie die Absteige, in der er die letzten fünf Nächte verbracht hatte. Das verfallene *haveli* war einst das Haus eines wohlhabenden Kaufmanns gewesen, wobei das Zimmer, das Mortenson nun bewohnte, als Aussichtspunkt für die weiblichen Familienmitglieder gedient hatte. Da die Sandsteinwand zur Straße hin durchbrochen war wie ein Spitzenmuster, hatten die Frauen alles beobachten können, was unten auf dem Basar vor sich ging, ohne sich in der Öffentlichkeit zu zeigen und damit gegen die *parda* zu verstoßen, das Gebot der Verschleierung außerhalb und der körperlichen Abgrenzung innerhalb eines Gebäudes.

Auch Mortenson wusste diese architektonische Eigenheit zu schätzen, denn der *chokidar* des Hotels hatte ihn am Morgen gewarnt, sich als Ausländer heute besser nicht auf der Straße blicken zu lassen. Es war nämlich *juma*, also Freitag, der Tag, an dem die Mullahs in von aufgebrachten jungen Männern überquellenden Moscheen ihre Hetzreden schwangen. In Verbindung mit den aufregenden Nachrichten aus Afghanistan bildete der *juma* also eine explosive Mischung, die einem Ausländer, der zwischen die Fronten geriet, leicht zum Verhängnis werden konnte.

Als es an der Tür seines Hotelzimmers klopfte, machte Mortenson auf. Eine Zigarette im Mundwinkel, ein Bündel unter dem Arm und ein Teetablett in der Hand, schlüpfte Badam Gul an ihm vorbei. Mortenson hatte den Mann, der ebenfalls ein Hotelgast war, am Vorabend am Radio in der Lobby kennengelernt und sich zusammen mit ihm einen BBC-Bericht über einen Raketenangriff der Taliban auf Kabul angehört.

Gul hatte erzählt, er komme aus Wasiristan und verdiene gutes Geld damit, überall im Mittleren Osten seltene Schmetterlinge zu fangen und sie an europäische Museen zu verkaufen. Allerdings hatte Mortenson die Vermutung, dass Gul auf seinen Wegen durch diese Region nicht nur Schmetterlinge im Gepäck hatte, auch wenn er lieber nicht nachfragte. Als Gul erfuhr, dass Mortenson das von seinem Stamm bewohnte Gebiet südlich von Peschawar besuchen wollte, bot er seine Dienste als Führer nach Ladha, seinem Heimatdorf, an. Hadschi Ali wäre wahrscheinlich nicht einverstanden gewesen, doch Tara würde in einem Monat ihr Kind zur Welt bringen. Außerdem machte der glatt rasierte Gul einen halbwegs seriösen Eindruck. Mortenson hatte nicht die Zeit, um wählerisch zu sein.

Nachdem Gul Tee eingeschenkt hatte, öffnete er sein in Zeitungspapier gehülltes Bündel; das Blatt strotzte von Aufnahmen, die bärtige junge Burschen auf dem Weg in die Schlacht zeigten. Mortenson hielt sich den weit geschnittenen, mit kunstvoller Silberstickerei verzierten weißen *salwar kamiz* und die schiefergraue Weste an die Brust. »So kleidet sich ein Wasir-Mann«, erklärte Gul und zündete sich am Stummel seiner Zigarette die nächste an. »Ich habe den größten auf dem ganzen Basar besorgt. Kann ich das Geld sofort haben?«

Er zählte die Rupien sorgfältig nach und steckte sie ein. Sie verabredeten sich bei Morgengrauen. Dann meldete Mortenson bei der Telefonvermittlung des Hotels ein dreiminütiges Gespräch an und teilte Tara mit, er werde sich in den nächsten Tagen in einem Gebiet aufhalten, wo es keine Telefone gebe. Er versprach, rechtzeitig zurück zu sein, um ihr erstes gemeinsames Kind auf der Welt willkommen zu heißen.

Als Mortenson am nächsten Morgen herunterkam, wurde er von einem grauen Toyota erwartet. Beim Gehen musste er vorsichtig einen Fuß vor den anderen setzen, denn er befürchtete, dass die Nähte seiner neuen Kleider aufplatzen könnten. Der *kamiz* spannte sich nämlich straff über seine Schultern, während der *salwar* ihm nur bis zur Wade reichte. Mit einem beschwichtigenden Lächeln erklärte ihm Gul, er müsse überraschend geschäftlich nach Afghanistan reisen. Allerdings sei der Fahrer, ein gewisser Mr Khan, im kleinen Nachbardorf von Ladha beheimatet und werde Mortenson hinbringen. Obwohl dieser kurz mit dem Gedanken spielte, einen Rückzieher zu machen, stieg er schließlich doch ein.

Bei Sonnenaufgang brachen sie nach Süden auf. Mortenson schob den weißen Spitzenvorhang beiseite, der den Rücksitz vor neugierigen Blicken schützte. Die gewaltigen geschwungenen Anlagen der Festung Balsa Hisar ragten über der Stadt auf, die hinter ihnen zurückblieb. Im rötlichen Sonnenschein wirkte sie wie ein Vulkan, der lange geruht hatte und nun vor dem Ausbruch stand.

Hundert Kilometer südlich der Stadt begann Wasiristan, die ungezähmteste der nordwestlichen pakistanischen Grenzprovinzen – wilde Stammesgebiete, die eine Pufferzone zu Afghanistan bildeten. Die Wasir waren ein Volk mit eigenen Sitten und Gebräuchen, eine Randgruppe, was Mortensons Interesse geweckt hatte: »Die Balti zogen mich vermutlich teilweise deshalb an, weil sie so eindeutig benachteiligt waren. Die pakistanische Regierung beutete ihre Talente und Fähigkeiten aus, ohne ihnen etwas dafür zurückzugeben. Sie hatten nicht einmal das Wahlrecht.«

Auch die Wasir waren nach Mortensons Auffassung ein unterdrücktes Volk. Seit Jean Hoerni ihn zum Leiter der neuen Organisation ernannt hatte, war er fest entschlossen, zum Fachmann für dieses Land und dem Titel gerecht zu werden, der noch sehr fremd in seinen Ohren klang – Direktor des Central Asia Institute. Im Winter hatte er alles über den Mittleren Osten gelesen, was er in die Finger hatte bekommen können, wenn er Tara nicht gerade zur Hebamme begleitet oder ihr geholfen hatte, das zukünftige Kinderzimmer zu tapezieren und einzurichten. Bald war ihm klar geworden, wie es in dieser Region tatsächlich aussah – das von verschiedenen Stämmen besiedelte Gebiet war von europäischen Mächten willkürlich in Staaten aufgeteilt worden, und zwar ohne Rücksicht darauf, ob die jeweiligen Bewohner einander freundlich und feindlich gesinnt waren.

Allerdings beschäftigte ihn kein Stamm so wie die Wasir. Sie fühlten sich weder Pakistan noch Afghanistan zugehörig, sondern waren Paschtunen und nur ihrem Volk verpflichtet. Seit der Zeit Alexander des Großen waren sämtliche ausländische Streitkräfte in dieser Gegend auf starken Widerstand gestoßen. Nach jeder Niederlage hatte man noch größere und besser ausgerüstete Truppen in die Region geschickt, die inzwischen als berüchtigtes Kampfgebiet galt. Nachdem Alexander Hunderte seiner Männer in einer Schlacht gegen eine kleine Guerillabande verloren hatte, befahl er seinen Leuten, in Zukunft einen Bogen um das Land dieser »Wüstenteufel« zu machen. Den Briten erging es nicht besser, denn auch sie verloren zwei Kriege gegen die Wasir und den größeren Stamm der Paschtunen.

Im Jahr 1893 wichen zerschlagene britische Streitkräfte von Wasiristan an die Durand-Linie zurück, eine Grenze, die die Kolonialmacht als eine Art Sicherheitspuffer zwischen Britisch-Indien und Afghanistan gezogen hatte. Sie verlief in Nord-Süd-Richtung mitten durch das Gebiet der Paschtunen und war neben anderem ein Versuch der Briten, durch die Teilung der traditionellen Siedlungsgebiete bessere Kontrolle über die notorisch aufrührerischen Stämme dieser Region zu gewinnen. Aber die Wasir hatten sich noch nie besiegen oder unterwerfen lassen. Seit 1947 gehörte Wasiristan nun zwar offiziell zu Pakistan, doch der geringe Einfluss, den Islamabad dort genoss, verdankte es hauptsächlich Bestechungsgeldern an die örtlichen Stammesfürsten und seinen befestigten Armeestützpunkten. Deren Machtbereich erstreckte sich allerdings nicht weiter, als man durch ihre Schießscharten sehen konnte.

Mortenson bewunderte diese Menschen, die sich so unbeugsam den Weltmächten entgegenstellten. Da er vor dem Besteigen des K2 ähnliche negative Geschichten über die Balti gelesen hatte, fragte er sich, ob die Wasir nicht ebenfalls missverstanden wurden. Wie Mortenson vor seiner Abfahrt gehört hatte, sprangen die Balti angeblich recht rau mit Fremden um und waren ausgesprochen unfreundliche Gesellen. Inzwischen jedoch wusste er, dass diese Schilderungen nicht der Wahrheit entsprachen. Vielleicht hatte er es hier ja wieder mit einem ausgestoßenen Volk zu tun, dem er helfen konnte.

Auf der Fahrt nach Wasiristan musste der Toyota einige Straßensperren des Militärs passieren. Mortenson befürchtete schon, dass sie aufgehalten und zurückgeschickt werden würden, denn bei jedem Kontrollposten wurden die Vorhänge geöffnet, und man begutachtete den hochgewachsenen Ausländer in der schlecht sitzenden Kleidung argwöhnisch. Doch Khan griff jedes Mal in die Tasche der ledernen Fliegerjacke, die er trotz der Hitze trug,und zählte Geldscheine ab, um dem Wagen die Weiterfahrt in den Süden zu ermöglichen.

Als ersten Eindruck vor Ort empfand Mortenson nichts als Bewunderung für dieses Volk, dem es gelang, im unwirtlichen Wasiristan zu überleben. Eine Schotterpiste führte sie durch ein kahles Tal, dessen Boden aus kleinen schwarzen Steinen bestand. Diese speicherten die Hitze der Wüstensonne, bis die Luft flirrte, sodass die Landschaft wirkte wie einem Fiebertraum entstiegen.

Die eine Hälfte der braunen, unbewohnt wirkenden Berge fünfzehn Kilometer im Westen gehörte auf dem Papier zu Pakistan, die andere zu Afghanistan. Die Briten müssen Sinn für Humor gehabt haben, eine Grenze durch eine derart schwer zu verteidigende Einöde zu ziehen, dachte Mortenson. Fünf Jahre später, 2001, sollten auch die Amerikaner die Erfahrung machen, dass es zwecklos war, in diesen Hügeln Guerillas bekämpfen zu wollen, die das Gebiet kannten wie ihre Westentasche. Die Berge waren von unzähligen Höhlen durchzogen und diesen Menschen, die schon seit Generationen als Schmuggler über die Pässe zogen, ausgezeichnet vertraut. Amerikanische Spezialeinheiten sollten an dem sich gleich jenseits der Grenze erstreckenden Labyrinth von Tora Bora scheitern. Laut Berichten der Einheimischen, die Osama Bin Laden und seiner El Kaida angeblich Unterschlupf gewährt hatten, gelang es den Gesuchten dennoch, nach Wasiristan zu entkommen.

Auf dem beschwerlichen Weg über die Piste aus schwarzem Kies fühlte sich Mortenson, als wäre er in eine mittelalterliche Welt miteinander verfeindeter Stadtstaaten geraten. Ehemalige britische, inzwischen von pakistanischen, zu einem einjährigen Sondereinsatz abkommandierten Soldaten besetzte Forts waren fest verrammelt. Zu beiden Seiten der Piste ragten die befestigten Ansiedlungen der Wasir-Stämme aus der felsigen Hochebene. Sie waren alles andere als unauffällig; jede war von sieben Meter hohen Lehmmauern umgeben und mit Wachtürmen versehen. Anfangs hielt Mortenson die einsamen Gestalten auf vielen der Türme für Vogelscheuchen, bis sie nahe genug daran vorbeikamen, um festzustellen, dass ein Schütze ihre Fahrt das Tal hinunter durch das Zielfernrohr seines Gewehrs verfolgte.

Bei den Wazir galt das Gesetz der *parda* nicht nur für Frauen, sondern auch gegenüber Fremden. Seit mindestens 600 vor Christus lehnen sie jeden Einfluss von außen ab und verschanzen sich mit dem Ziel hinter ihren Mauern, ganz Wasiristan so rein und unberührt zu belassen wie ihre Frauen.

Mortenson und Khan passierten gedrungene Gebäude, die Waffenfabriken beherbergten, in denen wasirische Handwerker Kopien vieler weltweit verbreiteter Maschinengewehre herstellten. In Bannu, der größten Siedlung Wasiristans, quälten sich die beiden Reisenden durch den dichten Verkehr aus Eselskarren und viertürigen Pick-ups. An einer Teestube machten sie Rast, und Mortenson streckte sich, so weit sein *salwar kamiz* es gestattete. Dann versuchte er, ein Gespräch mit den Männern am Nebentisch anzuknüpfen. Es waren Älteste, an die zu wenden Hadschi Ali ihm ja geraten hatte. Währenddessen machte der Fahrer sich auf die Suche nach einem Laden, der seine Zigarettenmarke führte. Allerdings sorgte Mortensons Urdu nur für völlig ausdruckslose Mienen, worauf er sich fest vornahm, sich eingehend mit der Sprache der Paschtunen zu befassen, wenn er wieder in Bozeman war.

Den ganzen Nachmittag fuhren sie immer tiefer nach Wasiristan hinein. Mortenson nutzte die Zeit, sich von Khan einige paschtunische Begrüßungsformeln beibringen zu lassen und dann einzuüben. »Eine kargere Landschaft kann man sich kaum vorstellen, aber sie strahlte dennoch eine feierliche Ruhe aus«, erinnert er sich. »Nun waren wir wirklich mitten im Stammesgebiet, und ich freute mich sehr, es so weit geschafft zu haben.« Als die Sonne im Westen über Afghanistan unterzugehen begann, erreichten sie Kot Langarkhel, Khans Heimatdorf südlich von Ladha. Es bestand eigentlich nur aus zwei Gemischtwarenläden, die links und rechts von einer Moschee aus Sandstein standen, und erinnerte an eine Geisterstadt am Ende der Welt. Eine staubige, räudige Ziege lag mitten auf der Straße und sah mit ihren weit ausgestreckten Beinen aus, als hätte sie jemand überfahren. Khan rief den Männern im Lagerhaus hinter dem größeren der beiden Läden etwas zu, und sie forderten ihn auf, den Wagen im Gebäude abzustellen, damit ihm über Nacht nichts geschehen konnte.

Der Anblick, der sich Mortenson im Lagerhaus bot, löste in ihm ziemlich mulmige Gefühle aus. Sechs wasirische Männer mit über der Brust gekreuzten Patronengurten saßen auf Packkisten und rauchten Haschisch aus einer Wasserpfeife mit mehreren Mundstücken. An den Wänden stapelten sich Panzerabwehrwaffen, raketenangetriebene Granatwerfer und kistenweise nagelneue, ölglänzende AK-47-Sturmgewehre. Mortenson fielen auch die biegsamen Antennen militärischer Funkgeräte auf, die hinter Kartons voller Sportgetränke mit Fruchtpunschgeschmack und Pflegecreme hervorragten. Ihm wurde klar, dass er gerade mitten in ein großes, florierendes Waffenschieberunternehmen spaziert war.

Die Wasir lebten wie alle Paschtunen nach dem Gesetz des *paschtunwali*, dem Rechts- und Ehrenkodex dieses Volkes. Vergeltung und die Verteidigung von »Frau, Gold und Erde« mit dem Leben bilden hierbei die zentralen Pfeiler. Ebenso wichtig sind aber auch Gastfreundschaft und vor allem *nanawatai*, Vergebung und das Gewähren von Asyl, selbst dem Feind. Deshalb stieg Mortenson in seiner lächerlichen Aufmachung aus dem Auto und war fest entschlossen, als Gast, nicht als Eindringling aufzutreten – die beste Methode. Denn es war viel zu gefährlich, sich jetzt, nach Einbruch der Dunkelheit, eine andere Unterkunft zu suchen.

»Ich rief mir alles ins Gedächtnis, was ich in Baltistan gelernt hatte, und begrüßte jeden der anwesenden Männer so höflich wie möglich«, erzählt er. »Mithilfe der wenigen paschtunischen Brocken, die Khan mir unterwegs beigebracht hatte, erkundigte ich mich nach ihren Familien und ihrer Gesundheit.« Viele wasirische Männer hatten in den paschtunischen Gebieten Afghanistans Seite an Seite mit amerikanischen Spezialeinheiten gegen die sowjetischen Besatzer gekämpft, um diese aus ihrem Land zu vertreiben. Und nun, Mitte der Neunziger, fünf Jahre bevor B-52 diese Hügel mit einem Bombenteppich belegen sollten, waren Amerikaner hier noch einigermaßen willkommen.

Der schmuddeligste der Schmuggler, der aus sämtlichen Poren einen Geruch nach Haschischöl zu verströmen schien, hielt Mortenson das Mundstück der Wasserpfeife hin, das dieser so höflich wie möglich ablehnte. »Wahrscheinlich hätte ich mitrauchen sollen, um Freundschaft zu schließen, aber ich war ohnehin schon nervös genug und wollte mir meine Geistesgegenwart bewahren«, erklärt er.

Khan und der Anführer der Bande, ein hochgewachsener Mann mit einer rosafarbenen Fliegerbrille und einem dicken schwarzen Schnurrbart, der wie eine Fledermaus auf seiner Oberlippe kauerte, erörterten angeregt, was sie an diesem Abend mit dem Fremden anfangen sollten. Nach dem Gespräch nahm der Fahrer einen tiefen Zug von der Wasserpfeife. »Hadschi Mirza möchte Sie in sein Haus einladen«, meinte er zu Mortenson, während ihm der Rauch aus dem Mund quoll. Mortensons angespannte Schultern, die fast den *kamiz* zu sprengen drohten, lockerten sich schlagartig. Jetzt konnte ihm nichts mehr geschehen. Er war ein Gast.

Der Fußmarsch bergauf durch die Dunkelheit dauerte eine halbe Stunde und führte vorbei an Feigenbäumen, die so süß rochen wie die Haschischdämpfe, die den Kleidern der Wasir entstiegen. Da kein Wort gewechselt wurde, war nur das Klappern von Gewehrläufen gegen Patronengurte zu hören. Eine blutrote Linie am Horizont zeigte, wo das letzte Tageslicht über Afghanistan verglomm. Als sie oben auf dem Hügel ein befestigtes Anwesen erreichten, rief Hadschi Mirza etwas, worauf die schweren, in die sieben Meter hohe Lehmmauer eingelassenen Tore von innen entriegelt wurden und dann langsam aufschwangen. Ein Wachmann musterte Mortenson im Schein seiner Kerosinlampe mit großen Augen. Er machte ein Gesicht, als hätte er, rein sicherheitshalber, am liebsten das Magazin seiner AK-47 auf den Ausländer abgefeuert. Doch auf ein barsches Brummen Hadschi Mirzas wich er zurück, sodass sie eintreten konnten.

»Nur eine Tagesfahrt von der Moderne entfernt, hatte ich das Gefühl, ins Mittelalter geraten zu sein«, erläutert Mortenson. »Es gab zwar keinen Burggraben, doch die Wirkung war ganz ähnlich.« Das Haus hatte dicke Wände. Flackernde Laternen verbreiteten ein so dämmriges Licht, dass man in den höhlenartigen Räumen kaum die Hand vor Augen sehen konnte. Über den Hof erhob sich ein fünfzehn Meter hoher Wachturm, der es einem Scharfschützen ermöglichte, ungebetene Gäste schon aus einiger Entfernung zu erledigen.

Mortenson und sein Fahrer wurden in einen mit Teppichen ausgestatteten Raum in der Mitte des Hauses geführt. Als der traditionelle *shin chai* – ein mit Zimt gewürzt grüner Tee – gebracht wurde, hatte der Fahrer bereits den Kopf auf ein Kissen gebettet und sich die Lederjacke übers Gesicht gebreitet. Sein lautstarkes Schnarchen zerrte an Mortensons Nerven. Und da Hadschi Mirza hinausging, um die Zubereitung des Abendessens zu beaufsichtigen, musste der Amerikaner zwei Stunden lang in beklommenem Schweigen dasitzen und mit vier finsteren Gesellen Tee trinken.

Endlich rief Hadschi Mirza zu Tisch. Der köstliche Duft nach Lammfleisch lockte Khan unter seiner Jacke hervor. Obwohl der Fahrer eigentlich den Eindruck eines Städters machte, zückte er wie die anderen zwölf Wasir, die bei diesem Festmahl anwesend waren, beim Anblick des Bratens seinen Dolch. Hadschi Mirzas Diener stellte eine dampfende Platte mit *kabuli pilau* – Reis mit Karotten, Nelken und Rosinen – neben das Lamm auf den Boden. Doch die Männer hatten nur Augen für das Fleisch. Sie machten sich mit ihren langen Dolchen darüber her, schnitten die zarten Stücke von den Knochen und stopften sie sich mit den Klingen in den Mund. »Bis jetzt hatte ich die Balti für fleischgierig gehalten«, meint Mortenson. »Doch so eine urwüchsige und barbarische Mahlzeit hatte ich noch nie miterlebt. Nachdem die Männer zehn Minuten lang grunzend an dem Braten herumgezerrt hatten, war das Lamm verschlungen, und alle wischten sich rülpsend das Fett von den Bärten.«

Ächzend lehnten sich die Männer in die Kissen zurück und zündeten Haschischpfeifen an. Mortenson nahm die nach Lamm riechende Zigarette entgegen, die ein Wasir ihm anbot, und rauchte sie brav bis zum Stummel hinunter, wie es sich für einen Ehrengast gehörte. Um Mitternacht fielen ihm allmählich die Augen zu, und einer der Männer rollte eine Schlafmatte für ihn aus. Offenbar habe ich meine Sache gar nicht so schlecht gemacht, dachte er, als die Turbane der anderen ihm langsam vor den Augen verschwammen. Immerhin hatte er einen Dorfältesten kennengelernt, auch wenn dieser offenbar die Finger nicht vom Haschisch lassen konnte. Morgen würde er ihn bitten, ihm weitere Kontakte zu vermitteln, und versuchen herauszufinden, was man im Dorf von einer Schule hielt.

Lautes Geschrei riss Mortenson jäh aus seinen Träumen. Im Halbdämmer fühlte er sich an die Szene in Khane erinnert, als Janjungpa Akhmalu wegen der Kletterschule angeschrien hatte, die doch viel wichtiger sei als eine Schule für Kinder. Er fuhr hoch, und der Anblick, der sich ihm bot, ergab für ihn zunächst keinen Sinn. Vor seinem Gesicht baumelte eine Gaslaterne, sodass sich gespenstische Schatten auf die Wände malten. Hinter der Lampe erkannte er den Lauf einer AK-47, der auf seine Brust gerichtet war, wie ihm zu seinem Entsetzen klar wurde.

Der wilde Mann, der die Waffe hielt, hatte einen verfilzten Bart und einen grauen Turban auf dem Kopf und brüllte etwas in einer Sprache, die Mortenson nicht verstand. Es war zwei Uhr morgens, und er hatte erst zwei Stunden geschlafen, weshalb er eine Weile brauchte, um zu begreifen, was da vor sich ging. Warum raubte man ihm den dringend benötigten Schlaf? Diese Frage beschäftigte ihn zunächst mehr als die, warum acht fremde Männer ihn mit der Waffe bedrohten und ihn an den Armen hochzerrten.

Nachdem sie ihn unsanft auf die Füße gezogen hatten, stießen sie ihn zur Tür. Mortenson sah sich in dem dämmrigen Raum nach

Khan oder Hadschi Mirzas Leuten um, aber er war mit den bewaffneten Fremden allein. Schwielige Hände packten ihn an beiden Oberarmen und führten ihn durch die offenen Tore hinaus vor die Mauer.

Dann warf ihm jemand von hinten einen abgewickelten Turban über den Kopf und verband ihm damit die Augen. »Ich weiß noch, wie ich dachte, dass ich da draußen sowieso nichts hätte sehen können, so stockfinster war es«, entsinnt Mortenson sich. Trotz der Augenbinde trieben die Männer ihn zur Eile an, und wenn er in seinen absatzlosen Sandalen auf dem Weg den Pfad hinunter ins Stolpern geriet, hielten sie ihn fest. Unten angekommen, wurde er von einigen Armen auf die Ladefläche eines Pick-up gehoben. Die Männer folgten nach.

»Wir fuhren etwa eine Dreiviertelstunde lang. Inzwischen war ich hellwach und zitterte, weil ich einerseits auf der offenen Ladefläche mitten in der Wüste fror und andererseits eine Heidenangst hatte.« Die Männer saßen dicht neben Mortenson und debattierten lautstark auf Paschtunisch. Er nahm an, dass sie erörterten, was sie mit ihm anfangen sollten. Aber warum hatten sie ihn überhaupt entführt? Und wo hatten Hadschi Mirzas bewaffnete Wächter gesteckt, als diese Bande ihn verschleppt hatte? Schließlich war kein einziger Schuss gefallen. Im nächsten Moment fiel es Mortenson wie Schuppen von den Augen: Offenbar arbeiteten diese Leute mit seinem Gastgeber zusammen. Die Männer, die sich an ihn drängten, rochen nach Rauch und mangelnder Körperpflege. Mit jeder Minute, die der Pick-up tiefer in die Nacht hineinfuhr, schwand Mortensons Hoffnung, dass er seine Frau je wiedersehen würde.

Der Pick-up bog von der Hauptstraße ab und holperte eine Buckelpiste hinauf. Mortenson spürte, wie der Fahrer auf die Bremse trat und nach einer scharfen Kurve ruckartig stoppte. Kräftige Hände zerrten Mortenson vom Wagen. Er hörte, wie sich jemand an einem Schloss zu schaffen machte. Dann schwang eine große metallene Tür auf. Während seine Oberarme wie in einem Schraubstock schmerzhaft umfasst gehalten wurden, taumelte Mortenson über die Schwelle und wurde weitergeführt, wahrscheinlich einen Flur entlang, denn die Schritte hallten wider. Nachdem die schwere Ein-

Greg Mortenson fotografierte den K2, den zweithöchsten Berg der Welt, im Rahmen seines gescheiterten Gipfelversuchs 1993.

Vor dem Aufbruch zum K2-Westgrad: Mortenson (dritter von rechts), Seilschaftspartner Scott Darsney (ganz rechts) sowie die Expeditionsleiter Daniel Mazur (zweiter von rechts) und Jonathan Pratt (ganz links).

Mouzafer Ali führte Mortenson sicher vom Baltoro-Gletscher.

Mortensons Fürsprecher und Freund Hadschi Ali, der Dorfvorsteher von Korphe.

September 1994: Mortenson mit Everest-Legende Sir Edmund Hillary (Mitte) und Förderer Jean Hoerni beim Sponsorendinner der American Himalajan Foundation in San Francisco.

Mortenson mit seiner Frau Tara und der neun Monate alten Amira 1997 am Khyber-Pass an der pakistanisch-afghanischen Grenze.

Für den Entwurf der Brücke von Korphe orientierte Mortenson sich an Hängebrücken wie dieser im Umland.

Die Männer von Korphe trugen das Bauholz für die Schule dreißig Kilometer weit, weil die Straße durch einen Erdrutsch versperrt war.

Stein für Stein wuchsen die Mauern der Schule von Korphe allmählich empor.

Die bauliche Gestaltung der Schule von Hushe übernahm der visionäre Dorfvorsteher Aslam höchstpersönlich.

Die Einweihung der Schule in Hushe.

Mortenson bei einem Besuch der staatlichen Lehranstalt von Khanday im Hushe-Tal.

Häufig findet der Unterricht unter freiem Himmel statt. Zelte als provisorische Schulen sind da ein erster Schritt.

Hach den Erfolgen im Norden Pakistans nahm das Central Asia Institute verstärkt Schulprojekte im benachbarten Afghanistan in Angriff.

Anfangs standen den Schülern zum Schreiben bestenfalls Schiefertafeln zur Verfügung. Üblicherweise wurde mit Stöckchen in den Erdboden gekratzt.

Manch Erwachsener belächelt es als Marotte, dass Mortenson jedes Kind nach seinen Zukunftswünschen fragt. Rechts Hadschi Ali.

Für die Kinder in den bettelarmen Bergdörfern sind ein Stift und ein buntes Schreibheft bereits ein kostbarer Besitz.

Greg Mortenson mit einheimischen Mitarbeitern und Freunden in Skardu. Hinten als zweiter von links Faisal Baig. Neben ihm von links nach rechts: Ghulam Parvi, Mortenson, Apo Razak, Mehdi Ali und Suleman Minhas.

Coautor David Oliver Relin mit dem Dorfältesten aus Hushe.

Mullah Syed Abbas Risvi, das einflussreiche geistige Oberhaupt der nordpakistanischen Schiiten, unterstützte Mortenson ohne Vorbehalt.

Coautor Relin auf dem persönlichen Hubschrauberlandeplatz des damaligen pakistanischen Präsidenten Musharraf in Islamabad.

Sadhar Khan, der mächtige *commandhan* aus der Provinz Badakschan, öffnete Mortenson Türen in Afghanistan.

Mortenson informiert die US-Kongressabgeordnete Mary Bono über die jüngsten Entwicklungen in Afghanistan.

Vor allem die Förderung der Mädchen soll den abgelegenen Bergtälern eine bessere Zukunft garantieren.

Hadschi Alis selbstbewusste Enkelin Dschahan.

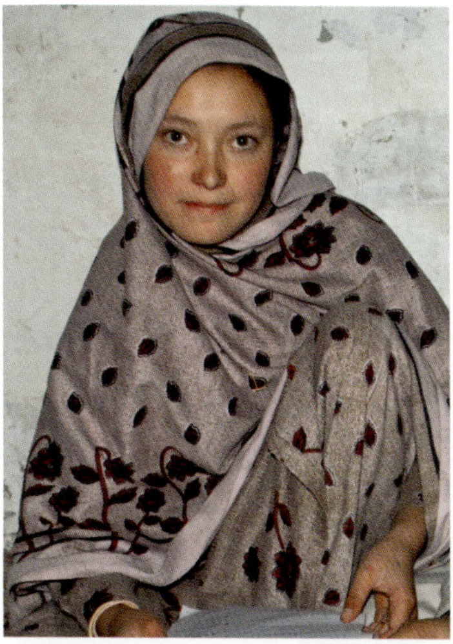

Schakila, das erste Mädchen aus dem Hushe-Tal mit Schulabschluss.

Twaha und Mortenson an Hadschi Alis Grab in Korphe. Der alte *nurmadhar* erlebte den spektakulären Werdegang seiner Enkelin nicht mehr mit.

Ihre Lebensumstände waren die Initialzündung für Mortensons Engagement: die junge Generation von Korphe.

gangstür mit einem Knall zugefallen war, nahm man ihm die Augenbinde ab.

Er befand sich in einem kahlen, hohen Zimmer, das etwa drei Meter breit und sieben Meter lang war. Auf dem Fensterbrett des einzigen, von außen mit Läden verrammelten Fensters brannte eine Kerosinlampe. Mortenson blickte sich nach den Männern um, die ihn hergebracht hatten, und ermahnte sich, dass er nicht in Panik geraten durfte. Er zermarterte sich das Hirn nach einer höflichen Bemerkung, irgendetwas, um sich bei seinen Entführern beliebt zu machen, sah aber nur noch, wie die Tür hinter ihnen ins Schloss fiel. Durch das dicke Holz hörte er erschrocken das Einrasten eines Vorhängeschlosses.

In einer dunklen Ecke am anderen Ende des Raumes bemerkte Mortenson eine Decke und eine dünne Matte auf dem Lehmboden. Eine innere Stimme sagte ihm, dass es sinnvoller sei zu schlafen, als im Zimmer auf und ab zu laufen und über sein Schicksal nachzugrübeln. Also legte er sich auf die viel zu kurze Matte, breitete die muffige Wolldecke über sich und fiel in einen traumlosen und ungestörten Schlaf.

Als er die Augen wieder aufschlug, stellte er fest, dass zwei seiner Entführer neben ihm auf den Fersen kauerten. Durch die Lamellen der Fensterläden fiel Tageslicht herein. »*Chai*«, verkündete der eine Mann und schenkte ihm eine Tasse lauwarmen grünen Tee ein. Begeisterung vorspiegelnd, nahm Mortenson einen Schluck aus der Plastiktasse und lächelte den beiden Männern zu, während er sie betrachtete. Sie besaßen die faltigen, wettergegerbten Gesichter von Menschen, die den Großteil ihres Lebens im Freien und in bitterer Armut verbracht haben. Mortenson schätzte sie auf weit über fünfzig, denn ihre Bärte waren so dicht und verfilzt wie das Winterfell eines Wolfes. Der, der ihm den Tee eingeschenkt hatte, trug eine große rote Narbe quer über der Stirn. Mortenson vermutete, dass es sich um eine Verletzung durch ein Schrapnell handelte oder um die Hinterlassenschaft eines Streifschusses, der beinahe tödlich geendet hätte. Er war sicher, dass die beiden ehemalige Mudschaheddin waren, Veteranen der afghanischen Guerrilla, die gegen die Sowjets gekämpft hatte. Aber was waren sie heute? Und was hatten sie mit ihm vor?

Nachdem Mortenson seine Tasse geleert hatte, machte er seinen Bewachern in Zeichensprache klar, dass er auf die Toilette musste. Die Männer schulterten ihre Kalaschnikows und führten ihn hinaus auf den Hof. Über die sieben Meter hohen Mauern konnte Mortenson nicht hinwegschauen, und er bemerkte in der gegenüberliegenden Ecke einen bemannten Wachturm, der sich weit über die Anlage erhob. Der Mann mit der Narbe wies mit dem Lauf seiner Kalaschnikow auf eine Tür. Mortenson betrat die Kammer, die über eine Toilette zum Hinkauern verfügte, und wollte die Tür schließen. Aber die andere Wache hielt sie mit dem Fuß auf und folgte ihm hinein, während der erste Mann von draußen in den Raum blickte. »Ich hatte schon häufig solche Toiletten mit Wassereimern benutzt«, erzählt Mortenson. »Aber mit zwei Zuschauern? Sich anschließend zu reinigen, während zwei Leute einen dabei anstarrten, war ziemlich unangenehm.«

Danach deuteten die beiden Wachen mit ihren Gewehrläufen wieder in die Richtung, aus der sie gekommen waren, und stießen Mortenson zurück ins Zimmer. Dort nahm er im Schneidersitz auf seiner Schlafmatte Platz und versuchte, ein Gespräch mit seinen Bewachern anzuknüpfen, doch die zwei hatten keine Lust, seine Zeichensprache zu entschlüsseln, sondern bezogen Posten an der Tür und rauchten eine Haschischpfeife nach der anderen, ohne auf ihn zu achten.

»Allmählich war ich richtiggehend verzweifelt«, fährt Mortenson fort. »Ich dachte, dass es noch eine lange Zeit so weitergehen könnte, und das erschien mir schlimmer als ... nun, Sie wissen schon, es einfach hinter mich zu bringen.« Da das einzige kleine Fenster mit Läden verrammelt war und die Lampe nur auf kleiner Stufe brannte, war es im Zimmer so dunkel wie in der Nacht. Nach einer Weile siegte Mortensons Niedergeschlagenheit über die Furcht, und er dämmerte die nächsten Stunden unruhig vor sich hin.

Im Halbschlaf bemerkte er plötzlich, dass am Fußende seiner Matte etwas auf dem Boden lag. Der Gegenstand entpuppte sich als zerfleddertes *Time Magazine* vom November 1979, war also inzwischen siebzehn Jahre alt. Unter der Schlagzeile »Machtkampf«

schwebte die Karikatur eines schauerlich finster dreinblickenden Ayatollah Khomeini wie ein Gespenst über dem eingefügten Foto eines bedrückt wirkenden Jimmy Carter.

Mortenson blätterte die vom Alter gewellten Seiten durch, auf denen die Anfangstage der Geiselkrise im Iran geschildert wurden. Ein Schreck durchfuhr ihn, als er die Fotos der hilflosen Amerikaner mit verbundenen Augen sah, die der fanatisch tobenden Menge auf Gedeih und Verderb ausgeliefert waren. Hatte man diese Ausgabe absichtlich hingelegt, um ihm eine Botschaft zu übermitteln? Oder war es eine gastfreundliche Geste und eben die einzig englischsprachige Lektüre, die hier verfügbar war? Er warf einen verstohlenen Blick auf seine Wachen, um ihren Mienen etwas zu entnehmen. Doch sie plauderten leise weiter, rauchten Haschisch und schienen sich nicht um ihn zu kümmern.

Lesen war sein einziger Zeitvertreib. Also hielt er die Seiten der Zeitschrift zur Kerosinlampe hin und studierte den Bericht über die Leiden der amerikanischen Geiseln in Teheran. Fünf Botschaftssekretärinnen und sieben schwarze Marineinfanteristen, die kurz nach der Stürmung der Botschaft freigelassen worden waren, schilderten Einzelheiten. Mortenson erfuhr, dass die schwarzen Geiseln im Rahmen einer Pressekonferenz unter einem Transparent mit der Aufschrift *Schwarze, ihr werdet unterdrückt. Die US-Regierung ist unser gemeinsamer Feind!* auf freien Fuß gesetzt worden waren.

Ein Marinesergeant berichtete, man habe ihn zu den Tonbandaufnahmen gezwungen, in denen er die iranische Revolution unterstützt hatte. Anderenfalls habe man ihm mit Erschießung gedroht. Eine Frau, die ein paar Brocken Farsi sprach, sagte, sie habe sich ein wenig mit einer ihrer Bewacherinnen angefreundet, und fragte sich, ob das vielleicht der Grund für ihre Freilassung gewesen sei.

Mortenson las auch, die Geiseln hätten, an Händen und Füßen gefesselt, auf dem Boden schlafen müssen. Nur zu den Mahlzeiten, zum Toilettengang oder zum Rauchen habe man sie losgemacht. »Einige Nichtraucher wollten die Fesseln so verzweifelt loswerden, dass sie mit dem Rauchen anfingen«, zitierte *Time* eine weitere Frau.

Der Bericht schloss mit dem Satz, man müsse sich auf die schreckliche, jedoch recht wahrscheinliche Möglichkeit vorbereiten, dass die Geiseln das Weihnachtsfest in der Teheraner Botschaft verbringen müssten. Mortenson, der siebzehn Jahre später den Vorteil hatte, die weiteren Entwicklungen zu kennen, wusste, dass noch mehr als zwei Weihnachtsfeste vergangen waren, bis das 444-tägige Martyrium der Geiseln endlich zu Ende gewesen war.

Er legte die Zeitschrift weg. Zumindest hatte ihn niemand gefesselt oder ihm mit Erschießung gedroht. Noch nicht. Es hätte also schlimmer kommen können. Allerdings war die Vorstellung, 444 Tage in diesem Loch zu sitzen, zu schrecklich, um auch nur darüber nachzudenken. Obwohl er kein Paschtunisch sprach, musste er sich die eine weibliche Geisel zum Vorbild nehmen. Mortenson war fest entschlossen, einen Weg zu finden, diese Männer in ein Gespräch zu verwickeln.

Nachdem er in seinem *dal* mit *kabuli pilau* herumgestochert hatte, lag er den Großteil der folgenden Nacht wach und spielte in Gedanken die verschiedensten Strategien durch, nur um sie wieder zu verwerfen. Im *Time Magazine* hatte es geheißen, die Entführer hätten einige ihrer Geiseln für Mitarbeiter der CIA gehalten. War er vielleicht deshalb verschleppt worden? Verdächtigten sie ihn etwa der Spionage gegen die bis jetzt noch ziemlich unbekannte Taliban-Bewegung? Durchaus möglich. Doch wegen seiner begrenzten Sprachkenntnisse hatte er keine Möglichkeit zu erklären, dass er nur pakistanischen Kindern helfen wollte, weshalb die Überredungstaktik als Möglichkeit ausfiel.

Oder hatten sie ihn als Geisel genommen, um Lösegeld zu erpressen? Obwohl er sich immer noch an die Hoffnung klammerte, dass die Wasir eigentlich gute Menschen und nur ein unterdrücktes Volk waren, musste er zugeben, dass Geld ein Motiv sein konnte. Wieder fehlte ihm der Wortschatz, um sie davon zu überzeugen, dass er arm war wie eine Kirchenmaus.

Hatte man ihn womöglich entführt, weil er sich als Ungläubiger in einem von Fundamentalisten beherrschten Gebiet herumtrieb? Er grübelte darüber nach, während seine Bewacher selig im Drogenrausch schlummerten, und hielt diese Erklärung für die wahrscheinlichste. Vielleicht würde er es, dem Schneider sei Dank, ja schaffen, die Entführer zu beeinflussen, ohne ihre Sprache zu beherrschen.

Als die Wachen ihn am zweiten Morgen mit einer Tasse Tee weckten, war er bereit. »*El Koran?*«, fragte er und ahmte dabei einen frommen Mann nach, der in dem heiligen Buch blätterte. Die Wachen verstanden sofort, da Arabisch für alle Muslime weltweit die Sprache des Glaubens ist, und der Narbige sagte etwas auf Paschtunisch, dem Mortenson leider nicht folgen konnte. Aber er schloss daraus, dass seine Bitte angekommen war.

Doch erst am Nachmittag des dritten Tages brachte ihm ein älterer Mann, den Mortenson für den Dorfmullah hielt, einen staubigen, in grünen Samt gebundenen Koran. Mortenson bedankte sich auf Urdu, doch die Augen des Mannes unter den schweren Lidern blieben ausdruckslos. Mortenson legte das Buch auf seine Matte und führte die Form der rituellen Waschung durch, die ausgeführt wird, wenn kein Wasser vorhanden ist. Dann schlug er das heilige Buch ehrfürchtig auf.

Über den Koran gebeugt, tat er, als läse er darin, und murmelte dabei die Suren vor sich hin, die er in Rawalpindi in Gegenwart der Schneiderpuppe ohne Kopf gelernt hatte. Der graubärtige Mullah schien zufrieden, denn er nickte und ließ den Gefangenen mit seinen Wächtern allein. Mortenson dachte an Hadschi Ali, der ebenfalls kein Arabisch lesen konnte und dennoch im Koran blätterte, eine liebevolle Erinnerung, die ihn zum Lächeln brachte.

Er betete fünfmal täglich, wenn er den Ruf von einer nahe gelegenen Moschee hörte, und zwar nach sunnitischer Sitte, weil er sich ja in einem sunnitischen Gebiet befand. Ansonsten brütete er über dem Koran. Allerdings blieb ihm der Erfolg versagt, denn es änderte sich nichts am Verhalten seiner Bewacher. Wenn er sich nicht gerade als gläubiger Moslem gebärdete, las er zur Ablenkung das *Time Magazine*.

Er beschloss, die Berichte über die Geiselnahme zu überblättern, da diese bei ihm jedes Mal ängstliches Herzklopfen auslösten. Eine halbe Stunde lang gelang es ihm, seine Umgebung auszublenden, denn er stieß auf eine Lobeshymne auf den Mann, der gerade seine Bereitschaft bekannt gegeben hatte, als Präsident der Vereinigten Staaten zu kandidieren: Ronald Reagan. »Es ist Zeit, dass wir uns keine Gedanken mehr über unsere Beliebtheit machen. Wir müssen uns auf der Welt wieder Respekt verschaffen«, teilte Reagan den *Time*-Redakteuren mit. »Damit kein Diktator es mehr wagt, unsere Botschaft zu überfallen und unsere Landsleute zu entführen.« Unter Präsident Clinton hatte das weltweite Ansehen der USA stetig zugenommen, fand Mortenson. Aber das half ihm jetzt auch nicht weiter. Selbst wenn ein amerikanischer Diplomat die Möglichkeit gehabt hätte, dieses Ansehen zu seiner Befreiung zu nutzen, wusste ja niemand, wo er sich aufhielt.

Der vierte und der fünfte Tag schleppten sich dahin. Welche Tageszeit gerade war, konnte Mortenson nur an dem wenigen Licht erkennen, das durch die Läden hereinfiel. Nachts waren draußen kurze Salven aus Maschinengewehren zu hören, die von ratternden Schüssen aus dem Wachturm der Anlage beantwortet wurden.

Tagsüber riskierte Mortenson hin und wieder einen Blick durch die Ritzen in den Fensterläden. Doch die Aussicht – die kahle Mauer rings um das Gebäude – bot keine Abwechslung zur Langeweile in seinem Zimmer. Verzweifelt sehnte er sich nach einem Weg, die Zeit totzuschlagen. Wie oft sollte er noch die Artikel im *Time Magazine* lesen? Da fielen ihm die Werbeanzeigen ein. Sie bedeuteten einen kleinen Trost, waren sozusagen Fenster nach Hause.

Irgendwann, es musste nach Mortensons Schätzung die fünfte Nacht gewesen sein, wurde er von einer Verzweiflung ergriffen, die in ihm hochstieg und ihn zu überwältigen drohte. Er vermisste Tara, als wäre sie ein Körperteil von ihm. Außerdem hatte er ihr versprochen, in ein bis zwei Tagen zurück zu sein, und es quälte ihn schrecklich, ihr keine Nachricht zukommen lassen zu können. Er hätte alles dafür gegeben, um das Foto zu sehen, das sie beide an ihrem Hochzeitstag zeigte: Breit grinsend stand er vor dem Cable-Car, der sie auf die zauberhafte Tour durch die Stadt entführt hatte, und hielt Tara in den Armen. Sie lächelte in die Kamera und wirkte so glücklich wie noch nie zuvor. Mortenson hätte sich ohrfeigen können, weil er seine Brieftasche im Hotel in Peschawar zurückgelassen hatte.

Allein seiner Willenskraft hatte er es zu verdanken, dass es ihm gelang, die Düsternis in seiner Seele zurückzudrängen und auf der Suche nach einer schönen Erinnerung an die Welt der Geborgenheit, aus der er stammte, weiter in der Zeitschrift herumzublättern. Fast zwei Stunden lang brütete er über der Anzeige für eine Kleinbildkamera. An den Ästen eines Weihnachtsbaums hingen wie Christbaumkugeln die Fotos einer eindeutig glücklichen Familie. Ein würdiger Großvater erklärte einem niedlichen blonden Jungen, wie sein neues Geschenk, eine Angelrute, funktionierte. Eine Mutter beobachtete strahlend, wie zwei Kinder mit rosigen Wangen mit ihren Welpen herumtollten. Obwohl Mortenson die Weihnachtsfeste seiner Kindheit in Afrika erlebt hatte, wo eine alljährlich vom Staub befreite Plastiktanne als Christbaum hatte herhalten müssen, klammerte er sich an diese Welt, die er kannte, wie an einen Rettungsanker. Alles war ihm recht, was ihn von diesem nach Kerosin stinkenden Zimmer und seinen beiden missmutigen Bewachern ablenkte.

Am Morgen des sechsten Tages seiner Gefangenschaft fiel Mortensons Blick auf eine Anzeige für eine Mundhygiene-Station. »Ein Lächeln muss mehr sein als eine Erinnerung«, lautete der sachliche Werbetext, in dem auch von »bakteriellen Belägen, die prächtig am Zahnfleischrand gedeihen« die Rede war. Allerdings war Mortenson längst über das Studieren von Texten hinaus. Das Foto der drei Generationen umfassenden glücklichen Familie, die da vor einem soliden Backsteinhaus stand, war mehr, als er ertragen konnte. Das strahlende Lächeln dieser Leute drückte so viel Liebe und Nähe aus, alles Dinge, die er für seine Tara empfand und die ihm hier niemand entgegenbrachte.

Plötzlich spürte er, dass jemand vor seinem Bett stand. Als er aufsah, blickte er in die Augen eines großen Mannes, der einen ordentlich gestutzten grauen Bart trug und ihn lächelnd auf Paschtunisch begrüßte. »Sie sind also der Amerikaner«, sagte er auf Englisch.

Sobald Mortenson aufgestanden war, um ihm die Hand zu schütteln, begann der ganze Raum sich um ihn zu drehen. Wegen seiner tiefen Niedergeschlagenheit der letzten vier Tage hatte er sämtliche Nahrung bis auf Reis und Tee zurückgewiesen. Der Mann fasste ihn an der Schulter, hielt ihn fest und rief, man solle das Frühstück servieren.

Mortenson verspeiste sein warmes *chapatti* und holte mit vollem Mund die sechs Tage nach, die er ohne ein Gespräch hatte verbringen müssen. Als er sich nach dem Namen des freundlichen Mannes erkundigte, machte dieser eine vielsagende Pause. »Nennen Sie mich einfach Khan«, erwiderte er schließlich. Es war ein Name, der in Wasiristan etwa so häufig vorkommt wie Müller oder Schmidt in Deutschland.

»Khan« war zwar Wasir, hatte aber in Peschawar eine britische Schule besucht und sprach deshalb Englisch mit Oberschichtakzent. Obwohl er den Grund seines Besuchs nicht erklärte, lautete sein Auftrag offenbar, sich ein Bild von dem Amerikaner zu machen. Mortenson erzählte ihm bei einer Kanne grünem Tee von seinem Projekt in Baltistan und erklärte, er plane, noch viele weitere Schulen für benachteiligte pakistanische Kinder zu bauen. Er sei nach Wasiristan gekommen, um zu fragen, ob seine Dienste hier gebraucht würden.

Angespannt wartete er auf Khans Antwort, voller Hoffnung, seine Gefangennahme werde sich als Missverständnis entpuppen, damit er so schnell wie möglich nach Peschawar zurückkehren konnte. Doch weit gefehlt. Der Hüne griff nach dem *Time Magazine* und blätterte es, offenbar geistesabwesend, durch. Als er bei einer Anzeige der US-Army innehielt, witterte Mortenson Gefahr. Khan wies auf eine Frau in Tarnuniform, die ein Funkgerät bediente. »Ihr Amerikaner schickt neuerdings auch Frauen in den Krieg, richtig?«, fragte er.

»Normalerweise nicht«, erwiderte Mortenson, um eine diplomatische Antwort bemüht. »Allerdings haben Frauen in unserer Gesellschaft freie Berufswahl.« Er befürchtete, sein Gegenüber selbst mit dieser ausweichenden Erklärung beleidigt zu haben, und zermartete sich das Hirn nach einem Thema, in dem sie übereinstimmen würden.

»Meine Frau wird bald unser erstes Kind, einen Sohn, zur Welt bringen«, sprach er deshalb weiter. »Ich möchte bei der Geburt zu Hause sein.«

Bei Taras Ultraschalluntersuchung vor einigen Monaten hatte Mortenson das verschwommene Bild seiner kleinen Tochter gesehen. »Aber ich wusste, dass die Geburt eines Sohnes für einen Moslem ein wirklich großes Ereignis ist«, erläutert er. »Obwohl ich ein schlechtes Gewissen hatte zu lügen, dachte ich, dass sie mich wegen der Geburt eines Sohnes vielleicht eher freilassen würden.«

Khan musterte weiter mit finsterer Miene die Anzeige der Army, als hätte er Mortenson nicht gehört. »Ich habe meiner Frau versprochen, dass ich rechtzeitig zurück bin«, beharrte dieser. »Sicher wird sie sich große Sorgen machen. Darf ich sie anrufen, um ihr zu sagen, dass es mir gut geht?«

»Hier gibt es keine Telefone«, entgegnete der Mann, der sich Khan nannte.

»Wäre es möglich, dass Sie mich zu einem pakistanischen Armeestützpunkt bringen, damit ich dort telefonieren kann?«

Khan seufzte auf. »Ich fürchte, das geht nicht«, antwortete er. Dann sah er Mortenson in die Augen. In seinem Blick malte sich ein Mitgefühl, das er offenbar nicht in Worte zu fassen wagte. »Keine Angst«, meinte er, sammelte das Frühstücksgeschirr ein und schickte sich zum Gehen an. »Alles wird gut.«

Am Nachmittag des achten Tages stattete Khan Mortenson einen neuerlichen Besuch ab. »Sind Sie Fußballfan?«, wollte er wissen.

Mortenson überlegte, ob diese Frage ihn dazu verleiten sollte, ins Fettnäpfchen zu treten, kam jedoch zu dem Schluss, dass keine Gefahr drohte. »Klar. Ich habe am College selbst gespielt.« Im nächsten Moment fiel ihm ein, dass Khan offenbar europäischen Fußball, nicht amerikanisches Football meinte.

»Dann werden wir uns jetzt ein Spiel anschauen.« Khan winkte ihn zur Tür. »Kommen Sie.«

Als Mortenson dem breitschultrigen Mann zum unverschlossenen Tor folgte, schwindelte ihm beim Anblick der offenen Landschaft. Seit einer Woche hatte er zum ersten Mal Gelegenheit, sich ein Bild von seiner Umgebung zu machen. Am Ende eines steilen Kiespfads erkannte er neben den Minaretten einer baufälligen Moschee eine Schnellstraße, die das Tal teilte. Und auf der anderen Seite, keine anderthalb Kilometer entfernt, ragten die Wehrtürme eines pakistanischen Armeestützpunkts in den Himmel. Mortenson überlegte, ob er einfach losrennen sollte, erinnerte sich dann jedoch an den Mann auf dem Wachturm. Also ging er hinter Khan her bergauf zu einem großen, steinigen Feld, wo zwei Dutzend bärtige junge Männer, die er noch nie gesehen hatte, sich ein erstaunlich spannendes Duell lieferten. Als Tore dienten aufgestapelte leere Munitionskisten.

Khan brachte ihn zu einem weißen Plastikstuhl, den man ihm zu Ehren am Spielfeldrand aufgestellt hatte. Nachdem Mortenson eine Weile pflichtbewusst zugeschaut hatte, wie die Spieler Staub aufwirbelten, der sich fest auf ihre durchgeschwitzten *salwar kamiz* legte, ertönte vom Wachturm plötzlich ein Ruf. Der Posten hatte bemerkt, dass sich in dem Armeestützpunkt etwas tat. »Ich bedaure«, sagte Khan und scheuchte Mortenson rasch zurück hinter die hohe Lehmmauer der Festung.

In jener Nacht versuchte Mortenson vergeblich einzuschlafen. Nach seinem Auftreten und dem ihm entgegengebrachten Respekt zu urteilen, war Khan vermutlich ein aufstrebender Kommandant der Taliban. Aber welche Konsequenzen würde das für ihn selbst haben? War das Fußballspiel ein Vorbote seiner baldigen Freilassung oder entsprach es eher der letzten Zigarette vor der Hinrichtung.

Er erhielt die Antwort, als die Männer um vier Uhr morgens kamen, um ihn zu holen. Khan verband ihm persönlich die Augen, legte ihm eine Decke über die Schultern, nahm ihn sanft am Arm und führte ihn hinaus zur Ladefläche des Pick-up, auf der bereits einige Männer saßen. »Damals, vor dem 11. September, war das Enthaupten von Ausländern noch nicht in Mode«, erklärt Mortenson. »Und erschossen zu werden hielt ich für keine so unangenehme Todesart. Nur der Gedanke, dass Tara unser Kind würde allein aufziehen müssen, ohne zu wissen, was aus mir geworden war, trieb mich in den Wahnsinn. Ich malte mir aus, wie sie sich mit Angst und Ungewissheit quälte, und das war das Allerschlimmste für mich.«

Auf der zugigen Ladefläche des Pick-up bot jemand Mortenson eine Zigarette an. Doch er lehnte ab. Schließlich war es überflüssig geworden, den gutwilligen Gast zu mimen, und außerdem hatte er keine Lust, mit dem Geschmack einer Zigarette im Mund zu sterben. Während der halbstündigen Autofahrt zog er die Decke fest um seine Schultern, zitterte aber dennoch am ganzen Leib. Als der Pick-up in eine Staubpiste einbog und das Dröhnen von Maschinengewehrsalven immer lauter wurde, brach ihm jedoch der Schweiß aus.

Der Fahrer trat auf die Bremse, sodass der kleine Laster mitten im Gelärme des Trommelfeuers aus unzähligen AK-47 stoppte. Khan nahm Mortenson die Augenbinde ab und umarmte ihn. »Sehen Sie«, verkündete er, »ich habe Ihnen doch gesagt, dass alles gut wird.« Hinter Khan sah Mortenson Hunderte kräftig gebaute, bärtige Wazir, die um verschiedene Lagerfeuer tanzten und dabei in die Luft schossen. Zu seiner Überraschung stellte er fest, dass sich nicht Blutdurst, sondern Glückseligkeit auf den vom Feuer beschienenen Gesichtern malte.

Die Männer, die ihn begleitet hatten, sprangen unter Freudenschreien vom Wagen und stimmten in das Herumgeballere ein. Obwohl es sicher kurz vor Morgengrauen war, brodelten überall Kochtöpfe, und Ziegen wurden über dem offenen Feuer gebraten.

»Was ist hier los?«, rief Mortenson, während er Khan in das Gewühl johlender Männer folgte. Er traute dem Frieden noch nicht ganz. »Warum bin ich hier?«

»Es ist besser, wenn Sie nicht zu viel wissen!«, überbrüllte Khan die Gewehrschüsse. »Sagen wir mal ... wir haben andere Möglichkeiten in Erwägung gezogen. Es gab einen Disput, der zu einer schweren Krise hätte führen können. Doch nun wurde alles in einer *dschirga* geklärt, und das müssen wir feiern. Nach dem Fest bringen wir Sie zurück nach Peschawar.«

Mortensons Argwohn hatte sich noch nicht ganz gelegt. Aber die erste Handvoll Rupien überzeugte ihn davon, dass die Tortur endlich ausgestanden war. Einer seiner Bewacher, der mit der Narbe auf der Stirn, kam auf ihn zugelaufen. Sein Gesicht strahlte nicht nur vom Feuerschein, sondern auch vom Haschischgenuss, und er schwenkte ein Bündel rosafarbener Hundertrupienscheine, die ebenso schmutzig und zerknittert waren wie er selbst und die er nun in die Brusttasche von Mortensons *kamiz* stopfte.

Verdattert fragte der Amerikaner Khan, was das zu bedeuten habe. »Für Ihre Schulen!«, rief dieser ihm ins Ohr. »Damit Sie, *inschallah*, noch viele weitere bauen!«

Dutzende anderer Wasir hielten mit der Schießerei lange genug inne, um Mortenson zu umarmen, ihm dampfende Scheiben Ziegenfleisch zu bringen und ihm ebenfalls eine Spende zu überreichen. Als die Sonne aufging, spürte Mortenson, dessen Magen und Brusttasche inzwischen gut gefüllt waren, wie die Angst, die ihm acht Tage lang das Herz zugeschnürt hatte, endlich nachließ.

Euphorisch feierte er mit. Während ihm das Bratenfett in den acht Tage alten Bart rann, vollführte er die längst vergessen geglaubten Tanzschritte aus Tansania und ließ sich, angefeuert von den Wasir, von einem wilden Glücksgefühl treiben, wie es nur die Freiheit auszulösen vermag.

Gleichgewicht

Der scheinbare Gegensatz zwischen Leben und Tod ist nun ausgelöscht. Du sollst dich nicht wehren, um dich schlagen oder gar fliehen. Es gibt kein Gefäß mehr und auch nichts, was es aufnehmen müsste. Es bleibt nur noch die blendende Unermesslichkeit der Freiheit.

Aus dem Kriegerlied des König Gesar

Die Lackierung des unbekannten Kleinwagens, der in Mortensons Auffahrt in Montana parkte, war wegen des vielen Schlamms kaum noch zu erkennen. *Babykutsche* lautete die Aufschrift des personalisierten Nummernschildes.

Jedes Mal, wenn Mortenson sein gemütliches Heim betrat, wunderte er sich aufs Neue, dass dieses idyllische alte Haus tatsächlich ihm gehörte. Nachdem er die Einkaufstüten mit Dingen, auf die Tara Heißhunger verspürte – frisches Obst und verschiedene Eiscremesorten – auf den Küchentisch gestellt hatte, machte er sich auf die Suche nach seiner Frau.

Er traf sie in Gesellschaft einer kräftig gebauten Frau oben in ihrem kleinen Schlafzimmer an. »Roberta ist hier, Liebling«, teilte die auf dem Bett liegende Tara ihm mit. Nach dem dreimonatigen Aufenthalt in Pakistan war Mortenson erst seit einer Woche wieder in Bozeman und musste sich noch daran gewöhnen, dass seine zierliche Frau inzwischen wie eine überreife Melone aussah.

Er nickte der Hebamme zu, die am Fußende des Bettes saß. »Hallo.«

»Wie geht's?«, erwiderte Roberta. »Ich erkläre Ihnen rasch alles, was wir beschlossen haben. Wir sprachen gerade darüber, wo die Geburt stattfinden soll. Tara sagte mir, sie würde ihr kleines Mädchen am liebsten hier im Bett zur Welt bringen. Ich bin einverstanden. In diesem Raum herrscht eine friedliche Energie.«

»Ich habe nichts dagegen«, antwortete Mortenson und nahm Taras Hand. Er freute sich schon darauf. Als ehemaliger Krankenpfleger hätte er seine Frau nur ungern in einem Krankenhaus gesehen. Roberta gab den beiden ihre Telefonnummer und wies sie an, sie, ganz gleich um welche Uhrzeit, in ihrer Blockhütte in den Hügeln außerhalb von Bozeman anzurufen, sobald die Wehen begannen.

Die restliche Woche verhielt sich Mortenson so überfürsorglich, dass es Tara allmählich zu viel wurde, weshalb sie vorschlug, er solle doch einen Spaziergang unternehmen, damit sie ein Nickerchen halten könne. Nach dem steinigen Wasiristan empfand Mortenson die bunten Herbstwälder von Bozeman als paradiesisch. Die langen Streifzüge durch die von Bäumen gesäumten Straßen in seinem Viertel, wo Studenten der Universität von Montana ihre Hunde in gut gepflegten Parks Frisbees apportieren ließen, waren genau das richtige Gegenmittel nach acht Tagen in einem stickigen Raum.

Als er, die Taschen voller von den Wasir gespendeten rosafarbenen Hundertrupienscheinen im Wert von fast vierhundert Dollar, wohlbehalten in seinem Hotel in Peschawar eingetroffen war, hatte er sich, mit einem Foto von Tara ausgerüstet, auf den Weg zum Fernmeldeamt gemacht. Während er mit seiner Frau im fernen Amerika telefoniert hatte, wo es gerade Sonntag und mitten in der Nacht gewesen war, hatte er ihr Bild betrachtet.

Tara war noch wach gewesen.

»Hallo, Liebling, mir geht es gut!«, hatte er gerufen, um das Knistern in der Leitung zu übertönen.

»Wo warst du? Was ist passiert?«

»Ich wurde gefangen genommen.«

»Gefangen genommen? Von der Regierung?« Er hatte Tara die Angst angehört.

»Das ist schwer zu erklären«, hatte er geantwortet, um seine Frau nicht noch mehr zu erschrecken. »Aber ich komme nach Hause. Wir sehen uns in ein paar Tagen.« Auf den drei langen Flügen hatte er immer wieder Taras Bild aus der Brieftasche genommen, um es sehnsüchtig zu betrachten. Ihr Anblick war wie Medizin für ihn.

Auch Tara in Montana brauchte einige Zeit, um sich von dem Schock zu erholen. »Als ich anfangs nichts von ihm hörte, dachte ich, das ist eben typisch Greg, der einfach nicht mit Zeit umgehen kann. Aber nach einer Woche war ich völlig fertig. Ich überlegte schon, ob ich das Außenministerium einschalten sollte, und sprach mit meiner Mutter darüber. Allerdings wusste ich, dass Greg sich in einem Sperrgebiet aufhielt, weshalb das sicher zu einem internationalen Zwischenfall geführt hätte. Ich fühlte mich so ohnmächtig und allein, war schwanger und stand sämtliche Todesängste aus, die man sich nur vorstellen kann. Als er mich endlich aus Peschawar anrief, hatte ich mich schon fast mit dem Gedanken abgefunden, dass er tot sein könnte.«

Am 13. September 1996, genau ein Jahr nach der schicksalhaften Begegnung im *Fairmont Hotel*, spürte Tara um sieben Uhr morgens die erste Wehe.

Begleitet von tibetischem Mönchsgesang von einem Band, das ihr Vater ausgesucht hatte, erblickte Amira Eliana Mortenson um 19.12 Uhr das Licht der Welt. Der Name Amira bedeutet auf Persisch »Führerin«, während Eliana auf Chagga, der Stammessprache im Gebiet des Kilimandscharo, »Geschenk Gottes« heißt. Auch Mortensons geliebte Schwester Christa hatte mit zweitem Namen Eliana geheißen.

Nachdem die Hebamme fort war, kuschelte er sich im Bett an seine Frau und seine Tochter. Er legte dem Baby einen bunten *tomar* um den Hals, ein Geschenk von Hadschi Ali. Dann mühte er sich mit dem Korken der ersten Flasche Champagner ab, die er je im Leben gekauft hatte.

»Gib schon her«, meinte Tara lachend und tauschte Flasche gegen Baby. Als seine Frau den Champagner entkorkte, legte Mortenson seine riesige Pranke schützend auf das kleine weiche Köpfchen seiner Tochter. Vor lauter Glück traten ihm die Tränen in die Augen.

Es konnte doch nicht möglich sein, dass die acht Tage in dem nach Kerosin stinkenden Raum und dieser heimelige Augenblick im Schlafzimmer seines Hauses in einer von Bäumen gesäumten Straße und im Schoß seiner Familie Teile ein und derselben Welt waren!

»Was ist?«, erkundigte sich Tara.

»Pssst«, flüsterte er und strich mit der freien Hand die Falten auf ihrer fragend hochgezogenen Stirn glatt, bevor er das Champagnerglas entgegennahm. »Pssst.«

Der Anruf aus Seattle war ein Beweis dafür, dass der Welt immer unerbittlich an einem Gleichgewicht gelegen ist. Jean Hoerni wollte wissen, wann genau er endlich ein Foto von der fertigen Schule in Korphe zu sehen bekäme. Mortenson erzählte ihm von der Entführung und seinem Vorhaben, nach Pakistan zurückzukehren, nachdem er ein paar Wochen Zeit gehabt habe, seine kleine Tochter kennenzulernen.

Hoernis Reaktion auf den Fortgang der Bauarbeiten fiel so ungeduldig und aufgebracht aus, dass Mortenson sich erkundigte, ob er Sorgen habe. Nach einigem Herumgedruckse gestand Hoerni, bei ihm sei Leukämie im Endstadium festgestellt worden. Sein Arzt gebe ihm nur noch wenige Monate. »Ich muss die Schule sehen, bevor ich sterbe«, drängte er. »Versprechen Sie mir, dass Sie mir das Foto so schnell wie möglich bringen.«

»Ehrenwort«, erwiderte Mortenson. Vor Trauer um diesen mürrischen, streitlustigen alten Mann, der aus unverständlichen Gründen beschlossen hatte, seine Hoffnungen ausgerechnet in einen Menschen wie ihn zu setzen, schnürte es ihm die Kehle zu.

Das Herbstwetter in Korphe war zwar sonnig, aber für die Jahreszeit viel zu kalt, sodass die Familien allzu früh ihre Dächer verlassen und sich um die qualmenden Feuer scharen mussten. Um sein Versprechen an Hoerni zu halten, hatte Mortenson sich schon nach wenigen Wochen widerwillig von seiner Familie losgerissen. Nun kletterten er und die Männer des Dorfes, warme Decken über den *salwar kamiz*, täglich aufs Schuldach, um dort die letzten Balken anzubringen. Dabei blickte Mortenson die ganze Zeit besorgt zum Himmel, voller Angst, dass Schnee die Arbeiten wieder zum Erliegen bringen könnte.

Wie Twaha sich erinnert, wunderte es ihn, wie gut Mortenson mit dem kalten Wetter in Korphe zurechtkam. »Wir alle befürchteten, Dr. Greg könnte drinnen bei dem Qualm und wegen des Viehs nicht schlafen, doch das schien ihn gar nicht zu stören. Wir fanden, dass er sehr merkwürdige Lebensgewohnheiten hatte, die sich völlig von denen der anderen Amerikaner und Europäer unterschieden. Er stellte keine Ansprüche an gutes Essen oder Komfort, sondern vertilgte, was meine Mutter ihm vorsetzte, und schlief neben uns im Qualm wie ein Balti. Weil Dr. Greg so ausgezeichnete Manieren hat und nie die Unwahrheit sagt, gewannen meine Eltern und ich ihn sehr lieb.«

Eines Abends beichtete Mortenson Hadschi Ali verlegen seine Entführung. Der Dorfvorsteher hatte sich nach dem Abendessen gerade ein Stück *naswar* in den Mund gesteckt und spuckte den Tabakpfropfen nun ins Feuer, damit er deutlicher sprechen konnte.

»Du bist allein hingefahren!«, schalt er Mortenson. »Und hast nicht die Gastfreundschaft des Dorfvorstehers gesucht! Wenn du eine Lektion von mir lernen sollst, dann diese: *Geh in Pakistan nirgendwo allein hin.* Versprich mir das.«

»Ehrenwort«, erwiderte Mortenson in dem klaren Bewusstsein, dass er sich wieder von einem alten Mann zu einem Schwur hatte verpflichten lassen.

Hadschi Ali schob sich ein neues Stück *naswar* in die Backe. »Wo willst du die nächste Schule bauen?«, fragte er nachdenklich.

»Ich habe daran gedacht, ins Hushe-Tal zu fahren«, antwortete Mortenson, »um dort ein paar Dörfer zu besuchen und zu sehen, wer ...«

»Darf ich dir noch einen Rat geben?«, unterbrach ihn Hadschi Ali.

»Gern.«

»Warum überlässt du das nicht uns? Ich rufe alle Ältesten vom Braldu zusammen und stelle fest, welches Dorf bereit ist, ein Stück

Land und kostenlose Arbeitskräfte für den Bau einer Schule zur Verfügung zu stellen. Auf diese Weise brauchst du nicht wieder wie eine Krähe durch Baltistan zu flattern und einmal hier, einmal dort zu picken.« Hadschi Ali lachte.

»Schon wieder musste sich ein Westler von einem alten Balti, der weder lesen noch schreiben konnte, Tipps geben lassen, wie man dieses ›zurückgebliebene‹ Gebiet am besten entwickelt«, hebt Mortenson hervor. »Seitdem habe ich mich bei all den Schulen, die ich gebaut habe, immer an Hadschi Alis Rat gehalten und mich langsam von Dorf zu Dorf und von Tal zu Tal vorgearbeitet. Ich knüpfte an bereits vorhandene Verbindungen an, anstatt ziellos zwischen Orten hin und her zu reisen, wo ich – wie in Wasiristan – niemanden kannte.«

Anfang Dezember waren alle Fenster der Schule von Korphe eingesetzt, und in jedem der vier Klassenzimmer hing eine Tafel. Nun musste nur noch das Wellblech aufs Dach genagelt werden. Da die Aluminiumplatten scharfkantig waren, konnte es gefährlich werden, wenn der Wind, der durch die Schlucht pfiff, sie hin und her peitschte wie Sägeblätter. Mortenson hatte seinen Verbandskasten stets griffbereit und schon einige durch herumfliegende Metallteile verursachte Wunden verarztet.

Eines Tages rief Ibrahim, einer der Bauarbeiter, Mortenson vom Dach, weil er dringend ärztliche Hilfe brauchte. Als Mortenson den hochgewachsenen, gut aussehenden jungen Mann auf Verletzungen untersuchen wollte, packte dieser ihn am Handgelenk und zog ihn in Richtung seines Hauses. »Es geht um meine Frau, Dr. *Sahib*«, stieß er hervor. »Mit dem Baby stimmt was nicht!«

In einem Zimmer in seinem Haus betrieb Ibrahim Korphes einzigen Laden, wo die Dorfbewohner Tee, Seife, Zigaretten und andere Dinge des täglichen Gebrauchs kaufen konnten. Im Stall im Erdgeschoss unter Ibrahims Wohnräumen lag seine von unruhigen Schafen und verzweifelten Verwandten umringte Ehefrau Rhokia. Wie Mortenson erfuhr, hatte sie vor zwei Tagen ein Mädchen zur Welt gebracht und sich seitdem nicht von der Geburt erholt. »Es stank unerträglich nach Verwesung«, erinnert er sich. Im Licht einer

Öllampe untersuchte er Rhokia, die auf einem Bett aus blutigem Heu lag. Mit Ibrahims Erlaubnis fühlte er ihr den Puls, der erschreckend hoch war: »Sie war aschfahl und bewusstlos. Sie hatte die Nachgeburt nicht abgestoßen und drohte an einem septischen Schock zu sterben.«

Rhokias verzweifelte Schwester hielt das Baby im Arm, das kaum bei Bewusstsein war. Auch das Kind war dem Tode nah. Da die Familie davon ausging, dass Rhokia vergiftet worden war, hatten sie ihr das Kind nicht zum Stillen gegeben. »Aber das Stillen stimuliert die Gebärmutter, sodass die Plazenta ausgetrieben wird«, erläutert Mortenson. »Also bestand ich darauf, dass sie Rhokia das Baby zum Stillen anlegten, und verabreichte ihr ein Antibiotikum gegen die Sepsis. Doch während das Kind immer kräftiger wurde, lag Rhokia nur da und begann vor Schmerz zu stöhnen, wenn sie einmal kurz das Bewusstsein erlangte. Ich wusste, was zu tun war, befürchtete aber, dass Ibrahim etwas dagegen haben würde.«

Mortenson nahm den Ehemann beiseite. Ibrahim gehörte zwar zu den aufgeschlosseneren unter Korphes Männern, der sein Haar lang trug, sich glatt rasierte und sich die ausländischen Bergsteiger, für die er gearbeitet hatte, zum Vorbild nahm, war aber dennoch ein Balti. Also erklärte Mortenson ihm ruhig, er müsse in seine Frau hineinfassen, um das zu entfernen, was sie krank mache.

Freundschaftlich legte Ibrahim ihm die Hände auf die Schultern und erwiderte, er habe volles Vertrauen zu ihm. Während der junge Vater die Kerosinlampe hochhielt, wusch Mortenson sich die Hände mit heißem Wasser, griff dann in Rhokias Uterus und zog die verwesende Plazenta heraus.

Als er am nächsten Tag wieder auf dem Schuldach stand, sah er Rhokia im Dorf umhergehen und ihr gesundes kleines Mädchen liebkosen, das in einem Tragetuch lag. »Ich war so froh, dass ich Ibrahims Familie hatte helfen können. Für einen Balti ist es ein gewaltiger Vertrauensbeweis, einen Ausländer und Ungläubigen so nah an die eigene Frau heranzulassen. Es beschämte mich, welch hohes Ansehen ich inzwischen bei diesen Menschen genoss.«

Mortenson fiel auf, dass die Frauen von Korphe seit diesem Tag mit ausgestreckten Händen Kreise in die Luft malten, wenn er an ihrem Haus vorbeiging. Offenbar wollten sie ihm ihren Segen geben.

Am Nachmittag des 10. Dezember 1996 kauerte Mortenson gerade mit Twaha, dem designierten Lehrer Hussein und einigen weiteren gut gelaunten Bauarbeitern auf dem Dach und schlug den letzten Nagel in das fertige Gebäude ein, als die ersten Schneeflocken vom Himmel auf seine rot gefrorenen Hände fielen. Unten im Hof stieß Hadschi Ali angesichts dieser Leistung einen Jubelschrei aus. »Ich habe Allah den Allmächtigen gebeten, mit dem Schnee zu warten, bis du fertig bist!«, rief er lächelnd. »Und in seiner unendlichen Weisheit hat er mir den Gefallen getan. Jetzt komm runter und trink einen Tee.«

An jenem Abend öffnete Hadschi Ali im Schein des Feuers, das in dem Hauptraum brannte, seinen Schrank und gab Mortenson Wasserwaage, Senkblei und Kassenbuch zurück. Dann reichte er ihm ein weiteres Buch. Als Mortenson es durchblätterte, sah er zu seinem Erstaunen, dass alle Seiten von ordentlichen Zahlenkolonnen bedeckt waren, die er, ohne zu zögern, Jean Hoerni vorlegen konnte: »Das Dorf hatte über jede für die Schule ausgegebene Rupie Rechenschaft abgelegt und die Kosten sämtlicher Ziegelsteine, Nägel, Bretter und ausgezahlten Löhne addiert, und zwar auf die Buchhaltungsmethode, die früher in den britischen Kolonien verwendet wurde. So gut hätte ich das niemals hingekriegt.«

Als Mortenson sich auf die Heimreise gemacht hatte und der Jeep auf dem Weg nach Skardu das Braldu-Tal entlangkroch, schlug der Schneesturm, der den Winter im Karakorum ankündigte, mit voller Wucht zu. Der Fahrer, ein älterer Mann, dessen eines Auge milchig war, musste alle paar Minuten das Fenster öffnen, um das Eis von der Windschutzscheibe zu kratzen, denn der Wagen besaß keine Scheibenwischer. Während der Jeep hoch über dem hinter der weißen Wand verschwundenen Braldu ein vereistes Felssims entlangschlidderte, klammerten sich die Passagiere Schutz suchend aneinander. Denn der Fahrer nahm immer wieder die Hände vom Steuer, hob sie zum Himmel und betete voller Angst zu Allah darum, dass sie dieses Abenteuer heil überstanden.

Schneeverwehungen und ein Wind mit einer Geschwindigkeit von achtzig Stundenkilometern raubten Mortenson die Sicht. Mit beiden Händen umklammerte er das Lenkrad, damit der Volvo nicht von der Straße abkam. Eigentlich hätte die Fahrt von Bozeman nach Hailey in Idaho, wo Hoerni in der Nähe eines seiner Zweitwohnsitze im Krankenhaus lag, höchstens sieben Stunden dauern dürfen. Doch die Mortensons waren nun schon seit zwölf Stunden unterwegs. Morgens waren nur ein paar Flöckchen vom Himmel und durch die kahlen Äste der Bäume gerieselt. Aber nun, um zehn Uhr abends, tobte ein ausgewachsener Blizzard, und immer noch trennten sie über hundert Kilometer von ihrem Ziel.

Kurz wandte Mortenson seinen Blick vom Schneetreiben ab und schaute hinter sich zu dem Kindersitz, in dem Amira schlief. Allein durch einen Schneesturm in Baltistan zu fahren, war ein Risiko, das er selbst auf sich nehmen konnte. Doch seine Frau und sein Kind diesem Unwetter auszusetzen, nur um einem Sterbenden ein Foto zu bringen, war unverzeihlich, insbesondere deshalb, weil hier ganz in der Nähe Taras Vater bei dem Autounfall ums Leben gekommen war.

Im Schutz eines Straßenschildes fuhr Mortenson den alten Volvo auf den Seitenstreifen und stellte ihn mit dem Heck in Windrichtung, um zu warten, bis der Schneesturm aufhörte. In seiner Eile, noch rechtzeitig bei Hoerni einzutreffen, hatte er vergessen, Frostschutzmittel in den Kühler zu geben, weshalb er nun befürchtete, der Wagen würde nicht mehr anspringen, wenn er den Motor abschaltete. Zwei Stunden lang beobachtete er Tara und Amira beim Schlafen und behielt dabei die Tankuhr im Auge, deren Nadel stetig sank. Endlich ließ der Sturm nach, sodass er die Fahrt fortsetzen konnte.

Nachdem Mortenson seine schläfrige Frau und seine Tochter bei Hoernis Haus in Hailey abgesetzt hatte, machte er sich auf den Weg zum Krankenhaus. Es war eigentlich auf die orthopädische Behandlung von verletzten Skifahrern aus dem nahe gelegenen Skigebiet Sun Valley spezialisiert und hatte nur acht Zimmer. Und da die Skisaison noch kaum begonnen hatte, waren sieben davon leer. Auf Zehenspitzen schlich Mortenson an der Nachtschwester vorbei, die schlafend hinter der Empfangstheke saß, und ging auf das letzte Zimmer rechts im Flur zu, wo unter dem Türspalt Licht zu sehen war.

Obwohl es schon zwei Uhr morgens war, saß Hoerni wach im Bett. »Sie kommen spät«, stellte er fest. »Typisch.«

Beklommen blieb Mortenson auf der Schwelle stehen. Es erschreckte ihn, wie schnell Hoernis Erkrankung vorangeschritten war. Sein ohnehin schon schmales und markantes Gesicht war so eingefallen, dass es Mortenson an einen Totenkopf erinnerte. »Wie fühlen Sie sich, Jean?« Er trat ein und legte Hoerni die Hand auf die Schulter.

»Haben Sie das verdammte Foto mitgebracht?«, brummte der Wissenschaftler.

Mortenson stellte seinen Rucksack auf dem Bett ab, wobei er darauf achtete, bloß nicht Hoernis abgemagerte Beine zu erschüttern – Bergsteigerbeine, die den Schweizer noch vor einem Jahr rings um den fast siebentausend Meter hohen Kailash in Tibet getragen hatten. Dann legte er einen braunen Umschlag in die knotigen Hände seines Gönners. Während Hoerni das Kuvert öffnete, beobachtete Mortenson aufmerksam sein Gesicht.

Mit einer zitternden Hand nahm Hoerni den Abzug heraus, den Mortenson in Bozeman hatte anfertigen lassen, und musterte eingehend die Schule von Korphe. Mortenson hatte das Foto am Morgen seiner Abreise gemacht. »*Magnifique!*«, rief Hoerni aus und nickte beim Anblick des gedrungenen buttergelben Gebäudes mit den scharlachrot abgesetzten Kanten zustimmend. Dann fuhr er mit dem Finger die Reihe der siebzig zerlumpten, aber lächelnden Schüler entlang, die in diesem Gebäude endlich eine richtige Schulbildung erhalten würden.

Hoerni griff zum Telefon neben seinem Bett und rief die Nachtschwester herbei. Als sie erschien, bat er sie um einen Hammer und einen Nagel.

»Wofür brauchen Sie den denn, Schätzchen?«, fragte sie schlaftrunken.

»Um das Bild von der Schule aufzuhängen, die ich in Pakistan gebaut habe.«

»Ich fürchte, das ist verboten«, erwiderte sie in sanftem Ton, um den unter starken Medikamenten stehenden Patienten zu beruhigen. »Vorschriften.«

»Wenn es sein muss, kaufe ich das ganze verfluchte Krankenhaus!«, brüllte Hoerni und setzte sich im Bett auf, sodass die Frau erschrocken loslief. »Bringen Sie mir einen Hammer, verdammt!«

Kurz darauf kehrte die Schwester mit einem Heftklammerer zurück. »Etwas Schwereres konnte ich nicht finden«, meinte sie.

»Nehmen Sie das Ding von der Wand und hängen Sie das hier auf«, befahl Hoerni.

Mortenson entfernte das Aquarell, das zwei mit einem Wollknäuel spielende Kätzchen zeigte, von der Wand, zog den Nagel heraus und befestigte, mithilfe des Heftklammerers und begleitet von rieselndem Putz, das Foto der Schule von Korphe so, dass Hoerni es gut sehen konnte. Als er sich wieder zu dem Wissenschaftler umwandte, stellte er fest, dass dieser zum Telefon gegriffen hatte und die internationale Auskunft bat, eine bestimmte Nummer in der Schweiz zu ermitteln.

»Salut«, begrüßte er schließlich einen alten Freund in Genf. *»C'est moi*, Jean. Ich habe eine Schule im Karakorum gebaut«, prahlte er. »Und was hast du in den letzten fünfzig Jahren so getrieben?«

Obwohl Hoerni Häuser in der Schweiz und im Sun Valley besaß, hatte er beschlossen, in Seattle zu sterben. Um die Weihnachtszeit war er dorthin in eine Klinik verlegt worden. Von seinem Einzelzimmer aus konnte er bei klarem Wetter die Elliot Bay und die schroffen Gipfel der Olympic Peninsula sehen. Allerdings galt die Aufmerksamkeit des Kranken, dessen Kräfte rasch schwanden, hauptsächlich dem juristischen Dokument, das immer neben ihm auf dem Nachttisch lag.

»Jean verbrachte die letzten Wochen seines Lebens damit, sein Testament zu ändern«, erzählt Mortenson. »Jedes Mal wenn er sich über jemanden geärgert hatte – und er ärgerte sich eigentlich immer über jemanden –, nahm er seinen großen schwarzen Textmarker und strich den Betreffenden aus seinem Testament. Dann rief er, ganz gleich, wie spät es war, seinen Anwalt an und sorgte dafür, dass derjenige nichts erbte.«

Zum letzten Mal in seinem Leben betätigte Mortenson sich nun als Krankenpfleger. Während seine Familie in Montana auf ihn wartete, betreute er Hoerni rund um die Uhr, wusch ihn, wechselte die Bettpfannen und versorgte seinen Katheter. Er war froh, dass er die nötigen Fachkenntnisse besaß, um Hoerni die letzten Tage so angenehm wie möglich zu gestalten.

Mortenson hatte ein anderes großformatiges Foto der Schule von Korphe einrahmen und über das Klinikbett hängen lassen. Dann schloss er die Videokamera, die Hoerni ihm vor seiner letzten Pakistanreise geschenkt hatte, an den Krankenhausfernseher an und zeigte ihm Aufnahmen vom Dorfleben in Korphe. »Jeans Tod war nicht friedlich. Er war wütend, weil er sterben musste«, sagt Mortenson. Doch als Hoerni im Bett lag, Mortensons Hand hielt und sich ansah, wie die Kinder von Korphe in gebrochenem Englisch und mit engelsgleichen Stimmen *Mary had a little Lamb* sangen, war sein Zorn plötzlich wie weggeblasen.

Mit der überraschenden Kraft der Sterbenden drückte Hoerni dem Jüngeren die Hand. »Er sagte mir, er liebe mich wie einen Sohn«, berichtet Mortenson. »Jeans Atem hatte den süßlichen Geruch nach Keton, wie bei vielen, die dem Tode nah sind, und mir war klar, dass es nicht mehr lange dauern würde.«

»Jean war für seine Leistungen als Wissenschaftler bekannt. Aber ich glaube, die kleine Schule in Korphe war ihm genauso wichtig«, hebt seine Witwe Jennifer Wilson hervor. »Er hatte das Gefühl, der Nachwelt etwas hinterlassen zu haben.«

Da Hoerni sichergehen wollte, dass das Central Asia Institute auf einem ebenso soliden Fundament stand wie die Schule von Korphe, hatte er der Organisation vor seiner Einlieferung ins Krankenhaus eine Million Dollar gespendet.

Als Mortenson am Neujahrstag 1997 aus der Caféteria zurückkam, fand er Hoerni mit Kaschmirblazer und Hose bekleidet vor. Der Patient zerrte an seiner Infusion. »Ich muss für ein paar Stunden nach Hause«, sagte er. »Rufen Sie eine Limousine.«

Mortenson überredete den irritierten Stationsarzt, Hoerni in seine Obhut zu geben, und bestellte eine schwarze Limousine, die sie in die Penthousewohnung am Ufer des Lake Washington fuhr. Hoerni war zwar zu schwach, um ein Telefon zu halten, blätterte jedoch in einem in Leder gebundenen Adressbuch herum und bat Mortenson, an einige Freunde, die er längst aus den Augen verloren hatte, Blumen schicken zu lassen.

»*Bon*«, meinte er, nachdem der letzte Strauß bestellt war. »Jetzt kann ich sterben. Bringen Sie mich zurück ins Krankenhaus.«

Am 12. Januar 1997 endete das lange und bewegte Leben von Jean Hoerni, dem Mann, der maßgeblich am Aufbau der Halbleiterindustrie und der Gründung des Central Asia Institute beteiligt gewesen war. Im folgenden Monat kaufte Mortenson sich den ersten guten Anzug seines Lebens und hielt vor Hoernis Familie und den ehemaligen Kollegen, die sich zum Trauergottesdienst versammelt hatten, eine Gedenkrede. Die Kirche stand mitten im Herzen des Silicon Valley, dessen Entstehung auch Hoerni zu verdanken war.

»Jean Hoerni hatte den Weitblick, uns mit hochmoderner Technologie ins einundzwanzigste Jahrhundert zu führen«, wandte Mortenson sich an die versammelten Trauergäste. »Aber er besaß auch die seltene Gabe, zurückzuschauen und sich den Menschen zu widmen, die noch heute so leben, wie sie es seit Jahrtausenden getan haben.«

Mortenson startet durch

Nicht der Schlag des Hammers, sondern der Tanz des Wassers verleiht den Steinen ihre vollkommene Form.

Rabindranath Tagore

Um drei Uhr morgens erfuhr Mortenson im »Büro« des Central Asia Institute in Bozeman, einem umgebauten Wäscheraum im Keller seines Hauses, dass der *sher* von Chakpo, einem Dorf im Braldu-Tal, eine Fatwa gegen ihn ausgesprochen hatte. In Skardu, wo Ghulam Parvi bei sich zu Hause in den Hörer des ihm von Mortenson spendierten Telefons schrie, war es später Nachmittag.

»Der Islam ist diesem Mullah völlig egal!«, schimpfte Parvi. »Er ist ein Betrüger und nur aufs Geld aus. Er hat überhaupt kein Recht, eine Fatwa zu verhängen!«

An Parvis aufgebrachtem Tonfall erkannte Mortenson, dass eine Fatwa ein ernstes Problem bedeutete. Zu Hause, am anderen Ende der Welt, im Pyjama und die nackten Füße bequem auf einen Heizstrahler gestützt, fiel es ihm allerdings schwer, die in diesem Fall offenbar nötige Besorgnis aufzubringen.

»Können Sie nicht versuchen, mit ihm zu reden?«, fragte er.

»Sie müssen herkommen. Wenn ich keinen Koffer voller Geld mitbringe, wird er sich weigern, mich zu empfangen. Soll ich das tun?«

»Wir bezahlen keine Bestechungsgelder, damit fangen wir gar nicht erst an«, erwiderte Mortenson und unterdrückte ein Gähnen, um Parvi nicht zu kränken. »Am besten wenden wir uns an einen Mullah, der mehr Macht hat als er. Kennen Sie vielleicht jemanden?«

»Kann sein«, erwiderte Parvi. »Also bis morgen um die gleiche Zeit?«

»Ja, um die gleiche Zeit«, antwortete Mortenson. »*Khuda hafiz.*«

»Allah sei auch mit Ihnen, Sir.« Parvi legte auf.

Mortenson hatte sich einen Tagesablauf angewöhnt, der in den nächsten zehn Jahren sein Leben bestimmen sollte und von dem dreizehnstündigen Zeitunterschied zwischen Bozeman und Baltistan bestimmt war. Um neun Uhr abends, nach seinen »morgendlichen« Anrufen in Pakistan, ging er zu Bett und stand zwischen zwei und drei Uhr morgens auf, bevor in Pakistan die Büros schlossen. Da er Tag und Nacht mit dem Central Asia Institute beschäftigt war, schlief er selten mehr als fünf Stunden.

Nachdem Mortenson sich in der Küche einen Kaffee gemacht hatte, setzte er sich unten im Keller an den Computer, um seine erste E-Mail des Tages zu schreiben.

An: Alle Vorstandsmitglieder des CAI
Betreff: Fatwa gegen Greg Mortenson
Viele Grüße aus Bozeman! Gerade habe ich mit dem neuen Projektmanager des CAI, Ghulam Parvi, telefoniert (er bedankt sich übrigens – das Telefon funktioniert prima!), der mir berichtete, ein örtlicher Geistlicher, der etwas gegen Schulbildung für Mädchen hat, habe eine Fatwa gegen mich verhängt. Er will verhindern, dass das CAI weitere Schulen in Pakistan baut. Zu Ihrer Information: Eine Fatwa ist ein religiöser Urteilsspruch. In Pakistan gibt es zwar ein Bürgerliches Gesetzbuch, aber es gilt, so wie im Iran, auch die Scharia, das islamische Recht.
In den kleinen Bergdörfern, in denen wir tätig sind, hat das Wort eines Mullah, selbst wenn er ein Gauner ist, mehr Gewicht als das der pakistanischen Regierung. Parvi wollte wissen, ob er den

Mann bestechen soll (das habe ich strikt abgelehnt). Jedenfalls könnte dieser Bursche uns eine Menge Ärger machen. Ich habe Parvi gebeten, einen mächtigeren Mullah zu suchen, der den Kerl aufhalten kann, und werde Sie über die Ergebnisse informieren. Vermutlich werde ich bald hinfliegen müssen, um das Problem zu klären, *inschallah*.

Friedvolle Grüße, Greg

Jean Hoerni hatte Mortenson in seinem Testament 22 315 Dollar hinterlassen, die Summe, die sein junger Freund nach Schätzung des alten Wissenschaftlers aus seinen Privatmitteln in Pakistan ausgegeben hatte. Außerdem befand sich Mortenson wegen Hoerni nun in einer ungewohnten Situation – er war der Leiter einer Wohltätigkeitsorganisation mit einem Vermögen von fast einer Million Dollar. In den neu gegründeten Vorstand hatte er Hoernis Witwe Jennifer Wilson, seinen alten Freund Tom Vaughan, den Lungenfacharzt und Bergsteiger aus Berkeley, der ihn in Krisenzeiten aufgerichtet hatte, sowie den Leiter der Umweltschutzbehörde von Montana berufen. Doch der überraschendste Zugang war Jennifer Wilsons Cousine Julia Bergman.

Im Oktober 1996 war sie mit einigen Freunden in Pakistan unterwegs gewesen. In der Hoffnung, einen Blick auf den K2 werfen zu können, hatten sie in Skardu einen großen russischen MI-17-Helikopter gemietet. Auf dem Rückweg fragte der Pilot seine Passagiere, ob sie nicht Lust hätten, ein landestypisches Dorf zu besuchen. Zufällig handelte es sich dabei um Korphe, und als die Dorfkinder erfuhren, dass Julia Bergman Amerikanerin war, nahmen sie sie an der Hand, um ihr eine sehr interessante Sehenswürdigkeit zu zeigen: ein nagelneues gelbes Schulhaus, das von einem ihrer Landsleute gebaut worden war.

»Als ich das an der Schule angebrachte Schild las, stellte ich fest, dass sie von Jean Hoerni gestiftet worden war, dem Ehemann meiner Cousine Jennifer«, erinnert sich Julia Bergman. »Sie hatte mir erzählt, dass Jean irgendwo im Himalaya eine Schule errichten wollte. Aber dass wir in einem Gebirge, das sich über mehrere Tausend Kilometer erstreckt, genau dort gelandet waren, war mehr als nur ein Zufall. Ich bin nicht religiös, doch ich hatte das Gefühl, dass mein Hiersein einen bestimmten Zweck hatte, und brach in Tränen aus.«

Viele Monate später stellte sich Julia Bergman Mortenson bei Hoernis Beerdigung vor. »Ich war dort und habe Ihre Schule gesehen!«, verkündete sie und schloss den verblüfften wildfremden Mann fest in die Arme.

»Dann waren Sie also die blonde Frau im Hubschrauber«, erwiderte Mortenson mit einem überraschten Kopfschütteln. »Ich habe gehört, dass eine Ausländerin im Dorf war, aber ich konnte es zuerst nicht glauben.«

»Das muss eine Botschaft gewesen sein. Ganz bestimmt. Ich würde gerne helfen. Kann ich etwas tun?«

»Nun, ich möchte Bücher sammeln und in der Schule in Korphe eine Bibliothek einrichten.«

Wie schon bei ihrem Besuch in Korphe hatte Julia Bergman das Gefühl, dass alles vom Schicksal vorherbestimmt war. »Ich bin Bibliothekarin«, entgegnete sie.

Nachdem Mortenson die E-Mail an Julia Bergman und die übrigen Vorstandsmitglieder abgeschickt hatte, schrieb er an einen hilfsbereiten Minister, dem er bei seinem letzten Besuch vorgestellt worden war, sowie an den Bildungsbeauftragten von Skardu und fragte sie, wie er am besten mit dem *sher* von Chakpo fertig werden könne. Dann kniete er sich im Dämmerlicht seiner Schreibtischlampe vor die Bücherstapel, die sich an den Wänden türmten, um ein bestimmtes Buch zu suchen, eine wissenschaftliche Abhandlung über islamisches Recht in der modernen Gesellschaft, das aus dem Farsi übersetzt worden war. Im Verlauf von vier Tassen Kaffee studierte er das Buch gründlich, bis er auf dem Küchenboden über sich Taras Schritte hörte.

Eine große Tasse Milchkaffee vor sich, saß seine Frau am Küchentisch und stillte Amira. Mortenson wollte die friedliche Szene eigentlich nicht mit einer Hiobsbotschaft stören. Er küsste Tara und erzählte ihr dann doch, was geschehen war. »Ich muss früher zurück als geplant«, teilte er ihr mit.

An einem eiskalten Märzmorgen traf sich Mortenson mit seinen Fürsprechern und Helfern zum Tee in der Halle des Hotel *Indus* in Skardu, das ihm als provisorische Einsatzzentrale diente. Das *Indus* war für Mortensons Zwecke ausgezeichnet geeignet, da es sich im Gegensatz zu den anderen hiesigen Touristenhotels nicht in einem idyllischen, gepflegten Garten versteckte. Schlicht stand die preiswerte und saubere Unterkunft zwischen Changazis Haus und einer Tankstelle direkt an der Hauptstraße. Nur wenige Meter entfernt, rumpelten draußen die Bedfords auf dem Weg nach Islamabad vorbei.

In der Hotelhalle, wo Bergsteiger Fotos ihrer jüngsten Expeditionen aufgehängt hatten, standen zwei lange Holztische, wie geschaffen für die ausgedehnten Teegelage, ohne die in dieser Stadt kein Geschäftsabschluss denkbar war. An diesem Morgen hatten sich acht von Mortensons Mitstreitern an einem der Tische versammelt, bestrichen die ausgezeichneten *chapattis*, die es im Hotel gab, mit chinesischer Marmelade und tranken dazu Tee mit Milch, wie Parvi ihn am liebsten hatte – so süß, dass einem die Zähne wehtaten.

Mortenson konnte kaum fassen, wie leicht es gewesen war, die Männer aus allen Winkeln Nordpakistans hier zusammenzurufen, obwohl es in ihren entlegenen Tälern keine Telefone gab. Zwischen dem Tag, an dem man einen Jeepfahrer mit einem Brief losschickte, und der Ankunft der gewünschten Person in Skardu konnte gut und gerne eine Woche vergehen. Doch in der Ära vor der Einführung des Satellitentelefons in diesem Teil der Welt gab es keine andere Möglichkeit, die großen Entfernungen in den unwirtlichen Bergen zu überbrücken.

Mouzafer war aus dem hundertfünfzig Kilometer östlich gelegenen Hushe-Tal zu diesem geselligen Beisammensein gekommen. Er befand sich in Begleitung eines Freundes, eines erfahrenen Trägers und beliebten Lagerkochs, der auf den Namen Apo Razak hörte; Apo bedeutete »alter Mann«. Neben ihnen schlangen Hadschi Ali und Twaha ihr Frühstück hinunter; sie waren froh, einen Grund gehabt zu haben, das Braldu-Tal verlassen zu können, das immer noch im

Schnee versank wie mitten im Winter. Von der Grenze zu Afghanistan war Faisal Baig aus dem mehr als dreihundert Kilometer entfernten unwirtlichen Charpurson-Tal angereist und erst heute Morgen in die Hotelhalle geschlendert.

Mortenson selbst war vor zwei Tagen nach einer achtundvierzigstündigen Busfahrt über den Karakorum-Highway eingetroffen, gemeinsam mit dem jüngsten Neuzugang seiner bunten Truppe, einem vierzigjährigen Taxifahrer aus Rawalpindi namens Suleman Minhas.

Nach der Entführung in Wasiristan war Mortenson zufällig am Flughafen von Islamabad in Sulemans Taxi gestiegen und hatte ihm auf der Fahrt zum Hotel alles über seine Gefangennahme erzählt. Suleman hatte sich sehr über diesen drastischen Verstoß gegen die landesübliche Gastfreundschaft empört und Mortenson von da an wie eine Glucke bemuttert. Als Erstes hatte er ihm ein preiswertes Gästehaus in Islamabad empfohlen, das in einem viel sichereren Stadtviertel stand als das *Khyaban*, in dessen näheren Umgebung es inzwischen fast nach jedem Freitagsgebet zu Bombenanschlägen durch Fanatiker kam.

Jeden Tag war Suleman zurückgekehrt, um Mortenson aufzupäppeln, und hatte ihm Tüten mit Süßigkeiten und außerdem Medikamente gegen die Parasiten gebracht, die er sich in Wasiristan eingefangen hatte. Außerdem war er mit ihm zum Essen in seine kabulische Lieblings-Grillbude gegangen. Als das Taxi am Tag von Mortensons Heimreise auf dem Weg zum Flughafen in eine Polizeisperre geraten war, hatte Suleman die Beamten so geschickt um den Finger gewickelt, um weiterfahren zu können, dass Mortenson ihm noch vor dem Abflug angeboten hatte, in Islamabad als Verhandlungsführer des CAI tätig zu werden.

Mit über seinem Bauchansatz verschränkten Armen saß Suleman nun wie ein lächelnder Buddha neben Mortenson in der Halle des *Indus*, unterhielt den ganzen Tisch mit Anekdoten aus dem Leben eines Taxifahrers in der Großstadt und rauchte dabei die von Mortenson aus den Staaten mitgebrachten Zigaretten. Als Mitglied der pandschabischen Mehrheit in Pakistan war er noch nie zuvor in den

Bergen gewesen. Erleichtert, dass diese am Rande der erforschten Welt lebenden Männer außer ihren Stammessprachen auch Urdu beherrschten, plauderte er munter weiter.

Im nächsten Moment rauschte der durch die Glasfront der Hotelhalle gut sichtbare Mohammed Ali Changazi in seinen weißen Gewändern an ihnen vorbei. Mit einem verschmitzten Grinsen beugte sich der hakennasige Apo Razak vor und erzählte den anderen, Gerüchten zufolge habe Changazi vor Kurzem erfolgreich zwei deutsche Schwestern verführt, die mit derselben Expedition hergekommen seien.

»Ja, er ist offenbar ein sehr frommer Mann«, meinte Suleman auf Urdu und wackelte dabei theatralisch mit dem Kopf. »Wahrscheinlich hat er es nötig, sechs Mal täglich zu beten. Und sechs Mal waschen muss er sich sicher auch«, fügte er hinzu und deutete auf seinen Schoß. Das brüllende Gelächter am Tisch zeigte Mortenson, dass sein Instinkt ihn nicht getrogen hatte. Diese so unterschiedlichen Männer verstanden sich offenbar prächtig.

Mouzafer und die Männer aus Korphe waren ebenso Schiiten wie Ghulam Parvi und der Maurer Makhmal, die in Skardu lebten. Apo Razak, ein Flüchtling aus dem zu Indien gehörenden Teil Kaschmirs, und Suleman waren Sunniten. Der Respekt einflößende Leibwächter Faisal Baig gehörte der Glaubensgemeinschaft der Ismaeliten an. »Wir saßen zusammen, lachten und tranken friedlich unseren Tee«, unterstreicht Mortenson. »Ein Ungläubiger und Vertreter dreier miteinander verfeindeter Ausrichtungen des Islam. Und da dachte ich mir, dass wir alles schaffen können, wenn wir uns so gut vertragen. Während die britische Maxime ›teile und herrsche‹ lautete, vertrat ich eher den Wahlspruch ›vereine und siege‹.«

Ghulam Parvi, dessen Zorn sich inzwischen gelegt hatte, erzählte der Runde alles über die Fatwa und teilte Mortenson mit, er habe für ihn einen Termin mit Syed Abbas Risvi vereinbart, dem Führer der Schiiten im nördlichen Pakistan. »Abbas ist ein guter Mensch, aber er misstraut Ausländern«, meinte Parvi. »Doch wenn er sieht, dass Sie den Islam und unsere Lebensweise achten, wird er Ihnen sicher helfen, *inschallah.*«

Parvi fügte hinzu, Scheich Mohammed, ein Glaubensgelehrter und Gegenspieler des *sher* von Chakpo, habe gemeinsam mit seinem Sohn Mehdi Ali das CAI gebeten, eine Schule in seinem Dorf Hemasil zu bauen. Außerdem habe er an den Obersten Rat der Ayatollahs in Qum geschrieben und die führenden iranischen Geistlichen, die bei den Schiiten weltweit als höchste Autorität gelten, um eine Entscheidung gebeten, ob die Fatwa gerechtfertigt sei.

Hadschi Ali berichtete, er habe sich mit den Ältesten aller Dörfer am Braldu zusammengesetzt. Man habe beschlossen, dass die zweite Schule des CAI in Pakhora, einem besonders armen Dorf im unteren Braldu-Tal, wo sein enger Freund Hadschi Mousin Dorfvorsteher sei, gebaut werden solle.

Makhmal, der Maurer, der in Korphe so fachmännische Arbeit geleistet hatte, beantragte eine Schule für Ranga, sein Heimatdorf am Stadtrand von Skardu. Er fügte hinzu, in seiner großen Familie gebe es viele gelernte Bauhandwerker, sodass der Bau rasch vonstatten gehen würde.

Mortenson stellte sich vor, wie glücklich es Hoerni gemacht hätte, diesem Gespräch beizuwohnen. Er hatte noch den Rat des Wissenschaftlers in den Ohren, nicht nachtragend gegen die Orte zu sein, die anfangs so ein Tauziehen um die Schule veranstaltet hatten: *»Schließlich brauchen die Kinder in den Dörfern, deren Bewohner Sie zu bestechen versucht haben, ebenfalls Schulen.«*

Mortenson erinnerte sich an die ziegenhütenden Kinder, denen er an jenem Tag, als er vor Changazis Festmahl die Flucht ergriffen hatte, Unterricht erteilt hatte. Begierig hatten sie selbst die nebensächliche Information in sich aufgesogen, dass Nase auf Englisch *nose* hieß. Und da die Ältesten sich ja schon bereit erklärt hatten, ein Stück Land zu stiften, schlug Mortenson den Bau einer Schule in Kuardu, Changazis Heimatdorf, vor.

»Also, Dr. Greg«, meinte Ghulam Parvi schließlich und tippte mit seinem Stift auf den Block, auf dem er sich Notizen gemacht hatte, »welche Schule wollen wir in diesem Jahr bauen?«

»Alle, *inschallah*«, erwiderte Mortenson.

Er hatte das Gefühl, dass sein Leben sich immer mehr beschleunigte. Er hatte ein Haus, einen Hund und eine Familie. Außerdem hatten er und Tara vor seiner Abreise über weiteren Nachwuchs gesprochen. Er hatte eine Schule gebaut, war von einem erzürnten Mullah bedroht worden, hatte in den USA einen Vorstand gegründet und verfügte über eine Schar zerlumpter pakistanischer Helfer. In seinem Rucksack befanden sich fünfzigtausend Dollar aus der Kasse des CAI. Eine weitere Summe lag auf der Bank. Allerdings türmten sich das Leid und die Vernachlässigung, die die Kinder im nördlichen Pakistan erdulden mussten, mindestens ebenso hoch wie die Berge rings um Skardu. Wie lange würde er noch in Pakistan arbeiten können, wenn die Fatwa über seinem Kopf baumelte wie die muslimische Version eines Damoklesschwerts? Also war jetzt der richtige Zeitpunkt, die Dinge mit voller Kraft voranzutreiben.

Für fünftausendachthundert Dollar kaufte Mortenson sich einen armeegrünen, zwanzig Jahre alten japanischen Land Cruiser, einen Wagen, der allen Hindernissen gewachsen war, die ihm vermutlich auf den Straßen des Karakorum drohten. Außerdem stellte er einen zurückhaltenden, erfahrenen Chauffeur namens Hussein ein, der ständig eine Zigarette im Mundwinkel hatte. Dessen erste Amtshandlung bestand darin, einen Kasten Dynamit anzuschaffen und unter dem Beifahrersitz zu verstauen, damit sie sich im Falle eines Erdrutsches den Weg freisprengen konnten, ohne auf einen staatlichen Straßenbautrupp warten zu müssen. Unterstützt von Parvi und Makhmal, die beim Feilschen keine Gnade kannten, kaufte Mortenson bei den Händlern von Skardu darüber hinaus genug Baumaterial, um die Fundamente für drei Schulen zu legen, sobald der Boden aufgetaut war.

Zum zweiten Mal in Mortensons Leben kam es ausgerechnet an einer Tankstelle zu einer Schlüsselerfahrung mit dem Islam. Eines warmen Aprilnachmittags begegnete er im Nieselregen an den Zapfsäulen der Tankstelle in Skardu zum ersten Mal Syed Abbas Risvi. Parvi hatte diesen Treffpunkt unweit von Mortensons Hotel vorgeschlagen, da ein öffentlicher Ort sich am besten für diese Zusammenkunft eignete. Schließlich müsse der Mullah zuerst seine

Haltung zu dem Ungläubigen in Erfahrung bringen, hatte er zu bedenken gegeben.

Abbas traf in Begleitung zweier jüngerer Gehilfen ein, die dichte Bärte trugen und ihren Meister beschützend flankierten. Dieser war lang, schlaksig und hatte den bei schiitischen Gelehrten üblichen kurz geschorenen Bart. In der *madrassa* im irakischen Nadschaf hatten ihm die meisten seiner Mitstudenten nicht das Wasser reichen können. Auf dem Kopf trug er einen strengen schwarzen Turban, der fest um seine hohe Stirn gewickelt war. Durch eine altmodische quadratische Brille musterte er den kräftig gebauten Amerikaner, der in pakistanischer Tracht vor ihm stand, und streckte ihm schließlich die Hand hin.

»*Salam alaikum*«, sagte Mortenson und verbeugte sich, wobei er die Hand in einer respektvollen Geste an die Herzgegend drückte. »Es ist mir eine große Ehre, Sie kennenzulernen, Syed Abbas«, fuhr er auf Balti fort. »Herr Parvi hat mir schon viel von Ihrer Weisheit und Ihrem Einsatz für die Armen erzählt.«

»Manche Europäer kommen mit dem festen Ziel nach Pakistan, dem Islam zu schaden«, meint Syed Abbas. »Deshalb befürchtete ich anfangs, Dr. Greg könnte auch einer dieser Leute sein. Aber an jenem Tag an der Tankstelle blickte ich tief in sein Herz und sah ihn als das, was er ist – ein Ungläubiger, aber dennoch ein edler Mensch, der sein Leben der Schulbildung für Kinder geweiht hat. Also habe ich an Ort und Stelle beschlossen, ihn nach Kräften zu unterstützen.«

Mortenson hatte mehr als drei von Irrtümern, Patzern und Umwegen geprägte Jahre gebraucht, bis aus einem bloßen Versprechen die Schule von Korphe entstanden war. Inzwischen jedoch hatte er aus seinen Fehlern gelernt und besaß genug Geld, um seine Visionen zu verwirklichen. Außerdem standen ihm Mitarbeiter und eine Armee Freiwilliger zur Seite, die felsenfest entschlossen waren, den Kindern Baltistans zu einem besseren Leben zu verhelfen. Und so baute Mortensons CAI in nur einem Vierteljahr drei weitere Grundschulen.

Makhmal hielt Wort. Er und seine Angehörigen, alles Maurer aus

Kaschmir, nahmen die Arbeiten sofort in Angriff und errichteten in Ranga innerhalb von zehn Wochen eine Schule, die der von Korphe glich wie ein Ei dem anderen. Da sich Bauarbeiten in dieser Region oft über Jahre hinziehen, hatte man noch nie so eine Geschwindigkeit erlebt. Obwohl das Dorf nur zwölf Kilometer von Skardu entfernt lag, hatte es bis jetzt für die Kinder von Ranga keine staatlichen Bildungsmöglichkeiten gegeben. Wer sich die Fahrtkosten zu einer Privatschule in Skardu nicht leisten konnte, musste auf Lesen und Schreiben verzichten. Und nun, nach nur einem Frühjahr harter Arbeit, hatten die Kinder von Ranga endlich eine Zukunft.

In Pakhora ergriff Hadschi Alis Freund Hadschi Mousin die Gelegenheit, sein Dorf voranzubringen, und überredete viele männliche Einwohner, keine Arbeit als Träger anzunehmen, bis die Schule fertig war. Nachdem Pakhoras *nurmahad* genügend ungelernte, aber begeisterte Arbeiter zusammengetrommelt hatte, lehnte der örtliche Bauunternehmer Zahman einen Auftrag der Armee ab und errichtete stattdessen im Schatten eines Pappelhains eine wunderschöne U-förmige Schule. »Zaman hat Unglaubliches geleistet«, schwärmt Mortenson. »In einem der entlegensten Dörfer des nördlichen Pakistan stellte er in nur zwölf Wochen eine Schule hin, deren Qualität alles übertraf, was die pakistanische Regierung zustande gebracht hätte – und das für die Hälfte der Kosten. Außerdem hätte die Regierung Jahre für den Bau gebraucht.«

In Changazis Dorf Kuardu war den Ältesten so viel am Erfolg der Schule gelegen, dass sie eine Parzelle mitten im Ort dafür zur Verfügung stellten. Und damit die Schule auch wirklich auf einem Filetgrundstück stand, wurde sogar ein zweistöckiges Steinhaus abgerissen. Wie immer, wenn Changazi die Hände mit im Spiel hatte, war natürlich nur das Beste vom Besten gut genug. Die Männer von Kuardu bauten ein einen Meter achtzig tiefes, aus Steinen gemauertes Fundament. Die Wände waren doppelt so dick wie gewöhnlich, denn die Schule, die stolz in der Dorfmitte in den Himmel ragte, war für die Ewigkeit gedacht.

Den ganzen Frühling und Sommer wirbelte Mortenson in seinem grünen Land Cruiser wie ein Derwisch kreuz und quer durch Baltistan. Er und seine Mitarbeiter lieferten Zementnachschub, wenn auf einer Baustelle das Material ausging. Er fuhr Makhmal den Braldu hinauf, um einige schief sitzende Dachsparren in Pakhora nachzubessern, und raste anschließend nach Skardu in die Schreinerei, um nachzuprüfen, ob die in Auftrag gegebenen fünfhundert Pulte bereits fertig waren.

Nachdem klar wurde, dass alle Bauvorhaben vor der Zeit vollendet sein würden, stürzte Mortenson sich ehrgeizig in eine Reihe weiterer Projekte. Parvi wies ihn darauf hin, dass mehr als fünfzig Mädchen unter beengten Bedingungen in einer Einraumschule im Dorf Torghu Balla am Südufer des Indus lernen mussten. Also sorgte Mortenson dafür, dass die auf den anderen Baustellen übrig gebliebenen Materialien für einen Anbau mit zwei Zimmern verwendet wurden.

Bei einem Besuch in Mouzafers Dorf Halde im Hushe-Tal – er hatte den Dorfältesten versprochen, dort im folgenden Jahr eine Schule zu bauen – erfuhr Mortenson, dass es in einer bereits existierenden staatlichen Schule im nahe gelegenen Khanday Probleme gab. Ein engagierter Lehrer namens Ghulam mühte sich dort mit zweiundneunzig Schülern ab, hatte jedoch schon seit über zwei Jahren kein Gehalt mehr bekommen. Verärgert erbot sich Mortenson, die Gehaltszahlungen an Ghulam zu übernehmen und außerdem zwei weitere Lehrer einzustellen, um die Klassengröße auf ein vernünftiges Maß zu senken.

Während seiner Reisen hatte Syed Abbas mittlerweile von Hunderten Balti nur das Beste über Mortensons Charakter gehört, und alle lobten die Wohltaten, die sie ihm verdankten, in den höchsten Tönen. Also schickte Abbas einen Boten ins *Indus* und lud den Ungläubigen zu sich nach Hause ein.

Im Schneidersitz saßen Mortenson, Parvi und der religiöse Führer in Abbas' Empfangszimmer auf dem mit einem kostbaren iranischen Teppich bedeckten Fußboden. Abbas' Sohn servierte ihnen grünen Tee in rosafarbenen Porzellantassen und Zuckerkekse auf einem mit Windmühlen dekorierten Delfter Teller, der auf unbekannte Weise den Weg hierher gefunden hatte.

»Ich habe mich mit dem *sher* von Chakpo in Verbindung gesetzt und ihn gebeten, seine Fatwa zurückzuziehen«, berichtete Syed Abbas seufzend. »Doch er weigert sich. Der Mann ist kein guter Moslem und will nur seinen Willen haben. Er möchte erreichen, dass Sie aus Pakistan ausgewiesen werden.«

»Sollten Sie der Ansicht sein, dass ich gegen den Islam verstoße, und mich auffordern, Pakistan für immer zu verlassen, werde ich es tun«, entgegnete Mortenson.

»Führen Sie Ihre Arbeit fort«, antwortete Abbas. »Aber machen Sie einen Bogen um Chakpo. Ich glaube zwar nicht, dass Ihnen Gefahr droht, doch sicher bin ich mir nicht.« Dann reichte der oberste schiitische Geistliche Nordpakistans Mortenson einen Umschlag. »Ich habe ein Schreiben verfasst, in dem ich Sie unterstütze. Vielleicht hilft Ihnen das ja bei Ihren Verhandlungen mit den anderen Dorfmullahs weiter, *inschallah.*«

So hielt Mortenson sich von Chakpo fern, als er mit dem Land Cruiser nach Korphe zurückkehrte, um die feierliche Einweihung der Schule vorzubereiten. Als er mit Hadschi Ali, Twaha und Hussein auf dem Dach eine Besprechung abhielt, gesellten sich Husseins Frau Hawa und Sakina kühn zu den Männern und fragten, ob sie etwas sagen dürften. »Wir sind dir für alles dankbar, was du für unsere Kinder getan hast«, begann Hawa. »Aber die Frauen möchten, dass ich dich um etwas bitte.«

»Und das wäre?«, erkundigte sich Mortenson.

»Der Winter hier ist sehr hart. In der kalten Jahreszeit sitzen wir den ganzen Tag herum wie die Tiere und haben nichts zu tun. Mit Allahs Hilfe hätten wir gerne ein Frauenzentrum, wo wir miteinander plaudern und nähen können.«

Spielerisch zupfte Sakina Hadschi Ali am Bart. »Und um von unseren Männern wegzukommen.«

Als im August die Gäste zur Einweihung der Schule erwartet wurden, war Hawa bereits stolze Leiterin des neuen Berufsbildungszentrums für Frauen in Korphe. In einem bislang ungenutzten Hinterzimmer von Hadschi Alis Haus versammelten sich die Frauen jeden Nachmittag und lernten – angeleitet von einem Schneidermeister aus Skardu, der ballenweise Stoffe, Kisten mit Garnen und, für die

Reise ins Gebirge sorgfältig verpackt, vier neue handbetriebene Nähmaschinen mitgebracht hatte – den Umgang mit den neuen von Mortenson angeschafften Geräten.

»Bei den Balti hatte das Nähen und Weben eine lange Tradition«, erklärt er. »Sie brauchten nur Hilfe, damit diese Fähigkeit nicht langsam ausstarb. Deshalb war Hawas Vorschlag ein ausgezeichneter Weg, Frauen zu mehr Einfluss zu verhelfen. Und so beschloss ich von diesem Tag an, zu jeder Schule auch ein Berufsbildungszentrum einzurichten.«

Anfang August 1997 fuhr Mortenson an der Spitze einer Jeep-Karawane triumphierend im Braldu-Tal ein. In dem grünen Land Cruiser saß Tara, die noch nicht einjährige Amira auf dem Schoß. Zum Gefolge gehörten außerdem Polizisten, hochrangige Offiziere, Lokalpolitiker und die Vorstandsmitglieder Jennifer Wilson und Julia Bergman. Letzere hatte viele Monate damit verbracht, eine Bibliothek aus kulturell passenden Büchern für Korphe zusammenzustellen.

»Es war ein unglaubliches Erlebnis, die Schule, von der Greg schon jahrelang so leidenschaftlich erzählt hatte, endlich zu Gesicht zu bekommen«, erzählt Tara, »denn es vermittelte mir ganz neue Einblicke in das Leben meines Mannes.«

Die Jeeps parkten an der Brücke, und als die Gäste aus dem Westen sie überquerten, jubelten die Bewohner von Korphe ihnen vom Felsvorsprung aus zu. Die kleine gelbe, zur Feier des Tages frisch gestrichene und mit Fahnen und pakistanischen Flaggen geschmückte Schule war schon von Weitem zu sehen, als die Besucher den Weg ins Dorf hinaufstiegen.

Zwei Jahre später stattete Mortensons Mutter Jerene Korphe einen Besuch ab. Sie schildert, wie beeindruckt sie vom Erfolg ihres Sohnes war: »Als ich die Schule aus der Ferne erblickte, musste ich den ganzen restlichen Weg lang weinen. Ich wusste, wie viel Herzblut Greg in dieses Projekt gesteckt hatte – wie hart er gearbeitet hatte und wie viel es ihm bedeutete. Wenn man ein Kind hat, das so etwas zustande bringt, bedeutet das mehr als alle eigenen Leistungen.«

»Am Einweihungstag lernten wir Hadschi Ali und seine Frau kennen. Das ganze Dorf wollte Amira im Arm halten und mit dem kleinen blonden Kind spielen. Sie war wie im siebten Himmel«, erinnert sich Tara.

Die Schule war blitzblank geputzt. In jedem Klassenzimmer standen Dutzende neuer Holzpulte auf Teppichen, die dick genug waren, um die Füße der Schüler vor der Kälte zu schützen. Bunte Weltkarten und Porträts führender pakistanischer Politiker schmückten die Wände. Und über der auf dem Schulhof aufgebauten Bühne prangte ein handgeschriebenes Transparent mit der Aufschrift: *Willkommen, verehrte Gäste!* Stundenlang wurden Reden gehalten, während die siebzig Schüler von Korphe geduldig in der sengenden Sonne auf ihren Fersen kauerten.

»Es war der aufregendste Tag meines Lebens«, berichtet Tahira, die Tochter des Schulmeisters Hussein. »Herr Parvi verteilte die neuen Bücher. Ich wagte kaum, sie aufzuschlagen, so schön waren sie. Noch nie zuvor hatte ich ein eigenes Buch besessen.«

Jennifer Wilson hatte eine Rede verfasst, in der sie hervorhob, wie gerne ihr Mann Jean Hoerni diesen Tag noch erlebt hätte. Ghulam Parvi dolmetschte, während sie sich direkt an die Zuschauer wandte. Anschließend überreichte sie jedem Schüler eine nagelneue, ordentlich in Plastikfolie verpackte Schuluniform.

»Ich musste die ausländischen Damen ständig anstarren«, entsinnt sich Hadschi Alis Enkelin Dschahan, die zusammen mit Tahira die erste Frau mit Schulbildung im Braldu-Tal werden sollte. »Sie machten einen so würdigen Eindruck. Wenn ich früher Menschen aus dem Tiefland begegnete, schämte ich mich meiner schmutzigen Kleider und lief davon. Jetzt aber besaß ich zum ersten Mal im Leben saubere Sachen. Und ich weiß noch, dass ich dachte: Vielleicht sollte ich mich nicht schämen. Vielleicht werde ich mit Allahs Hilfe ja eines Tages auch eine große Dame.«

Dann hielten Hussein und die beiden neuen Lehrer, die ihm zur Seite stehen sollten, ihre Reden. Ihnen folgten die Ansprachen Hadschi Alis und der geladenen Würdenträger. Nur Mortenson schwieg. »Während der Reden stand Greg im Hintergrund an eine Mauer gelehnt«, erzählt Tara. »Er hatte irgendein Baby auf dem Arm. Es war das schmutzigste Baby, das ich je gesehen habe, doch ihm schien das gar nicht aufzufallen. Er stand nur da und schaukelte es vergnügt. Und ich sagte mir: So ist Greg, das macht ihn aus. Vergiss diesen Moment nie.«

Zum ersten Mal in der Geschichte des Dorfes begann der Tag für die Kinder von Korphe damit, dass sie in einem Gebäude, das sie vor den Elementen schützte, Lesen und Schreiben lernten. Jennifer Wilson und Mortenson verstreuten Jean Hoernis Asche von der Brücke, die vom Geld des Wissenschaftlers erbaut worden war, in die schäumenden Fluten des Braldu. Anschließend kehrte Mortenson mit seiner Familie nach Skardu zurück. Die nächsten Tage verbrachte er damit, Tara seine zweite Heimat zu zeigen. Sie besuchten Parvi zum Abendessen in seinem Haus in den südlichen Hügeln und stiegen zum kristallklaren Satpara-See im Süden der Stadt hinauf. Allerdings wurde Mortenson das Gefühl nicht los, dass ein Agent des gefürchteten pakistanischen Geheimdienstes ISI ihnen auf Schritt und Tritt folgte.

»Der Kerl, den sie auf mich angesetzt hatten, stand offenbar noch ganz unten in der Hierarchie«, schmunzelt Mortenson, »denn er stellte sich ziemlich dämlich an. Er hatte hellrotes Haar und tuckerte auf einem roten japanischen Motorrad herum, sodass man ihn unmöglich übersehen konnte. Immer wenn ich mich umdrehte, stand er rauchend da und tat betont unauffällig. Da ich nichts zu verbergen hatte, beschloss ich abzuwarten, bis er von selbst darauf kam und es seinen Vorgesetzten meldete.«

Auch ein weiterer Einwohner Skardus beobachtete die Familie sehr zu Mortensons Missfallen mit Argusaugen. Eines Nachmittags ließ er Tara und Amira im Wagen zurück, um auf dem Basar von Skardu einige Flaschen Mineralwasser zu kaufen. Tara nutzte die Zeit, um Amira diskret zu stillen. Bei seiner Rückkehr ertappte Mortenson einen jungen Mann, der sich die Nase am Fenster des Land Cruiser platt drückte und seine Frau lüstern angaffte. Doch auch sein Leibwächter Faisal Baig hatte den Spanner bemerkt und erwischte ihn, bevor Mortenson ihn in die Finger bekam: »Faisal zerrte den Kerl um die Ecke in eine Seitengasse, weil Tara nicht mitansehen sollte, wie er ihn zusammenschlug. Ich rannte hin und bat Faisal, damit aufzuhören. Dann fühlte ich dem Burschen den Puls, um sicherzugehen, dass er ihn nicht umgebracht hatte.«

Als Mortenson vorschlug, den Mann ins Krankenhaus zu bringen, trat Baig nach dem Bewusstlosen und spuckte ihn an. So sehr Mortenson auch darauf bestand, ihm zu helfen, so sehr beharrte Baig darauf, ihn liegen zu lassen, wo er hingehöre – in der Gosse. »Dieser Teufel hat Glück, dass ich ihn nicht umgelegt habe!«, schimpfte Baig. »Niemand in Skardu hätte mir einen Vorwurf daraus gemacht.« Viele Jahre später erfuhr Mortenson, dass der Mann sich in der Stadt nicht mehr auf die Straße hatte wagen können, nachdem sich sein mangelnder Respekt gegenüber Dr. Gregs Frau herumgesprochen hatte, sodass er gezwungen gewesen war, Skardu zu verlassen.

Nachdem Mortenson Frau und Tochter wohlbehalten in ein Flugzeug nach Hause gesetzt hatte, blieb er noch zwei Monate lang in Pakistan. Da das Berufsbildungszentrum in Korphe so erfolgreich war, wollten die Männer wissen, ob Mortenson nicht auch ihnen zu einer Verdienstmöglichkeit verhelfen könne.

Und so gründete er, unterstützt von Taras Bruder Brent, Pakistans erstes Ausbildungszentrum für Hochgebirgsträger, das Karakoram Porter Training and Environmental Institute. Brent, der wie sein verstorbener Vater den Mount Everest bezwungen hatte, überzeugte einen seiner Sponsoren, Geld und Ausrüstung für das Projekt zu spenden. »Die Träger von Baltistan arbeiteten unverdrossen in einer der schwierigsten Bergregionen der Welt«, streicht Mortenson hervor. »Und zwar ohne die geringste bergsteigerische Ausbildung.« In einer von Mouzafer geführten und organisierten Expedition stiegen Mortenson, Brent und achtzig Träger den Baltoro hinauf. Mit seiner Erfahrung, große Gruppen unter widrigen Bedingungen zu verpflegen, war Apo Razak für die Mahlzeiten zuständig. Auf dem Gletscher gaben die Amerikaner den Männern Unterricht in Erster Hilfe, der Rettung aus Gletscherspalten und dem Abseilen.

Außerdem galt Mortensons Augenmerk der Beseitigung von Umweltschäden, die alljährlich während der Klettersaison am Baltoro entstanden. In der Hoffnung, die Expeditionen würden in Zukunft keine mit gefrorenen Fäkalien übersäten Flächen mehr hinterlassen, wurden entlang des Gletschers an Lagerplätzen Latrinen aus Stein eingerichtet.

Für die Träger, die nach jeder Tour mit leeren Kiepen den Gletscher herunterkamen, wurde zudem eine jährliche Recyclingaktion ins Leben gerufen, durch die bereits im ersten Jahr mehr als eine Tonne Blechdosen sowie Flaschen aus Glas und Plastik aus den Basislagern am K2, Broad Peak und Gasherbrum zurückgebracht wurden. Mortenson sorgte dafür, dass die Wertstoffe nach Skardu geschafft und die Träger für ihre Mühen pro Pfund entlohnt wurden.

Als der Winter die höher gelegenen Täler des Karakorum wieder in den Griff nahm, kehrte Mortenson am Ende des anstrengendsten Jahres seines Lebens in sein Kellerbüro in Bozeman zurück. »Wenn ich rückblickend betrachte, was wir in jenem Jahr trotz der Fatwa alles geschafft haben, kann ich es kaum fassen. Woher hatte ich nur diese Energie?«, staunt er heute noch.

Allerdings hatte seine Umtriebigkeit ihm nur umso stärker vor Augen geführt, welche gewaltigen Aufgaben ihn noch erwarteten. Also begannen die nächtlichen Telefonate und die unzähligen E-Mails an seinen Vorstand von Neuem, als er, unterstützt von unzähligen Tassen Kaffee, seine Frühjahrsoffensive gegen die Armut in Pakistan plante.

Die rote Samtschatulle

Kein Mensch, ja, überhaupt kein Lebewesen, lebt lang unter dem ewigen Himmel. Die schönsten Frauen, die gelehrtesten Männer, selbst Mohammed, der Allahs Stimme hörte, welkten dahin und starben. Alles ist vergänglich. Der Himmel überdauert alles. Selbst das Leid.

Bowa Johar, Dichter aus Baltistan und Großvater von Mouzafer Ali

Mortenson stellte sich den Boten vor, der zielstrebig nach Südosten ritt. Er malte sich aus, wie das Urteil des Obersten Rates der Geistlichen in der Satteltasche des Gesandten von Iran nach Afghanistan gebracht wurde. Nachdem das kleine Bergpony die stark verminte Schomali-Ebene, ein ehemaliges Kampfgebiet aus den Taliban-Kriegen, hinter sich gelassen hatte, quälte es sich die steilen Pässe des Hindukusch hinauf und erreichte schließlich Pakistan. Mortenson wünschte sich Erdrutsche und Lawinen herbei, die dem Boten den Weg versperrten, und hoffte, der Mann möge erst in vielen Jahren eintreffen – denn wenn er schlechte Nachrichten brachte, würde er selbst vielleicht nie wieder einen Fuß auf pakistanischen Boden setzen dürfen.

In Wahrheit jedoch wurde die rote Samtschatulle, die den Richterspruch enthielt, per Post von Qum nach Islamabad geschickt und dann mit einer PIA 737 nach Skardu geflogen, wo man sie den obersten schiitischen Geistlichen Nordpakistans zur öffentlichen Verlesung übergab.

Während der Oberste Rat über Mortensons Fall beraten hatte, hatten die Ayatollahs Kundschafter damit beauftragt, Erkundigungen darüber einzuziehen, was dieser Amerikaner im Herzen des schiitischen Pakistan eigentlich so trieb. »Viele Schulen meldeten mir den Besuch von seltsamen Männern, die Fragen zum Lehrplan stellten«, erinnert sich Parvi. »Würden die Schüler zum Christentum bekehrt oder gar zu westlicher Sittenlosigkeit angeleitet?, wollten die Fremden wissen. Zu guter Letzt erschien sogar ein iranischer Mullah bei mir zu Hause und kam sofort auf den Punkt: ›Haben Sie je gesehen, wie dieser Ungläubige Alkohol trank oder muslimische Frauen verführte?‹ Ich erwiderte wahrheitsgemäß, ich hätte Dr. Greg nie beim Trinken erlebt. Außerdem sei er ein verheirateter Mann, der seine Frau und seine Familie achte und niemals ein Balti-Mädchen anfassen würde. Ich forderte den Mullah auf, sich selbst ein Bild von unseren Schulen zu machen. Außerdem erbot ich mich, für eine Fahrgelegenheit zu sorgen und sämtliche Kosten zu übernehmen, falls er sofort mitkommen wolle. ›Wir kennen Ihre Schulen bereits‹, antwortete der Mann und bedankte sich ausgesprochen höflich dafür, dass ich ihm meine Zeit geopfert hatte.«

An einem Aprilmorgen 1998 erschien Parvi in aller Früh bei Mortenson im *Indus* und verkündete, sie hätten beide eine Vorladung erhalten.

Mortenson rasierte sich und zog den saubersten der fünf braunen *salwar kamiz* an, die er inzwischen besaß.

Die Imam-Bara-Moschee wirkte wie fast alle Gotteshäuser im schiitischen Pakistan von außen recht unscheinbar. Ihre hohen Lehmmauern waren schmucklos, da das Gebäude die Energien nach innen richten sollte. Nur das hohe Minarett, von dem aus die Gläubigen per Lautsprecher zum Gebet gerufen wurden, war grün und blau gestrichen.

Parvi und Mortenson wurden durch einen Hof zu einem Türbogen geführt. Als Mortenson den schweren schokoladenbraunen Samtvorhang beiseiteschob, stand er im Allerheiligsten der Moschee, einem Raum, den bis jetzt noch kein Ungläubiger betreten hatte. Sorgfältig achtete er darauf, die Schwelle zuerst mit dem rechten Fuß zu überschreiten, um bloß keinen Anstoß zu erregen.

Schwarze Turbane auf dem Kopf, warteten drinnen acht würdige Mitglieder des Rats der Mullahs. Aus Syed Abbas Risvis kühler Begrüßung schloss Mortenson, dass er mit dem Schlimmsten rechnen musste. Bedrückt ließen er und Parvi sich auf dem wertvollen Isfahan-Teppich nieder, der mit einem Muster aus Blätterranken geschmückt war. Syed Abbas bedeutete den anderen Ratsmitgliedern, ebenfalls im Kreis Platz zu nehmen. Dann setzte er sich selbst und stellte die kleine rote Samtschatulle vor sich auf den weichen Teppich.

Feierlich klappte Syed Abbas den Deckel auf und holte eine Pergamentrolle heraus. Nachdem er das darumgewickelte rote Band entfernt hatte, las er die Worte vor, die Mortensons Zukunft besiegeln sollten. »Verehrter Helfer der Armen«, übersetzte er den in elegant geschwungenen Buchstaben auf Farsi verfassten Text, »unser Heiliger Koran will, dass alle Kinder Bildung erfahren sollen, auch unsere Töchter und Schwestern. Ihre edlen Werke stimmen mit den hohen Grundsätzen des Islam überein, für die Armen und Kranken zu sorgen. Kein Gesetz im Heiligen Koran verbietet es einem Ungläubigen, unseren muslimischen Brüdern und Schwestern beizustehen. Deshalb«, so endete das Urteil, »weisen wir alle Geistlichen Pakistans an, Sie nicht in Ihren löblichen Absichten zu behindern. Sie haben unsere Erlaubnis und unseren Segen, und unsere Gebete sind mit Ihnen.«

Syed Abbas rollte das Schriftstück wieder zusammen, verstaute es in der Schatulle und reichte sie Mortenson mit einem Grinsen. Dann hielt er ihm die Hand hin.

Schwindelig vor Glück schüttelte Mortenson jedem Mitglied des Rates die Hand. »Heißt das …«, stieß er hervor, »dass die Fatwa …«

»Vergessen Sie diesen kleinkrämerischen Unsinn!«, warf Parvi strahlend ein. »Wir haben nun den Segen des höchsten Mufti im Iran. Kein Schiit wird es jetzt mehr wagen, sich in unsere Arbeit einzumischen, *inschallah*.«

Syed Abbas bestellte Tee. »Ich wollte noch etwas mit Ihnen besprechen«, meinte er, nun ein wenig lockerer, da der offizielle Teil abgehandelt war. »Ich würde Ihnen nämlich gern eine Zusammenarbeit vorschlagen.«

Im Laufe des Frühlings sprach sich der Inhalt des Schriftstücks in der roten Samtschatulle schneller in Baltistan herum, als das Schmelzwasser der Gletscher vom hohen Karakorum herunterfließt. Mortensons gemütliche morgendliche Teegesellschaft in der Vorhalle des *Indus* hatte inzwischen so viele Mitglieder, dass die beiden Tische nicht mehr ausreichten und man nach oben in den Bankettsaal umziehen musste, wo die Treffen immer ausgelassener wurden. In Skardu wurde Mortenson jeden Tag von Abgesandten aus Baltistans vielen Hundert abgelegenen Dörfern aufgesucht, die ihm neue Projekte vorschlugen, da er nun ja offiziell vom Obersten Rat der Ayatollahs anerkannt war.

Nach einer Weile gewöhnte Mortenson sich an, seine Mahlzeiten in der Hotelküche einzunehmen, wo er in Ruhe ein Omelette oder ein Gemüsecurry essen konnte, ohne einen in mangelhaftem Englisch abgefassten Brief beantworten zu müssen, der um die Anstoßfinanzierung für ein Bergbauprojekt zur Förderung von Halbedelsteinen oder Geld zum Wiederaufbau einer verfallenen Dorfmoschee bat.

Auch wenn er es selbst noch nicht ganz verstand, hatte für ihn eine neue Lebensphase begonnen. Seine Zeit reichte nicht mehr, um sich persönlich mit jedem Bittsteller zu befassen, obwohl er sich anfangs redlich Mühe gab. Schon immer war er sehr beschäftigt gewesen, doch inzwischen schien jeder Tag fünf bis sechs Stunden zu kurz zu sein. Also beschloss er, die Flut der Anfragen nach den wenigen Projekten zu durchsieben, die es wert waren, dass er sich ihrer annahm, und die seinen finanziellen Rahmen nicht sprengten.

Syed Abbas, dessen Einflussgebiet Dutzende wilder Bergtäler umfasste, wusste genau, was in den einzelnen Dörfern gebraucht wurde. Er erklärte Mortenson, auch seiner Ansicht nach sei Bildung die einzige Strategie, um langfristig etwas gegen die Armut auszurichten. Allerdings drohe den Kindern Baltistans eine viel unmittelbarere Gefahr, denn in Dörfern wie Chunda im unteren Shigar-Tal erlebe mehr als jedes dritte Neugeborene seinen ersten Geburtstag nicht. Verantwortlich dafür seien erbärmliche hygienische Verhältnisse und verschmutztes Trinkwasser.

Begeistert griff Mortenson diese neue Anregung auf. Ebenso wie jede Pflanze Wasser brauchte, um zu wachsen, konnten die Kinder nur von seinen Schulen profitieren, wenn sie das Schulalter überhaupt erreichten. Begleitet von Syed Abbas, besuchte er Hadschi Ibrahim, den *nurmadhar* von Chunda, und überredete ihn, ihm die Männer seines Dorfes als Arbeitskräfte zur Verfügung zu stellen, worauf die Bewohner von vier Nachbardörfern darum baten, sich ebenfalls an dem Projekt beteiligen zu dürfen. Da nun Hunderte Männer zehn Stunden täglich Gräben aushoben, waren die Arbeiten in einer Woche abgeschlossen. Mortenson stellte viertausend Meter Rohrleitung zur Verfügung, um die öffentlichen Zapfstellen in den fünf Dörfern mit frischem Quellwasser zu versorgen.

»Ich lernte, Syed Abbas' Weitsicht zu respektieren und mich darauf zu verlassen«, sagt Mortenson. »Vor religiösen Führern wie ihm habe ich wirklich Hochachtung. Er ist voller Anteilnahme und handelt, anstatt nur zu reden und sich hinter seinen Büchern zu verschanzen. Syed Abbas ist ein Mann, der die Ärmel hochkrempelt, um die Welt zu verbessern. Dank seinem Einsatz mussten die Frauen von Chunda jetzt nicht mehr kilometerweit gehen, um frisches Wasser zu holen. Über Nacht sank die Kindersterblichkeit in einer Gemeinde mit zweitausend Einwohnern um die Hälfte.«

In einer Sitzung vor Mortensons Abreise nach Pakistan hatte der CAI-Vorstand den Bau dreier weiterer Schulen im Frühling und Sommer 1998 genehmigt. Die Schule für Mouzafers Dorf lag Mortenson besonders am Herzen. Bei seinen letzten Besuchen hatte Mouzafer verändert auf ihn gewirkt. Der Mann, der ihn vom Baltoro heruntergeführt hatte, schien seine Bärenkräfte verloren zu haben. Außerdem ließ sein Gehör immer stärker nach. Wie so viele männliche Balti, die sich jahrelang bei Wind und Wetter abgeplagt haben, streckte ihn das Alter so schnell nieder wie ein Schneeleopard.

Halde, Mouzafers Dorf im grünen unteren Hushe-Tal, lag am Ufer des Shyok an einer Stelle, wo der Fluss langsamer und breiter wird, kurz bevor er sich mit dem Indus vereint. In Mortensons Augen war es ein für pakistanische Verhältnisse idyllisches Fleckchen Erde. Bewässerungsgräben verliefen durch ordentlich unterteilte Felder, die sich bis hinunter zum Flussufer erstreckten. Die Wege im Dorf wurden von Schatten spendenden Aprikosen- und Maulbeerbäumen gesäumt. »Halde ist so etwas wie mein Shangri-La, ein Ort, wohin ich mich am liebsten mit einem Stapel Bücher zurückziehen würde. Dann würde ich meine Schuhe ausziehen und mich lange, lange dort verstecken«, so Mortenson. Allerdings konnte er sich diesen Luxus nicht leisten. Aber Mouzafer, der den Trägerberuf inzwischen an den Nagel gehängt hatte, wollte seinen Lebensabend hier bei seinen Bäumen und im Kreise seiner Kinder und Kindeskinder, weit weg vom ewigen Eis, in seinem kleinen Häuschen verbringen.

Auf die mittlerweile bewährte Methode sicherte sich Mortenson mit Parvis und Makhmals Hilfe ein Stück Land zwischen zwei Aprikosenhainen und baute mit Unterstützung der Dorfbewohner in drei Monaten eine solide Schule mit vier Klassenzimmern. Das Gebäude kostete nur gut zwölftausend Dollar. Mouzafers Großvater Bowa Johar war ein in ganz Baltistan bekannter Dichter gewesen, während sein Enkel, ein einfacher Mann, sein Leben lang als Träger gearbeitet und in Halde nicht viel Einfluss genossen hatte. Dass es durch ihn zum Bau der Schule gekommen war, verhalf diesem gütigen, freundlichen Menschen, der jetzt eigenhändig Steine zur Baustelle schleppte und Stützbalken aufrichtete, jedoch zu bislang nie da gewesenem Respekt, auch wenn die Jüngeren ihm die Arbeit so gut wie möglich abnahmen.

Schließlich stand Mouzafer mit Mortenson vor der fertigen Schule und beobachtete, wie die Kinder von Halde sich auf die Zehenspitzen stellten, um durch die ungewohnten Glasscheiben in die geheimnisvollen Zimmer zu spähen, in denen für sie im Herbst der Unterricht beginnen sollte. Mouzafer nahm Mortensons Hand in seine beiden Hände.

»Meine besten Zeiten sind vorbei, Greg *Sahib*«, sagte er. »Ich würde gerne noch viele Jahre mit dir zusammenarbeiten, doch Allah hat mir in seiner Weisheit viel von meiner Kraft genommen.«

Mortenson umarmte den Mann, der ihn so oft auf den rechten Weg zurückgeführt hatte. Obwohl Mouzafer sich selbst als schwach bezeichnete, hatte er noch genug Kraft, um den hochgewachsenen Amerikaner so fest zu drücken, dass diesem die Luft wegblieb. »Was wirst du tun?«, erkundigte sich Mortenson.

»Ich werde meine Bäume gießen«, erwiderte Mouzafer nur.

Hoch oben am Ende des Hushe-Tals, im Schatten der Hängegletscher des Masherbrum, war Mohammed Aslam Khan in der Zeit vor dem Bau der Straße ein Junge gewesen. In dem Dorf Hushe, wo der Alltag stets nach dem gleichen Muster dahinplätscherte, hatte es ihm an nichts gefehlt. Im Sommer trieben Aslam und seine Altersgenossen die Schafe und Ziegen auf die höher gelegenen Weiden, während die Frauen Joghurt und Käse herstellten. Von der höchsten Weide aus konnten sie sehen, wie der Chogo Ri, der vom Rest der Welt K2 genannte »Große Berg« über die breite Schulter des Masherbrum hinweg in den Himmel ragte.

Im Herbst wechselte sich Aslam mit den anderen Jungen darin ab, ein Gespann von sechs keuchenden Yaks im Kreis um einen Pfahl herumzutreiben, damit ihre schweren Hufe den frisch geernteten Weizen droschen. Während des langen Winters kämpfte er mit seinen fünf Brüdern, den drei Schwestern und dem Vieh der Familie um den besten Platz am Feuer, um sich an den bitterkalten Tagen zu wärmen.

So sah sein Leben aus, und keiner der Jungen in Hushe hätte sich je etwas anderes vorstellen können. Doch Aslams Vater Golowa Ali war der *nurmadhar* von Hushe. Und da Aslam allgemein als das klügste Kind in der Familie galt, hatte der Dorfvorsteher andere Pläne mit ihm.

Gegen Ende des Frühlings, als das kalte Wetter beinahe vorbei, der reißende Shyok jedoch noch vom Schmelzwasser angeschwollen war, weckte Golowa Ali seinen Sohn bei Morgengrauen und wies ihn an, sich für einen langen Marsch fertig zu machen.

Aslam verstand zunächst nicht, was er damit meinte, doch als er sah, dass sein Vater eine Tasche für ihn gepackt hatte und gerade ein Stück harten Schafskäse in etwas Stoff wickelte, brach er in Tränen aus.

Obwohl es sich nicht gehörte, die Befehle des Vaters infrage zu stellen, wagte Aslam es dennoch, ihm zu widersprechen. »Warum muss ich fort?«, beklagte er sich und wandte sich Hilfe suchend an seine Mutter. Aber zu seinem Entsetzen bemerkte Aslam im Schein der flackernden Öllampe, dass sie ebenfalls weinte.

»Du gehst zur Schule«, antwortete Golowa Ali.

Zwei Tage lang marschierte Aslam mit seinem Vater bergab. Wie alle Jungen in Hushe war er oft die schmalen Bergpfade entlanggestreift, die sich wie Efeuranken an die kahlen Felswände klammerten. Doch so weit weg von zu Hause war er noch nie gewesen. Hier unten war der Boden sandig, und es lag kein Schnee. Hinter ihm war der Masherbrum so klein geworden, dass er nicht mehr den massiven und beruhigenden Mittelpunkt seines Universums bildete, sondern nur noch ein Berg unter vielen war.

Als der Pfad am Ufer des Shyok endete, hängte Golowa Ali seinem Sohn einen Lederbeutel mit zwei Goldmünzen um. »Wenn du, *inschallah*, die Stadt Khaplu erreichst, wirst du zu einer Schule kommen. Gib dem *Sahib*, der sie leitet, diese Münzen als Schulgeld.«

»Und wann darf ich wieder nach Hause?«, fragte Aslam mit zitternden Lippen.

»Du wirst wissen, wenn es Zeit ist«, erwiderte sein Vater. Dann blies Golowa Ali sechs Ziegenblasen auf und band sie zu einem *zaks*, einem Floß, zusammen. Es ist die traditionelle Methode der Balti, einen Fluss zu überqueren, der zu tief zum Hindurchwaten ist. »Jetzt halt dich gut fest«, wies er seinen Sohn an.

Aslam konnte nicht schwimmen.

»Als mein Vater mich aufs Wasser setzte, verlor ich die Beherrschung und brach in Tränen aus«, erzählt er. »Mein Vater war ein starker und stolzer Mann, aber während ich den Shylok hinuntertrieb, stellte ich fest, dass auch er Tränen in den Augen hatte.«

Aslam klammerte sich am *zaks* fest, als der Fluss ihn von seinem Vater forttrug. Da ihn ja jetzt niemand mehr sehen konnte, schluchzte er ungehemmt, als er über Stromschnellen hinwegsauste. Bald war er vom kalten Gletscherwasser durchweicht. Nachdem er eine Weile – später wusste er nicht, ob es zehn Minuten oder zwei Stunden gewesen waren – Todesängste ausgestanden hatte, bemerkte er, dass die Strömung nachließ und der Fluss breiter geworden war. Als er am anderen Ufer Menschen bemerkte, strampelte er mit den Füßen auf sie zu. Die Hände zu benutzen, wagte er nicht, weil er befürchtete, sonst das *zaks* zu verlieren.

»Ein alter Mann fischte mich aus dem Wasser und wickelte mich in eine warme Decke aus Yakwolle«, fährt Aslam fort. »Ich zitterte und weinte immer noch, und er erkundigte sich, was ich denn auf dem Fluss gewollt hätte. Also erklärte ich ihm die Anweisung meines Vaters.«

»Keine Sorge«, meinte der alte Mann beruhigend. »Du bist ein tapferer Junge, weil du so weit von zu Hause fortgegangen bist. Wenn du eines Tages zurückkehrst, wirst du ein angesehener Mann sein.« Er drückte Aslam einen zerknitterten Rupienschein in die Hand und begleitete ihn den Weg hinunter in Richtung Khaplu, bis er ihn einem anderen Ältesten übergeben konnte.

Aslams Geschichte verbreitete sich rasch im unteren Hushe-Tal. Der Junge wurde immer weitergereicht, und jeder Mann, der ihn begleitete, trug auch ein wenig Geld zu seiner Ausbildung bei: »Dass die Menschen so nett zu mir waren, machte mir viel Mut. Sobald ich mich in einer staatlichen Schule in Khaplu angemeldet hatte, lernte ich, so fleißig ich konnte.«

Die Mitschüler im geschäftigen Khaplu, der größten Stadt, die Aslam je gesehen hatte, waren verglichen mit ihm viel weltgewandter und hänselten ihn wegen seines Aussehens: »Ich trug Schuhe aus Yakleder und Wollsachen, während die anderen schöne Uniformen besaßen.«

Da die Lehrer Mitleid mit ihm hatten, sammelten sie im Kollegium Geld und kauften für Aslam ein weißes Hemd, einen rotbraunen Pullover und eine schwarze Hose, damit er sich nicht mehr von den anderen Jungen unterschied. Er trug seine Uniform jeden Tag und säuberte sie abends, so gut er konnte. Nach dem ersten Schuljahr ging er zu Fuß in sein Dorf, um seine Familie zu besuchen. Alle waren so beeindruckt, wie der alte Mann, dem er die Rettung aus dem Shyok verdankte, vorausgesagt hatte.

»Als ich das Tal hinaufmarschierte«, so Aslam weiter, »war ich sauber und hatte meine Uniform an. Alle betrachteten mich und fanden, dass ich mich verändert hätte. Sie hatten Respekt vor mir. Da wurde mir klar, dass ich mir diesen Respekt auch verdienen musste.«

Als Aslam im Jahr 1976 die zehnte Klasse in Khaplu als Klassenbester abschloss, wurde ihm ein Posten bei der Regierung der Nordprovinzen angeboten. Doch er beschloss, nach Hause in sein Dorf zurückzukehren. »Da ich gesehen hatte, wie die Menschen außerhalb des Tals lebten, war es meine Pflicht, auch die Bedingungen in unserem Bergdorf zu verbessern.«

Er wandte sich an die Regierungsbeamten, die ihm die Stelle angeboten hatten, und konnte die Verwaltung der Nordprovinzen dazu überreden, mithilfe von Bulldozern und Sprengstoff eine Staubstraße das Tal hinauf bis nach Hushe zu bauen. Außerdem setzte er den Behörden so lange zu, bis sie Gelder für die kleine Schule bewilligten, die er für fünfundzwanzig Jungen in einer zugigen Scheune eingerichtet hatte. Allerdings hatte Aslam es nicht leicht, die Familien in seinem Dorf dazu zu bewegen, ihre Söhne in diese kärglich ausgestattete Schule zu schicken, da sie lieber auf den Feldern arbeiten sollten. Die Männer von Hushe lauerten Aslam bei jeder Gelegenheit auf und versuchten ihn mit Butter oder Mehlsäcken zu bestechen, damit er ihre Söhne von der Schulpflicht ausnahm.

Als Aslams eigene Kinder ins Schulalter kamen, wurde ihm klar, dass er Hilfe brauchte, wenn er ihnen allen Bildung zukommen lassen wollte: »Ich wurde neun Mal gesegnet. Mit fünf Jungen und vier Mädchen. Aber meine Tochter Schakila ist die klügste von ihnen. Für sie gab es nirgendwo einen Ort zum Lernen, und sie war noch zu jung, um sie in die Fremde zu schicken. Obwohl schon jahrelang Tausende Kletterer durch unser Dorf gekommen waren, hatte sich noch keiner erboten, unseren Kindern zu helfen. Irgenwann schnappte ich Gerüchte über einen hünenhaften *angrezi* auf, der in ganz Baltistan Schulen für Jungen *und* Mädchen baute, und ich beschloss, ihn aufzusuchen.«

Im Frühling 1997 fuhr Aslam zwei Tage lang mit dem Jeep nach Skardu und erkundigte sich im *Indus* nach Mortenson. Leider musste er erfahren, dass dieser gerade ins obere Braldu-Tal aufgebrochen war und möglicherweise wochenlang fortbleiben würde. »Ich hinterließ einen Brief für den *angrezi*, in dem ich ihn in unser Dorf einlud, aber ich hörte nichts von ihm.« Dann, an einem Junitag 1998 – Aslam war längst wieder in Hushe –, teilte ein Jeepfahrer ihm mit, der *angrezi* halte sich nur wenige Dörfer entfernt in Khane auf.

»In jenem Frühjahr war ich nach Khane zurückgekehrt«, erzählt Mortenson, »um eine *dschirga*, eine große Besprechung, abzuhalten. Ich wollte erreichen, dass die anderen Janjungpa überstimmten, damit ich endlich dort eine Schule bauen konnte.« Doch Janjungpa, der sich starrsinnig an seinen Wunschtraum von einer Kletterschule klammerte, hatte sich mit der örtlichen Polizei in Verbindung gesetzt und Vorwürfe gegen Mortenson erhoben, die einen Ausländer in diesem sensiblen Grenzgebiet mit Sicherheit verdächtig machten: »Er behauptete, ich sei ein Spion im Auftrag ihres Erzfeindes Indien.«

Während Mortenson damit beschäftigt war, einen Polizisten zu beschwichtigen, der unbedingt seinen Pass kontrollieren wollte, traf Aslam in einem geliehenen Jeep ein und stellte sich vor. »Ich teilte ihm mit, dass ich der *nurmadhar* von Hushe sei und schon seit einem Jahr versuchte, ihn zu treffen«, erinnert sich Aslam. »›Bitte kommen Sie heute Abend nach Hushe und trinken Sie Tee mit uns‹, sagte ich.« Obwohl Mortenson sich inzwischen nicht mehr wünschte, der Vollmond möge auf Khane herabfallen und das gesamte Dorf zermalmen, wurde er das Gefühl nicht los, dass jedes Vorhaben hier vom Pech verfolgt war. Deshalb war er froh, einen Grund zu haben, um sich verabschieden zu können.

Aslam, der nicht nur in Bildungsfragen modern eingestellt war, hatte die Mauern seines Hauses mit kühnen geometrischen Formen in bunten Farben bemalt. Auf Mortenson wirkte die Dekoration ein wenig afrikanisch, sodass er sich gleich wie zu Hause fühlte. Auf dem Dach trank er bis tief in die Nacht hinein *paiyu cha* mit seinem neuen Freund, dem *nurmadhar*, und hörte sich die Geschichte von Aslams Odyssee an. Als die aufgehende Sonne die Hängegletscher des Masherbrum hellrosa verfärbte, sodass der Berg zur Frühstückszeit aussah wie eine überdimensionale Torte, erklärte Mortenson sich bereit, die vom Vorstand für die ohnehin zum Scheitern verurteilte Schule in Khane bewilligten Gelder in dieses Dorf umzuleiten, dessen Vorsteher als Kind selbst die weite Reise den Fluss hinab auf sich genommen hatte, um sich zu bilden.

»Nachdem ich Dr. Greg überall in Baltistan gesucht hatte, war ich sehr überrascht, als ich ihn persönlich kennenlernte«, berichtet Aslam. »Ich hatte gedacht, dass ich den *angrezi Sahib* demütig würde anflehen müssen. Doch er sprach mit mir wie mit einem Bruder. Ich fand, dass Greg ein sehr gütiger, großherziger und netter Mann war. Bei unserer ersten Begegnung war er mir auf Anhieb sehr sympathisch. Seit wir die Schule gebaut haben, wächst dieses Gefühl der Zuneigung von Jahr zu Jahr und hat inzwischen auch von meinen Kindern und den anderen Familien in Hushe Besitz ergriffen.«

Das Gebäude, das Aslam und die anderen Männer des Dorfes im Jahr 1998 mit den Geldern und der Hilfe von Mortensons CAI errichteten, ist vielleicht das schönste Schulhaus im nördlichen Pakistan. Es setzt Aslams Bemühungen, sein Dorf davon zu überzeugen, in die Zukunft seiner Kinder zu investieren, ein Denkmal. Mortenson überließ die gestalterischen Einzelheiten dem *nurmadhar*, sodass Aslams visionärer Geist nun in den scharlachroten, kunstvoll verarbeiteten Holzrahmen an jedem Fenster, jeder Dachkante und jeder Tür sichtbar ist. Entlang der Mauer, die den Schulhof umgibt, wachsen in der warmen Jahreszeit Sonnenblumen, die sogar die ältesten Schüler überragen. Hinzu kommt der inspirierende Anblick, der sich den Schülern aus jedem Klassenzimmer bietet – das Dach der Welt, verkörpert durch den in den Himmel ragenden Gipfel des Masherbrum – und schon viele Kinder von Hushe ermutigt hat, nach den Sternen zu greifen.

Aslams älteste Tochter Schakila lebt heute in einem Haus in Khaplu, das ihr Vater kürzlich für sie gemietet hat. Es steht neben der staatlichen Oberschule für Mädchen, auf der sie inzwischen Schülerin ist. Gerne erinnert sie sich an die Möglichkeiten, die die Schule in Hushe ihr im Gründungsjahr eröffnet hat, als sie acht Jahre alt war.

Die hübsche und mit ihren fünfzehn Jahren bereits sehr erwachsene Schakila sitzt mit überkreuzten Beinen neben ihrem würdevollen Vater auf einem gestreiften Wollteppich und lächelt selbstbewusst unter ihrem mit Herbstlaubmotiven bedruckten cremefarbenen Umschlagtuch hervor, während sie erzählt.

»Als ich anfing, zur Schule zu gehen, sagten viele in meinem Dorf, dass sich das für ein Mädchen nicht gehöre. Sie behaupteten, ich würde sowieso irgendwann wie alle anderen Frauen auf dem Feld arbeiten, weshalb es sinnlos wäre, dass ich mir den Kopf mit Flausen aus Büchern vollstopfe. Aber ich wusste, wie wichtig meinem Vater Schulbildung ist. Also habe ich einfach nicht hingehört und weitergelernt.«

»Ich habe versucht, alle meine Kinder zu ermutigen«, fügt Aslam hinzu und weist mit dem Kopf auf zwei ältere Brüder von Schakila, College-Studenten, die in Khaplu mit ihr zusammenleben und auf sie aufpassen. »Doch dass dieses Mädchen besonders begabt ist, habe ich schon in ihrer frühen Kindheit bemerkt.«

Verlegen zieht Schakila sich einen Zipfel ihres Umschlagtuchs vors Gesicht, nimmt ihn dann jedoch wieder weg, um zu antworten. »So eine gute Schülerin bin ich nun auch wieder nicht«, schränkt sie ein. »Doch in Hushe habe ich immer ordentliche Noten geschrieben.«

Die Anpassung an das Stadtleben in Khaplu fiel ihr hingegen nicht leicht. »Hier ist alles noch sehr ungewohnt. Das Tempo ist hektisch, und man kann alles kaufen.« Sie zeigt ihrem Vater die letzte Physikklausur, in der sie zu ihrem Bedauern nur zweiundachtzig von hundert möglichen Punkten erreicht hat. »Das Niveau ist sehr hoch, aber allmählich komme ich mit. In Hushe war ich immer Klassenbeste. Allerdings kann ich mich hier immer an eine ältere Schülerin oder eine Lehrerin wenden, wenn ich Fragen habe.«

Da es mittlerweile eine Straße gibt, die Hushe mit Khaplu verbindet, musste Schakila sich anders als ihr Vater keinen Gefahren für Leib und Leben aussetzen, um eine höhere Schule besuchen zu können. Allerdings war dieser Schritt eine in anderer Hinsicht ebenso bewundernswerte Pioniertat. »Schakila ist das erste Mädchen aus dem Hushe-Tal, das die Chance hat, eine weiterführende Schule zu besuchen«, verkündet Aslam stolz. »Nun schauen alle anderen Mädchen in Hushe zu ihr auf.«

Das Lob ihres Vaters sorgt dafür, dass Schakila sich wieder kurz den Tuchzipfel vors Gesicht zieht. »Das Denken der Menschen in Hushe verändert sich«, erklärt sie, nachdem sie wieder dahinter aufgetaucht ist. »Wenn ich jetzt mein Dorf besuche, stelle ich fest, dass die Familien ihre Töchter zur Schule schicken. ›Schakila, wir haben uns geirrt‹, meinen sie zu mir. ›Du hattest recht, so viele Bücher zu lesen, und es ist sehr mutig von dir, so weit weg von zu Hause zu lernen. Du machst unserem Dorf Ehre.‹«

Falls sie nicht an den neuen Fächern wie Physik scheitert, möchte Schakila so lange zur Schule gehen wie möglich, denn ihr größter Wunsch ist es, Medizin zu studieren: »Als Ärztin könnte ich arbeiten, wo ich gebraucht werde. Ich habe gelernt, dass die Welt sehr groß ist, und bis jetzt habe ich noch kaum etwas davon gesehen.«

Schakilas schulische Erfolge haben nicht nur Einfluss auf die Frauen im Hushe-Tal, sondern auch auf ihre älteren Brüder. Der achtzehnjährige Yakub hat ein Jahr lang die Universität in Lahore besucht, ist jedoch durch sechs von acht Prüfungen gefallen. Nun ist er in einem kleinen College in Khaplu eingeschrieben und fest entschlossen, fleißiger zu sein, um einen Posten bei der Regierung zu ergattern. »Mir bleibt nichts anderes übrig«, meint er und rückt verlegen seine Baseballkappe zurecht, die von einem goldenen Stern geziert wird – die Belohnung, die Schakila sich während ihrer Schuljahre in Hushe regelmäßig verdiente. »Meine Schwester treibt mich an. Wenn sie so hart arbeitet, muss ich es auch.«

Aslam greift nach einer Klausur, die seine Tochter kürzlich geschrieben und bei der sie die volle Punktzahl von hundert erreicht hat – in Urdu. Er hält das Blatt Papier so ehrfürchtig in der Hand, als wäre es ein aus dem Shyok gefischtes Goldklümpchen. »Für diese Segnungen danke ich dem allmächtigen Allah«, sagt Aslam. »Und Mr Greg Mortenson.«

Im Sommer und Herbst 1998 sangen Tausende Menschen im ganzen nördlichen Pakistan ein ähnliches Loblied auf den Amerikaner. Nach seiner Rückkehr nach Peschawar, der Stadt, die ihn noch immer faszinierte, besuchte er die Flüchtlingslager, die Mühe hatten, die Hunderttausende Vertriebenen zu ernähren, unterzubringen und zu bilden. Inzwischen hatten nämlich die Taliban mit ihrer unbarmherzigen fundamentalistischen Ausdeutung des Islam einen Großteil Afghanistans erobert, und unter derart gefährlichen Bedingungen Schulen zu bauen, kam selbstverständlich nicht infrage. Doch es gelang Mortenson, im südwestlich von Peschawar gelegenen Flüchtlingslager Shamshatu achtzig Lehrer aufzutreiben, die viertausend afghanische Schüler unterrichteten, und dafür zu sorgen, dass sie ein Gehalt bekamen, solange die Flüchtlinge in Pakistan blieben.

Da Augenkrankheiten im nördlichen Pakistan stark verbreitet sind, überredete Mortenson einen amerikanischen Spezialisten für den Grauen Star, sechzig Senioren in Skardu und Gilgit kostenlos zu operieren. Außerdem ermöglichte er dem einzigen Augenarzt in ganz Baltistan eine Weiterbildung am renommierten Tilanga Eye Hospital in Nepal, damit er nach der Rückkehr des Spezialisten in die Vereinigten Staaten die Operation selbst durchführen konnte.

Nachdem Mortenson eine Konferenz von Entwicklungshilfeexperten in Bangladesch besucht hatte, beschloss er, dass die Schulen des CAI nur Schüler bis zur fünften Klasse unterrichten und besonderes Augenmerk auf die Ausbildung von Mädchen richten sollten. »Wenn man den Jungen zur Schulbildung verhilft, verlassen sie meist die Dörfer, um in den Städten Arbeit zu suchen«, erklärt er. »Doch die Mädchen bleiben zu Hause, übernehmen führende Positionen in der Gemeinde und geben das Gelernte weiter. Um eine Kultur zu verändern, den Frauen Einfluss zu schenken, die hygienischen Verhältnisse zu verbessern, eine medizinische Versorgung sicherzustellen und die Kindersterblichkeit zu senken, muss man die Mädchen ausbilden.«

Und so fuhr Mortenson in seinem grünen Land Cruiser über Buckelpisten in alle Dörfer, in denen das CAI ein Projekt unterhielt, um mit den Ältesten zu sprechen. Er bestand darauf, dass sie sich schriftlich verpflichteten, die Anzahl der Schülerinnen um zehn Prozent pro Jahr zu erhöhen, falls sie nicht die Unterstützung des CAI verlieren wollten. »Wenn die Mädchen es erst einmal bis zur fünften Klasse schaffen, ändert sich alles«, lautet Mortensons Devise.

Der Vorstand des CAI stimmte diesem Ansatz zu. George McCowns Frau Karen, die eine Privatschule in der Region San Francisco gegründet hatte, beteiligte sich ebenso wie Abdul Jabbar, ein pakistanischer Professor am City College in San Francisco. Inzwischen setzte sich der gesamte Vorstand aus Pädagogen zusammen.

Da nun zwölf Schulen in Betrieb waren, organisierte Julia Bergman mit Unterstützung von zwei Dozenten des City College einen Kurs für Lehrer, der jeden Sommer in Skardu stattfinden sollte. Außerdem stellte sie eine Bibliothek aus Nachschlagewerken zusammen, auf die alle beim CAI beschäftigten Lehrer zurückgreifen konnten. In jenem Sommer setzte sich Mortenson in Skardu mit Ghulam Parvi, den amerikanischen Lehrern, die Julia Bergman aus den USA mitgebracht hatte, und allen beim CAI beschäftigten pakistanischen Lehrern zusammen, um einen pädagogischen Ansatz zu erarbeiten.

Die Schulen des CAI sollten nicht von dem Lehrplan abweichen, nach dem auch die guten staatlichen Lehranstalten in Pakistan vorgingen. Den im Westen so beliebten »kulturvergleichenden Unterricht« sollte es nicht geben. Außerdem durften die Lerninhalte nichts umfassen, was von konservativen Kräften als unislamisch hätte gedeutet werden können und damit die Existenz der Schulen gefährdet hätte. Doch der eifernde islamische Fundamentalismus, den man in vielen Koranschulen des Landes antraf, hatte in den CAI-Einrichtungen ebenfalls nichts zu suchen.

»Pakistanische Kinder sollen nicht lernen, wie Amerikaner zu denken«, stellt Mortenson klar. »Ich will nur, dass sie eine ausgewogene, extremismusfreie Erziehung bekommen. Das ist die Grundlage unseres Konzepts.«

Jedes erfolgreich beendete Projekt leistete Mortensons Ruhm im nördlichen Pakistan Vorschub, und immer mehr Menschen hängten ein Foto von ihm zu Hause über die Kochstelle oder klebten es auf das Armaturenbrett ihres Jeeps. Anders als die hinduistischen Inder im Osten neigen die Pakistaner wegen des islamischen Bilderverbots nicht dazu, ihre Windschutzscheiben mit Göttergalerien zu bepflastern. Doch wie in Indien kommt es hin und wieder vor, dass Personen des öffentlichen Lebens nicht mehr den gewöhnlichen Sterblichen zugeordnet werden.

Der Kricket-Held Imran Khan war zu einer Art weltlichem Heiligen geworden. Und ausgehend von Mortensons Zentrale in Skardu, verbreitete sich in Baltistan über die verdorrten Dünen, durch die gewundenen Schluchten und die windumtosten Täler hinauf die Legende von einem gütigen Ungläubigen namens Dr. Greg.

Kirschbäume im Sand

Man könnte sagen, dass der indische Subkontinent und die Demarkationslinie in Kaschmir die gefährlichsten Regionen sind, die es heute auf der Welt gibt.

US-Präsident Bill Clinton vor seiner Abreise aus Washington, auf dem Weg zu einem diplomatischen Besuch und einer Friedensmission in Indien und Pakistan

Fatima Batul erinnert sich noch genau an das erste Krachen der indischen Geschossbatterie, die nur zwölf Kilometer entfernt auf der anderen Seite der Bergkette stationiert war. Mit einem melodischen Pfeifen sauste die erste Granate aus dem makellos blauen Himmel herab, während Fatima und ihre Schwester Aamina gerade Buchweizen aussäten. Erschrocken sahen sie einander unmittelbar vor der Explosion an.

Ihr Dorf Brolmo befand sich im Gultori-Tal, einem Gebiet, das auf den Karten der indischen Soldaten, die jenseits der Grenze lagen, unter dem Namen »pakistanisch besetztes Kaschmir« verzeichnet war. Für gewöhnlich ging es hier recht geruhsam zu, so erschien es zumindest der damals zehnjährigen Fatima. Sie weiß noch, wie sie ihrer Schwester ins Gesicht sah, als der Himmel plötzlich merkwürdige Geräusche erzeugte. Ihr eigenes Erstaunen spiegelte sich in Aaminas weit aufgerissenen Augen, ein Blick, der ausdrückte, dass hier etwas geschah, was alles andere als geruhsam war.

An das, was nach dem Hagel umherfliegender Metallsplitter aus dem 155-Millimeter-Geschoss folgte, will Fatima lieber gar nicht mehr denken, da es ihr bis heute noch Angst macht. Die Bilder sind – ebenso wie die Steine, die man zum Backen des *kurba* benötigt – zu heiß, um sie zu berühren. Tote Menschen und Leichenteile lagen im Weizenfeld, und das Donnern, Pfeifen und Grollen folgte so schnell aufeinander, dass es bald wie ein einziges gellendes Kreischen klang.

Aamina packte Fatimas Hand und schloss sich mit ihr den panisch fliehenden Dorfbewohnern an, die versuchten, sich in Höhlen vor dem aus dem Himmel über sie hereinbrechenden Inferno in Sicherheit zu bringen. Obwohl sie rannten, so schnell ihre Beine sie trugen, erschien es ihnen immer noch zu langsam.

Fatima, die sich gut versteckt im hinteren Teil der Höhle aufhielt, kann oder will sich nicht mehr erinnern, warum Aamina plötzlich nach draußen in den tosenden Lärm lief. Vielleicht wollte ihre ältere Schwester ja die kleineren Kinder hereinholen. »Das hätte zu Aamina gepasst«, meint sie. Doch genau in diesem Moment explodierte am Eingang der Höhle eine Granate. Danach war die Seele ihre Schwester gebrochen, und das Leben der beiden Mädchen sollte sich für immer ändern.

Am 27. Mai 1999 saß Mortenson nachts in seinem Kellerbüro in Montana und suchte im Internet nach Informationen über die Kämpfe, die auf einmal in Kaschmir aufgeflammt waren. Noch nie hatte er etwas dergleichen gehört.

Seit der gewaltsamen Teilung des kolonialen Britisch-Indien in die beiden unabhängigen Staaten Indien und Pakistan im Jahr 1947 war Kaschmir ein Pulverfass. Dank seiner militärischen Überlegenheit konnte Indien einen Großteil des früheren Fürstentums an sich reißen, doch die versprochenen Wahlen, in denen die überwiegend muslimischen Einwohner Kaschmirs selbst über ihre Zukunft bestimmen sollten, fanden nie statt. So wurde Kaschmir für die Bevölkerung Pakistans zum Symbol der Unterdrückung, welche die Muslime ihrer Ansicht nach beim Zerfall der britischen Kolonie hatten erdulden müssen. Für die Inder hingegen bedeutete Kaschmir eine feste Grenze, die über die Gipfel der Sechstausender verlief, ein territoriales Juwel, das man sich auf gar keinen Fall rauben lassen durfte. Deshalb blieb die über schroffe Gletscher gezogene Linie für beide Seiten eine offene Wunde, die sie an die während der Kolonialzeit erlittenen Demütigungen erinnerte.

Nach jahrzehntelangen Scharmützeln einigten sich beide Länder 1971 auf eine Demarkationslinie (*Line of Control, LOC*) durch ein felsiges und unwirtliches Gebiet, das allein schon aufgrund der äußeren Bedingungen ein Eindringen feindlicher Truppen verhinderte. »Ich erschrak über die hohen Verluste, über die nun berichtet wurde«, erinnert sich Mortenson. »Denn während meiner ersten sechs Jahre in Pakistan hatten die Kämpfe an der LOC eher Scheingefechten geähnelt. Das indische und das pakistanische Militär hatten hoch oben auf den Gletschern Beobachtungsposten und Geschützstände errichtet. Nach dem Frühstückstee schossen die Inder aus ihren großen Bofor-Geschützen aus schwedischer Produktion ein oder zwei Granaten auf die pakistanischen Stellungen ab, was die Pakistaner ihrerseits mit ein paar Salven nach dem Morgengebet beantworteten. Es gab nur wenige Tote und Verletzte, und jeden September, wenn das kalte Wetter einsetzte, zogen beide Seiten mit einem Zwinkern bis zum nächsten Frühjahr wieder ab.«

Im April 1999 – das Tauwetter hatte ungewöhnlich früh eingesetzt – beschloss Pakistans Premierminister Nawaz Scharif jedoch, Indiens Kampfeswillen auf die Probe zu stellen. Ein Jahr zuvor hatte Pakistan durch fünf erfolgreiche Atomwaffentests die Welt in Schrecken versetzt. Die so erreichte Waffengleichheit mit den indischen Nachbarn hatte den Nationalstolz geschürt und der pakistanischen Regierung viel Unterstützung durch das eigene Volk eingebracht.

Im selben Monat überquerten etwa achthundert bis an die Zähne bewaffnete islamische Krieger auf dem Weg über das Gultori-Tal die LOC und bezogen auf Bergkämmen im indischen Teil Kaschmirs Position. Laut Aussage der indischen Seite führten Angehörige der in Skardu stationierten Northern Light Infantry Brigade, einer mit dem Schutz des nördlichen Pakistan betrauten Eliteeinheit, die Invasion in Zivilkleidung und unterstützt von Mudschaheddin durch. Die

Truppen bewegten sich so vorsichtig vorwärts, dass sie fast einen Monat lang unentdeckt blieben, bis Kundschafter der indischen Armee bemerkten, dass die Bergkuppen rings um die Stadt Kargil von Pakistanern und deren Verbündeten besetzt waren.

Der indische Premierminister Atal Bihari Vajpayee beschuldigte Scharif der Invasion Indiens, worauf sein pakistanischer Amtskollege erwiderte, bei den Invasoren handele es sich um »Freiheitskämpfer«, die unabhängig vom pakistanischen Militär operierten und spontan beschlossen hätten, sich am Kampf der kaschmirischen Muslime gegen ihre hinduistischen Unterdrücker zu beteiligen. Allerdings rücken Soldquittungen der Nördlichen Leichtinfanterie-Brigade sowie Identitätskarten, die die Inder später bei toten Soldaten gefunden haben wollen, die Geschichte in ein etwas anderes Licht.

Am 26. Mai 1999 mobilisierte Vajpayee zum ersten Mal seit über zwanzig Jahren die indische Luftwaffe gegen Pakistan. In Angriffswellen bombardierten Kampfflugzeuge vom Typ MiG und Mirage die pakistanischen Stellungen. Daraufhin holten die Kämpfer auf den Hügeln eine MiG und einen MI-17-Kampfhubschrauber vom Himmel – mit Stinger-Boden-Luft-Raketen, die die Amerikaner den Mudschaheddin-Kommandanten in Afghanistan für den Kampf gegen sowjetische Flugzeuge zur Verfügung gestellt hatten. Es war der Auftakt des sogenannten Kargil-Konflikts.

Doch ist »Konflikt« sehr milde ausgedrückt für die heftigen Feuergefechte, die sich pakistanische und indische Streitkräfte lieferten. Die Pakistaner töteten Hunderte indischer Soldaten, erlitten selbst aber noch höhere Verluste. Laut Aussage der indischen Seite gerieten auch unzählige Zivilisten in die Schusslinie. Die stark überlegene indische Armee feuerte fünftausend Artilleriegranaten, Mörsergranaten und Raketen pro Tag ab. Im Frühjahr und Sommer 1999 regneten damit mehr als eine Viertelmillion indische Granaten, Bomben und Raketen auf Pakistan herab, eine Angriffsdichte, wie es sie seit dem Zweiten Weltkrieg auf der Welt nicht mehr gegeben hatte. Trotz aller Dementi des indischen Militärs bestätigen die Berichte zahlreicher Zivilisten, dass dieser Beschuss wahllos stattfand und häufig Dörfer traf, die wie das von Fatima Batul das Pech hatten, entlang der Demarkationslinie zu liegen.

Mortenson fühlte sich hilflos, als er in seinem Kellerbüro auf und ab lief und immer wieder mit seinen Kontaktleuten beim pakistanischen Militär telefonierte. Die Berichte, die ihm dabei zu Ohren kamen, sorgten dafür, dass er noch weniger Schlaf fand als sonst. Scharenweise überquerten Flüchtlinge zu Fuß die Pässe und schleppten sich erschöpft und verletzt nach Skardu. Sie brauchten Hilfe, die ihnen jedoch niemand in Baltistan geben konnte. Die Antworten zur Lösung des Problems waren nicht in den Bücherstapeln zu finden, die sich immer höher in den Regalen und auf dem Fußboden türmten, sondern in Pakistan.

Mortenson buchte einen Flug.

Mitte Juni ist die Deosai-Hochebene eines der weltweit idyllischsten Fleckchen Erde. Das fand wenigstens Mortenson, als er im Land Cruiser bergauf in Richtung Baltistan fuhr. Die violetten Lupinen, die auf den Hochwiesen zwischen den Gipfeln wuchsen, sahen aus, als hätte sie jemand mit dem Pinsel hingetupft. Herden von Blauschafen mit ihren gewaltigen Hörnern, die hier weitab jeglicher menschlicher Behausung prächtig gediehen, blickten dem Fahrzeug ungerührt nach. Im Westen erhob sich die Rupal-Wand des Nanga Parbat, die größte ununterbrochene Felsenfläche der Welt. Mortenson hatte sie noch nie aus diesem Winkel gesehen und starrte fasziniert hin.

Hussein, Apo und Faisal Baig waren nach Islamabad gekommen, um Mortenson abzuholen. Apo hatte ihn überredet, die sechsunddreißigstündige Fahrt über die häufig schlechten Straßen der Deosai-Hochebene nach Skardu auf sich zu nehmen, da der Karakorum-Highway von Militärkonvois verstopft war, die Proviant in die Kampfgebiete oder »Märtyrer« zur Beerdigung nach Hause brachten.

Eigentlich hatte Mortenson nicht damit gerechnet, hier oben irgendjemandem zu begegnen, denn die Pässe dieses in über viertausend Metern Höhe gelegenen, an Indien grenzenden Plateaus waren noch mit Schnee bedeckt. Allerdings waren in beide Richtungen Kolonnen japanischer Pick-ups mit viertürigem Führerhaus unterwegs – die Kriegsfahrzeuge der Taliban, in denen sich bärtige Kämpfer mit schwarzen Turbanen drängten. Die Krieger, die auf dem Weg in den Nordosten ins Kampfgebiet waren, schwenkten im Vorbeifahren ihre Kalaschnikows und Raketenwerfer. Die unterwegs nach Südwesten befindlichen Verwundeten präsentierten stolz ihre Verbände.

»Apo!«, übertönte Mortenson das Motorengeräusch, nachdem der Land Cruiser zum vierten Mal von einem laut hupenden Konvoi von der Straße gedrängt worden war. »Hast du je so viele Taliban gesehen?«

»Die *kabuli* treiben sich immer hier herum«, erwiderte Apo. Er benutzte den ortsüblichen Begriff für die verhassten Fremden, die nur Gewalt nach Baltistan brachten. »Aber solche Horden waren es noch nie.« Missbilligend schüttelte er den Kopf. »Offenbar haben sie es sehr eilig, Märtyrer zu werden«, fügte er hinzu und spuckte einen dicken Batzen des Kautabaks, den Mortenson ihm aus Montana mitgebracht hatte, aus dem Fenster.

Bei ihrer Ankunft in Skardu war dort das Kriegsfieber ausgebrochen. Von der Front trafen Bedfords ein; sie waren mit Särgen beladen, über die man feierlich die pakistanische Flagge gebreitet hatte. Unzählige Hubschrauber flogen ratternd über Mortensons Kopf hinweg. Schäfer vom Volk der Gojar, Nomaden und die »Zigeuner« Pakistans, trieben Herden verängstigter Ziegen durch den dichten Verkehr von Militärfahrzeugen. Nach einem langen Marsch in Richtung indische Grenze würden die Tiere als Verpflegung für die pakistanischen Truppen dienen.

Vor dem *Indus* standen zwei schwarze Pick-ups mit viertürigem Führerhaus, die die auffälligen hellblauen Nummernschilder der Arabischen Emirate trugen. Die Wagen waren so achtlos abgestellt, dass ihr Heck den Jeep-Verkehr blockierte, doch niemand wagte zu hupen. Als Mortenson den Hoteldirektor Ghulam zur Begrüßung umarmte, sah er hinter ihm zwei hochgewachsene bärtige Männer an einem der Holztische sitzen und Tee trinken. Ihre Kleidung war ebenso staubig wie seine eigene.

Der größere der beiden blickte auf. »›*Chai*‹, sagte er und winkte mich zu sich«, erinnert sich Mortenson. »Ich schätzte ihn auf Mitte fünfzig, und er muss mindestens eins sechsundneunzig gewesen sein, was mir auffiel, weil ich in Baltistan normalerweise immer alle überragte. Außerdem hatte er Hängebacken. Und dazu einen riesigen Wanst. Da er ganz bestimmt nicht hier war, um einen Sechstausender zu besteigen, war er sicher ein Anführer.«

Ghulam, der den Männern den Rücken zukehrte, zog warnend die Augenbrauen hoch.

»Ich weiß«, sagte Mortenson und ging zu den Männern hinüber.

Er schüttelte erst dem dicken Mann und dann dessen Begleiter die Hand. Dieser hatte einen struppigen Bart, der ihm fast bis zur Taille reichte. Seine Unterarme waren so sehnig, dass sie an verwittertes Holz erinnerten. Als Mortenson Platz nahm, bemerkte er zwei gut geölte AK-47, die zwischen den Füßen der Männer auf dem Boden lagen.

»*Pe khayr raghie*«, begann der Mann auf Paschtunisch. »Willkommen!«

»*Khayr ose*«, erwiderte Mortenson, der seit seiner achttägigen Gefangenschaft in Wasiristan fleißig Paschtunisch büffelte, in einer höflichen Respektsbekundung.

»Setzen Sie sich!«, befahl der Kommandant.

Mortenson gehorchte und wechselte zu Urdu, um Missverständnisse zu vermeiden. Er trug eine schwarz-weiß gemusterte *kufiya* auf dem Kopf, das klassische »Palästinensertuch«. Obwohl er damit nur sein Gesicht vor dem Staub des Deosai hatte schützen wollen, deuteten die Männer das offenbar als politische Aussage und boten ihm Tee an.

»Der Dicke stellte sich als Gul Mohammed vor«, berichtet Mortenson. »Dann fragte er, ob ich Amerikaner sei. Da ich annahm, dass sie es ohnehin herausfinden würden, bejahte ich.« Er nickte Faisal Bag, der sprungbereit neben dem Tisch stand, unmerklich zu, worauf der Leibwächter sich zu Apo und Parvi setzte.

»Bill Clinton okay!«, meinte Gul Mohammed auf Englisch und reckte begeistert den Daumen hoch. Auch wenn Clinton letztlich an der Aufgabe gescheitert war, einen Frieden zwischen Israel und den Palästinensern auszuhandeln, hatte er – obgleich ein wenig verspätet – 1994 amerikanische Truppen nach Bosnien geschickt, um zu verhindern, dass die christlich-orthodoxen Serben die dortigen Muslime niedermetzelten. Ein Mudschahed wie Gul würde so etwas nie vergesen.

Der Hüne legte Mortenson die Hand auf die Schulter, sodass diesem der Geruch von Schweiß und gebratenem Lamm entgegenschlug. »Sie sind ein Soldat«, stellte er fest.

»Das war ich einmal«, antwortete Mortenson. »Vor langer Zeit. Heute baue ich Schulen für Kinder.«

»Kennen Sie Lieutenant Colonel Samuel Smith aus Fort Worth in Texas?«, fragte der magere Mann. »Er war auch Soldat. Wir haben gemeinsam die Sowjets in Spin Boldak zerquetscht wie die Fliegen.« Mit diesen Worten drückte er den Absatz seines Kampfstiefels auf den Boden.

»Tut mir leid«, antwortete Mortenson. »Amerika ist ein großes Land.«

»Groß und mächtig. In Afghanistan hatten wir Allah auf unserer Seite«, merkte Gul mit einem Grinsen an. »Und die amerikanischen Stinger-Raketen.«

Als Mortenson sich erkundigte, ob sie von der Front kämen, schien Gul Mohammed beinahe erleichtert, davon erzählen zu können. Er berichtete, dass die Mudschaheddin tapfer kämpften. Allerdings richte die indische Luftwaffe unter den Männern, die versuchten, die Stellungen auf den Hügeln zu halten, ein schreckliches Blutbad an, seit sie wisse, wie man die Bomben außerhalb der Reichweite der Boden-Luft-Raketen abwerfen könne. »Außerdem ist ihre Bofor-Artillerie sehr stark«, erklärte Gul. »Schweden soll doch so ein friedliches Land sein, und trotzdem verkauft es derart tödliche Waffen.«

Die Männer wollten von Mortenson alles über seine Projekte wissen und nickten beifällig, als sie erfuhren, dass er nicht nur den schiitischen Kindern Baltistans, sondern auch viertausend sunnitischen Flüchtlingen aus Afghanistan in Peschawar Schulbildung zukommen ließ. Gul berichtete, er habe im Daryle-Tal gewohnt, nicht weit entfernt von der Brücke, die die Mudschaheddin vor fünf Jahren blockiert hatten, als Mortenson in seinem gemieteten Bedford die Baumaterialen für die erste Schule auf dem Karakorum-Highway nach Korphe hatte bringen wollen. »In meinem Tal werden Schulen dringend gebraucht«, fuhr Gul fort. »Warum kommen Sie nicht mit und bauen zehn oder zwanzig für uns? Meinetwegen auch für Mädchen, kein Problem.«

Mortenson erklärte, das CAI verfüge nur über begrenzte Mittel. Außerdem müsse jedes Schulprojekt vom Vorstand abgesegnet werden. Beim bloßen Gedanken an die Reaktionen, die ein solcher Vorschlag auslösen würde, musste er ein Schmunzeln unterdrücken. Doch er versprach, das Thema bei der nächsten Vorstandssitzung anzuschneiden.

Um neun Uhr abends spürte er, wie ihm trotz der aufgeregten Atmosphäre in der Halle des *Indus* die Augen zufielen. Auf der beschwerlichen Fahrt über die staubige Dorsai-Hochebene hatte er viel zu wenig Schlaf abbekommen. Die für einen Paschtunen nicht wegzudenkende Gastfreundschaft gebot es, dass die beiden Männer Mortenson vorschlugen, ihr Nachtquartier mit ihnen zu teilen. Allerdings hatte Ghulam wie immer ein kleines, ruhiges Zimmer im hinteren Teil des Hotels für ihn reserviert, was er den beiden erklärte, bevor er aufstand, sich mit aufs Herz gelegter Hand verbeugte und sich von ihnen verabschiedete.

Auf halbem Weg den Flur entlang, kam plötzlich eine magere rothaarige Gestalt mit blauen Glupschaugen aus der Schwingtür zur Küche gesprungen und packte Mortenson am Ärmel. Agha Ahmed, der ein wenig geistig zurückgebliebene Küchenjunge und Gepäckträger des *Indus*, hatte die Lobby durch den Türspalt beobachtet. »Dr. Greek!«, rief er so laut, dass das ganze Hotel ihn hören konnte, während sich wie immer eine Speichelblase in seinem Mundwinkel bildete. »Taliban!«

»Ich weiß«, erwiderte Mortenson lächelnd ein weiteres Mal und schlurfte weiter den Flur hinunter in Richtung Bett.

Am nächsten Morgen stattete Syed Abbas Mortenson persönlich einen Besuch ab. Noch nie hatte dieser den Mullah derart aufgebracht erlebt, denn der Geistliche verhielt sich sonst stets würdevoll und sprach so gemessen und langsam, wie er die Perlen seiner Gebetskette durch die Finger gleiten ließ. Heute jedoch überschlugen sich seine Worte förmlich. Der Krieg sei für die Zivilbevölkerung des Gultori-Tals eine Katastrophe, klagte Abbas. Niemand wisse, wie viele Dorfbewohner bereits von den indischen Bomben und Granaten getötet oder verletzt worden seien. Inzwischen seien etwa zweitausend Flüchtlinge in Skardu eingetroffen. Tausende weiterer hätten sich in Höhlen verkrochen, um das Ende der Kämpfe abzuwarten, und würden bald folgen.

Syed Abbas fügte hinzu, er habe sich bereits mit der Verwaltung für die Nordprovinzen sowie mit dem Flüchtlingshilfswerk der Vereinten Nationen in Verbindung gesetzt. Allerdings seien seine Bitten um Hilfe auf taube Ohren gestoßen. Der einheimischen Regierung fehlten angeblich die Mittel. Und die UN könne nichts tun, so habe es dort geheißen, da die Familien aus dem Gultori schließlich innerhalb ihres eigenen Landes und nicht über internationale Grenzen hinweg vor den Kämpfen geflohen seien.

»Was brauchen diese Menschen?«, fragte Mortenson.

»Alles«, antwortete Abbas. »Aber insbesondere Wasser.«

Er fuhr Mortenson, Apo und Parvi zu der neuen Zeltstadt aus sonnengebleichten Plastikplanen, die in den Sanddünen am Flugplatz westlich von Skardu entstanden war. Die Männer zogen die Schuhe aus, verließen die Straße und stapften über etwa ein Dutzend Dünen zum Flüchtlingslager, während die in Frankreich hergestellten Mirage-Kampfflugzeuge der pakistanischen Luftwaffe auf Patrouillenflügen dröhnend über sie hinwegrasten. Rings um den Flugplatz hatten in Alarmbereitschaft versetzte Soldaten mit Flugabwehrgeschützen hinter Sandsäcken Posten bezogen und zeichneten mit ihren Geschützrohren unsichtbare Arabesken in den Himmel über Indien.

Man hatte die Flüchtlinge auf das einzige Stück Land abgeschoben, für das sich in Skardu niemand interessierte. Ihr Lager mitten in den Dünen verfügte über keine natürliche Wasserquelle, und bis zum Indus war es eine Stunde Fußmarsch. Als Mortenson sich das gewaltige Ausmaß seiner Aufgabe bewusst machte, schwirrte ihm der Kopf, und das nicht nur wegen der flirrenden Hitze, die von den Dünen aufstieg. »Wie sollen wir Wasser hierher bringen?«, fragte er. »Schließlich sind wir nicht nur weit weg vom Fluss, sondern auch noch auf höher gelegenem Gelände.«

»Ich habe von einer Methode im Iran gehört«, erwiderte Syed Abbas. »Man nennt sie Wasserhebesysteme. Dazu muss man ein sehr tiefes Loch bis zum Grundwasser graben und eine Pumpe hineinsetzen. Mit Allahs Hilfe müsste es möglich sein.«

Umweht von seinem bauschigen schwarzen Gewand, lief Syed Abbas über den hellen Sand und wies auf die Stellen, wo man am besten nach Grundwasser bohren sollte. »Ich wünschte, die Menschen im Westen, die Vorurteile gegen Muslime haben, hätten Syed Abbas an diesem Tag in Aktion erleben können«, erinnert sich Mortenson. »Dann wäre ihnen nämlich klar geworden, dass die meisten gläubigen Muslime, selbst konservative Mullahs wie Syed Abbas, an Frieden und Gerechtigkeit glauben, nicht an den Terror. Wie in der Thora und in der Bibel steht, man solle sich derer annehmen, die mit Mühsal beladen sind, so heißt es im Koran, dass man mildtätig sein und für Witwen, Waisen und Flüchtlinge sorgen muss.«

Auf den ersten Blick wirkte die Zeltstadt verlassen, weil ihre Bewohner unter den Planen Schutz vor der sengenden Sonne suchten. Apo – selbst ein Flüchtling, der eigentlich aus Dras, einem an das Gultori angrenzende Gebiet auf der indischen Seite, stammte – ging von Zelt zu Zelt und ließ sich berichten, was dringend gebraucht wurde.

Währenddessen standen Mortenson, Parvi und Syed Abbas auf einem freien Platz zwischen den Zelten und überlegten, wie sie das Wasserhebesystem am besten einrichten sollten. Parvi war sicher, seinen Nachbarn, den Leiter der Stadtwerke von Skardu, überreden zu können, ihnen schweres Gerät für die Erdarbeiten zu leihen, sofern das CAI die Rohre und Wasserpumpen finanzierte.

»Wie viele Menschen leben hier?«, erkundigte sich Mortenson.

»Mittlerweile knapp über fünfzehnhundert«, antwortete Syed Abbas. »Hauptsächlich Männer. Sie sind hergekommen, um Arbeit und eine Unterkunft zu suchen, bevor sie ihre Frauen und Kinder nachholen. In ein paar Monaten könnten wir es mit vier- oder fünftausend Flüchtlingen zu tun haben.«

Apo kroch aus einem Zelt hervor und näherte sich den ins Gespräch vertieften Männern. Wenn es jemanden gab, dem man in Baltistan immer wieder über den Weg lief, dann war es der verschmitzte alte Koch, der schon sein ganzes Leben lang große Gruppen unter den unwirtlichsten Bedingungen verpflegt hatte. Heute jedoch trug er eine ungewöhnlich ernste Miene zur Schau, und seine Lippen waren schmal wie eine Quarzader in einem Granitfelsen. Wie König Lears Hofnarr hatte er keine Hemmungen, seine sogenannten Vorgesetzten auf unangenehme Wahrheiten hinzuweisen.

»Dr. Greg«, meinte er, nahm Mortensons Hand und zog ihn zu den Zelten, »genug geredet. Wie willst du wissen, was die Leute brauchen, wenn du nicht mit ihnen sprichst?«

Mullah Gulzar saß unter einer blauen Plane. Er trug eine schwarze Kappe auf dem Kopf und erhob sich mühsam, um Mortenson zu begrüßen. Nachdem der alte Geistliche aus dem Dorf Brolmo dem Amerikaner die Hand geschüttelt hatte, entschuldigte er sich, weil er nicht die Möglichkeit hatte, für die Gäste Tee zuzubereiten. Nachdem sich alle mit gekreuzten Beinen auf einer Plastiktischdecke niedergelassen hatten, die im warmen Sand lag, forderte Apo den Mullah auf, seine Geschichte zu erzählen.

Das Licht, das durch die Plane hereinströmte, spiegelte sich in der riesigen Brille des Mullah, sodass seine Augen beim Sprechen nicht zu sehen waren. Mortenson hatte das unbehagliche Gefühl, einem Blinden mit undurchsichtiger blauer Brille zuzuhören.

»Wir wollten nicht herkommen«, begann Mullah Gulzar und strich sich über den langen, dünnen Bart. »In Brolmo ist es schön. Wenigstens war es das einmal. Wir sind so lange geblieben, wie wir konnten, haben uns tagsüber in den Höhlen versteckt und nachts unsere Felder bestellt. Am Tag war das nicht möglich, da wir dann alle den vielen Granaten zum Opfer gefallen wären. Schließlich waren sämtliche Bewässerungskanäle zerstört, die Felder verdorben, die Häuser zerbombt. Da wir wussten, dass unsere Frauen und Kinder sterben würden, wenn wir nichts unternahmen, machten wir uns zu Fuß auf den Weg über die Berge nach Skardu. Weil ich kein junger Mann mehr bin, war es sehr anstrengend für mich. Als wir in Skardu ankamen, wies uns die Armee an, uns hier niederzulassen. Beim Anblick dieses Ortes und des vielen Sandes beschlossen wir umzukehren. Doch die Armee gestattete es nicht. ›Ihr habt kein Zuhause mehr. Dort ist alles kaputt‹, sagten die Soldaten. Wenn es ginge, würden wir trotzdem sofort nach Hause zurückkehren, denn das hier ist kein Leben. Bald werden unsere Frauen und Kinder in dieser Einöde eintreffen. Was soll ich ihnen sagen?«

Mortenson umfasste die Hände des alten Mannes. »Wir werden euch helfen, Wasser für eure Familien hierher zu bringen«, versprach er.

»Gedankt sei Allah«, erwiderte der Mullah. »Aber Wasser ist nur ein Anfang. Wir brauchen Lebensmittel, Medikamente und Schulen für unsere Kinder. Das hier ist jetzt unser Zuhause. Es beschämt mich, um so vieles zu bitten, aber sonst hilft uns ja niemand.«

Der alte Geistliche wandte das Gesicht zum Himmel, der durch die blaue Plastikplane zu sehen war, als wolle er, dass sein Flehen direkt an Allahs Ohr drang. Da der Spiegeleffekt dadurch aufgehoben wurde, erkannte Mortenson, dass der Mullah Tränen in den Augen hatte.

»Wir haben nichts. Ich kann Ihnen für Ihre Güte, die unsere Gebete erhört, nichts anbieten«, sagte Mullah Gulzar. »Nicht einmal einen Tee.«

Es dauerte acht Wochen, die erste Wasserhebeanlage in der Geschichte des nördlichen Pakistan fertigzustellen. Ghulam Parvi hielt Wort und überredete seinen Nachbarn, ihnen kostenlos Baumaschinen zu leihen. Der Leiter der Stadtwerke von Skardu spendete außerdem alle für das Projekt benötigten Rohrleitungen, und die Armee schickte zwölf Traktoren, um die Steine wegzuschaffen.

Geduldig pilgerte Mortenson immer wieder zum öffentlichen Telefonkiosk, bis er endlich eine Verbindung nach San Francisco bekam. Das CAI erfüllte ihm seinen Wunsch und bewilligte sechstausend Dollar für dieses Vorhaben.

In Gilgit bestellte Mortenson starke Pumpen und Generatoren. Alle Männer aus Brolmo schufteten rund um die Uhr, um einen riesigen Betontank zu bauen, in dem man einen Wasservorrat für eine Siedlung von fünftausend Menschen speichern konnte. Nachdem sie vierzig Meter tief gebohrt hatten, stießen sie auf Grundwasser, um den Tank zu füllen. Nun hatten die Männer von Brolmo die Möglichkeit, Häuser aus Lehmziegeln zu errichten und die kahle Wüste in ein grünes Dorf für ihre Familien zu verwandeln. Allerdings mussten die Frauen und Kinder erst den Fußmarsch nach Skardu überstehen.

Während der Zeit in der Höhle konnte Fatima Batul nicht aufhören zu weinen. Aamina, die stets für ihre kleine Schwester da gewesen war und sie getröstet hatte, war nun nicht mehr in der Lage, für sich selbst zu sorgen. Körperlich war sie durch umherfliegende Schrapnelle zwar nur leicht verletzt worden, doch die Wunden gingen tiefer. Seit dem Tag, an dem die Granate neben ihr am Höhleneingang einschlug, seit sie noch einmal vor Angst und Schmerz aufgeschrien hatte und dann zusammengebrochen war, hatte sie kein einziges Wort mehr gesprochen. Wenn sie an manchen Tagen in der Höhle kauerten, während draußen dichtes Bombardement auf das Land herniederging, begann sie zu zittern und kläglich zu wimmern. Doch es war ein Geräusch, das eher an die Klagelaute eines Tieres als an einen Menschen erinnerte, was Fatima sehr erschreckte.

»Das Leben in den Höhlen war ziemlich hart«, erinnert sich Fatimas Freundin Nargiz Ali. »Unser Dorf Brolmo war sehr schön gewesen. Wir hatten Aprikosen- und sogar Kirschbäume und lebten an einem Hang über dem Indus. Und nun mussten wir tatenlos zusehen, wie alles zerstört wurde. Hingehen durften wir nicht. Ich war damals sehr zart, sodass meine Verwandten mich rasch hineintragen mussten, wenn die Granaten wieder fielen. Ich konnte nicht nach draußen, um zu spielen und die Tiere zu versorgen, ja, nicht einmal, um das Obst zu pflücken, das wir beim Reifen und schließlich beim Verfaulen beobachteten. Wenn es regnete oder schneite, war das Kochen oder Schlafen in der Höhle sehr schwierig. Aber wir blieben sehr lange dort, denn direkt auf der anderen Seite des Tales lag Indien, und deshalb war es im Freien zu gefährlich.«

Nargiz erzählt, ihr Onkel sei eines Tages zur Ruine seines Hauses gegangen, um Lebensmittel zu holen. Auf dem Rückweg zur Höhle sei er von einer Granate getroffen worden, die ohne jede Vorwarnung, ohne die üblichen Geräusche, eingeschlagen sei: »Er war ein sehr liebevoller Mensch, und wir hätten ihn am liebsten sofort geborgen. Aber wir mussten warten, bis es dunkel wurde, um sicherzugehen, dass keine weiteren Granaten fallen würden. Erst dann konnten wir meinen Onkel in die Höhle holen. Normalerweise waschen wir die Leichen vor der Beerdigung. Aber er war so zerschmettert, dass wir ihn nur noch in ein Laken hüllen konnten.«

Die wenigen in Brolmo zurückgebliebenen Männer hielten eine *dschirga* ab und teilten anschließend allen Kindern wie Fatima und Nargiz mit, nun sei die Zeit gekommen, um tapfer zu sein, denn sie müssten sich jetzt hinaus ins Freie wagen und eine lange Zeit zu Fuß gehen. Dabei werde es wenig zu essen geben. Doch sie könnten nicht für den Rest ihres Lebens in dieser Höhle bleiben.

Sie packten das wenige zusammen, das sie aus ihren Häusern hatten retten können, und brachen spätnachts auf. Zu Fuß gingen sie in ein Nachbardorf, das ihrer Ansicht nach weit genug von der indischen Artillerie entfernt und deshalb sicher war. An diesem Morgen hatten sie zum ersten Mal seit Monaten Gelegenheit, den Sonnenaufgang im Freien zu genießen. Doch während sie noch *kurba* für den weiteren Weg buken, fielen schon wieder Granaten. Die Einschläge auf dem Talboden kamen immer näher. Fatima vermutet, dass ein auf den Bergkämmen im Süden positionierter Aufklärer sie bemerkt hatte und nun das Artilleriefeuer in ihre Richtung leitete.

»Bei jeder Explosion fing Aamina an zu zittern, zu weinen und sich auf den Boden zu werfen«, erinnert sich Fatima. »Da es hier keine Höhlen gab, konnten wir nur rennen. Ich schäme mich entsetzlich dafür, aber ich hatte solche Angst, dass ich es aufgab, meine Schwester hinter mir herzuzerren, und nur noch lief, um mein eigenes Leben zu retten. Ich befürchtete, dass sie getötet werden könnte, aber offenbar fand sie das Alleinsein schlimmer als den Beschuss, sodass sie freiwillig losrannte und den anderen Dorfbewohnern folgte.«

Drei Wochen lang marschierten die Überlebenden von Brolmo nach Nordwesten. »Oft benutzten wir Tierpfade, die eigentlich gar nicht für Menschen gedacht waren«, berichtet Fatima. »Da wir wegen des Beschusses unser ganzes *kurba* hatten zurücklassen müssen, litten wir großen Hunger. Wir ernährten uns von Wildpflanzen und kleinen Beeren, um am Leben zu bleiben, obwohl wir davon Magenschmerzen bekamen.«

Schließlich trafen die letzten Bewohner Brolmos nach einer langen Odyssee erschöpft und ausgehungert in Skardu ein, wo das Militär ihnen ihr neues Zuhause zuwies. Hier in den Dünen am Flugplatz sollte für Fatima und die anderen der lange Prozess beginnen, den es bedeutete, ihre Erlebnisse zu vergessen und wieder von vorne anzufangen – für alle, bis auf Aamina Batul. »Als wir unser neues Dorf erreichten, legte sie sich hin und wollte nicht mehr aufstehen«, so Fatima. »Niemand konnte sie dazu bewegen, und nicht einmal das Wiedersehen mit unserem Vater und den Onkeln und das Wissen, endlich in Sicherheit zu sein, munterten sie auf. Nach einigen Tagen starb sie.«

Wenn Fatima heute, fünf Jahre später, über den Tod ihrer Schwester spricht, zeichnet sich ein Leid auf ihrem Gesicht ab, als wäre es erst gestern geschehen. Nur selten gestattet sie sich wie jetzt die Erinnerung und drängt sie dann rasch wieder zurück.

Die inzwischen fünfzehnjährige Fatima sitzt an ihrem Pult in der im Sommer 1999 während des Kargil-Konflikts vom CAI am Flugplatz erbauten Gultori-Flüchtlingsschule für Mädchen und zieht das weiße Umschlagtuch über das Gesicht, wohl um sich mit dem Stoff vor zu vielen Fragen zu schützen.

Ihre vierzehn Jahre alte Klassenkameradin Nargiz Ali erzählt weiter, wie sie es bis zu diesem Pult vor einer bunten topografischen

Weltkarte geschafft hat. Das nagelneue Schulheft, den Bleistift und den Spitzer verdankt sie einer Hilfsorganisation, deren Zentrale sie vergeblich auf der Karte zu finden versuchte: Bozeman, Montana.

»Als wir nach dem langen Marsch ankamen, waren wir natürlich sehr froh, unsere Familien wiederzusehen«, berichtet Nargiz. »Doch als ich mich an dem Ort umsah, wo wir jetzt leben sollten, war ich sehr verunsichert und fürchtete mich. Es gab keine Häuser. Keine Bäume. Keine Moschee. Überhaupt keine öffentlichen Einrichtungen. Dann stellte uns Syed Abbas einen großen *angrezi* vor, der mit uns redete. Er erklärte uns, er würde uns helfen, eine Schule zu bauen, wenn wir bereit wären, kräftig mitzuarbeiten. Und er hat sein Versprechen gehalten.«

Die Fünftklässlerinnen in der Gultori-Flüchtlingsschule für Mädchen hinken, wie Fatima und Nargiz, ihren Altersgenossinnen wissensmäßig hinterher. Da sie erst nach der Flucht aus ihrem Dorf mit dem Schulbesuch begonnen haben, beträgt das Durchschnittsalter in der fünften Klasse fünfzehn Jahre. Ihre Brüder müssen eine Stunde zu Fuß zu den staatlichen Knabenschulen in den umliegenden Dörfern gehen, die bereit waren, die meisten männlichen Schulkinder aufzunehmen. Doch für die hundertneunundzwanzig Gultori-Mädchen, die sonst vielleicht nie eine Schule von innen gesehen hätten, bedeutet dieses Schulhaus so etwas wie das Licht am Ende eines langen Tunnels der Angst und Flucht.

Vielleicht ist das ja der Grund, warum Fatima trotz ihrer schrecklichen Erlebnisse das Tuch wieder beiseiteschiebt und sich an ihrem Pult aufrichtet, um noch einen Punkt anzusprechen. »Ich habe Leute auf die Amerikaner schimpfen hören«, meint sie leise. »Aber wir lieben die Amerikaner. Sie waren sehr gut zu uns und haben sich als Einzige für uns eingesetzt.«

In den letzten Jahren kehrten einige Flüchtlinge ins Gultori-Tal zurück. Die beiden Schulen, die das Central Asia Institute dort inzwischen gegründet hat, wurden in die Eingänge von Höhlen gehauen, sodass den Schülern keine Gefahr durch indische Granaten droht, falls sich das Verhältnis zwischen den beiden Ländern wieder einmal abkühlen sollte. Nargiz und Fatima wollen jedoch in dem neuen

Dorf am Stadtrand von Skardu bleiben, das sie mittlerweile als ihr Zuhause betrachten.

Vor dem sandigen Hof ihrer ockergelben Schule mit den fünf Klassenzimmern erstrecken sich ordentliche Reihen aus Lehmziegeln erbauter Häuser in Richtung Horizont. Einige sind sogar, Sinnbild von Luxus und dauerhaftem Bleiben, mit Satellitenschüsseln ausgestattet. Wo es einst nur kahle Dünen gab, wachsen nun üppig grüne, von einem Hebesystem bewässerte Kirschbäume aus dem Sand und spenden den Häusern Schatten. Dass sich einmal Schülerinnen wie die Mädchen aus dem Gultori unter ihren Zweigen auf den Heimweg machen würden, hätte sich nie jemand träumen lassen.

Eine verhüllte Gestalt

Lass dich von nichts erschrecken oder ängstigen.
Jedes Ding hat ein Ende. Gott ändert sich nie.
Mit Geduld erreicht man alles.

Mutter Teresa

Zweihundert Stühle aufzustellen, dauerte länger, als Mortenson erwartet hatte. Denn bei den Wohltätigkeitsbasaren und Wochenmärkten sowie in den Kirchen und Colleges, wo er sonst seine Diavorträge hielt, war bis jetzt stets jemand verfügbar gewesen, der ihm dabei zur Hand ging. Allerdings waren heute in dem Sportgeschäft in Apple Valley, Minnesota, sämtliche Mitarbeiter mit der Vorbereitung des nachweihnachtlichen Räumungsverkaufs beschäftigt, sodass Mortenson allein zurechtkommen musste.

Es war bereits Viertel vor sieben, nur noch fünfzehn Minuten bis zum Beginn seines Vortrags. Aber Mortenson hatte erst gut hundert der braunen Klappstühle aus Metall aufgebaut und sie in ordentlichen Reihen neben den Ständern mit den ausgerollten, wintertauglichen Schlafsäcken und der abgeschlossenen Vitrine aufgestellt, die teure GPS-Geräte, Höhenmesser und Leuchtpistolen enthielt. Er trieb sich zur Eile an, klappte hektisch die Stühle auf und knallte sie mit demselben Gefühl der Dringlichkeit auf den Boden, die ihn damals beim Bau der Brücke für Korphe angetrieben hatte.

Bald war Mortenson völlig durchgeschwitzt. Ihm war nur zu deutlich bewusst, dass er seit dem K2 stark zugenommen hatte, und zögerte deshalb, das warme grüne Schlabber-Sweatshirt auszuziehen, insbesondere deshalb, weil es hier sicher gleich von durchtrainierten Kletterern und Wanderfreunden wimmeln würde. Nachdem der letzte Stuhl um zwei Minuten nach sieben stand, hastete er atemlos durch die Reihen, um auf jeden Platz einen Infobrief des Central Asia Institute zu legen. An die Rückseite der fotokopierten Flugblätter hatte er einen an das Postfach des CAI in Bozeman adressierten Umschlag für eine Geldspende geheftet.

Die Einnahmen aus diesen Umschlägen waren der einzige Grund, warum Mortenson Diavorträge wie diesen überhaupt auf sich nahm. Da der Kontostand des CAI bedenklich gegen null tendierte, hielt Mortenson inzwischen jede Woche, die er nicht in Pakistan verbrachte, einen solchen Vortrag. Obwohl er nichts so sehr hasste, wie vor großen Gruppen über sich selbst zu sprechen, wusste er, dass auf diese Weise selbst an schlechten Abenden einige Hundert Dollar hereinkamen – ein wichtiger Beitrag für die Kinder in Pakistan. Und so zwang er sich immer wieder, seine Reisetasche zum Flughafen von Bozeman zu schleppen.

Er überprüfte den alten Diaprojektor, den er vor Kurzem mit Isolierband geflickt hatte, um sicherzugehen, dass die richtigen Dias eingelegt waren, und tastete seine Hosentaschen nach dem Laserpointer ab, den er brauchte, um auf die jeweiligen Gipfel des Karakorum hinzuweisen. Dann drehte er sich zu seinem Publikum um.

Doch vor ihm standen nur zweihundert unbesetzte Stühle.

Da er Plakate an den örtlichen Colleges aufgehängt, die Redakteure der Lokalzeitungen um einige Zeilen angefleht und sogar ein kurzes Radiointerview in einer Frühstückssendung gegeben hatte, hatte er eigentlich mit einem vollen Haus gerechnet. Und so lehnte Mortenson sich an einen Ständer mit sich selbst aufblasenden Luftmatratzen, um auf seine Zuhörer zu warten.

Er lächelte breit, als eine Frau in einem orangefarbenen Goretex-Parka hereinkam, die ihre langen grauen Zöpfe aufgesteckt trug. Doch sie wich verlegen seinem Blick aus, studierte die Temperaturangaben an einem Trekking-Schlafsack und ging damit zur Kasse.

Um halb acht war Mortenson noch immer mit einem Meer leerer Stühle allein.

Über Lautsprecher forderte ein Verkäufer die Schnäppchenjäger, die in den Waren stöberten, inbrünstig auf, doch einige der zweihundert Stühle zu besetzen. »Leute, wir haben heute einen weltbekannten Kletterer hier, der euch tolle Dias vom K2 zeigen möchte. Schaut ihn euch doch mal an!«

Zwei Verkäufer in grünen Westen waren mit ihrer Bestandsaufnahme fertig und setzten sich in die letzte Reihe. »Was soll ich tun?«, fragte Mortenson. »Soll ich trotzdem meinen Vortrag halten?«

»Es geht doch um die Besteigung des K2, richtig?«, erkundigte sich der eine, ein junger bärtiger Mann. Er trug sein zu Dreadlocks geflochtenes Haar unter einer silbernen Strickmütze, was seinem Kopf die Form einer Tüte Popcorn verlieh.

»In gewisser Weise schon«, antwortete Mortenson.

»Gut, Kumpel, dann schießen Sie mal los!«

Nachdem Mortenson die erwarteten Aufnahmen des K2 vorgeführt und die vor sieben Sommern gescheiterte Besteigung des Berges geschildert hatte, rang er um eine passende Überleitung, um von den inzwischen achtzehn Schulen des CAI zu erzählen. Er zeigte Dias von den beiden neuesten Projekten im Gultori-Tal, die im Eingang von Höhlen erbaut worden waren. So konnten die Tausende Dorfbewohner, die zurückgekehrt waren, um ihre zerbombten Häuser wieder aufzubauen, ihre Kinder gefahrlos zur Schule schicken.

Auf der Leinwand erschienen nun die erst vor einem Monat entstandenen Aufnahmen von Fatima, Nargiz und ihren Mitschülerinnen, die in der neuen Gultori-Flüchtlingsschule für Mädchen lächelnd vor ihren Büchern saßen. Da bemerkte Mortenson einen Kunden, einen gebildet wirkenden Mann mittleren Alters, der unauffällig um die Ecke spähte, weil er sich offenbar für einen Schaukasten mit digitalen Multifunktionsuhren interessierte, gleichzeitig aber nicht stören wollte. Als Mortenson innehielt und ihm zulächelte, nahm der Mann Platz und blickte auf die Leinwand.

Ermutigt von der Tatsache, dass seine Zuhörerschaft somit um fünfzig Prozent gewachsen war, schilderte Mortenson noch dreißig Minuten lang engagiert die bittere Armut, in der die Kinder des Karakorum tagtäglich leben mussten. Er fügte hinzu, er wolle im folgenden Frühjahr Schulen am nördlichsten Rand Pakistans entlang der afghanischen Grenze bauen.

»Wenn wir Beziehungen knüpfen und eine Dorfgemeinschaft dazu bringen, Land und Arbeitskraft zu investieren, können wir eine Schule bauen und sie über eine Generation hinweg unterhalten. So haben Tausende Kinder die Möglichkeit, für weniger als zwanzigtausend Dollar eine Schulbildung zu bekommen. Die pakistanische Regierung würde für ein vergleichbares Projekt das Doppelte brauchen, die Weltbank etwa das Fünffache.«

Er schloss seinen Vortrag mit einem seiner Lieblingszitate von Mutter Teresa: »Was wir zu tun versuchen, mag nur ein Tropfen im Ozean sein«, wandte er sich mit einem freundlichen Lächeln an sein dreiköpfiges Publikum, »aber ohne diesen Tropfen würde dem Ozean etwas fehlen.«

Mortenson wusste den Applaus, selbst wenn er von bloß drei Händepaaren stammte, ebenso zu schätzen wie die Tatsache, dass er am Ende seines Vortrags angelangt war. Als er den Projektor abschaltete und begann, die Flugblätter wieder von den Stühlen einzusammeln, halfen ihm die beiden Verkäufer und überhäuften ihn dabei mit Fragen. »Beschäftigen Sie auch freiwillige Helfer?«, wollte der Kollege des Verkäufers mit den Dreadlocks wissen. »Ich habe nämlich früher auf dem Bau gearbeitet und könnte ein paar Nägel einschlagen.«

Mortenson erklärte ihm, dass es wegen des begrenzten Budgets des CAI (und inzwischen ist es so begrenzt wie nie zuvor, dachte er) zu teuer sei, amerikanische Helfer nach Pakistan zu schicken. Er empfahl ihm, sich an eine der wenigen anderen Nichtregierungsorganisationen zu wenden, die auch in Asien tätig seien und Freiwillige suchten.

Der bärtige junge Mann mit den Dreadlocks griff in die Tasche und reichte Mortenson einen Zehndollarschein. »Eigentlich wollte ich nach der Arbeit ein Bier trinken gehen«, meinte er und scharrte mit den Füßen. »Aber ... na, Sie wissen schon ...«

»Danke«, erwiderte Mortenson und schüttelte dem Spender ehrlich erfreut die Hand, bevor er den Schein zusammenfaltete und in dem für Spenden mitgebrachten, noch leeren Umschlag verstaute. Dann sammelte er die übrigen Infobriefe ein und packte sie in seine Reisetasche. Seufzend dachte er daran, dass er das zusätzliche Gewicht für nur zehn Dollar quer durchs Land geschleppt hatte und nun wieder nach Hause würde tragen müssen.

Auf dem letzten Stuhl in der letzten Reihe, neben dem Schaukasten mit den Digitaluhren, entdeckte Mortenson einen von einem Flugblatt abgerissenen Umschlag. Darin befand sich ein Scheck über zwanzigtausend Dollar.

Allerdings stand Mortenson nicht jede Woche vor einem Meer leerer Stühle. Insbesondere an der Pazifikküste im Nordwesten der USA hatten die Berg- und Wanderfreunde ihn ins Herz geschlossen, vor allem nachdem sich seine Abenteuer herumgesprochen hatten. In Portland und San Francisco, wo er in jenem Winter seine Vorträge hielt, mussten die Organisatoren Hunderte Interessierter wegen Überfüllung des Saals abweisen.

Zur Jahrtausendwende hatten Mortenson und das CAI die Unterstützung vieler führender amerikanischer Bergsteiger gewonnen. Mortensons Nachbar und Freund Alex Lowe, der im Oktober 1999 auf dem nepalesischen Shishapangma bei einem Lawinenunglück ums Leben kam, war damals vermutlich der angesehenste Alpinist der Welt und stellte Mortenson bei einer Wohltätigkeitsveranstaltung in Montana mit den folgenden Worten vor: »Während die meisten von uns nur immer wieder neue Gipfel stürmen wollen«, meinte er zu dem aus Kletterern zusammengesetzten Publikum, »hat Greg ganz im Stillen einen Berg versetzt. Es ist unfassbar, was er allein dank seinem Durchhaltevermögen und seiner Beharrlichkeit geschafft hat. Wir sollten uns alle ein Beispiel an ihm nehmen.«

Lowes Worte fanden in Alpinistenkreisen großen Anklang. »Viele von uns denken nur daran, dass man vielleicht irgendwann helfen könnte, aber Mortenson tut es einfach«, sagt der bekannte Bergsteiger Jack Tackle, der zwanzigtausend Dollar für eine Mädchengrundschule des CAI in Dschafarabad im oberen Shigar-Tal spendete.

Doch während der Kreis von Mortensons Fürsprechern in Bergsteigerkreisen immer weiterwuchs und auch seine Beliebtheit in Pakistan immer weiter zunahm, hatten seine Mitstreiter in den USA oft unter seinen Eigenheiten zu leiden.

Wenn er nicht gerade eine Staubpiste in Pakistan entlangholperte oder zu Hause in den Staaten sein Gepäck von einem Diavortrag zum nächsten schleppte, verteidigte Mortenson die Zeit, die er mit seiner Familie in Bozeman verbrachte, mit Zähnen und Klauen und verschanzte sich ansonsten in der Stille seines Kellerbüros.

»Selbst wenn Greg zu Hause war, hörten wir häufig wochenlang nichts von ihm«, erinnert sich der ehemalige Vorsitzende des CAI, Tom Vaughan. »Außerdem reagierte er nicht auf Anrufe oder E-Mails. Der Vorstand debattierte, ob wir Greg dazu verpflichten sollten, Rechenschaft über seine Zeit abzulegen. Doch wir kamen zu dem Schluss, dass das zwecklos gewesen wäre. Greg tut einfach, was ihm gefällt.«

»Eigentlich hätten wir ein paar ›Greg-Lehrlinge‹ ausbilden müssen«, meint Hoernis Witwe Jennifer Wilson. »Leute, an die Greg Projekte hätte delegieren können. Aber er war dagegen und fand, dass unser Geld nicht reichte, um ein Büro zu mieten oder Mitarbeiter zu beschäftigen. Doch wenn er sich in die Einzelheiten eines Projekts vertiefte, vernachlässigte er währenddessen unweigerlich ein anderes. Deshalb beschloss ich, auf Distanz zum CAI zu gehen. Er hat viel geschafft. Aber ich war der Ansicht, dass wir noch mehr hätten bewirken können, wenn Greg damit einverstanden gewesen wäre, das CAI straffer durchzuorganisieren.«

»Lassen Sie uns nicht um den heißen Brei herumreden«, gesteht Tom Vaughan ein. »Das CAI *ist* Greg. Es störte mich nicht, all die Projekte abzusegnen, die er umsetzen wollte. Doch ohne Greg wäre das CAI am Ende gewesen. Mir ist klar, dass die Risiken, die er in diesem Teil der Welt eingeht, nun mal zu dem Job dazugehören. Aber es ärgerte mich allmählich, wie er sich selbst vernachlässigte. Er hörte auf zu klettern und Sport zu treiben. Er schlief nicht mehr. Er nahm so stark zu, dass er nicht mehr wie ein Bergsteiger aussah. Ich habe Verständnis für seine Entscheidung, sich völlig seiner Aufgabe hinzugeben. Doch was nützt es, wenn er dabei mit einem Herzinfarkt tot umfällt?«

Widerstrebend stimmte Mortenson zu, eine Assistentin einzustellen, die einige Stunden täglich in seinem Kellerbüro für Ordnung sorgte – denn inzwischen war das Chaos, das dort herrschte, sogar ihm selbst peinlich. Allerdings machte die desolate finanzielle Lage des CAI im Winter 2000 – der Kontostand war auf knapp hundertausend Dollar gesunken – Mortenson so zu schaffen, dass er nicht wagte, die Organisation in den USA weiter auszubauen: »Ich war in der Lage, für zwölftausend Dollar eine Schule zu errichten, die Generationen von Schülern ausbilden würde. Die meisten unserer pakistanischen Mitarbeiter waren mit einem Jahresgehalt von vier- oder fünfhundert Dollar überglücklich. Deshalb fiel es mir schwer, mich mit der Vorstellung anzufreunden, jemandem ein Gehalt nach amerikanischen Maßstäben zu bezahlen, wenn das Geld in Pakistan so viel besser angelegt gewesen wäre.«

Damals verdiente Mortenson achtundzwanzigtausend Dollar im Jahr. Inzwischen hatte Tara eine Teilzeitstelle als klinische Psychologin an der Universität von Montana angenommen, sodass sie dank ihres geringen zusätzlichen Einkommens einigermaßen über die Runden kamen. Doch da das CAI knapp bei Kasse war, so Mortenson, hätte er eine Gehaltserhöhung guten Gewissens nicht zulassen können – selbst wenn der Vorstand ihm eine angeboten hätte.

Er hegte den Traum, einen wohlhabenden Gönner zu finden, der ihre Sorgen mit einem Federstrich aus der Welt schaffte. Allerdings trennen sich reiche Leute nur ungern von ihrem Vermögen, wie Mortenson beim Schreiben seiner fünfhundertachtzig Bettelbriefe schmerzlich hatte erfahren müssen. Andererseits hatte er dank Jean Hoerni gesehen, wie viel eine große Einzelspende ausrichten konnte. Als eine potenzielle Spenderin in Atlanta sich mehrmals telefonisch mit dem CAI in Verbindung setzte und eine höhere Summe in Aussicht stellte, biss Mortenson deshalb sofort an und buchte einen Flug.

»Mein ganzes Leben lang war ich sparsam«, erklärte die ältere Witwe ihm am Telefon. »Ich habe ein Vermögen mit mindestens sechs Nullen angehäuft, und seit ich von Ihrem Projekt gelesen habe, weiß ich, wofür das Geld gut ist. Kommen Sie nach Atlanta, damit wir über meine Spende sprechen können.«

In der Ankunftshalle des Hartsfield International Airport schaltete Mortenson sein Mobiltelefon ein und fand auf der Mailbox die Anweisung vor, mit dem Pendelbus zu einem fünfzehn Minuten entfernten Hotel zu fahren. Dort solle er zu Fuß zu einem am Rande des Hotelgeländes gelegenen Parkplatz kommen.

Auf dem Parkplatz fand er die über das Steuer ihres alten Wagens gebeugte achtundsiebzigjährige Vera Kurtz vor. Kofferraum und Rücksitz waren mit alten Zeitungen und Blechdosen vollgestapelt, sodass Mortenson seine Reisetasche nach dem Einsteigen zwischen Brust und Armaturenbrett klemmen musste. »Sie hatte mich auf diese Schnitzeljagd geschickt, um die paar Dollar Parkgebühren am Flughafen zu sparen. Als ich sah, dass sie sich nicht einmal von den Zeitungen und Dosen in ihrem Auto trennen konnte, hätte ich sofort auf dem Absatz kehrtmachen und nach Hause fliegen sollen. Aber der Ausspruch mit den sechs Nullen hatte mir das Hirn vernebelt. Also stieg ich ein und schloss die Tür.«

Während Mortenson die Henkel seiner Reisetasche umklammerte, befuhr Vera Einbahnstraßen in der falschen Richtung und drohte den anderen Verkehrsteilnehmern, die sie warnend anhupten, mit der Faust. In ihrem im Ranchstil erbauten Haus aus den Fünfzigerjahren musste sich Mortenson seitlich an riesigen Stapeln jahrzehntealter Zeitschriften und Zeitungen vorbeischieben, um den Küchentisch zu erreichen. Im Spülbecken stand eine schmutzig graue Brühe. »Sie öffnete zwei der kleinen Fläschchen Whiskey, die sie schon seit Jahren in Flugzeugen mitgehen ließ, schenkte uns einen Drink ein und überreichte mir einen sehr gebraucht aussehenden Rosenstrauß. Die Blumen waren braun und völlig verwelkt.«

Nach einer Weile höflichen Geplauders versuchte Mortenson Veras Spende an das CAI zur Sprache zu bringen, doch seine Gastgeberin hatte andere Pläne und erläuterte ihm, wie sie sich die nächsten drei Tage vorstellte – ein Besuch im Kunstmuseum, ein Spaziergang durch den botanischen Garten von Atlanta und drei

Vorträge, die sie für Mortenson in der städtischen Bibliothek, einem staatlichen College und einem Reiseklub arrangiert hatte. Noch nie hatte es Mortenson mehr vor den nächsten zweiundsiebzig Stunden gegraut. Gerade überlegte er, ob er einen Rückzieher machen sollte, als es an der Tür klopfte: Der von Vera bestellte Masseur war gekommen.

»Sie arbeiten so hart, Greg«, meinte sie, während der Masseur in einer Lichtung mitten im Wohnzimmer seinen Tisch ausklappte. »Sie brauchen Entspannung.«

»Die beiden erwarteten von mir, dass ich mich splitternackt auszog«, erzählt Mortenson, »doch ich entschuldigte mich und ging ins Bad, um nachzudenken. Ich überlegte mir, dass ich für das CAI schon genug durchgemacht hatte, weshalb es auch nicht schlimmer sein konnte, in den nächsten drei Tagen Veras Wünsche zu erfüllen, insbesondere, wenn am anderen Ende des Tunnels eine hohe Spende wartete.«

Also suchte er im Schrank nach etwas, das groß genug war, um ihn zu bedecken. Die meisten Handtücher aus Veras Bestand trugen ausgeblichene Hotelembleme und waren viel zu klein. Deshalb nahm Mortenson ein angegrautes Laken aus dem Wäscheschrank, wickelte es sich so fest wie möglich um die Taille und machte sich auf, um die Massage über sich ergehen zu lassen.

Um zwei Uhr morgens lag er schnarchend auf Veras ausgebeulter Matratze, als er plötzlich davon aufwachte, dass Licht gemacht wurde. Vera hatte darauf beharrt, auf dem Sofa zu schlafen und ihm das Bett zur Verfügung zu stellen. Mortenson schlug die Augen auf – und sah zu seinem Schrecken die Achtundsiebzigjährige in einem durchsichtigen Negligé vor sich stehen: »Sie war ganz nah. Mir verschlug es vor Schreck die Sprache.«

»Ich suche meine Socken«, verkündete Vera und wühlte eine Ewigkeit in den Schubladen ihrer Kommode herum. Mortenson zog sich das Kissen über den Kopf und wäre am liebsten im Erdboden versunken.

Als er mit leeren Händen wieder im Flugzeug nach Bozeman saß, wurde ihm klar, dass seine Gastgeberin niemals vorgehabt hatte, etwas zu spenden. »Sie erkundigte sich überhaupt nicht nach meinen Projekten oder den Kindern in Pakistan. Sie war einfach nur eine einsame Frau, die gerne Besuch hatte. Ich nahm mir fest vor, in Zukunft nicht so leichtgläubig zu sein.«

Allerdings neigte Mortenson weiterhin dazu, auf die verlockenden Angebote wohlhabender Bewunderer hereinzufallen. Nach einem gut besuchten Vortrag beim Mountain Film Festival im kanadischen Banff nahm er eine Einladung des örtlichen Bauunternehmers Tom Lang an, der andeutete, er beabsichtige, eine hohe Spende zu machen. Außerdem erbot er sich, am folgenden Abend eine Party in seinem Haus zu geben, um Gelder für das CAI zu sammeln.

Lang hatte das dreitausend Quadratmeter große Anwesen mit den im Marmordekor gestrichenen Wänden selbst geplant. Im Wohnzimmer, wo vier Meter hohe Gipsstatuen, die Pudel darstellten, zu beiden Seiten des sieben Meter breiten Kamins Wache hielten, labten sich die Gäste an dem billigen Wein, den es bekanntlich häufig bei sehr reichen Leuten gibt.

Lang stellte Mortenson den Anwesenden mit demselben Besitzerstolz vor, den er auch seinen maßgefertigten Badezimmerarmaturen und den Pudeln am Kamin angedeihen ließ. Obwohl Mortenson einen dicken Stapel von CAI-Broschüren gut sichtbar auf den Büfetttisch gelegt hatte, war seine Organisation am Ende des Abends um keinen Cent reicher geworden. Da er aus der Begegnung mit Vera Kurtz seine Lektion gelernt hatte, erkundigte er sich bei seinem Gastgeber nach Einzelheiten der Spende. »Darüber reden wir morgen«, erwiderte Lang. »Erst unternehmen wir eine Ausfahrt mit dem Hundeschlitten.«

»Hundeschlitten?«

»Das darf man sich nicht entgehen lassen, wenn man nach Kanada kommt«, antwortete Lang.

In einer eine Stunde westlich von Banff gelegenen Hütte, in der sie sich aufwärmten, nachdem Mortenson allein auf dem Schlitten von einem Husky-Gespann eine Runde durch den Wald gezogen worden war, musste er den Großteil des folgenden Nachmittags das Geprahle seines Gastgebers über sich ergehen lassen. Lang brüstete sich damit, wie er als kleiner Bauunternehmer nur dank seiner Zähigkeit und Beharrlichkeit den Immobilienmarkt von Banff erobert hatte.

Mortensons Mutter Jerene, die eigens von Wisconsin eingeflogen war, um seinen Vortrag zu hören, sah ihren Sohn in den drei Tagen ihres Aufenthaltes kaum. Sie war nicht überrascht, dass er wieder mit leeren Händen nach Montana zurückkehrte.

»Es widert mich an, wie Greg vor all diesen reichen Leuten katzbuckelt«, klagt sie. »Sie sollten sich besser vor *ihm* verneigen.«

Im Frühling 2000 hatte Tara es allmählich satt, dass ihr Mann ständig kreuz und quer im Land herumreiste, wenn er nicht gerade in Pakistan war. Außerdem erwartete sie ihr zweites Kind und war im siebten Monat schwanger. Also berief sie eine eheliche Krisensitzung am Küchentisch ein.

»Ich sagte Greg, dass ich seinen leidenschaftlichen Einsatz für seine Projekte sehr bewunderte«, schildert Tara das Gespräch. »Allerdings müsse er auch an seine Familie denken. Er müsse mehr schlafen, Sport treiben und oft genug zu Hause sein, um ein gemeinsames Leben mit uns zu führen.« Bis dahin war Mortenson stets für drei oder vier Monate am Stück nach Pakistan gereist. »Wir einigten uns auf eine Obergrenze von zwei Monaten. Länger war der Alltag hier ohne ihn einfach nicht zu bewältigen.«

Mortenson versprach seiner Frau auch, achtsamer mit seiner Zeit umzugehen. Der Vorstand des CAI bewilligte eine kleine Summe jährlich, damit er am College Seminare zu den Themen Verwaltung, Entwicklungshilfe und Asienpolitik belegen konnte. »Weil ich aber nie Zeit für diese Seminare hatte, kaufte ich mir von dem Geld Bücher«, gesteht Mortenson. »Wenn die anderen dachten, dass ich nur in meinem Keller saß und nichts tat, las ich darin. Um halb vier morgens fing ich an, weil ich unbedingt mehr über Entwicklungstheorie und Finanzen lernen und ein besserer Organisator werden wollte.«

Allerdings hatte er im Karakorum die Erfahrung gemacht, dass sich nicht alle Antworten in Büchern finden lassen, weshalb er sich selbst einen Intensivkurs in Entwicklungshilfe verordnete. Aus seiner Lektüre wusste er, dass die damals weltweit erfolgreichsten Entwicklungsprogramme auf den Philippinen und in Bangladesch durchgeführt wurden. Und so nahm er sich zum ersten Mal einen Monat lang die Freiheit, sowohl Bozeman als auch Pakistan den Rücken zu kehren, und flog nach Südostasien.

Im eine Stunde südlich von Manila gelegenen Cavite besuchte er das von einem Freund seiner Schwiegermutter geführte Institute of Rural Reconstruction. Der Leiter zeigte ihm, wie man die arme Landbevölkerung bei der Gründung von Kleinstunternehmen wie einem Fahrradrikscha-Dienst oder einer Zigarettenbude unterstützte, die bei einer geringen Anschubfinanzierung rasch Profit abwarfen.

In dem Land, das einmal den Namen Ost-Pakistan getragen hatte, stattete Mortenson der Bangladesh Rural Reconstruction Association einen Besuch ab: »Viele bezeichnen Bangladesh wegen der extremen Armut als die Achselhöhle Asiens. Doch die Initiative zur Ausbildung von Mädchen ist dort sehr erfolgreich. Ich klopfte an viele Türen und war bei Nichtregierungsorganisationen, die schon seit Langem Mädchen Schulbildung vermitteln. Außerdem erlebte ich mit, wie unglaublich starke Frauen Dorfversammlungen leiteten und alles taten, damit ihre Töchter es zu etwas bringen sollten. Sie verfolgten dieselbe Philosophie wie ich. Der indische Wirtschaftswissenschaftler und Nobelpreisträger Amartya Sen vertritt die Auffassung, dass man eine Gesellschaft dadurch verändern kann, dass man den Mädchen den Zugang zur Bildung ermöglicht, damit sie sich selbst helfen können. Es war wundervoll zu sehen, wie diese Idee umgesetzt wurde und schon nach nur einer Generation derart erfolgreich war. So wurde ich motiviert, mich noch mehr für die Schulbildung für Mädchen in Pakistan zu engagieren.«

In der von Turbulenzen gebeutelten Maschine von Dhaka nach Kalkutta wurde Mortenson in seiner Meinung bestätigt, dass die Mädchen auf dem Land dringend Schulbildung brauchten. Als einziger Ausländer im Flugzeug wurde er von der Stewardess in die erste Klasse geführt, wo fünfzehn hübsche Mädchen aus Bangladesch in bunten neuen Saris saßen. »Sie waren jung und völlig verängstigt. Sie wussten nicht einmal, wie man den Sicherheitsgurt anlegte oder

Besteck benutzte, und als wir den Flughafen erreichten, musste ich hilflos zusehen, wie korrupte Beamte sie aus der Maschine holten und an der Zollkontrolle vorbeischleusten. Ich konnte nichts für sie tun. Gewiss stand ihnen ein schreckliches Leben als Prostituierte bevor.«

Aus den Schlagzeilen der Zeitungen an den Kiosken im Internationalen Flughafen von Kalkutta erfuhr Mortenson, dass eines seiner Vorbilder, Mutter Teresa, nach langer Krankheit verstorben war. Da er vor seinem Rückflug in die Staaten ein paar Stunden Aufenthalt in Kalkutta hatte, beschloss er, ihr die letzte Ehre zu erweisen.

»Haschisch? Heroin? Massagemädchen? Massagejunge?«, fragte der Taxifahrer, der Mortenson in der Ankunftshalle am Arm fasste, obwohl er dort eigentlich gar keinen Zugang zu den Fluggästen hätte haben dürfen. »Was wollen Sie? Alles ist möglich. Kein Problem.«

Mortenson lachte, da ihn die Entschlossenheit des Mannes amüsierte. »Mutter Teresa ist gestorben. Ich würde sie gerne noch einmal sehen. Könnten Sie mich hinfahren?«, erwiderte er.

»Kein Problem«, wiederholte der Taxifahrer kopfschüttelnd und griff nach Mortensons Tasche.

Da der Fahrer Kette rauchte und sich dabei weit aus dem Fenster seines schwarz-gelben Taxis lehnte, hatte Mortenson durch die Windschutzscheibe ungehinderte Sicht auf Kalkuttas mörderischen Straßenverkehr. An einem Blumenmarkt hielten sie an, und Mortenson gab dem Fahrer Rupien im Wert von zehn Dollar mit dem Auftrag, ein angemessenes Trauergebinde zu kaufen: »Mindestens eine halbe Stunde lang ließ er mich schwitzend im Taxi sitzen. Als er zurückkam, hatte er ein riesiges kitschiges Arrangement aus Nelken und Rosen im Arm. Es passte kaum auf den Rücksitz.«

Vor dem Mutterhaus der Missionarinnen der Nächstenliebe hatten sich bei Abenddämmerung Hunderte still Trauernder versammelt. Sie hielten Kerzen in der Hand und breiteten mitgebrachte Gaben wie Früchte und Weihrauch auf dem Gehweg aus.

Der Fahrer stieg aus und rüttelte laut am Tor. »Dieser *Sahib* ist den ganzen Weg aus Amerika gekommen, um ihr die letzte Ehre zu erweisen!«, rief er auf Bengalisch. »Macht auf!«

Der ältere *chokidar*, der den Eingang bewachte, stand auf und kehrte mit einer jungen Nonne in blauer Tracht zurück. Nachdem sie den staubigen Fremden mit dem riesigen Blumengebinde eingehend gemustert hatte, winkte sie ihn hinein. Mit angewiderter Miene ging sie Mortenson durch einen dunklen Flur voraus, wo gedämpfte Gebete zu hören waren, und wies auf ein Badezimmer. »Warum waschen Sie sich nicht zuerst?«, meinte sie auf Englisch mit slawischem Akzent.

Mutter Teresa lag auf einer schlichten Pritsche in einem von flackernden Votivkerzen erhellten Raum. Vorsichtig schob Mortenson die anderen Sträuße beiseite, um Platz für sein eigenes geschmackloses Gebinde zu machen. Dann setzte er sich auf einen an der Wand stehenden Stuhl. Die Nonne schlüpfte hinaus und ließ ihn mit der Toten allein.

»Ich saß da und wusste nicht, was ich tun sollte«, erinnert sich Mortenson. »Ich verehrte sie schon, seit ich ein kleiner Junge war.«

Mutter Teresa, eine Albanerin und Tochter eines erfolgreichen Bauunternehmers, war als Agnes Gonxha Bojaxhiu im Kosovo geboren worden. Nach eigenen Angaben erwachte in ihr im Alter von zwölf Jahren der Wunsch, den Armen zu helfen, und sie begann eine Ausbildung zur Missionarin. Als junges Mädchen trat sie den Schwestern Unserer Lieben Frau von Loreto bei, einem irischen Orden, der sich der Schulbildung für Mädchen verschrieben hat. Zwanzig Jahre lang unterrichtete sie an der St. Mary's Highschool in Kalkutta und wurde nach einer Weile Schulleiterin. Im Jahr 1946 jedoch verspürte sie, wie sie sagte, den göttlichen Auftrag, »den Ärmsten der Armen« zu helfen. Nachdem sie von Papst Pius XII die Erlaubnis erhalten hatte, die Loretoschwestern zu verlassen und, ohne ihren Status als Ordensfrau zu verlieren, alleine tätig zu werden, eröffnete sie 1948 für die Straßenkinder Kalkuttas eine Schule unter freiem Himmel.

Im Jahr 1950 bekam die Frau, die inzwischen als Mutter Teresa bekannt war, vom Vatikan die Genehmigung, einen eigenen Orden, die Missionarinnen der Nächstenliebe, zu gründen. In ihren Worten hatte der Orden die Pflicht, »die Hungrigen, die Nackten, die Obdachlosen, die Krüppel, die Blinden, die Aussätzigen und all diejenigen zu versorgen, die sich unerwünscht, ungeliebt und von der Gesellschaft ausgestoßen fühlen, die ihren Mitmenschen zur Last geworden sind und die von allen gemieden werden.«

Da Mortenson sich stets auf der Seite der Schwachen fühlte, bewunderte er sie, weil sie sich so entschlossen für die Benachteiligten dieser Welt eingesetzt hatte. Als Junge in Moshi hatte er von einem ihrer ersten Projekte außerhalb Indiens gehört, dem Sterbehospiz in Daressalam in Tansania. Nachdem Mutter Teresa 1979 den Friedensnobelpreis erhalten hatte, war sie so berühmt, dass die Waisenhäuser, Hospize und Schulen, die die Missionarinnen der Nächstenliebe auf der ganzen Welt betrieben, reichlich Spendengelder erhielten.

Allerdings wusste Mortenson auch, dass die Frau, die da vor ihm auf der Pritsche lag, in den letzten Jahren ins Kreuzfeuer der Kritik geraten war. Er hatte gelesen, sie rechtfertige es, auch Spenden aus zwielichtigen Quellen wie von Drogendealern, Wirtschaftsverbrechern und korrupten Politikern anzunehmen, die hofften, sich damit den Weg in den Himmel freizukaufen. Doch nach den Mühen, die es ihn gekostet hatte, Gelder für die Kinder Pakistans aufzutreiben, hatte er Verständnis für den berühmten Satz, mit dem sie die Anschuldigungen verworfen hatte: »Es kümmert mich nicht, woher das Geld kommt. Im Dienste Gottes wird es reingewaschen.«

»Ich saß in der Ecke und betrachtete ihre verhüllte Gestalt«, erzählt Mortenson. »In ihrem Leichentuch sah sie so klein aus. Und ich weiß noch, dass ich es erstaunlich fand, was so eine zierliche Person alles für die Menschheit bewirkt hatte.«

Die Ordensschwestern, die hereingekommen waren, um der Toten die letzte Ehre zu erweisen, waren auf die Knie gefallen, um Mutter Teresas Füße zu berühren. Mortenson sah, dass der cremefarbene Musselin bereits von Hunderten Händen verfärbt war. Allerdings widerstrebte es ihm, ihre Füße zu berühren. Also kniete er sich auf den kühlen Fliesenboden und legte seine riesige Pranke auf ihre kleine Hand. Sie verdeckte sie völlig.

Die Schwester, die ihn hereingeführt hatte, kehrte zurück und fand ihn kniend vor. *Fertig?*, schien sie mit einem knappen Nicken zu fragen. Mortenson folgte ihren leisen Schritten den dunklen Flur entlang und trat hinaus ins brütend heiße und lärmende Kalkutta.

Der Taxifahrer kauerte auf den Fersen und rauchte. Beim Anblick seines Fahrgastes sprang er auf. »Erfolg? Erfolg?«, erkundigte er sich und begleitete den geistesabwesenden Amerikaner die von Rikschas wimmelnde Straße zurück zum wartenden Wagen. »Jetzt Lust auf eine Massage?«, fügte er hinzu.

In sein stilles Kellerbüro zurückgekehrt, dachte Mortenson in jenem Winter 2000 oft an diese wenigen kostbaren Momente mit Mutter Teresa. Es war ihm rätselhaft, wie sie dieses Leben durchgehalten hatte, ohne immer wieder ihrer Heimat einen längeren Besuch abzustatten, um Abstand von all dem Leid zu gewinnen und neue Kraft für ihren Kampf zu sammeln. Er selbst fühlte sich völlig erschöpft. Da die Schulter, die er sich bei seinem Sturz am Mount Sill an Christas Todestag verletzt hatte, nie richtig geheilt war, versuchte er es ohne Erfolg mit Yoga und Akupunktur. Manchmal waren die Schmerzen so unerträglich, dass er fünfzehn bis zwanzig Schmerztabletten täglich nahm, um sich auf seine Arbeit konzentrieren zu können.

Außerdem fiel es ihm schwer, sich daran zu gewöhnen, dass er in den USA immer mehr zu einer Person des öffentlichen Lebens wurde. Und so flüchtete er sich vor dem endlosen Strom von Menschen, die alle nur Forderungen an ihn stellten, in seinen Keller, wo er das ständig läutende Telefon und die sich zu Hunderten aufstauenden E-Mails einfach ignorierte.

Kletterer setzten sich mit ihm in Verbindung und baten ihn um Hilfe bei der Vorbereitung von Expeditionen nach Pakistan. Wenn der ehemalige Bergkamerad dann nicht sofort alles stehen und liegen ließ, reagierten sie verschnupft. Journalisten und Filmregisseure belagerten ihn telefonisch, wollten Mortenson auf seine nächste Reise begleiten oder auf seine in den vergangenen sieben Jahren geknüpften Kontakte zurückgreifen, um sich vor der Konkurrenz Zutritt zu Sperrgebieten zu verschaffen. Physiker, Glaziologen, Seismologen, Ethnologen und Biologen schrieben lange, für

Laien unverständliche Briefe und verlangten Antworten auf detaillierte wissenschaftliche Fragen zum Thema Pakistan.

Tara empfahl ihrem Mann einen Therapeuten in Bozeman, den Mortenson regelmäßig aufsuchte, um herauszufinden, warum er sich am liebsten verkroch, wenn er sich nicht in Pakistan aufhielt. Außerdem musste er eine Möglichkeit finden, mit der zunehmenden Wut umzugehen, die ihm jene Menschen entgegenbrachten, die mehr von seiner Zeit beanspruchten, als er geben konnte.

Gern zog er sich auch in das Haus seiner Schwiegermutter zurück, wo er im Keller stundenlang in Barry Bishops Bergsteigerbibliothek stöberte und alles über den Auszug der Balti aus Tibet las. Besonders faszinierte ihn auch der wertvolle Bildband mit Schwarz-Weiß-Aufnahmen des K2 und der umliegenden Gipfel, die Vittorio Sella, ein Begleiter des Herzogs der Abruzzen, während der Expedition im Jahr 1909 mit seiner Großformatkamera geschossen hatte.

Erst wenn die Familie sich oben zum Abendessen versammelte, ließ sich Mortenson von seinen Büchern weglocken. Was ihren Schwiegersohn anging, teilte Lila Bishop inzwischen die Meinung ihrer Tochter: »Ich muss gestehen, dass Tara recht hatte. Er war wundervoll.« Auch sie war zu dem Schluss gekommen, dass der hochgewachsene, gutmütige Mann, der nur zwei Straßen entfernt wohnte, ein ganz besonderer Mensch war. »An einem verschneiten Abend grillten wir, und ich bat Greg, hinauszugehen und den Lachs zu wenden. Als ich kurz darauf zur Terrassentür hinausschaute, stand Greg barfuß im Schnee, nahm den Fisch mit einem Heber auf und drehte ihn um, als sei es das Normalste auf der Welt. Vermutlich war es das für ihn auch. Da wurde mir klar, dass er ganz anders ist als wir, seine eigene Spezies sozusagen.«

Zurück in seinem Keller, machten Mortenson in jenem Winter die eintreffenden Berichte über eine menschliche Katastrophe zu schaffen, die sich im nördlichen Afghanistan anbahnte: Mehr als zehntausend Afghanen, hauptsächlich Frauen und Kinder, waren vor den vorrückenden Truppen der Taliban in den Norden geflohen, bis ihnen die Grenze nach Tadschikistan den Weg versperrt hatte. Auf Inseln im Fluss Amu Darya bauten sich die Flüchtlinge Lehmhütten, ernährten sich in ihrer Verzweiflung von dem Gras, das am Ufer wuchs, und verhungerten langsam.

Während sie so dahinsiechten, machten sich die Taliban einen Sport daraus, sie als lebende Zielscheiben zu benutzen, und feuerten im hohen Bogen raketenangetriebene Granaten ab, die dann auf die verängstigten Flüchtlinge niederprasselten. Als diese versuchten, auf Baumstämmen den Fluss zu überqueren und nach Tadschikistan zu fliehen, eröffneten russische Grenzsoldaten das Feuer auf sie, fest entschlossen, ein Übergreifen des afghanischen Konflikts auf ihren Einflussbereich zu verhindern.

»Seit ich begonnen habe, mich in Pakistan zu engagieren, habe ich kaum geschlafen«, meint Mortenson. »Doch in jenem Winter bekam ich fast überhaupt kein Auge mehr zu, sondern lief die ganze Nacht in meinem Keller auf und ab und grübelte darüber nach, wie ich diesen Leuten helfen könnte.«

Er bombardierte Zeitungsredakteure und Kongressmitglieder mit Briefen, um die Öffentlichkeit zu mobilisieren. »Doch es interessierte niemanden. Das Weiße Haus, der Kongress, die UNO, alle schwiegen. Ich überlegte mir sogar, ob ich mir eine AK-47 besorgen und Faisal Baig bitten sollte, ein paar Männer zusammenzutrommeln. Ich wollte selbst nach Afghanistan gehen, um die Flüchtlinge rauszupauken. Doch ganz gleich, was ich tat, es war vergeblich, ich konnte niemanden aufrütteln. Dabei musste ich ständig an die frierenden Kinder denken, die nie die Chance haben würden, erwachsen zu werden. Hilflos saßen sie zwischen zwei bewaffneten Fronten fest, starben an bakteriellen Darminfektionen, weil sie Wasser aus dem Fluss trinken mussten, oder verhungerten einfach. Allmählich verlor ich den Verstand. Ein Wunder, wie Tara mich in diesem Winter ausgehalten hat. Das Leben mit mir war in dieser Phase ein Albtraum.

Oft behaupten politische Führer in Kriegszeiten – seien sie nun Christen, Juden oder Muslime –, Gott stehe auf ihrer Seite. Aber das stimmt nicht. Im Krieg steht Gott auf der Seite der Flüchtlinge, Witwen und Waisen.«

Erst am 24. Juli 2000 erhielt Mortenson wieder einen positiven

Anstoß. Er kniete in seiner Küche, schöpfte mit den Händen warmes Wasser und ließ es Tara den nackten Rücken hinunterrinnen. Dann legte er seiner Frau die Hände auf die Schultern und massierte ihre verspannten Muskeln. Allerdings weilten ihre Gedanken nicht bei seiner Berührung, sondern bei den Wehen, die ihr noch bevorstanden. Ihre neue Hebamme hatte Tara nämlich vorgeschlagen, es beim zweiten Kind mit einer Unterwassergeburt zu versuchen. Da die Badewanne zu klein war, hatte die Hebamme ihnen einen riesigen hellblauen Pferdetrog aus Plastik mitgebracht, den sie zwischen Spüle und Küchentisch gezwängt und dann mit warmem Wasser gefüllt hatten.

Sie nannten ihren Sohn Khyber Bishop Mortenson. Drei Jahre zuvor hatte Mortenson mit seiner Frau und ihrer damals einjährigen Tochter im Vorfeld der Schuleinweihung in Korphe den Khyber-Pass besucht. In jenem Jahr hatte ihre Weihnachtskarte sie auf einem Foto an der afghanischen Grenze gezeigt. Sie trugen traditionelle Tracht und hielten Amira sowie zwei AK-47 im Arm, die Grenzsoldaten ihnen zum Scherz geliehen hatten. Die Bildunterschrift lautete: *Friede auf Erden.*

Zwei Stunden nachdem sein Sohn im Pferdetrog in die Welt geschwommen war, war Mortenson zum ersten Mal seit Monaten wieder glücklich. Allein das Köpfchen des Kleinen zu berühren, sorgte dafür, dass er von einem Gefühl tiefster Zufriedenheit durchströmt wurde. Mortenson wickelte das Neugeborene in eine flauschige Decke und nahm es mit in die Vorschule seiner Tochter, damit diese ihre Spielkameraden beim Stuhlkreis beeindrucken konnte.

Amira, der das Sprechen vor größeren Gruppen bereits leichter fiel als ihrem Vater, zeigte den anderen Kindern die winzigen Finger und Zehen ihres Bruders, während Mortenson ihn in seinen riesigen Pranken hielt wie einen Football.

»Er ist so klein und runzelig«, meinte eine blonde Vierjährige mit Zöpfen. »Wird so ein Baby auch einmal so groß wie wir?«

»*Inschallah*«, antwortete Mortenson.

»Was?«

»Ich hoffe es, meine Kleine«, sagte er. »Das hoffe ich wirklich.«

Ein Dorf namens New York

Die Tage der Mathematik und der Gedichte sind vorbei. Heute, meine Brüder, sind die Kalaschnikow und der Raketenwerfer eure Lehrer.

Graffiti an der Hofmauer der Schule in Korphe

»Was bitte soll denn das sein?«, wunderte sich Mortenson.

»Eine *madrassa*, Greg *Sahib*«, antwortete Apo.

Mortenson bat Hussein, den Land Cruiser anzuhalten, damit er das neue Gebäude eingehend betrachten konnte. Er stieg aus und dehnte, sich nach hinten über die Motorhaube beugend, seinen Rücken, während Hussein hinter dem Steuer sitzen blieb und achtlos Zigarettenasche auf die Holzkiste mit den Dynamitstangen zwischen seinen Füßen schnippte.

Da Mortenson die Ruhe und Gelassenheit zu schätzen wusste, mit denen sein Fahrer selbst die schlechtesten Straßen Pakistans meisterte, wollte er ihn nur ungern kritisieren. Schließlich hatte Hussein während der vielen Tausend Kilometer durch die Berge noch keinen einzigen Unfall gebaut. Andererseits hatte Mortenson nur wenig Lust, mit einem Knall in die Luft zu gehen, deshalb nahm er sich vor, das Dynamit in eine Plastikplane zu wickeln, wenn sie wieder in Skardu waren.

Stöhnend richtete er sich auf und musterte das zweihundert Meter lange, hinter sieben Meter hohen Mauern vor neugierigen Blicken verborgene Anwesen in der Kleinstadt Gulapor, das an dieser Stelle die westliche Seite des Shigar-Tals dominierte. Mit so etwas hätte er vielleicht in Wasiristan gerechnet, nicht aber wenige Autostunden von Skardu entfernt. »Bist du sicher, dass es kein Armeestützpunkt ist?«, fragte er.

»Das ist die neue wahhabitische *madrassa*«, beharrte Apo.

»Und wozu brauchen die so viel Platz?«

»Eine wahhabitische *madrassa* ist wie ...« Apo verstummte, suchte nach dem richtigen englischen Wort und stieß schließlich ein Summen aus.

»Eine Biene?«, hakte Mortenson nach.

»Ja, wie ein Bienenstock. In einer wahhabitischen *madrassa* verstecken sich viele Schüler.«

Mortenson stieg wieder ein und setzte sich hinter die Dynamitkiste.

Achtzig Kilometer östlich von Skardu bemerkte er zwei nagelneue weiße Minarette, die am Rand eines bettelarmen Dorfes namens Yugu aus den Bäumen ragten. »Woher haben die Leute dort das Geld für eine solche Moschee?«, wollte er wissen.

»Auch von den Wahhabiten«, erklärte Apo. »Die Scheichs kommen mit Koffern voller Rupien aus Kuwait und Saudi-Arabien. Die besten Schüler nehmen sie mit. Wenn die Jungen nach Baltistan zurückkehren, müssen sie vier Frauen heiraten.«

Nach weiteren zwanzig Minuten Fahrt sah Mortenson das Ebenbild der neuen Moschee in Yugu, die diesmal das arme Dorf Xurd überragte.

»Wahhabitisch?«, erkundigte er sich. Allmählich war ihm ziemlich mulmig zumute.

»Ja, Greg«, bestätigte Apo, den Mund voller Kautabak. »Sie sind überall.«

»Ich wusste, dass die saudischen Wahhabiten schon seit Jahren Moscheen an der afghanischen Grenze bauten«, erklärt Mortenson. »Doch im Frühling 2001 sah ich zu meinem Erstaunen, dass die Neubauten mitten im schiitischen Baltistan wie Pilze aus dem Boden schossen. Zum ersten Mal wurde mir die Tragweite der wahhabitischen Aktivitäten klar, und ich fand es ziemlich beängstigend.«

Der Wahhabismus ist eine konservative und fundamentalistische Ausprägung des sunnitischen Islam und die offizielle Staatsreligion des saudischen Herrscherhauses. Viele saudische Anhänger dieser Glaubensrichtung verwahren sich jedoch gegen diese in ihren Augen beleidigende Bezeichnung und nennen sich selbst lieber *al-Muwahhiddun*, »Monotheisten«. In Pakistan und anderen armen Ländern, die von den wahhabitischen Missionierungsbemühungen betroffen sind, hat sich der Name jedoch gehalten.

Der Begriff ist von dem arabischen Wort *Al-Wahhab* abgeleitet, das »großzügiger Geber ohne Maß« bedeutet, einer der vielen Namen Allahs. Und diese Großzügigkeit – die scheinbar unerschöpflichen Geldmengen, die wahhabitische Abgesandte entweder in Koffern oder durch das nicht nachvollziehbare, auf blindem Vertrauen basierende Transfersystem namens *hawala* nach Pakistan schmuggeln – prägt auch die Einstellung der pakistanischen Bevölkerung zu dieser Glaubensrichtung. Der Großteil der Ölmillionen, die vom Golf ins Land strömen, ist für die gefährlichsten Brutstätten des religiösen Extremismus bestimmt: wahhabitische *madaris.*

Da alles hinter verschlossenen Türen stattfindet, lässt sich die genaue Anzahl dieser islamischen Lehranstalten nur schwer ermitteln. Allerdings weist einer der wenigen Berichte zu diesem Thema, die hin und wieder in der stark zensierten saudischen Presse erscheinen, auf den starken Einfluss hin, die die klug investierten Ölprofite auf die Ärmsten unter Pakistans Schülern ausüben.

Im Dezember 2000 meldete die saudische Zeitung *Ain-Al-Yaqeen*, eine der vier größten wahhabitischen Missions- und Wohlfahrtsorganisationen, die Al-Haramain Foundation, habe »elfhundert Moscheen, Schulen und islamische Gemeindezentren« in Pakistan und anderen muslimischen Ländern gebaut und im vergangenen Jahr Gehälter an dreitausend Missionare gezahlt. Und die aktivste der vier Organisationen, die International Islamic Relief Organization (der die Kommission zur Untersuchung der Anschläge vom 11. September später vorwerfen sollte, die Taliban und El Kaida direkt zu unterstützen), habe zur gleichen Zeit dreitausendachthundert Moscheen errichtet, fünfundvierzig Millonen Dollar für »Islamunterricht« ausgegeben und sechstausend Lehrer eingestellt, viele davon in Pakistan.

»Im Jahr 2001 waren die Projekte des CAI im ganzen nördlichen Pakistan verstreut, angefangen bei den Schulen, die wir entlang der Demarkationslinie im Osten bauten, bis hin zu einigen neuen Initiativen, die im Westen an der Grenze zu Afghanistan durchgeführt wurden«, erklärt Mortenson. »Jedoch waren unsere Mittel verglichen mit denen der Wahhabiten ein Witz. Immer wenn ich eines unserer Projekte besuchte, schienen über Nacht ganz in der Nähe zehn wahhabitische *madaris* aus dem Boden geschossen zu sein.«

Dem miserablen pakistanischen Schulsystem war es zu verdanken, dass es sich bei der Verbreitung der wahhabitischen Doktrin um eine reine Geldfrage handelte. Die Kinder der Wohlhabenden, eine verschwindende Minderheit, besuchten teure Privatschulen, eine Hinterlassenschaft der britischen Kolonialzeit. Wie Mortenson hatte feststellen müssen, war das chronisch unterfinanzierte pakistanische Schulwesen jedoch nicht in der Lage, große Gebiete des Landes zu versorgen – und wo der Staat versagte, sprangen die *madaris* mit Blick auf die Armen gern in die Bresche. Da sie kostenlos Unterkunft und Verpflegung zur Verfügung stellten und Schulen in Gebieten bauten, wo es vorher keine gegeben hatte, boten sie Millionen pakistanischer Eltern die einzige Möglichkeit, ihren Kindern Schulbildung zukommen zu lassen. »Ich möchte nicht den Eindruck vermitteln, dass alle Wahhabiten schlechte Menschen sind«, betont Mortenson. »Viele ihrer Schulen und Moscheen bewirken viel für die Armen in Pakistan. Doch einige von ihnen tun nichts weiter, als den militanten Dschihad zu predigen.«

Laut einer Studie der Weltbank aus dem Jahr 2001 wurden in Pakistan in mindestens zwanzigtausend *madaris* mehr als zwei Millionen Schüler nach einem auf dem Islam basierenden Lehrplan unterrichtet. Der in Lahore lebende pakistanische Journalist Ahmed Raschid, vielleicht der weltweit führende Experte über den Zusammenhang zwischen den Koranschulen und dem Erstarken des extremistischen Islamismus, schätzt, dass über achtzigtausend dieser Jugendlichen später von den Taliban als Kämpfer angeworben wurden. Obwohl nicht jede *madrassa* eine Brutstätte des Extremismus ist, ermittelte die Studie der Weltbank, dass damals fünfzehn bis zwanzig Prozent der Schüler in diesen Einrichtungen eine militärische Ausbildung erhielten. Daneben waren Schwerpunkte des Lehrplans der Dschihad und der Hass auf den Westen, während auf Fächer wie Mathematik, Naturwissenschaften und Literatur wenig Wert gelegt wurde.

In seinem Bestseller *Taliban* schildert Raschid seine Erfahrungen in den wahhabitischen *madaris* von Peschawar. Die Schüler verbrachten den Tag mit dem Studium »des Koran, der Sprüche des Propheten Mohammed und der Grundlagen des islamischen Rechts, ausgelegt von Lehrern, die selbst kaum lesen und schreiben können«, berichtet er. »Weder Lehrer noch Schüler besaßen verwertbare Grundkenntnisse in Mathematik, Naturwissenschaften, Geschichte oder Geografie.«

Die Schüler der *madaris* waren »die Entwurzelten, Unzufriedenen, Arbeitslosen, die wirtschaftlich Benachteiligten und die Unreflektierten«, schreibt Raschid weiter. »Sie liebten den Krieg, weil es sich beim Kämpfen um die einzige Beschäftigung handelte, die für sie erlernbar war. Der ihnen von ungebildeten Dorfmullahs eingebläute schlichte Glaube an einen messianischen und puritanischen Islam war das Einzige, woran sie sich festhalten konnten und was ihrem Leben einen Sinn gab.

Mortenson baut Schulen und verhilft Tausenden Schülern zu dem, was für sie am wichtigsten ist – einer ausgewogenen Schulbildung und den Mitteln, sich selbst aus der Armut zu befreien«, so Raschid. »Aber wir brauchen noch mehr davon. Angesichts des Ausmaßes der Probleme in Pakistan sind seine Schulen nur ein Tropfen auf den heißen Stein. Der Staat lässt seine Schüler auf unglaubliche Weise im Stich, was den Extremisten, die viele der *madaris* betreiben, die Anwerbung erleichtert.«

Die wohl berühmteste dieser Islamschulen, die im unweit von Peschawar gelegenen Attock City eingerichtete Dar ul-Ulum Haqqania mit ihren dreitausend Schülern, erhielt den Spitznamen »Universität des Dschihad«, weil der geheimnisvolle einäugige Mullah

Omar, der Gründer und Anführer der Taliban, sowie weitere Führungspersönlichkeiten dieser islamistischen Bewegung zu ihren Absolventen gehörten.

»Beim Gedanken an die Strategie der Wahhabiten wurde mir ganz schwindelig«, bekennt Mortenson. »Hier ging es nicht nur um ein paar arabische Scheichs, die mit den Taschen voller Geld aus einer Maschine der Gulf Air stiegen. Die klügsten Schüler aus den *madaris* nahmen sie mit nach Saudi-Arabien und Kuwait, um sie dort zehn Jahre lang zu indoktrinieren. Dann ermutigten sie sie, sich nach ihrer Rückkehr vier Ehefrauen zu nehmen und sich fortzupflanzen wie die Karnickel. Apos Vergleich einer *madrassa* mit einem Bienenstock stimmte haargenau. Diese Schulen bringen Generation um Generation einer Hirnwäsche unterzogener Absolventen hervor und denken zwanzig, vierzig, ja sogar sechzig Jahre in eine Zukunft, in der ihre extremistischen Armeen zahlreich genug sein werden, um Pakistan und den Rest der islamischen Welt zu überrennen.«

Anfang September 2001 ragte selbst im Stadtzentrum von Skardu das nüchterne rote Minarett einer Anlage empor, die hinter hohen Mauern eine wahhabitische Moschee und eine *madrassa* umfasste. Bei dem Anblick fühlte Mortenson sich an ein Ausrufezeichen erinnert, und das mulmige Gefühl, das ihn schon den ganzen Sommer geplagt hatte, verstärkte sich noch.

Am 9. September 2001 ließ sich Mortenson auf dem Rücksitz seines grünen Land Cruiser ins Charpurson-Tal an der äußersten Spitze des nördlichen Pakistan fahren. Vorne auf dem Beifahrersitz saß George McCown und bewunderte das majestätische Hunza-Tal. »Wir waren über den Khunjerab-Pass aus China gekommen«, erzählt er. »Das ist wohl die wunderschönste Strecke der Welt. Wilde Kamelherden ziehen durch die Landschaft, bevor man inmitten der unglaublichen Gipfel Pakistans bergabfährt.«

Ihr Ziel war Zuudkhan, um im Heimatort von Mortensons Leibwächter Faisal Baig drei vom CAI finanzierte und vor Kurzem fertiggestellte Projekte einzuweihen: einen Brunnen, ein kleines Wasserkraftwerk und eine Dorfapotheke. McCown, der hierfür achttausend

Dollar gespendet hatte, begleitete Mortenson, da er sehen wollte, was das Geld hatte bewirken können. Sein Sohn und seine Schwiegertochter folgten ihnen in einem zweiten Jeep.

Sie übernachteten in Sost, einer ehemaligen Karawanserei an der Seidenstraße, die inzwischen als Raststätte für Fernfahrer auf dem Weg nach China diente. Mortenson griff zu dem nagelneuen Satellitentelefon, das er sich eigens für diese Reise angeschafft hatte, und rief seinen Freund Brigadegeneral Baschir in Islamabad an, um sicherzustellen, dass sie auch wirklich in zwei Tagen von einem Hubschrauber in Zuudkhan abgeholt werden würden.

Im letzten Jahr hatte sich in Pakistan für Mortenson viel verändert. Er trug inzwischen eine Fotografenweste über seinem schlichten *salwar kamiz*, weil er Unmengen von Taschen für den Krimskrams brauchte, den er als viel beschäftigter Leiter des Central Asia Institute so mit sich herumtrug. Einige Taschen enthielten Dollarnoten und die unzähligen kleinen Rupienscheine, in die er sie umtauschte, um seine Alltagsgeschäfte zu tätigen. In andere Taschen steckte er die Briefe, die er überreicht bekam und in denen die Leute um neue Projekte baten. Weitere Taschen dienten zur Aufbewahrung der Quittungen, die bei der Durchführung bereits laufender Vorhaben ausgestellt wurden und auf die die detailversessenen amerikanischen Buchhalter so großen Wert legten. Außerdem schleppte er in den gewaltigen Taschen seiner Weste auch noch eine Filmkamera und eine digitale Fotokamera durchs Land, um seine Arbeit für mögliche Spender zu dokumentieren, die er nach seiner Rückkehr umwerben musste.

Aber auch in Pakistan selbst war vieles anders geworden. Infolge der Niederlage der pakistanischen Truppen im Kargil-Konflikt, die einen herben Schlag für den Nationalstolz bedeutet hatte, war der demokratisch gewählte Premierminister Nawaz Scharif aus dem Amt gejagt worden. Durch den unblutigen Militärputsch, der ihn den Posten gekostet hatte, war General Pervez Musharraf an die Macht gekommen. Nun galt in Pakistan das Kriegsrecht. Bei seinem Amtsantritt hatte Musharraf versichert, die islamistischen Extremisten bekämpfen zu wollen, denen er die Schuld an der derzeitigen Krise im Land gab.

Mortenson wusste noch nicht, was Musharraf wirklich im Schilde führte. Allerdings war er erleichtert darüber, dass die neue Militärregierung das CAI unterstützte: »Musharraf verschaffte sich sofort Respekt, indem er streng gegen die Korruption vorging. Zum ersten Mal seit meiner Ankunft in Pakistan begegnete ich in entlegenen Bergdörfern Kontrolleuren der Armee, die nachprüfen wollten, ob die staatlich finanzierten Schulen und Kliniken tatsächlich existierten. Außerdem berichteten mir die Dorfbewohner im Braldu-Tal, es sei endlich ein wenig Geld aus Islamabad geflossen. Mir sagte das mehr zu als die Gleichgültigkeit und die hohlen Worte der vorherigen Regierungen Scharif und Bhutto.«

Als sich Mortensons Operationsgebiet immer weiter im nördlichen Pakistan ausdehnte, boten Militärpiloten, die die Arbeit des beharrlichen Amerikaners bewunderten, ihm ihre Dienste an. So konnte er von Skardu aus in wenigen Stunden weit entfernte Dörfer erreichen, wozu er mit dem Land Cruiser Tage gebraucht hätte.

Brigadegeneral Baschir Baz, ein enger Vertrauter Musharrafs, hatte früher dafür gesorgt, dass Soldaten und Material von Helikoptern aus zu den Gefechtsposten auf die Berge am Siachen-Gletscher, dem höchstgelegenen Kriegsgebiet der Welt, abgeseilt worden waren. Nachdem er maßgeblich an der Zurückdrängung der indischen Truppen beteiligt gewesen war, hatte er seinen Abschied vom Militär genommen und eine kleine private, von der Armee finanziell unterstützte Charter-Fluggesellschaft namens Askari Aviation gegründet. Wenn er genug Zeit und eine freie Maschine hatte, flogen er und seine Männer Mortenson in die abgelegeneren Gebiete Pakistans. »Ich bin in meinem Leben schon vielen Menschen begegnet, aber niemandem wie Greg Mortenson«, meint Baschir. »Wenn man sich anschaut, wie engagiert er sich für die Kinder meines Landes einsetzt, ist es doch das Mindeste, was ich tun kann, ihn hin und wieder herumzufliegen.«

Mortenson wählte die Nummer und richtete die Antenne des Satellitentelefons nach Süden aus, bis er trotz der Störgeräusche in der Leitung Baschirs kultivierte Stimme erkannte. Was er aus dem Land, dessen Gipfel er jenseits der Bergkette im Westen sehen konnte, zu hören bekam, verschlug ihm jedoch den Atem. »Sagen Sie das noch mal!«, rief er. »Massud ist tot?«

Baschir wiederholte, einem unbestätigten Bericht des pakistanischen Geheimdienstes zufolge hätten als Journalisten getarnte Attentäter von El Kaida Ahmed Schah Massud ermordet. Der Helikopter werde dennoch pünktlich eintreffen, fügte er hinzu.

Wenn das stimmt, wird Afghanistan explodieren, dachte Mortenson. Tatsächlich erwiesen sich die Informationen als korrekt. Massud, der charismatische Anführer der Nordallianz, einer zusammengewürfelten Truppe aus ehemaligen Mudschaheddin, deren militärisches Können einen Einmarsch der Taliban im äußersten Norden Afghanistans verhindert hatte, war am 9. September von zwei Algeriern getötet worden. Diese hatten ihre Ausbildung bei El Kaida erhalten und sich als belgische Dokumentarfilmer marokkanischer Herkunft ausgegeben. Nachdem der französische Geheimdienst die Seriennummern überprüft hatte, stellte sich später heraus, dass die Videokamera einem Fotojournalisten gehört hatte. Sie war ihm im vergangenen Winter gestohlen worden, als er gerade in Grenoble einen Beitrag über weihnachtliche Schaufensterdekorationen gedreht hatte.

Die Selbstmordattentäter hatten die Kamera mit Sprengstoff gefüllt und diesen während eines Interviews mit Massud in seinem Hauptquartier in Khvajeh Ba Odin gezündet. Mit dem Helikopter brauchte man von Sost, wo Mortenson gerade erst die Nacht verbracht hatte, eine Stunde dorthin. Massud war fünfzehn Minuten später in seinem Land Cruiser gestorben, als seine Männer ihn zu dem Helikopter gefahren hatten, der ihn nach Duschanbe in Tadschikistan ins Krankenhaus hätte bringen sollen. Allerdings war die Nachricht so lange wie möglich geheim gehalten worden, da man befürchtete, sein Tod könnte die Taliban zu einem neuen Angriff auf die letzte freie Enklave im Land ermutigen.

Ahmed Schah Massud wurde auch »Löwe von Pandschir« genannt, denn er hatte seine Heimat mit vollem Einsatz gegen die sowjetischen Eindringlinge verteidigt. Trotz der Überlegenheit der Gegner war es ihm dank seiner brillanten Guerillataktiken neun Mal gelungen, sie aus dem Pandschir-Tal zu vertreiben. Von seinen Anhängern bejubelt und von den Überlebenden seiner gnadenlosen Belagerung Kabuls gehasst, galt er als der Che Guevara seines Landes – auch wenn sein ebenmäßiges Gesicht unter der braunen Wollmütze und mit dem struppigen Bart eher an den Reggae-Star Bob Marley erinnerte.

Für Osama Bin Laden und seine Todesboten – jene neunzehn zum Großteil aus Saudi-Arabien stammenden Männer, die bald mit Teppichschneidern bewaffnet amerikanische Flugzeuge besteigen würden – bedeutete Massuds Tod das Ende eines Mannes, dem es vermutlich gelungen wäre, die afghanischen Kriegsherren zu vereinen und sie zu einer Zusammenarbeit mit den in Kürze erwarteten amerikanischen Militärberatern zu bewegen. Deshalb hatten sie ihn zu Fall gebracht, wie sie es auch mit den beiden Türmen vorhatten, die bald am anderen Ende der Welt einstürzen sollten.

Am nächsten Morgen, dem 10. September, quälte sich Mortensons Konvoi das Charpurson-Tal hinauf. In der dünnen Höhenluft waren die scharfen Umrisse der rostroten Hänge des afghanischen Hindukusch gut zu erkennen. Mit einer Geschwindigkeit von nur zwanzig Stundenkilometern keuchten die Jeeps über die holperige Staubpiste bergauf. Die bröckeligen Gletscher zu beiden Seiten erinnerten an Essensreste, die zwischen den spitzen Zähnen der Siebentausender hingen.

Zuudkhan, die letzte Ansiedlung in Pakistan vor der Grenze, kam am Ende des Tals in Sicht. Die braunen, aus Lehmziegeln erbauten Häuser hoben sich kaum vom Talboden ab, sodass das Dorf aus größerer Entfernung fast nicht auszumachen war. Doch seinen Leibwächter erkannte Mortenson sofort. Stolz stand Faisal Baig zwischen seinen Landsleuten, die ihre Gäste auf dem Polofeld von Zuudkhan erwarteten. Hier in der Heimat trug er die traditionelle Stammestracht der Wakhi, zu der eine derbe braune Wollweste, ein flatternder *skiihd* aus weißer Wolle auf dem Kopf und kniehohe Reitstiefel gehörten. Der das restliche Empfangskomitee überragende Baig hatte außerdem eine dunkle Fliegerbrille auf der Nase, ein Geschenk, das George McCown ihm zugeschickt hatte.

Obwohl der Industrielle nicht eben klein geraten ist, hob Baig ihn mühelos hoch und drückte ihn fest an sich. »Faisal ist ein wundervoller Mensch«, schwärmt McCown. »Wir sind seit der Zeit am K2 in Kontakt geblieben. Damals schleppte er mich mit meinem verletzten Knie praktisch den Baltoro hinunter und rettete außerdem meiner Tochter das Leben, indem er sie einen Großteil der Strecke trug, als sie krank wurde. Er war so stolz, uns sein Heimatdorf zu zeigen; wir wurden empfangen wie die Könige.«

Begleitet von einer Musikkapelle, die Hörner blies und Trommeln schlug, marschierten die Besucher die lange, gewundene Reihe entlang, zu der sich die dreihundert Einwohner von Zuudkhan aufgestellt hatten. Mortenson war schon sechsmal hier gewesen, um seine Projekte zu beaufsichtigen, und hatte dabei unzählige Tassen Tee getrunken, sodass er praktisch zur Familie gehörte. Die Männer von Zuudkhan umarmten ihn ein wenig vorsichtiger, als Baig es tat, während die Frauen, die die bei den Wakhi üblichen grellbunten *salwar kamiz* und Kopftüchter trugen, ihn auf eine Weise begrüßten, die man *dast ba* nennt. Dazu legten sie die Handflächen liebevoll auf Mortensons Wangen und küssten dann ihre eigenen Handrücken, wie es die örtliche Sitte vorschrieb.

Angeführt von Baig, besichtigten Mortenson und McCown die neu verlegten Rohre, die Wasser von einem Gebirgsbach einen steilen Hang hinab in den Norden des Tals brachten. Feierlich schalteten sie den kleinen wasserbetriebenen Generator an, sodass die trübe Dunkelheit in den wenigen Dutzend Häusern von Zuudkhan, in denen die frisch installierten Lampen schon an den Decken hingen, jeden Abend zumindest für ein paar Stunden unterbrochen wurde.

Anschließend besuchte Mortenson die neue Dorfapotheke und Zuudkhans erste Krankenschwester, die soeben eine sechsmonatige, vom CAI finanzierte Ausbildung in der hundertfünfzig Kilometer entfernten Gulmit Medical Clinic absolviert hatte. Strahlend präsentierte die achtundzwanzigjährige Aziza Hussain die medizinische Ausrüstung in dem Raum, der mit Mitteln des CAI an ihr Haus angebaut worden war. Ihr kleiner Sohn saß auf ihrem Schoß, und ihre fünfjährige Tochter klammerte sich an ihren Hals, als sie die Behälter mit Antibiotika, Hustensaft und Salzen gegen Dehydrierung vorzeigte. Alles war mit Spendengeldern des CAI gekauft worden.

Da das nächste Krankenhaus zwei Tagesreisen mit dem Auto entfernt und nur über oft unpassierbare Jeep-Pisten zu erreichen war, konnte sich eine Erkrankung in Zuudkhan rasch zu einer lebensbedrohlichen Krise auswachsen. In dem Jahr bevor sich Aziza Hussain der medizinischen Versorgung der Bevölkerung angenommen hatte, hatten drei Frauen im Dorf die Geburt ihres Kindes nicht überlebt.

»Viele Menschen starben auch an Durchfall«, berichtet Aziza. »Doch als ich meine Ausbildung hatte und Dr. Greg uns Medikamente zur Verfügung stellte, bekamen wir die Sache in den Griff. Nachdem wir fünf Jahre lang Wasser aus richtigen Leitungen zapfen konnten und den Leuten beigebracht hatten, wie man seine Kinder sauber hält und Lebensmittel hygienisch aufbewahrt, ist kein einziger Mensch mehr an diesen Krankheiten gestorben. Mir liegt sehr viel daran, mich auf dem Gebiet weiterzubilden. Außerdem möchte ich mein Wissen an andere Frauen weitergeben. Seit wir solche Fortschritte gemacht haben, gibt es hier niemanden mehr, der findet, dass Frauen keine Bildung haben dürfen.«

»Greg Mortenson macht viel aus dem Geld, das man ihm anvertraut«, meint McCown. »Ich komme aus einer Welt, in der Großkonzerne Millionen Dollar ausgeben, um ein Problem aus der Welt zu schaffen, ohne dass wirklich etwas geschieht. Ihm hingegen ist es gelungen, für den Preis eines Kleinwagens das Leben all dieser Menschen zu verändern.«

Am nächsten Tag, dem 11. September 2001, versammelte sich das ganze Dorf vor einer am Rand des Polofelds aufgebauten Bühne. Mortenson und McCown saßen unter einem Transparent mit der Aufschrift *Wir begrüßen unsere verehrten Gäste*, während einige schnurrbärtige Dorfälteste, die lange weiße, mit rosafarbenen Blumen bestickte Wollgewänder trugen, den wirbelnden Willkommenstanz der Wakhi aufführten. Als Mortenson sich ihnen grinsend anschloss und trotz seiner massigen Erscheinung erstaunlich anmutig tanzte, johlte das ganze Dorf vor Begeisterung.

Unter der zukunftsorientierten Leitung von Faisal Baig und der acht anderen Ältesten, die den Dorfrat bildeten, war in Zuudkhan bereits vor zehn Jahren eine Schule gebaut worden. An diesem warmen Nachmittag führten die besten Schüler im Rahmen der vielen Reden zu Ehren der Einweihung aller CAI-Projekte ihre Englischkenntnisse vor. »Vielen Dank, dass Sie Ihre kostbare Zeit in dieser abgelegenen Region des nördlichen Pakistan verbracht haben«, sprach ein Junge schüchtern, aber deutlich in das mit einer Traktorbatterie betriebene Mikrofon.

Ein Klassenkamerad, ein hübscher Bursche, versuchte, ihn mit seiner eigenen vorbereiteten Ansprache auszustechen. »Dieses Gebiet war einsam und von der Welt abgeschnitten«, deklamierte er und umfasste das Mikrofon wie ein Popstar. »Wir waren allein hier in Zuudkhan. Aber Dr. Greg und Mr George wollten, dass es unserem Dorf besser geht. Wir möchten uns im Namen der Armen und Bedürftigen dieser Welt und der Menschen von Zuudkhan bei unseren Wohltätern bedanken. Wir sind sehr, sehr dankbar.«

Die Feierlichkeiten wurden mit einem Polospiel fortgesetzt, das offenbar eigens zu Ehren der wichtigen Gäste veranstaltet wurde. Man hatte die gedrungenen, kräftigen Bergponys aus acht verschiedenen Dörfern in diesem einsamen Tal zusammengeholt. Das Spiel der Wakhi spiegelte das harte Leben wider, das sie führten. Ohne Sättel galoppierten sie auf der Lichtung hin und her, jagten einen Ziegenschädel, der als Ball diente, versetzten einander immer wieder einen Hieb mit dem Schläger und ließen ihre Pferde zusammenstoßen wie beim Autoscooter. Die Dorfbewohner jubelten aus voller Kehle, wenn die Spieler vorbeipreschten. Erst als die Sonne hinter den Bergen Afghanistans untergegangen war, stiegen die Reiter ab, und die Menge zerstreute sich.

Faisal Baig, der gegenüber fremdländischen Sitten tolerant eingestellt war, hatte eine Flasche chinesischen Wodka besorgt, die er seinen Gästen in seinem an einen Bunker erinnernden Haus anbot. Allerdings verzichteten er selbst und Mortenson auf Alkohol. Vor dem Zubettgehen erörterten die auf einen Besuch vorbeischauenden Dorfältesten den Mord an Massud und die Folgen für Baigs Volk.

Wenn nun auch das restliche Afghanistan, das nur dreißig Kilometer entfernt auf der anderen Seite des Irshad-Passes lag, an die Taliban fiel, würde sich das Leben hier grundlegend verändern. Man würde die Grenze schließen, die traditionellen Handelsrouten blockieren und die Menschen hier von den übrigen Angehörigen ihres Stammes abschneiden, der noch ungehindert über die Pässe und durch die Täler beider Länder zog.

Als Mortenson Zuudkhan im letzten Herbst besucht hatte, um die Wasserrohre zu liefern, hatte er schon einen Eindruck von den nachbarlichen Verhältnissen zum nahen Afghanistan bekommen. Mit Baig hatte er auf einer Wiese hoch über Zuudkhan gestanden, als am Irshad-Pass plötzlich eine Staubwolke erschienen war. Die Reiter entdeckten Mortenson und rasten wie eine Horde marodierender Banditen auf ihn zu. Es waren etwa zwölf Männer mit Patronengurten über der Brust, verfilzten Bärten und selbst gemachten, bis über die Knie reichenden Reitstiefeln, die rasch näher kamen.

»Sie sprangen von den Pferden und rannten zu mir herüber«, erinnert sich Mortenson. »So wilde Gesellen hatte ich noch nie gesehen. Sofort musste ich an meine Entführung in Wasiristan denken. Ach, Mist, dachte ich mir, jetzt geht das schon wieder los!«

Der Anführer, ein grimmig dreinblickender Mann mit einem Jagdgewehr über der Schulter, marschierte auf Mortenson zu. Todesmutig stellte Baig sich ihm in den Weg, doch kurz darauf umarmten sich die beiden und redeten aufgeregt aufeinander ein.

»Er ist mein Freund«, erklärte Baig. »Er sucht dich schon seit einiger Zeit.«

Mortenson erfuhr, dass die Männer kirgisische Nomaden aus dem Wakhan waren, dem schmalen Ausläufer im äußersten Nordosten Afghanistans, der brüderlich den Arm über das pakistanische Charpurson-Tal legt, wo ebenfalls viele kirgisische Nomaden umherziehen. Eingeklemmt in dem unwirtlichen Korridor zwischen Pakistan und Tadschikistan und von den Taliban in diesen abgelegenen Winkel ihres Landes eingeschlossen, erhielten diese Menschen weder ausländische Hilfe noch Unterstützung von ihrer eigenen Regierung. Als die Männer erfahren hatten, dass Mortenson im Charpurson-Tal erwartet wurde, waren sie sechs Tage lang geritten, um ihn zu sehen.

Der Dorfvorsteher wandte sich an Mortenson. »Es macht mir nichts aus, ein hartes Leben zu führen«, ließ er Baig übersetzen. »Aber für unsere Kinder ist das nichts. Wir haben kaum zu essen, keine Unterkünfte und keine Schule. Jetzt haben wir gehört, dass Dr. Greg Schulen in Pakistan baut, und fragen uns, ob er auch eine für uns bauen kann. Wir werden ihm Land, Steine, Arbeitskräfte und auch sonst alles Nötige geben. Könnte er nicht den Winter bei uns verbringen, damit wir Zeit haben, den Bau der Schule ausführlich zu besprechen?«

Mortenson dachte an die Nachbarn des Mannes im Westen, die zehntausend Flüchtlinge, die auf den Inseln im Fluss Amu Darya gestrandet waren und denen er nicht hatte helfen können. Auch wenn das kriegsgebeutelte Afghanistan wohl kaum der richtige Ort für den Start eines neuen Projekts war, schwor er sich, einen Weg zu finden, um diese Menschen zu unterstützen.

Von Baig übersetzt, erklärte er mühsam, seine Frau erwarte ihn in wenigen Tagen. Außerdem müsse der Vorstand des CAI alle neuen Vorhaben genehmigen. Dann legte er dem Mann die Hand auf die mit einer schmutzigen Weste aus Schafwolle bekleidete Schulter. »Richte ihm aus, dass ich jetzt nach Hause muss und dass es sehr schwer für mich ist, in Afghanistan zu arbeiten«, bat er Baig. »Aber ich verspreche ihm, ihn und seine Familie zu besuchen, sobald ich kann. Dann werden wir darüber reden, ob es möglich ist, eine Schule zu bauen.«

Der Kirgise lauschte Baig aufmerksam und mit konzentriert gerunzelter Stirn. Schließlich malte sich ein breites Lächeln auf seinem wettergegerbten Gesicht. Als Zeichen, dass die Übereinkunft besiegelt war, legte er Mortenson seine eigene kräftige Hand auf die Schulter, bevor er wieder auf sein Pferd stieg und sich mit seinen Männern auf den langen Heimweg über den Hindukusch machte, um seinem Kriegsfürsten Abdul Raschid Khan Bericht zu erstatten.

Nun, ein Jahr später, legte sich Mortenson in Baigs Haus auf den bequemen *charpoy*, den sein Gastgeber für die Besucher hergerichtet hatte, während Baig selbst und seine Familie auf dem Boden schliefen. Dan und Susan waren bereits im Traumland, und auch McCown lag schnarchend in seinem Bett am Fenster. Mortenson war zu müde, um dem Gespräch der Dorfältesten noch länger zu folgen, und grübelte in seinem Dämmerzustand über seine Abmachung mit den kirgischen Reitern nach. Vielleicht würde er sein Versprechen ja nun nach dem Mord an Massud nicht halten können.

Es war schon weit nach Mitternacht, als Baig schließlich die Laternen löschte und hervorhob, dass es in den frühen Morgenstunden, wenn sich das Schicksal des Menschen in der Schwebe befinde, nur eine Alternative gebe: den gnädigen Allah um Schutz anzuflehen und sich aufs Ohr zu legen.

Mortenson hatte einen langen Tag hinter sich, als er in der Dunkelheit endlich eindöste. Zuletzt hörte er noch, wie Baig – aus Rücksicht auf seine Gäste leise – zu Allah um Frieden betete.

Um halb fünf Uhr morgens wurde Mortenson wach gerüttelt. Faisal Baig hielt ihm ein billiges russisches Kurzwellenradio aus Plastik ans Ohr. Im geisterhaft grünen Licht der Anzeigenskala bemerkte Mortenson, dass sich auf dem attraktiven Gesicht seines Leibwächters ein Ausdruck abzeichnete, den er bei ihm noch nie zuvor erlebt hatte – Angst.

»Dr. *Sahib*! Dr. *Sahib*! Es gibt große Schwierigkeiten!«, rief Baig. »Aufstehen! Aufstehen!«

Mortenson, der seine militärische Ausbildung nie vergessen hatte, fuhr trotz der nur zwei Stunden Nachtruhe sofort hoch. »*Salam alaikum*, Faisal«, murmelte er und rieb sich den Schlaf aus den Augen. »Wie geht es dir?«

Doch der sonst so höfliche Baig biss nur wortlos die Kiefer zusammen. »Es tut mir sehr leid«, sagte er schließlich, nachdem er einen langen Blick mit Mortenson gewechselt hatte.

»Was gibt es denn?«, wunderte sich dieser. Erschrocken stellte er fest, dass sein Leibwächter, der sich sonst bei der Gefahrenabwehr einzig und allein auf seine überlegenen Körperkräfte verließ, eine AK-47 in der Hand hatte.

»Ein Dorf namens New York ist bombardiert worden!«

Mortenson zog sich eine Decke aus Yakwolle über die Schultern, schlüpfte in seine gefrorenen Sandalen und trat vor die Tür. In der Eiseskälte, die unmittelbar vor Morgengrauen herrschte, bemerkte er, dass Baig Wachen aufgestellt hatte, um seine amerikanischen Gäste zu schützen. Faisals Bruder, ein gut aussehender Hochgebirgsträger mit blondem Haar und blauen Augen, hatte mit einer Kalaschnikow vor dem einzigen Fenster des Hauses Posten bezogen. Der Dorfmullah spähte gen Afghanistan in die Dunkelheit. Und Sarfraz, der ehemalige Angehörige einer Kommandoeinheit der Armee, hielt an der Straße nach herannahenden Fahrzeugen Ausschau, während er ebenfalls an einem Kurzwellenradio herumfummelte.

Mortenson erfuhr, dass Sarfraz auf einem chinesischen Sender eine Meldung auf Uigurisch – einer der sechs Sprachen, die er beherrschte – gehört hatte. Zwei große Türme seien gefallen, hatte es geheißen. Sarfraz hatte zwar nicht genau verstanden, was geschehen war, wusste aber, dass Terroristen viele Amerikaner getötet hatten. Nun suchte er einen weiteren Nachrichtensender. Doch ganz gleich, wie oft er auch an dem Knopf herumdrehte, es ertönte nur traurige uigurische Musik von einem Sender jenseits der chinesischen Grenze in Kaschgar.

Mortenson bat um das Satellitentelefon, das er eigens auf diese Reise mitgenommen hatte, worauf Sarfraz, der sich in technischen Dingen am besten auskannte, auf sein Pferd sprang, um es von zu Hause zu holen. Er hatte sich das Gerät nämlich ausgeliehen, um sich damit vertraut zu machen.

Faisal Baig hingegen brauchte keine weiteren Informationen. Die AK-47 in der einen Hand und die andere zur Faust geballt, starrte er in die Morgendämmerung, die die Gipfel Afghanistans rötlich verfärbte. Er hatte es schon seit Jahren kommen sehen, dass sich da etwas zusammenbraute. Monatelange Ermittlungen und viele Millionen Dollar für die zahlreichen miteinander konkurrierenden Abteilungen des amerikanischen Geheimdienstapparats würden nötig sein, um das Rätsel zu entwirren, das dieser Mann, ein Analphabet, der im letzten Dorf vor der Grenze am Ende einer Staubstraße wohnte und weder Internetanschluss noch Telefon besaß, bereits instinktiv gelöst hatte.

»Euer Problem im Dorf New York hat seine Ursachen da drüben«, meinte er mit Blick auf die Grenze. »Dieser Teufel von El Kaida ist an allem schuld«, fügte er hinzu und spuckte in Richtung Afghanistan auf den Boden. »Osama.«

Um Punkt acht Uhr traf ein riesiger russischer Helikopter vom Typ MI-17 ein, wie Brigadegeneral Baschir es versprochen hatte. Oberst Ilyas Mirza, Baschirs rechte Hand, sprang aus der Maschine, noch während der Rotor lief, und salutierte zackig vor den Amerikanern. »Dr. Greg, Mr George, Sir, melde mich zum Dienst«, verkündete er, während Soldaten aus dem MI-17 stiegen und die Amerikaner umringten.

Ilyas war hochgewachsen und sah so schneidig aus, als wäre er einem Heldenepos aus Hollywood entstiegen. Sein schwarzes Haar wies nur an den Schläfen graue Strähnen auf, und er besaß ein markantes Gesicht. Ansonsten hatte er sich kaum verändert, seit er in jungen Jahren als einer der besten Kampfpiloten des Landes gedient hatte. Ilyas war Wasir und stammte aus Bannu, der Ansiedlung, durch die Mortenson kurz vor seiner Entführung gekommen war. Da der Oberst wusste, wie sein Stamm Mortenson zunächst behandelt hatte, war er fest entschlossen zu verhindern, dass seinem amerikanischen Freund noch einmal etwas zustieß.

Faisal Baig erhob die Hände und sprach ein Dankgebet, weil Allah die Armee zum Schutz der Amerikaner geschickt hatte. Ohne Gepäck und ohne das Ziel der Reise zu kennen, stieg er mit den McCowns und Mortenson in den Hubschrauber, um auch weiterhin persönlich für ihre Sicherheit zu sorgen.

Aus der Luft riefen sie mit Mortensons Telefon in den Vereinigten Staaten an, hielten die Gespräche aber so kurz wie möglich, da der Akku nur für vierzig Minuten reichte. Von Tara und der Ehefrau McCowns erfuhren sie, wie die Terroranschläge im Einzelnen abgelaufen waren.

Den Ohrhörer des Telefons tief im Ohr, betrachtete Mortenson die endlosen Gipfel, die er durch die kleinen Bullaugen des MI-17 sehen konnte, und sorgte dafür, dass die Antenne stets nach Süden ausgerichtet blieb, von wo Satelliten die Stimme seiner Frau übertrugen.

Vor lauter Erleichterung, von ihm zu hören, brach Tara in Tränen aus und versicherte ihm – unterbrochen von lästigem Geknister und der zeitlichen Verzögerung –, wie sehr sie ihn liebe. »Ich weiß, dass du bei deiner zweiten Familie bist, die dich beschützen wird!«, rief sie in die Sprechmuschel. »Erledige, was du noch tun musst, und komm dann zu mir nach Hause, Liebling!«

McCown hatte in seiner Militärzeit bei einem Tankflugzeugverband gedient, der operativ dem für die Logistik der Atomstreitkräfte zuständigen Strategic Command unterstellt gewesen war, und mit Nuklearwaffen bestückte B-52-Bomber in der Luft betankt. Er konnte sich bildhaft vorstellen, welches Schicksal Afghanistan drohte: »Ich kannte Rumsfeld, Powell und Condoleezza Rice persönlich und wusste deshalb, dass wir in den Krieg ziehen würden. Und falls diese El-Kaida-Bande dahintersteckt, dachte ich mir, werden wir das, was von Afghanistan noch übrig ist, sofort bombardieren und in Schutt und Asche legen. Was Musharraf in diesem Fall tun würde, konnte ich nicht einschätzen. Selbst wenn er sich auf die Seite der USA schlug, war es durchaus möglich, dass das pakistanische Militär ihm nicht folgen würde, weil es die Taliban unterstützt hatte. Mir war klar, dass man versuchen könnte, uns als Geiseln zu nehmen, und deshalb wollte ich nichts als raus aus diesem Hexenkessel.«

Der Bordingenieur entschuldigte sich dafür, dass die Kopfhörer nicht für alle reichten, und bot Mortenson stattdessen gelbe Ohrenschützer aus Plastik an. Mortenson setzte sie auf, drückte das Gesicht an ein Bullauge und genoss die Aussicht, die wegen der Stille noch malerischer wirkte. Unter ihnen erstreckten sich die von Terrassen durchzogenen steilen Hänge des Hunza-Tals wie eine aus den verschiedensten Grüntönen zusammengenähte Flickendecke, die sich über die elefantengrauen Felsflanken breitete.

Aus der Luft schienen die Probleme Pakistans so einfach zu lösen zu sein. Hier bröckelten die blau-grünen Hängegletscher des

Rakaposhi in der tropischen Sonne. Dort trug ein Fluss das Schmelzwasser davon. Da unten fehlte den Dörfern das Wasser. Mortensons Blick folgte den Bewässerungsgräben, die das kostbare Nass zu den Feldern der einzelnen Orte leiteten. Von so hoch oben betrachtet, konnte man den Eindruck gewinnen, dass es genügte, einfach nur ein paar gerade Bewässerungsgräben zu ziehen, um jedem abgelegenen Dorf zu einem angenehmen Leben im Wohlstand zu verhelfen.

Die störrischen Dorfmullahs, die sich gegen Schulen für Mädchen sträubten, waren von hier aus nicht zu sehen – ebenso wenig wie die lokalpolitischen Intrigen, die die Einrichtung eines Berufsausbildungszentrums für Frauen verhinderten oder den Bau einer Schule verschleppten. Und wie sollte man von hier aus die Brutstätten des Extremismus ausmachen, die sich wie Krebsgeschwüre in diesen von Armut bedrohten Tälern ausbreiteten, solange sie sich derart geschickt hinter hohen Mauern versteckten und sich unter dem Deckmantel der Schulbildung tarnten?

Der MI-17 landete vor dem *Shangri-La*, einem teuren Anglerhotel am Ufer eines eine Stunde westlich von Skardu gelegenen Sees, das als Feriendomizil bei pakistanischen Generälen sehr beliebt war. Im Haus des Besitzers, wo eine Satellitenschüssel verschwommene Bilder von CNN lieferte, beobachtete McCown starr vor Entsetzen den ganzen Nachmittag und Abend lang, wie silbrig schimmernde Flugzeuge sich, tödlichen Raketen gleich, in die Türme an der Südspitze von Manhattan bohrten und die Gebäude wie torpedierte Schiffe in einem Meer aus Staub versanken.

Studenten der *madrassa* Dschamia Dar ul-Ulum Haqqania bei Peschawar – übersetzt bedeutet der Name »Universität Allen Rechtschaffenen Wissens« – brüsteten sich später gegenüber Reportern der *New York Times*, sie hätten den ganzen Tag lang gefeiert, nachdem sie von den Anschlägen erfahren hätten. Begeistert seien sie in der Anlage herumgetollt und hätten ihre Finger in die Handflächen gebohrt, um nachzuahmen, was laut Aussage ihrer Lehrer die Erfüllung von Allahs Willen gewesen sei – die Zerstörung der Bürotürme der Ungläubigen durch die Flugzeuge der Frommen.

Für Mortenson bedeutete der Anschlag mehr denn je einen Grund, sich für die Bildung der Einheimischen einzusetzen. McCown hingegen hatte es eilig, Pakistan so schnell wie möglich zu verlassen, ganz gleich, auf welchem Weg. Er telefonierte den Akku des Satellitentelefons leer, um sich mit Geschäftsfreunden an der indischen Grenze zu verabreden oder einen Flug nach China zu ergattern. Aber sämtliche Grenzposten waren geschlossen, alle internationalen Flüge abgesagt. »›Im Moment sind Sie nirgendwo so sicher wie hier‹, meinte ich zu George«, so erinnert sich Mortenson. »›Diese Leute werden Sie mit ihrem Leben schützen. Da wir hier festsitzen, ist es wohl das Beste, wenn wir nach unserem ursprünglichen Plan vorgehen, bis wir Sie in ein Flugzeug setzen können.‹«

Am folgenden Tag arrangierte General Baschir für die Amerikaner einen Helikopterflug zum K2, um sie abzulenken, während er nach einem Weg suchte, McCown und seinen Angehörigen die Abreise zu ermöglichen. Wieder das Gesicht an ein Bullauge gepresst, sah Mortenson tief unter sich die Schule von Korphe vorbeigleiten. Das gelbe, halbmondförmige Gebäude leuchtete aus den smaragdgrünen Felder des Dorfes hervor wie ein Hoffnungsstrahl. Da es ihm zur Gewohnheit geworden war, jeden Herbst vor seiner Rückkehr nach Amerika nach Korphe zu kommen und eine Tasse Tee mit Hadschi Ali zu trinken, beschloss er, seine Freunde so bald wie möglich zu besuchen, wenn seine Gäste wohlbehalten das Land verlassen hatten.

Am Freitag, dem 14. September, fuhren Mortenson und McCown im Land Cruiser eine Stunde in Richtung Westen nach Kuardu. Sie bildeten die Spitze einer Kolonne, die länger war als üblich, denn die Hiobsbotschaft vom anderen Ende der Welt hatte sich inzwischen in Baltistan herumgesprochen. »Offenbar wollte jeder Politiker, Polizist, Offizier und Religionsführer des nördlichen Pakistan dabei sein, wenn wir die Schule in Kuardo einweihten«, erzählt Mortenson.

Die Grundschule dort war schon seit Jahren in Betrieb. Allerdings hatte Changazi die offizielle Einweihung immer wieder hinausgezögert, um das Ereignis so prunkvoll wie möglich zu gestalten.

So viele Aprikosenkerne kauende Menschen drängten sich auf dem Schulhof, dass das Gebäude selbst kaum zu erkennen war. Jedoch ging es an diesem Tag auch weniger um das Bauwerk. Syed Abbas höchstpersönlich war der Hauptredner. Und da die islamische Welt von der Krise schwer erschüttert war, hingen die Bewohner Baltistans an den Lippen ihres obersten Religionsführers.

»Im Namen Allahs des Allmächtigen, Gütigen und Gnädigen. Friede sei mit euch. Allah der Allmächtige hat uns durch das Schicksal in dieser Stunde zusammengeführt«, begann Syed Abbas. Da man die Bühne, auf der er stand, im Gedränge nicht sehen konnte, wirkte es, als schwebte er in seinem schwarzen Gewand und mit dem Turban auf dem Kopf über den Menschen. »Heute ist der Tag, an den ihr Kinder euch für immer erinnern und von dem ihr euren Kindern und Enkeln berichten werdet. Denn ab dem heutigen Tag wird die Bildung Licht in das Dunkel des Analphabetentums bringen.

Wir teilen das Leid der Menschen in Amerika, die in dieser Stunde trauern und weinen«, sprach er weiter und rückte energisch seine dicke Brille zurecht, »während wir diese Schule einweihen. Die Leute, die eine solche Gräueltat gegen Unschuldige, Frauen und Kindern, verübt und Tausende zu Witwen und Waisen gemacht haben, handeln nicht im Namen des Islam. Möge Allah der Allmächtige in seiner Größe erwirken, dass sie ihre gerechte Strafe erlangen.

In aller Bescheidenheit bitte ich Mr George und Dr. Greg *Sahib* um Verzeihung für diese Tragödie. Ihr alle, meine Brüder, sollt die beiden amerikanischen Brüder in unserer Mitte umarmen und beschützen. Es soll ihnen kein Leid geschehen. Teilt alles mit ihnen, was ihr habt, damit ihre Mission von Erfolg gekrönt sein wird.

Diese zwei Christen sind um die halbe Welt gereist, um unseren muslimischen Kindern das Licht der Bildung zu bringen. Warum ist uns das nicht selbst gelungen? Väter und Eltern, ich flehe euch an, euer Menschenmöglichstes daranzusetzen, dass alle eure Kinder Schulbildung erhalten. Ansonsten werden sie sein wie die grasenden Schafe auf der Weide: ausgeliefert den Mächten der Natur und den beängstigenden Veränderungen, die sich rings um uns in der Welt vollziehen.«

Syded Abbas hielt inne und legte sich seine nächsten Worte gut zurecht. Es herrschte tiefes Schweigen in der Hunderte Köpfe zählenden Menschenmenge; selbst die kleinen Kinder waren still.

»Ich fordere Amerika auf, in unsere Herzen zu blicken«, fuhr Abbas mit vor Bewegung bebender Stimme fort, »und zu verstehen, dass die meisten von uns keine Terroristen, sondern einfache und rechtschaffene Leute sind. Unser Land leidet unter Armut, weil wir keine Bildung besitzen. Doch heute wurde eine weitere Kerze des Wissens angezündet. Im Namen Allahs des Allmächtigen soll sie uns den Weg aus der Dunkelheit leuchten, in der wir uns noch befinden.«

»Es war eine ergreifende Rede«, blickt Mortenson auf diesen Tag zurück. »Als Syed Abbas fertig war, hatten alle Zuhörer Tränen in den Augen. Ich wünschte, die Amerikaner, nach deren Ansicht ›Moslem‹ nur ein anderes Wort für ›Terrorist‹ ist, hätten an diesem Tag dabei sein können. Die wahren Grundsätze des muslimischen Glaubens lauten Gerechtigkeit, Toleranz und Wohltätigkeit, und Syed Abbas war ein wortgewaltiger Vertreter des gemäßigten Islam.«

Nach der Feier standen die vielen Witwen von Kuardu Schlange, um Mortenson und McCown ihr Beileid auszudrücken. Sie überreichten ihnen Eier und baten sie, diese Trauergeschenke ihren Schwestern in der Ferne – den Witwen in New York – auszuhändigen, die sie so gerne selbst getröstet hätten.

Mortenson schaute auf den Haufen frisch gelegter Eier in seinen zitternden Handflächen. Beschützend schloss er seine Hände darum, als er zum Land Cruiser ging und dabei an die Kinder, die sich in den Flugzeugen befunden hatten, und an seine eigenen Kinder zu Hause dachte. Während er sich, das Knacken zerkauter Aprikosenkerne unter den Füßen, einen Weg durch die Menge bahnte, die ihnen alles Gute wünschte, sagte er sich, dass die Welt nun sehr zerbrechlich geworden war. Und wegen seiner vollen Hände konnte er zum Abschied nicht einmal winken.

Am nächsten Tag brachte Oberst Ilyas sie im MI-17 nach Islamabad, wo sie wegen der besseren Sicherheitsvorkehrungen auf Präsident

Musharrafs persönlichem Hubschrauberlandeplatz aufsetzten. Dann nahmen die Amerikaner in einem schwer bewachten Wartezimmer neben einem reich geschmückten marmornen Kamin Platz, der aussah, als wäre er noch nie benutzt worden. Darüber hing ein Ölporträt des Generals in voller Galauniform.

Kurz darauf traf General Baschir in einem Alouette-Helikopter aus der Zeit des Vietnamkriegs ein, der beim pakistanischen Militär den Spitznamen »französischer Glücksbringer« trug, weil er viel zuverlässiger war als die sich ebenfalls noch in Betrieb befindlichen amerikanischen Hueys aus derselben Ära. »Der Adler ist gelandet«, verkündete Ilyas pathetisch, als Baschir, ein kräftiger glatzköpfiger Mann im Fliegeroverall, aufs Rollfeld sprang und seine Passagiere zu sich winkte.

Schnell und in geringer Höhe flog er über die felsigen Hügel hinweg. Bald war das inzwischen höchste Gebäude Islamabads, die von den Saudis finanzierte Faisal-Moschee mit ihren vier Minaretten und dem gewaltigen, an ein Zelt erinnernden Gebetssaal, der siebzigtausend Gläubige fasste, unter ihnen verschwunden. Nach kurzem Flug in Lahore angekommen, landete der General die Alouette mitten auf einer Rollbahn auf dem internationalen Flughafen, nur fünfzig Meter entfernt von einer 747 der Singapore Airlines, die McCown und seine Angehörigen aus einer Region fortbringen sollte, die kurz davor stand, zum Kriegsgebiet zu werden.

Nachdem sie Mortenson und Faisal Baig zum Abschied umarmt hatten, führte Baschir die McCowns zu ihren Plätzen in der ersten Klasse. Er entschuldigte sich bei den anderen Passagieren, weil der Flug seinetwegen Verspätung hatte, und leistete den Amerikanern bis zum Start Gesellschaft.

»Rückblickend betrachtet waren in Pakistan alle sehr nett zu uns«, meint McCown. »Obwohl ich ständig Angst hatte, dass uns in diesem – Zitat – ›gefährlichen islamischen Land‹ etwas zustoßen könnte, passierte überhaupt nichts. Die schlimmen Ereignisse begannen erst nach meiner Abreise.«

In der folgenden Woche lag er in dem luxuriösen *Raffles Hotel* in Singapur krank im Bett und musste sich von einer Lebensmittelvergiftung erholen, die er sich von der Verpflegung in der ersten Klasse der Singapore Airlines eingefangen hatte.

Mortenson kehrte derweil nach Norden zurück, um Hadschi Ali zu sehen. Es gelang ihm, einen Platz in einer Transportmaschine des Militärs zu ergattern, die ihn nach Skardu brachte. Den Großteil der anschließenden Fahrt durch das Shigar- und das Braldu-Tal schlief er auf dem Rücksitz seines Land Cruisers, während Hussein den Wagen steuerte und Baig aufmerksam die Umgebung im Auge behielt.

Etwas stimmte nicht mit der Menschenmenge, die Mortenson auf dem Felsen am anderen Ufer des Braldu erwartete, um ihn zu begrüßen. Er hielt den Atem an, als er die schwankende Brücke überquerte und dabei mit Blicken den rechten Rand des Simses absuchte. Die Anhöhe, wo Hadschi Ali stets so zuverlässig wie ein Fels in der Brandung gestanden hatte, war leer.

Twaha erwartete Mortenson am Flussufer und berichtete ihm vom Tod seines Vaters.

In dem Monat, der seitdem vergangen war, hatte Twaha sich vor Trauer den Schädel kahl rasiert und sich einen Bart wachsen lassen, sodass er seinem Vater noch ähnlicher sah als früher. Als Mortenson Hadschi Ali im vergangenen Herbst besucht und mit ihm Tee getrunken hatte, war der alte *nurmadhar* von Korphe sehr niedergeschlagen gewesen. In jenem Sommer hatte sich seine Frau Sakina mit starken Magenschmerzen ins Bett gelegt. Sie hatte die Krankheit mit der für die Balti typischen Geduld ertragen und war gestorben, nachdem sie sich geweigert hatte, die weite Fahrt aus dem Tal hinaus in ein Krankenhaus auf sich zu nehmen.

Mortenson begleitete Hadschi Ali zum Friedhof unweit der Schule, wo der alte Mann mühsam niederkniete. Er berührte den schlichten Stein, der die Stelle markierte, an der Sakina mit nach Mekka zugewandtem Gesicht beerdigt worden war. Als er aufstand, hatte er Tränen in den Augen. »Ohne sie bin ich nichts«, gestand er seinem amerikanischen Sohn ein. »Gar nichts.«

»Aus dem Mund eines konservativen schiitischen Moslems war das eine unerhörte Aussage«, hebt Mortenson hervor. »Auch wenn viele Männer ebenso für ihre Frauen empfanden, hätten sie nie gewagt, es laut auszusprechen.«

Hadschi Ali legte Mortenson den Arm um die Schultern. Da der Körper des alten Mannes bebte, nahm Mortenson an, dass er noch weinte. Doch im nächsten Moment hörte er Hadschi Alis unverkennbares, vom jahrelangen *naswar*-Kauen heiseres Lachen.

»Eines Tages, und zwar sehr bald, wirst du mich hier besuchen wollen und mich ebenfalls unter der Erde vorfinden«, kicherte er.

»Ich konnte an der Vorstellung von Hadschi Alis Tod nichts Komisches erkennen.« Noch Jahre nach dem Verlust seines Freundes zittert Mortenson die Stimme, wenn er über ihn spricht. Damals schloss er den Mann, der ihm schon so vieles beigebracht hatte, in die Arme, und bat ihn um einen weiteren Rat.

»Was soll ich tun, wenn dieser Tag – in sehr ferner Zukunft – eintrifft?«, fragte er.

Hadschi Ali blickte zum Gipfel des Korphe-K2 und überlegte. »Hör auf den Wind«, antwortete er dann.

Nun kniete Mortenson neben Twaha am frischen Grab, um Korphes verstorbenem Dorfvorsteher die letzte Ehre zu erweisen. Nach Twahas Schätzung war sein Vater über achtzig Jahre alt gewesen, als sein Herz aufgehört hatte zu schlagen. Alles vergeht, dachte Mortenson. Sosehr wir uns auch abmühen, nichts ist von Dauer.

Sein eigener Vater war schon mit achtundvierzig an Krebs gestorben, viel zu früh, als dass Mortenson ihm die großen Fragen hätte stellen können, die das Leben aufwarf. Und nun lag dieser für ihn so wichtige Mann aus Baltistan, der ihm in vielerlei Hinsicht den Vater ersetzt und ihn so vieles gelehrt hatte, was ihm ansonsten verborgen geblieben wäre, neben seiner Frau im Grab.

Mortenson stand auf und fragte sich, was Hadschi Ali wohl in einem solchen Moment gesagt hätte, einer solch schwarzen Epoche in der Geschichte, in der einem alles, was einem lieb und teuer war, so zerbrechlich erschien wie eine Eierschale. Dann fielen ihm Hadschi Alis Worte wieder ein, und er vernahm sie so deutlich, als hätte er eine akustische Halluzination.

»Hör auf den Wind.«

Mortenson gehorchte und spitzte aufmerksam die Ohren für das, was ihm sonst vielleicht entginge. Er hörte, wie der Wind die Schlucht des Braldu entlangpfiff und den Schnee und das Ende der warmen Jahreszeit ankündigte. Allerdings trug die Brise, die über diese karge Hochgebirgslandschaft strich, in der sich Menschen irgendwie behaupteten, auch die jubelnden Stimmen von auf dem Schulhof spielenden Kindern heran. Das war der letzte seiner weisen Ratschläge, dachte Mortenson und wischte sich die Tränen fort. Du darfst sie nicht vergessen. Niemals.

Tee mit den Taliban

Macht sie alle mit Atomraketen platt – soll Allah doch die Guten und die Bösen auseinandersortieren.

Aufkleber am Fenster eines Pick-up in Bozeman, Montana

»Wir wollen uns den Zirkus anschauen«, schlug Suleman vor.

Mortenson saß auf der Rückbank des weißen Toyota Corolla, den das CAI für seinen zum Chefunterhändler avancierten Taxifahrer aus Rawalpindi gemietet hatte, und lehnte den Kopf an die von Suleman so liebevoll mit Stoff überzogene Kopfstütze. Faisal Baig hatte vorne Platz genommen. Suleman hatte sie nach ihrer Ankunft aus Skardu in einer PIA 737 mit dem Wagen vom Flughafen abgeholt. Seit Ende September war der kommerzielle Flugverkehr in Pakistan sowie in den USA wiederaufgenommen worden.

»Den *was?*«, wunderte sich Mortenson.

»Du wirst schon sehen«, erwiderte Suleman grinsend. Verglichen mit der winzigen Rostlaube, die er als Taxifahrer steuerte, fuhr sich der Toyota wie ein Ferrari. Suleman schlängelte sich durch den zähflüssigen Verkehr über die Schnellstraße, die Rawalpindi mit ihrer Schwesterstadt Islamabad verbindet. Mit der einen Hand lenkte er, mit der anderen bediente er blitzschnell seinen wertvollsten Besitz – ein weinrotes Mobiltelefon, das etwa so groß wie eine Streichholzschachtel war –, um den Direktor des Gästehauses *Home Sweet Home* aufzufordern, das Zimmer bloß nicht anderweitig zu vergeben, da sein *Sahib* Verspätung habe.

Widerstrebend bremste Suleman, um seine Papiere an einem Kontrollposten vorzuzeigen. Sie befanden sich am Eingang zum Blauen Bezirk, der modernen Diplomatensiedlung, wo Regierungsgebäude, Botschaften und Hotels für Geschäftsleute ein im Schachbrettmuster angelegtes Netz aus Prachtstraßen säumten. Als Mortenson sich aus dem Fenster beugte, damit die Polizisten sahen, dass er Ausländer war, winkten sie den Wagen durch. Die Rasenflächen in Islamabad waren von einem unnatürlichen Grün, die Bäume in dieser sonst so trockenen, staubigen Gegend üppig belaubt, ein deutlicher Hinweis darauf, dass hier kraftvolle Mächte bestrebt waren, selbst die Natur zu besiegen.

Islamabad war in den Sechziger- und Siebzigerjahren am Reißbrett als eigene Welt für die Reichen und Mächtigen Pakistans entworfen worden. In den schicken Läden entlang der Boulevards verkündeten blinkende LED-Anzeigen, dass die neueste Unterhaltungselektronik aus Japan hier ebenso zu haben war wie die exotischen Delikatessen amerikanischer Fast-Food-Ketten.

Das lebendige Herzstück der quirligen Metropole war das *Marriott Hotel*, mit seinen fünf Sternen eine luxuriöse Festung, die vor den Armen im Land von Betonmauern und einem hundertfünfzig Mann starken Sicherheitsdienst in hellblauen Uniformen geschützt wurde. Die bewaffneten Wachen schienen hinter jedem Busch und jedem Baum des parkähnlichen Hotelgartens zu lauern. Nachts ließen die glimmenden Enden ihrer Zigaretten im Gebüsch an todbringende Glühwürmchen denken.

Suleman stoppte den Toyota an einer Betonbarriere, wo zwei Glühwürmchen mit gezogenen M3-Maschinenpistolen mithilfe von an Stangen angebrachten Spiegeln unter den Wagen spähten und den Kofferraum kontrollierten. Erst dann öffneten sie ein Stahltor und ließen sie weiterfahren.

»Wenn ich etwas erledigen wollte, ging ich ins *Marriott*«, entsinnt sich Mortenson des Hotels, das mittlerweile trotz aller Sicherheitsmaßnahmen durch einen verheerenden Terroranschlag, der Dutzende Opfer forderte, zerstört wurde. »Denn dort gab es ein funktionierendes Fax und einen schnellen Internetzugang. Wenn jemand frisch in Pakistan eingetroffen war, fuhr ich mit ihm vom Flughafen direkt ins *Marriott*, damit der anfängliche Kulturschock nicht so groß war.«

Doch nun war es an ihm, geschockt zu reagieren. Nachdem Mortenson einen Metalldetektor durchschritten hatte, musste er sich noch von zwei tüchtigen Sicherheitsleuten, die Anzüge und Ohrhörer trugen, die vollgestopften Taschen seiner Weste abtasten lassen. Doch schon im nächsten Moment blieb ihm der Mund offen stehen. In der Vorhalle, die so groß wie ein Ballsaal war und einen Marmorfußboden hatte, hielten sich sonst außer dem Pianisten höchstens einige ausländische Geschäftsleute auf, die in üppigen Polstergarnituren versanken und in ihre Mobiltelefone flüsterten. Heute jedoch drängten sich dort Hunderte von Koffein und Redaktionsschluss getriebene Menschen: Die Vertreter der internationalen Presse waren eingetroffen.

»Der Zirkus«, verkündete Suleman und grinste Mortenson stolz an wie ein Schüler, der seine erste Erfindung bei einem »Jugend-forscht«-Wettbewerb vorführt.

Wohin das Auge reichte, sah Mortenson nichts als Kameras, angespannte Mienen und die Embleme verschiedener Sender: CNN, BBC, NBC, ABC, Al-Dschasira – alle waren da. An einem Kameramann vorbei, der mit barscher Stimme auf Deutsch in sein Mobiltelefon schimpfte, kämpfte sich Mortenson zum Eingang des *Nadia Coffee Shop* durch, den eine duftende Hecke aus Topfpflanzen von der restlichen Hotelhalle trennte.

Vor dem Büfett, wo er normalerweise in Gesellschaft von fünf unterbeschäftigten Kellnern, die sich förmlich überschlugen, um ihm Mineralwasser nachzuschenken, seine Mahlzeiten einnahm, war kein einziger Tisch mehr frei.

»Anscheinend stößt unser Ende der Welt plötzlich auf öffentliches Interesse.« Als Mortenson sich umdrehte, erkannte er die blonde kanadische Journalistin Kathy Gannon. Die langjährige Büroleiterin der Nachrichtenagentur Associated Press (AP) in Islamabad trug einen konservativ geschnittenen *salwar kamiz*. Auch sie wartete auf einen Tisch. Mortenson umarmte sie zur Begrüßung.

»Wie lange geht das schon so?«, fragte er, wobei er Mühe hatte, das Gebrüll des deutschen Kameramanns zu übertönen.

»Seit ein paar Tagen«, erwiderte Kathy Gannon. »Aber warte nur, bis die Bomben fallen. Dann werden sie vermutlich tausend Dollar pro Zimmer kassieren.«

»Wie viel kostet ein Zimmer jetzt?«

»Zwischen hundertfünfzig und dreihundertzwanzig Dollar, und es wird stündlich teurer. So gut haben die hier noch nie verdient. Sämtliche Sender drehen Live-Moderationen auf dem Dach. Das Hotel verlangt von jedem Filmteam fünfhundert Dollar pro Tag, nur damit sie dort oben Aufnahmen machen dürfen.«

Mortenson schüttelte den Kopf. Er hatte noch nie im *Marriott* übernachtet. Denn da es um die Finanzen des CAI schlecht bestellt war, musste er sparsam sein. Also mietete er sich stets in der Unterkunft ein, die er ins Herz geschlossen hatte, seit er von Suleman das erste Mal dorthin gebracht worden war. Das *Home Sweet Home Guest House*, eine solide gebaute Villa, die eine Zeit lang leer gestanden hatte, nachdem ihrem früheren Besitzer vor Abschluss der Bauarbeiten das Geld ausgegangen war, befand sich auf einem von Unkraut übersäten Grundstück unweit der nepalesischen Botschaft. Ein Zimmer mit zweifelhaften Wasseranschlüssen und einem schmuddeligen, von Brandlöchern durchsetzten rosafarbenen Teppich kostete nur zwölf Dollar die Nacht.

»Dr. Greg *Sahib*, Madame Kathy, kommen Sie«, raunte ein Kellner im Smoking, der die beiden kannte. »Ein Tisch ist frei, und ich fürchte, diese ...« – er suchte nach dem richtigen Wort – »... Ausländer werden ihn sich einfach schnappen.«

Kathy Gannon war überall bekannt und wurde wegen ihrer Furchtlosigkeit geachtet. Ihre blauen Augen blickten forschend und herausfordernd drein. Einmal hatte ihre Beharrlichkeit einen Grenzposten der Taliban in Erstaunen versetzt, der versucht hatte, einen angeblichen Fehler in ihrem Pass zu finden, um sie an der Einreise nach Afghanistan zu hindern. »Sie sind stark«, hatte er zu ihr gesagt. »Wir haben ein Wort für jemanden wie Sie: Mann.« Sie betrachte das nicht als Kompliment, hatte sie darauf erwidert.

Nachdem sie sich an den rosafarben gedeckten Tisch neben dem überladenen Büfett des *Nadia* gesetzt hatten, schilderte sie Mortenson die Clowns, Jongleure und Drahtseilartisten, die sich seit Kurzem in der Stadt herumtrieben. »Es ist zum Haareausraufen«, klagte sie. »Unerfahrene Reporter, die sich überhaupt nicht in dieser Region auskennen, stehen in kugelsicheren Westen auf dem Dach und tun so, als wären die Margalaberge hinter ihnen eine Art Kriegsgebiet und kein Ausflugsziel, wo man am Wochenende mit seinen Kindern hinfährt. Die meisten machen einen großen Bogen um die Grenze und bringen Berichte, ohne sie vorher zu recherchieren. Und wer sich die Sache dennoch aus der Nähe ansehen möchte, hat Pech gehabt. Die Taliban haben Afghanistan nämlich für ausländische Journalisten gesperrt.«

»Willst du es trotzdem versuchen?«, erkundigte sich Mortenson.

»Ich komme gerade aus Kabul«, antwortete sie. »Als das zweite Flugzeug in den Turm einschlug, habe ich mit meinem Chefredakteur in New York telefoniert. Ich konnte noch ein paar Meldungen loswerden, bevor ich ›gebeten‹ wurde abzureisen.«

»Was haben die Taliban jetzt vor?«

»Schwer zu sagen. Zuletzt habe ich gehört, sie hätten eine *schura* abgehalten und beschlossen, Osama auszuliefern. Doch in letzter Minute hat Mullah Omar sie überstimmt und geschworen, ihn mit seinem Leben zu schützen. Du weißt ja, was das bedeutet. Viele von ihnen scheinen Angst zu haben. Aber die wahren Fanatiker wollen kämpfen.« Sie verzog das Gesicht. »Zum Glück für diese Burschen da drüben.« Sie wies mit dem Kopf auf die Reporter, die sich um das Pult des Restaurantchefs drängten.

»Willst du wieder zurück?«, fragte Mortenson.

»Nur wenn es offiziell möglich ist. Ich werde mich nicht wie einer dieser Glücksritter mit einer Burka vermummen und mich womöglich noch verhaften lassen. Oder noch schlimmer. Ich habe gehört, die Taliban halten bereits zwei französische Reporter fest, die versucht haben, sich ins Land zu schleichen.«

Die Teller mit Lammcurry vollgehäuft, kehrten Suleman und Baig vom Büfett zurück. Suleman hatte sich außerdem eine Schale mit rosafarbenem Wackelpudding zum Nachtisch gegönnt.

»Schmeckt's?«, erkundigte sich Mortenson, worauf Suleman heftig kauend nickte. Bevor er sich selbst zum Büfett aufmachte, stibitzte Mortenson ein paar Löffel von Sulemans Nachspeise. Er fühlte sich von dem rosa Pudding an die Desserts nach britischer Art erinnert, mit denen er in Afrika aufgewachsen war.

Wenn es Lamm gab, langte Suleman stets besonders herzhaft zu. In seiner Kindheit, die er und seine sechs Geschwister in einem Dorf in der Pandschab-Ebene zwischen Islamabad und Lahore verbracht hatten, war Lamm nur zu besonderen Gelegenheiten auf den Tisch gekommen. Und selbst dann war für das vierte Kind häufig nicht viel von dem mageren Schaf abgefallen. Also entschuldigte sich Suleman und kehrte zum Büfett zurück, um sich einen Nachschlag zu holen.

Während der nächsten Woche übernachtete Mortenson zwar im *Home Sweet Home*, verbrachte aber jede freie Minute im *Marriott*. Wie vor fünf Jahren im vom Krieg gebeutelten Peschawar hatte er das Gefühl, im Auge eines historischen Sturms zu sitzen. Und da die Medien buchstäblich auf seiner Türschwelle campierten, beschloss er, die Werbetrommel für das CAI zu rühren.

Einige Tage nach den Terroranschlägen in New York und Washington hatten Saudi-Arabien und die Vereinigten Arabischen Emirate, die einzigen beiden Länder, die außer Pakistan noch diplomatische Kontakte mit den Taliban unterhalten hatten, ihre Botschaftsmitarbeiter abgezogen. Da Afghanistan nun von der Welt abgeschnitten war, konnten die Taliban ihre Anliegen nur noch in Pakistan publik machen. Sie veranstalteten lange Pressekonferenzen auf dem Rasen ihrer verfallenden, zwei Kilometer vom *Marriott* entfernten Botschaft. Taxifahrer, die früher froh gewesen wären, diese Strecke für achtzig Cent zurückzulegen, kassierten von den Reportern inzwischen zehn Dollar die Fuhre ab.

Jeden Nachmittag erstatteten die Vereinten Nationen dann im *Marriott* Bericht über die Lage in Afghanistan, sodass die Reportermassen wieder zurück in die klimatisierten Räumlichkeiten pilgerten.

Im Herbst 2001 gehörte Mortenson zu den Ausländern, die sich wohl am besten in Pakistan, insbesondere in den abgelegenen Grenzregionen auskannten, in die Reporter zu gelangen versuchten. Deshalb wurde er ständig von Journalisten bedrängt, ihnen doch bei der Einreise nach Afghanistan behilflich zu sein, und man bot ihm sogar Bestechungsgelder an.

»Ich hatte den Eindruck, dass die Reporter fast ebenso miteinander im Clinch lagen, wie sie sehnsüchtig auf den Ausbruch des Krieges in Afghanistan warteten«, erinnert sich Mortenson. »CNN verbündete sich mit der BBC gegen ABC und CBS. Pakistanische Informanten rauschten in die Hotelhalle und boten für Geld die Story an, die Taliban hätten eine amerikanische Aufklärungsdrohne vom Typ Predator abgeschossen, und sofort gingen die Hahnenkämpfe darum los, wer am meisten bot und die Meldung bringen konnte. Ein Produzent von NBC und ein Kameramann luden mich zum Essen ins China-Restaurant des *Marriott* ein, um mich über Pakistan zu befragen. Aber in Wirklichkeit wollten sie dasselbe wie alle anderen und boten mir mehr Geld, als ich im Jahr hereinbekomme, damit ich sie nach Afghanistan einschleuste. Dann sahen sie sich um, als wäre der Tisch verwanzt. ›Sagen Sie bloß CNN oder CBS nichts davon!‹, raunten sie.«

Anstatt darauf einzugehen, gab Mortenson unzählige Interviews und sprach mit Reportern, die ihr Material fast ausschließlich aus dem *Marriott* sowie der Botschaft der Taliban bezogen und dringend ein wenig Lokalkolorit brauchten. »Ich versuchte, über die wahren Gründe des Konflikts zu sprechen, nämlich den Mangel an Bildung in Pakistan und die Zunahme der wahhabitischen *madaris*, die zu Problemen wie dem Terrorismus beitrugen. Doch diese Äußerungen wurden nur selten gedruckt. Sie wollten nur etwas über die oberste Führung der Taliban hören, um sie zu Schurken zu stempeln und das Kriegsfieber anzuheizen.«

Jeden Abend marschierte pünktlich um die gleiche Uhrzeit eine Gruppe hochrangiger, in Islamabad lebender Taliban in wehenden schwarzen Gewändern und mit Turbanen auf dem Kopf in die Halle des *Marriott* und wartete auf einen freien Tisch im *Nadia Coffee Shop*, um sich den Zirkus ebenfalls anzusehen. »Den ganzen Abend saßen sie da und tranken grünen Tee, was der billigste Posten auf der Karte war«, erzählt Mortenson. »Offenbar konnten sie sich von ihrem Taliban-Gehalt die zwanzig Dollar für das Büfett nicht leisten. Ich war sicher, dass ein Reporter viel von ihnen hätte erfahren können, wenn er bereit gewesen wäre, sie zum Abendessen einzuladen. Doch ich habe nie etwas dergleichen beobachtet.«

Schließlich setzte er sich selbst zu ihnen. Asem Mustafa, der im Auftrag der pakistanischen Zeitung *Nation* über sämtliche Expeditionen in den Karakorum berichtete, hatte sich häufig in Skardu mit Mortenson in Verbindung gesetzt, um das Neueste aus Bergsteigerkreisen zu hören. Mustafa wiederum war mit dem Taliban-Botschafter Mullah Abdul Salaam Zaeef bekannt und stellte ihm Mortenson eines Abends im *Nadia* vor.

Zusammen mit Mustafa setzte er sich direkt neben Zaeef zu vier Taliban an einen Tisch, über dem ein handgemaltes Transparent mit der Aufschrift *»Ole! Ole! Ole!«* hing. Der Abwechslung halber veranstaltete das *Nadia* nämlich für die Geschäftsleute, die während ihres Aufenthalts in Islamabad meist täglich hier aßen, Themenabende – und heute war mexikanische Nacht.

Ein pakistanischer Kellner mit Schnurrbart, dem sein riesiger Sombrero sichtlich peinlich war, trat an den Tisch und fragte, ob die *Sahibs* etwas vom europäischen Büfett bestellen oder sich lieber an der Taco-Bar bedienen wollten.

»Nur Tee«, erwiderte Mullah Zaeef auf Urdu, worauf der Kellner elegant seinen gestreiften mexikanischen Umhang wehen ließ und die Bestellung holen ging.

»Zaeef gehörte zu den wenigen Talibanführern, die Schulbildung genossen hatten und ein wenig über den Westen Bescheid wussten«, erläutert Mortenson. »Da seine Kinder etwa so alt waren wie meine, unterhielten wir uns eine Weile über sie. Ich war neugierig, was ein Talibanführer zum Thema Schulen, insbesondere für Mädchen, zu sagen hätte. Doch als ich ihn fragte, bekam ich nur Politikerphrasen und Allgemeinplätze über die Bedeutung von Bildung zu hören.«

Der Kellner kehrte mit einem silbernen Teeservice zurück und schenkte allen am Tisch grünen *kawah* ein, während Mortenson auf Paschtunisch Konversation mit den anderen Taliban betrieb und sich nach der Gesundheit ihrer Familien erkundigte, denen es allen gut zu gehen schien. In einigen Wochen wird die Antwort sicher anders ausfallen, dachte Mortenson finster.

Weil dem Kellner der Umhang beim Einschenken immer wieder vor die Teekanne rutschte, steckte er ihn schließlich in den Spielzeug-Patronengurt, den er quer über der Brust trug. Mortenson musterte die vier ernsten, bärtigen Männer mit ihren schwarzen Turbanen. Er fragte sich, wie viel Erfahrung sie wohl mit echten Waffen hatten und was sie von der Kostümierung des Kellners halten mochten: »Vermutlich fanden sie, dass er auch nicht seltsamer aussah als die vielen ausländischen Journalisten, die sich in der Nähe unseres Tisches herumdrückten, um unsere Unterhaltung zu belauschen.«

Mullah Zaeef befand sich in einer Zwickmühle, wie Mortenson klar wurde, als man auf den Krieg zu sprechen kam. Da der Botschafter im Blauen Bezirk von Islamabad wohnte, hatte er genug Kontakte zu internationalen Kreisen und konnte sich denken, was bald geschehen würde. Im Gegensatz dazu war die Führungsebene der Taliban in Kabul und Kandahar weitaus weniger weltgewandt. Mullah Omar, ihr oberster Führer, hatte wie die meisten hochrangigen Fanatiker, mit denen er sich umgab, nur eine *madrassa* besucht. Und Mohammed Sayed Ghiasuddin, der Bildungsminister der Taliban, hatte laut Ahmed Raschid noch nie eine Schule von innen gesehen.

»Vielleicht sollten wir Bin Laden ausliefern, um Afghanistan zu retten«, sagte Zaeef zu Mortenson und winkte dem Kellner mit dem Sombrero wegen der Rechnung, die er unbedingt übernehmen wollte. »Mullah Omar glaubt, wir hätten noch genug Zeit, uns aus einem Krieg herauszureden«, fügte er erschöpft hinzu. Dann richtete er sich auf, als befürchtete er, zu offen gewesen zu sein. »Aber geben Sie sich keinen Illusionen hin«, verkündete er in prahlerischem Ton. »Wenn man uns angreift, werden wir kämpfen bis zum Ende.«

Mullah Omar hing weiter dem Irrglauben an, durch Verhandeln etwas erreichen zu können, bis amerikanische Cruise Missiles seine Privathäuser zu zerstören begannen. Da der Talibanführer nicht über eine Direktleitung zum Weißen Haus verfügte, rief er Berichten zufolge in jenem Oktober zwei Mal mit dem Satellitentelefon die Nummer der dortigen öffentlichen Informationsstelle an und schlug vor, sich mit George Bush zu einer längst überfälligen *dschirga* zusammenzusetzen. Wie nicht anders zu erwarten, reagierte der amerikanische Präsident nie auf seine Anrufe.

Widerstrebend riss sich Mortenson vom *Marriott* los, um sich wieder an die Arbeit zu machen. Im *Home Sweet Home* stapelten sich inzwischen die Telefonnotizen von der US-Botschaft, die ihn warnten, in Pakistan sei es inzwischen für Amerikaner zu gefährlich. Allerdings musste Mortenson noch die vom CAI finanzierten Schulen in den Flüchtlingslagern außerhalb von Peschawar kontrollieren, um festzustellen, ob die dortigen Mittel für die Versorgung der zusätzlichen Flüchtlinge reichten, die wegen der Kämpfe sicher bald eintreffen würden. Und so packte er ein paar Sachen und machte sich mit Baig und Suleman auf die kurze Autofahrt, die sie vorbei an Peschawar bis kurz vor die afghanische Grenze führte.

Bruce Finley, ein Reporter bei der *Denver Post*, den Mortenson persönlich kannte, hatte das ständige Ausbleiben richtiger Neuigkeiten im *Marriott* inzwischen satt und bat, ihn begleiten zu dürfen. Zusammen besuchten sie das Shamshatu-Flüchtlingslager und die knapp hundert vom CAI bezahlten Lehrer, die sich dort unter widrigsten Bedingungen abmühten, ihrer Aufgabe nachzukommen.

Finley verfasste einen Artikel über diesen Besuch, schilderte Mortensons Arbeit und zitierte seine Äußerungen über den bevorstehenden Krieg. Mortenson beschwor die Leser, nicht alle Muslime über einen Kamm zu scheren. Die afghanischen Kinder, die sich mit ihren Eltern in den Flüchtlingslagern drängten, seien Opfer, keine Täter, und verdienten Mitgefühl. »Wer die Moslems allgemein für die Grauen des 11. September verantwortlich macht, versetzt nur unschuldige Menschen in Panik«, führte Mortenson aus. »Man kann den Terrorismus nur bekämpfen, indem die Menschen in den Ländern, in denen es Terroristen gibt, lernen, Amerikaner zu achten und zu lieben. Wir unsererseits müssen die Menschen dort ebenfalls achten und lieben. Woran liegt es, ob jemand ein leistungsbereiter

Bürger oder ein Terrorist wird? Meiner Ansicht nach ist Bildung die Antwort auf diese Frage.«

Nachdem Finley nach Islamabad zurückgekehrt war, um seinen Artikel einzureichen, näherte sich Mortenson aus reiner Neugier dem afghanischen Grenzposten. Ein halbwüchsiger Taliban öffnete ein grünes Eisentor und blätterte argwöhnisch Mortensons Pass durch, während seine Kollegen ihre Kalaschnikows schwenkten, um die gesamte Gruppe im Schussfeld zu haben. Beim Anblick der Waffen verdrehte Suleman kopfschüttelnd die Augen und schalt die Jungen wegen ihres mangelnden Respekts gegenüber älteren Menschen. Doch die Taliban, die schon seit Wochen angespannt auf den Kriegsausbruch warteten, achteten nicht auf ihn.

Als der wachhabende Grenzer, dessen Augen so dick mit schwarzem *surma* umrandet waren, dass sie wie schwarze Schlitze wirkten, auf die Seite stieß, die mehrere handgeschriebene, von der afghanischen Botschaft in London ausgestellte Visa enthielt, brummte er etwas.

Die Londoner Botschaft unterstand Wali Massud, dem Bruder des ermordeten Führers der Nordallianz Ahmed Schah Massud, dem es ein Herzensanliegen war, die Taliban zu stürzen. Mortenson hatte mit ihm oft Tee getrunken, wenn er auf dem Weg nach Islamabad einen Zwischenstopp in London eingelegt hatte, und die Möglichkeit des Baus von Mädchenschulen erörtert, sofern die Lage in Afghanistan jemals stabil genug für ein solches Unterfangen werden würde.

»Das hier Visum zweiter Klasse«, verkündete der Wachposten und riss die Seite aus dem Pass, womit er das gesamte Dokument wertlos machte. »Du gehen Islamabad, holen Visum erster Klasse, Taliban-Visum«, befahl er und scheuchte Mortenson mit seinem Sturmgewehr weg.

Allerdings weigerte sich die amerikanische Botschaft in Islamabad, Mortenson einen neuen Pass auszustellen, da der alte »auf verdächtige Weise beschädigt« worden sei. Der zuständige Konsulatsbeamte teilte Mortenson mit, er werde hier nur vorläufige Reisepapiere mit einer Gültigkeitsdauer von zehn Tagen erhalten. Damit könne er in die Vereinigten Staaten zurückkehren, um dort einen neuen

Pass zu beantragen. Aber Mortenson brauchte noch einen Monat, um alles für das CAI zu erledigen. Also lehnte er diesen Vorschlag ab und flog stattdessen nach Kathmandu in Nepal, wo das amerikanische Konsulat als zugänglicher galt.

Doch nachdem er voller Hoffnung Schlange gestanden und seine missliche Lage einem anfangs freundlich wirkenden Konsulatsbeamten geschildert hatte, sah er, wie ein merkwürdiger Ausdruck über das Gesicht des Mannes huschte. Offenbar war die Reise nach Kathmandu zwecklos gewesen. Der Beamte musterte die zahlreichen schwarzweißen Visumsstempel der Islamischen Republik Pakistan, die sämtliche Seiten bedeckten, sowie die handgeschriebenen, von der Nordallianz ausgestellten afghanischen Visa. Offenbar fühlte er sich überfordert, denn er ging los, um sich mit seinem Vorgesetzten zu beraten.

Als er zurückkehrte, konnte sich Mortenson schon denken, was er sagen würde. »Sie müssen morgen wiederkommen, um mit jemand anderem zu sprechen«, verkündete der Mann verlegen, ohne Mortenson in die Augen zu sehen. »Bis dahin werde ich Ihren Pass einbehalten.«

Am nächsten Morgen wurde Mortenson von einigen Marineinfanteristen über den Rasen geführt, der das Konsulatsbüro vom Hauptgebäude der diplomatischen Vertretung in Kathmandu trennte. Sie brachten ihn in einen leeren Raum, in dem ein großer Konferenztisch stand, und schlossen ihn dort ein.

Mortenson wartete eine Dreiviertelstunde lang am Tisch, nur in Gesellschaft einer amerikanischen Flagge und eines Porträts des Präsidenten, der vor zehn Monaten sein Amt angetreten hatte: George W. Bush. »Ich wusste, was sie vorhatten«, erzählt Mortenson. »Ich sehe zwar nicht viel fern, doch selbst mir war klar, dass dieses Theater an eine Szene aus einem schlechten Fernsehkrimi erinnerte. Sicher wurde ich von jemandem beobachtet, der feststellen sollte, ob ich mich verdächtig verhielt. Also schmunzelte ich nur, salutierte vor Bush und blieb ruhig sitzen.« Schließlich traten drei gepflegte Männer in Anzug und Krawatte ein und nahmen gegenüber von Mortenson auf Drehstühlen Platz. »Sie hatten alle typisch amerikanische

Namen wie Bob, Bill, Pete und lächelten viel, als sie sich vorstellten. Allerdings handelte es sich ganz klar um ein Verhör. Die Männer arbeiteten eindeutig für den Geheimdienst.«

Der Agent, der offenkundig das Sagen hatte, begann mit der Befragung, indem er Mortenson eine Visitenkarte hinschob. *Politisch-Militärischer Attaché für Südostasien*, stand darauf. Darüber prangte sein Tarnname. »Sicher haben wir es nur mit einem Missverständnis zu tun«, fuhr der Mann mit einem wohl entwaffnend gemeinten Lächeln fort. Er holte einen Stift aus der Tasche und schob sein Notizbuch zurecht wie ein Soldat, der seine Waffe lädt. »Warum wollen Sie eigentlich nach Pakistan?«, kam er dann auf den Punkt. »Dort ist es derzeit sehr gefährlich, und wir haben allen Amerikanern zur Abreise geraten.«

»Ich weiß«, erwiderte Mortenson. »Aber ich arbeite dort. Ich habe Islamabad vor zwei Tagen verlassen.«

Alle drei Männer schrieben eifrig mit. »Was genau machen Sie denn dort?«, wollte BobBillPete wissen.

»Ich bin schon seit acht Jahren in Pakistan tätig«, antwortete Mortenson. »Und ich brauche noch einen Monat, bis ich fertig bin.«

»Was genau arbeiten Sie?«

»Ich baue Grundschulen, hauptsächlich für Mädchen, im nördlichen Pakistan.«

»Wie viele Schulen betreiben Sie momentan?«

»Ich bin nicht ganz sicher.«

»Warum?«

»Weil sich die Anzahl ständig ändert. Wenn wir in diesem Herbst die Bauarbeiten beenden können, worauf allerdings kein Verlass ist, stehen Schule Nummer zweiundzwanzig und dreiundzwanzig. Jedoch nehmen wir häufig auch Anbauten an bereits existierende staatliche Schulen vor, wenn sich dort zu viele Kinder in einem Klassenzimmer drängen. Außerdem stoßen wir immer wieder auf vom Staat oder ausländischen Nichtregierungsorganisationen betriebene Schulen, deren Lehrer schon seit Monaten oder Jahren kein Gehalt mehr bekommen haben. Also nehmen wir sie unter unsere Fittiche, bis sich die Lage geklärt hat. Darüber hinaus bezahlen wir Lehrer, die in den afghanischen Flüchtlingslagern, wo es keine Schulen gibt, Unterricht abhalten. Und deshalb ändern sich die Zahlen von Woche zu Woche. Beantwortet das Ihre Frage?«

Die drei Männer starrten in ihre Notizbücher, als ob sie sich dort die Antwort erhofften. Vergeblich.

»Wie viele Schüler haben Sie aktuell?«

»Das ist schwer zu sagen.«

»Warum ist das schwer zu sagen?«

»Waren Sie je in einem Dorf im nördlichen Pakistan?«

»Was tut das hier zur Sache?«

»Nun, momentan ist Erntezeit. In den meisten Familien wird die Mithilfe der Kinder gebraucht, und so nehmen die Eltern sie für eine Weile aus der Schule. Wenn es im Winter sehr kalt ist, werden manche Schulen für ein paar Monate geschlossen, weil sich niemand leisten kann, sie zu heizen. Und im Frühling müssen einige Schüler ...«

»Nur eine geschätzte Zahl«, fiel der leitende Agent ihm ins Wort.

»So etwa zwischen zehn- und fünfzehntausend Schüler.«

Drei Stifte kratzten unisono, froh, endlich eine konkrete Zahl festhalten zu können.

»Besitzen Sie Karten von den Gebieten, in denen Sie arbeiten?«

»Die habe ich in Pakistan gelassen«, entgegnete Mortenson.

Einer der Agenten griff zum Telefon, worauf wenige Minuten später ein Atlas ins Konferenzzimmer gebracht wurde.

»Und diese Gegend in der Nähe von Kaschmir heißt wie?«

»Baltistan.«

»Und die Menschen dort sind ...?«

»Schiiten wie im Iran«, ergänzte Mortenson und sah zu, wie sich drei Stifte wieder hastig in Bewegung setzten.

»Und diese Gebiete unweit von Afghanistan, wo Sie die Schulen bauen, heißen Nordwest-wie?«

»Es handelt sich um die Nordwestlichen Grenzprovinzen.«

»Und sie sind Teil von Pakistan?«

»Das hängt von der Sichtweise ab.«

»Aber die sunnitischen Moslems dort gehören im Grunde genommen zum selben Volksstamm wie die Paschtunen in Afghanistan?«

»Tja, im Tiefland leben hauptsächlich Paschtunen. Doch es gibt dort auch viele Ismaeliten und auch ein paar Schiiten. In den Bergen finden sich etliche Stämme mit ihren eigenen Sitten, wie zum Beispiel die Khowar, die Kohistani, die Shina, die Torwali und die Kalami. Es existiert sogar ein animistischer Stamm, die Kalash, die weit oben in einem abgelegenen Tal hier unterhalb dieses Punktes leben, den ich gerade eingezeichnet habe. Wenn Sie eine bessere Karte hätten, würde dort der Name Chitral stehen.«

Der leitende Geheimdienstmann seufzte auf. Je länger man in den politischen Verhältnissen in Pakistan herumstocherte, desto mehr verästelte sich alles zu immer feineren Zweigen, die man unmöglich in einem Notizbuch zu Papier bringen konnte. Also schob er es Mortenson zusammen mit seinem Stift zu. »Ich brauche von Ihnen eine Liste mit allen Namen und Telefonnummern Ihrer Kontaktleute in Pakistan«, verkündete er.

»Dann möchte ich meinen Anwalt anrufen«, gab Mortenson zurück.

»Ich wollte keine Schwierigkeiten machen«, versichert er. »Diese Männer hatten keinen leichten Beruf, insbesondere nicht nach dem 11. September. Allerdings war mir klar, was mit unschuldigen Menschen geschieht, die auf einer derartigen Liste landen. Und wenn diese Burschen wirklich die waren, für die ich sie hielt, durfte keiner in Pakistan glauben, dass ich mit ihnen zusammenarbeitete. Sonst wäre ich bei meinem nächsten Besuch dort ein toter Mann gewesen.«

»Dann tun Sie das«, erwiderte BobBillPete und öffnete die Tür. Er schien beinahe erleichtert, sein Notizbuch einstecken zu können. »Aber morgen früh sind Sie um Punkt neun wieder hier.«

Am folgenden Morgen nahm ein ungewöhnlich pünktlicher Mortenson abermals am Konferenztisch Platz. Diesmal war er mit dem leitenden Geheimdienstmann allein. »Lassen Sie mich zuerst einige Dinge klarstellen«, begann dieser. »Sie wissen, wer ich bin?«

»Aber natürlich.«

»Und Sie wissen auch, was wir mit Ihnen machen, wenn Sie uns nicht die Wahrheit sagen?«

»Selbstverständlich.«

»Also gut. Sind einige der Eltern Ihrer Schüler Terroristen?«

»Ich habe keine Möglichkeit, das festzustellen«, erwiderte Mortenson. »Es sind Tausende Schüler.«

»Wo ist Osama?«

»Verzeihung?«

»Sie haben mich sehr wohl verstanden. Wissen Sie, wo Osama ist?«

Es kostete Mortenson Mühe, nicht laut loszulachen und sich nicht anmerken zu lassen, wie absurd er diese Frage fand. »Ich hoffe, dass ich niemals über diese Information verfügen werde«, antwortete er ernst und offenbar ausreichend glaubwürdig, denn das Verhör war damit zu Ende.

Mit einem vorläufigen, ein Jahr gültigen Ausweis, den das Konsulat in Kathmandu ihm widerwillig ausgestellt hatte, kehrte Mortenson nach Islamabad zurück. Als er ins *Home Sweet Home* kam, reichte ihm der Besitzer einen Stapel Nachrichten von der amerikanischen Botschaft. Auf dem Weg den mit dem schäbigen rosafarbenen Teppich ausgelegten Flur zu seinem Zimmer entlang, sah Mortenson sie alle durch. Der Tonfall der Warnungen wurde von Tag zu Tag drängender. Die zuletzt übermittelte klang beinahe hysterisch und forderte alle amerikanischen Zivilisten auf, sofort das Land zu verlassen, das als »der weltweit gefährlichste Aufenthaltsort für US-Bürger« bezeichnet wurde. Mortenson warf seinen Seesack aufs Bett und bat Suleman, ihm einen Platz in der nächsten Maschine nach Skardu zu besorgen.

Charlie Shimanski, der frühere Leiter des American Alpine Club, gehört zu Mortensons größten Bewunderern. In jenem Jahr hatte er es sich zur Aufgabe gemacht, bei den Mitgliedern seines Vereins Spenden für das CAI zu sammeln. Er vergleicht Mortensons Rückkehr nach Pakistan in der Zeit nach dem 11. September – zwei Monate später sollte der amerikanische Journalist Daniel Perlman in Karatschi entführt und enthauptet werden – mit dem Vorgehen der New Yorker Feuerwehrleute im zerstörten World Trade Center. »Wenn Greg einmal den Friedensnobelpreis bekommt, hoffe ich, dass die Preisrichter in Oslo diesen Tag erwähnen«, sagt Shimanski. »Dass dieser Bursche so hartnäckig war, ohne großes Tamtam in ein Kriegsgebiet zurückzukehren, um dort die wahren Ursachen des Terrors zu bekämpfen, ist ebenso heldenhaft wie das Verhalten der Feuerwehrleute, die die Treppen der brennenden Bürotürme hinaufstürmten, während alle anderen panisch zu fliehen versuchten.«

Als amerikanische Bomber und Marschflugkörper im nächsten Monat das Land westlich von ihnen unter Beschuss nahmen, fuhr Mortenson in seinem Land Cruiser kreuz und quer durch das nördliche Pakistan, um sicherzugehen, dass alle Projekte des CAI vor dem Wintereinbruch fertig wurden. »Wenn ich manchmal nachts mit Faisal im Auto unterwegs war, hörten wir, dass über uns Militärflugzeuge durch den pakistanischen Luftraum flogen, wo amerikanische Maschinen eigentlich nichts zu suchen hatten. Wir sahen, dass der Horizont im Westen aufleuchtete wie bei einem Wärmegewitter. Faisal, der jedes Foto von Osama Bin Laden anspuckte, das ihm unterkam, erschauderte bei dem Gedanken, was die so bombardierten Menschen durchmachen mussten. Er hob die Hände zum Gebet und bat Allah, ihnen unnötiges Leid zu ersparen.«

Am 29. Oktober 2001, es war schon dunkel, begleitete Baig Mortenson zum Internationalen Flughafen von Peschawar. Nur Passagiere durften die Wachsoldaten an der Sicherheitsschleuse passieren. Als Mortenson seinem Leibwächter den Seesack abnahm, sah er, dass Baig Tränen in den Augen hatte. Schließlich hatte er geschworen, Mortenson überall in Pakistan zu beschützen, und war bereit, sein Leben für ihn zu opfern.

»Was ist, Faisal?«, fragte Mortenson und tätschelte seinem Leibwächter die breite Schulter.

»Nun steht dein Land im Krieg«, erwiderte Baig. »Was kann ich tun? Wie soll ich dort auf dich achten?«

Von seinem Fensterplatz in der nahezu unbesetzten Kabine der ersten Klasse aus, in die eine lächelnde Stewardess ihn für den Flug von Peschawar nach Riad geführt hatte, sah Mortenson tödliche Lichter am Himmel über Afghanistan zucken.

Stetige Turbulenzen wiesen darauf hin, dass sie sich nicht mehr über dem Land, sondern den Gewässern des Arabischen Meers befanden. Auf der anderen Seite des Ganges bemerkte Mortenson einen bärtigen Mann mit schwarzem Turban, der durch ein starkes Fernglas aus dem Fenster starrte. Als unter ihnen Schiffslichter zu sehen waren, sprach er angeregt mit seinem Sitznachbarn, der ebenfalls einen Turban trug. Daraufhin holte dieser ein Satellitentelefon aus der Tasche seines *salwar kamiz* und hastete zur Toilette, vermutlich um zu telefonieren.

»Dort unten in der Dunkelheit«, erklärt Mortenson, »schwamm die hochtechnisierteste Militärflotte der Welt, die Kampfflugzeuge und Marschflugkörper nach Afghanistan schickte. Obwohl ich weder für die Taliban noch für El Kaida große Sympathien hege, muss ich zugeben, dass die Methode einfach genial war. Ohne Satelliten, ohne Luftwaffe, ja, sogar ohne ihre primitiven Radarstationen, die zerstört worden waren, verfolgten sie die Positionen der Fünften Flotte einfach von Bord einer ganz gewöhnlichen Linienmaschine aus. Mir wurde klar, dass wir noch eine Menge zu lernen hatten, wenn wir wirklich glaubten, den Krieg gegen den Terror allein dank unserer militärischen Überlegenheit gewinnen zu können.«

Nachdem Mortenson eine Stunde lang am Zoll kontrolliert worden war – ein Umstand, den er seinem vorläufigen Pass und dem pakistanischen Visum zu verdanken hatte –, trat er endlich in die Ankunftshalle des Denver International Airport. Es war Halloween. Als er jedoch durch den Wald aus amerikanischen Flaggen schritt, die plötzlich an jeder Wand, über jeder Tür und an jedem Durchgang hingen, fragte er sich angesichts des Farbenrauschs aus Rot, Weiß und Blau, ob er sich womöglich im Feiertag geirrt hatte. Auf dem Weg zu seinem Anschlussflug nach Bozeman rief er mit dem Mobiltelefon seine Frau an und erkundigte sich nach den Flaggen.

»Was ist denn hier los, Tara? Es sieht ja aus wie am Unabhängigkeitstag.«

»Willkommen im neuen Amerika, Liebling«, erwiderte sie.

Noch rastlos von dem vielen Herumreisen in letzter Zeit, stand Mortenson irgendwann spätnachts leise auf, ohne Tara zu wecken, und schlich in den Keller, um sich mit den Stapeln Post zu beschäftigen, die sich während seiner Abwesenheit dort angehäuft hatten. Schließlich waren die Interviews, die er im *Marriott* gegeben hatte, sowie die Fahrt zu den Flüchtlingslagern in Begleitung des Reporters Bruce Finley von der *Denver Post* in Dutzenden amerikanischen Zeitungen erwähnt worden, ebenso wie eine E-Mail an den befreundeten Kolumnisten beim *Seattle Post Intelligencer*, in der er um Verständnis für die unschuldig zwischen die Fronten geratenen Muslime warb.

Mortensons wiederholte Aufrufe, nicht alle Muslime in einen Topf zu werfen, und seine Argumente, warum es besser sei, muslimische Kinder zur Schule zu schicken, anstatt Bomben auf sie abzuwerfen, hatten bei einer Nation, die sich seit Kurzem im Krieg befand, einen Nerv getroffen: Die meisten Umschläge, die er öffnete, enthielten Hasstiraden – für Mortenson eine völlig neue Erfahrung.

In einem in Denver abgestempelten Brief ohne Absender hieß es: »Ich wünschte, einige unserer Bomben hätten Sie getroffen, da Sie unsere militärischen Anstrengungen unterlaufen.«

Ein weiterer anonym hingekritzelter und diesmal in Minnesota abgeschickter Brief griff Mortenson ebenfalls an. »Gott der Herr wird Sie dafür bestrafen, dass Sie ein Verräter sind«, begann er und warnte Mortenson weiter, er werde »bald noch grausamere Schmerzen ertragen müssen als unsere tapferen Soldaten«.

Es waren noch unzählige weitere Briefe dabei, die keine Unterschrift trugen. Doch nach einer Weile deprimierte es Mortenson zu sehr, weiterzulesen. »In jener Nacht dachte ich zum ersten Mal seit dem Beginn meiner Arbeit in Pakistan ans Aufgeben«, bekennt er. »Solche Ausfälle hätte ich vielleicht von einem hinterwäldlerischen Dorfmullah erwartet. Von meinen amerikanischen Mitbürgern derartige Briefe zu erhalten, löste in mir die Frage aus, ob ich nicht alles hinwerfen sollte.«

Während seine Familie oben schlief, begann er sich Sorgen um ihre Sicherheit zu machen. »Mit den Risiken in Pakistan konnte ich umgehen. Manchmal blieb mir eben nichts anderes übrig. Doch Tara, Amira und Khyber hier zu Hause in Gefahr zu bringen, ging auf keinen Fall. Es war mir unbegreiflich, wie ich es überhaupt so weit hatte kommen lassen können.«

Mortenson kochte sich Kaffee und las dann doch weiter. Viele der Briefe lobten ihn aber auch für seine Bemühungen, und es munterte ihn auf, dass trotz der nationalen Krise zumindest einige Amerikaner seine Botschaft verstanden hatten.

Am folgenden Nachmittag, dem 1. November 2001, verabschiedete Mortenson sich schon wieder von seiner Familie, obwohl er noch kaum Zeit gehabt hatte, sie richtig zu begrüßen. Er stopfte ein paar Sachen in eine Reisetasche und stieg in eine Pendlermaschine nach Seattle, wo er am Abend einen Vortrag halten sollte. Jon Krakauer, der nach dem Erfolg seines Buches *In eisige Höhen*, das die tödlichen Folgen der kommerzialisierten Besteigung des Mount Everest anprangert, auf dem Gipfel des Ruhms angelangt war, wollte zur Einführung sprechen. Der Eintrittspreis von fünfundzwanzig Dollar war dazu gedacht, wieder Geld in die Kassen des Central Asia Institute zu spülen, zu dessen größten Unterstützern Krakauer inzwischen gehörte.

In einem Artikel über die Veranstaltung mit dem Titel »Jon Krakauer zurück aus eisigen Höhen« schrieb der *Seattle Post Intelligencer*, der zurückgezogen lebende Autor habe sich zu einem seltenen öffentlichen Auftritt bereit erklärt, um die Menschen über Mortensons Engagement aufzuklären. »Gregs Arbeit ist ebenso wichtig wie die abgeworfenen Bomben«, zitiert der Artikel aus Krakauers Rede. »Ohne die Bemühungen des Central Asia Institute würde die Bevölkerung in dieser Region ›Wir hassen die Amerikaner!‹ rufen. Stattdessen sieht sie uns als ihre Retter.«

Mortenson traf eine Viertelstunde zu spät in der Stadthalle von Seattle ein, die wie ein griechischer Tempel auf einem Hügel thront. In einen *salwar kamiz* gekleidet, wurde er von Ehrfurcht ergriffen, als er feststellte, dass jeder Platz in dem großen Saal besetzt war. Auch unter den romanischen Bögen davor drängten sich die Menschen, um einen Blick auf die Bühne werfen zu können. Mortenson hastete zu seinem Stuhl auf dem Podium.

»Sie haben fünfundzwanzig Dollar bezahlt, um hier sein zu können, was ziemlich viel Geld ist. Aber ich werde heute Abend nicht aus einem meiner Bücher lesen«, begann Krakauer, nachdem im Raum Stille eingekehrt war. »Stattdessen werde ich einen Text vortragen, der viel mehr über den derzeitigen Zustand der Welt und die wachsende Bedeutung von Gregs Engagement aussagt.«

Mit dünner, gepresster Stimme – denn er sprach ebenso ungern wie Mortenson vor großen Menschenmengen – las er eine lange Passage aus einem Artikel über Kinderarbeit in Peschawar vor, der vor kurzem im *New York Times Magazine* erschienen war und hervorhob, dass ihre unerträglichen Lebensumständen diese Kinder zu einem leichten Ziel extremistischer Geistlicher mache, die Gefolgsleute rekrutieren wollten.

Dann verwies Krakauer auf zwei Zeilen aus dem Gedicht *Das zweite Kommen* von William Butler Yeats. »Obwohl die Schlechtesten gewiss von Leidenschaft getrieben werden, wie der Dichter schreibt, bin ich im Gegensatz zu ihm jedoch sicher, dass nicht allen unter den Besten die Überzeugungen fehlen. Wenn Sie einen Beweis dafür brauchen, müssen Sie sich nur den langen Kerl neben mir anschauen. Was Greg mit so geringen Mitteln bewirkt hat, grenzt an ein Wunder. Falls es möglich wäre, noch fünfzig Gregs zu klonen, würde der islamistische Terror meiner Ansicht nach rasch der Vergangenheit angehören. Aber leider gibt es ihn nur ein Mal. Bitte heißen Sie mit mir Greg Mortenson willkommen!«

Mit Tränen in den Augen umarmte Mortenson Krakauer, bedankte sich und bat dann, das erste Dia einzulegen. Hinter ihm auf der Leinwand erschien der K2, dessen majestätische Pyramide sich vor einem leuchtend blauen Himmel abhob. Hier, vor etlichen der weltweit führenden Alpinisten, ragte der Ort seines größten Scheiterns wie ein dreistöckiges Haus empor, sodass alle es deutlich sehen konnten. Warum also fühlte er sich, als hätte er einen neuen Gipfel erklommen?

Rumsfelds Schuhe

In Kabul kratzen sich heute glatt rasierte Männer am Kinn.
Ein alter Mann mit frisch gestutztem grauem Bart tanzt über die Straße. Er hält sich einen kleinen Kassettenrekorder ans Ohr, aus dem Musik plärrt. Die Taliban, die Musik verboten und den Männern das Tragen von Bärten befohlen haben, sind fort.

Kathy Gannon in einem Bericht für Associated Press, 13. November 2001

Die Piloten spielten »Reise nach Jerusalem« auf zwölftausend Metern Höhe: Alle zehn Minuten trat einer von ihnen das Cockpit der altersschwachen 727 an einen Kollegen ab. Währenddessen saßen acht weitere Flugkapitäne ungeduldig im vorderen Teil der halb leeren Maschine, tranken Tee, rauchten und warteten, bis sie endlich ans Steuer durften. Da sieben Boeings der staatlichen afghanischen Fluggesellschaft Ariana von Bomben und Mörsern außer Gefecht gesetzt worden waren, nutzten die Piloten den zwei drei Viertel Stunden langen Flug von Dubai nach Kabul, um in der einzigen einsatzfähigen Passagiermaschine ihres Landes ein paar wertvolle Flugminuten anzusammeln.

Mortenson saß auf halbem Weg zwischen den Piloten und fünfzehn Stewardessen, die sich im Bereich der im Heck befindlichen Bordküche drängten. Seit dem Start in Dubai sprintete im Wechsel alle zwei Minuten eine der schüchternen afghanischen Frauen nach vorne, um Mortensons Plastikbecher mit Cola nachzufüllen. In den Pausen dazwischen drückte sich der Amerikaner, der mittlerweile dem Koffeinrausch nahe war, die Nase an der zerschrammten

Scheibe platt und betrachtete das Land, von dem er träumte, seit er mit seiner Arbeit in Pakistan begonnen hatte.

Als sie sich von Süden her Kabul näherten, verkündete der momentane Flugkapitän, man habe jetzt Sicht auf Kandahar. Als er aus dem Fenster spähte, hatte Mortenson ebenso viel Mühe, seinen defekten Sitz aufrecht zu halten, wie Einzelheiten der ehemaligen Taliban-Hochburg auszumachen. Doch aus zehntausend Metern Höhe war lediglich eine Straße zu erkennen, die durch eine weite Ebene verlief. Sonst sah er nur braune Hügel und ein paar Schatten, die möglicherweise Gebäude waren. Vielleicht meinte Verteidigungsminister Rumsfeld ja das, als er sich beschwerte, in Afghanistan gebe es keine lohnenden Ziele, weshalb man besser gleich den Irak angreifen solle, dachte Mortenson.

Dennoch waren amerikanische Bomben – intelligente und weniger intelligente – auf diese ausgedörrte Landschaft herniedergeprasselt.

Auf dem Bildschirm des Computers in seinem Keller hatte Mortenson Aufnahmen amerikanischer Soldaten im eingenommenen Haus des Taliban-Führers Mullah Omar in Kandahar gesehen. Sie hatten auf seinem riesigen, kitschig bemalten Rokokobett gesessen und die Stahltruhen präsentiert, die sie darunter entdeckt hatten – vollgestopft mit druckfrischen Hundertdollarscheinen.

Anfangs hatte Mortenson den Krieg in Afghanistan befürwortet. Aber je mehr er über zivile Opfer las und von seinen Mitarbeitern in afghanischen Flüchtlingslagern telefonisch erfuhr, dass ständig Kinder zu Tode kamen, weil sie versehentlich die hellgelben Kapseln nicht detonierter Streubomben aufhoben, die den von amerikanischen Flugzeugen als humanitäre Hilfe abgeworfenen militärischen Einmannverpflegungen ähnelten, änderte sich seine Einstellung allmählich.

»Warum nennen uns Pentagonvertreter die Anzahl der bei Bombenangriffen getöteten Kämpfer von El Kaida und der Taliban – doch wenn wir sie nach zivilen Opfern fragen, zucken sie nur die Achseln?«, schrieb Mortenson in einem Leserbrief, der am 8. Dezember 2001 in der *Washington Post* erschien. »Noch beängstigender ist es, dass die Medien offenbar zögern, Verteidigungsminister Rumsfeld in einer seiner Pressekonferenzen darauf anzusprechen.«

Jede Nacht gegen zwei Uhr wachte Mortenson auf. Dann lag er still neben Tara und versuchte, die Bilder der zivilen Opfer loszuwerden, damit er wieder einschlafen konnte. Aber er wusste, dass viele der Bombenopfer Kinder waren, die vom CAI finanzierten Unterricht im Lager Shamshatu unweit von Peschawar erhalten hatten. Ihre Eltern hatten das harte Leben im Flüchtlingslager irgendwann nicht mehr ertragen und waren nach Afghanistan zurückgekehrt. Wenn Mortenson nun im Bett lag, standen ihm ihre Gesichter trotz der Dunkelheit deutlich vor Augen. Fast immer schlich er sich dann in den Keller hinunter, um in Pakistan anzurufen und das Neueste in Erfahrung zu bringen. Von seinen Kontaktleuten beim Militär hörte er, dass der Taliban-Botschafter Mullah Abdul Salaam Zaeef, mit dem er im *Marriott* Tee getrunken hatte, gefangen genommen und – mit einer Kapuze über dem Kopf und in Handschellen – ins Lager Guantanamo auf Kuba gebracht worden war, wo die üblichen Strafgesetze keine Gültigkeit besaßen.

»In jenem Winter war es wie russisches Roulette, meine Post aufzumachen«, erzählt Mortenson. »Manchmal enthielten die Umschläge aufmunternde Briefe und Spenden. Dann wieder las ich die Drohung, Gott würde mich ganz sicher mit einem qualvollen Tod bestrafen, weil ich Muslimen half.« Er tat alles Nötige, um seine Familie zu schützen, und beantragte eine Geheimnummer. Nachdem seine Briefträgerin von den Morddrohungen erfahren hatte, sortierte sie die Kuverts ohne Absenderadresse aus und gab sie direkt an die Bundespolizei FBI weiter, denn schließlich war die Bedrohung durch Anschläge mit Milzbranderregern noch sehr aktuell.

Eines der positivsten Schreiben stammte von einer sozial engagierten älteren Dame aus Seattle, die regelmäßig an das CAI spendete. »Ich bin schon so alt, dass ich mich an diesen Unsinn im Zweiten Weltkrieg erinnere, als wir alle Japaner festnahmen und sie grundlos in Internierungslager steckten«, schrieb sie. »Sie sollten diese schrecklichen Hassbriefe als Aufforderung verstehen, an die Öffentlichkeit zu gehen und den Amerikanern zu erzählen, was Sie über

Muslime wissen. Sie repräsentieren das Gute und den Mut, der uns Amerikaner auszeichnet. Also stehen Sie auf, haben Sie keine Angst und verbreiten Sie Ihre Friedensbotschaft. Sie haben allen Grund, stolz zu sein.«

Obwohl in Gedanken am anderen Ende der Welt, nahm Mortenson ihren Rat an und organisierte eine groß angelegte Vortragsreise. Im Dezember und Januar rang er sein Lampenfieber nieder und sprach beim größten Trekking-Ausstatter in Seattle, einer Veranstaltung der Amerikanischen Rentnervereinigung in Minneapolis, der Landesversammlung der Bibliothekare in Montana und im *Explorer Club* in Manhattan vor einem vielköpfigen Publikum.

Allerdings stießen nicht alle diese Vorträge auf großes Interesse. Im exklusiven *Yellowstone Club* im Skigebiet Big Sky südlich von Bozeman waren in einem Raum im Untergeschoss nur sechs der Polstersessel am Gaskamin von Leuten besetzt, die Mortenson reden hören wollten. Er aber erinnerte sich noch gut an seinen Vortrag vor fast zweihundert leeren Stühlen in Minnesota, der schließlich doch ein gutes Ende gefunden hatte. So schaltete er den Kamin aus, spannte ein zerknittertes weißes Laken darüber und zeigte seine Dias, während er in leidenschaftlichen Tönen über die Fehler sprach, die Amerika seiner Ansicht nach in diesem Krieg beging.

Eine attraktive Frau Mitte dreißig fiel ihm auf. Sie trug ein Sweatshirt, Jeans und eine Baseballkappe, hatte es sich in einem der Sessel gemütlich gemacht und lauschte aufmerksam. Nachdem er das Laken wieder entfernt hatte, stellte sie sich Mortenson vor. »Ich bin Mary Bono«, begann sie. »Genauer gesagt Abgeordnete Mary Bono. Ich bin Republikanerin und lebe in Palm Springs. Offen gestanden habe ich während Ihres Vortrags in der letzten Stunde mehr gelernt als in den vielen Sitzungen, die seit dem 11. September im Kapitol stattgefunden haben. Sie müssen unbedingt nach Washington kommen.« Die Abgeordnete Bono überreichte Mortenson ihre Visitenkarte und bat ihn, sie anzurufen, wenn die Sitzungsphase des Kongresses wieder beginne, damit sie einen Vortragstermin für ihn arrangieren könne.

Inzwischen hatte der nächste Kapitän das Steuer übernommen, und die 727 der Ariana begann ihren steilen Landeanflug auf Kabul, das in einem staubigen, von schroffen Bergen umgebenen Kessel liegt. Ängstlich beteten die Stewardessen und baten Allah um eine wohlbehaltene Landung. Sie passierten die Logar Hills, wo Mortenson die ausgebrannten Wracks von Panzern aus der Sowjetzeit erkannte. Die Taliban hatten sie in Höhlen oder hinter Böschungen versteckt; dennoch waren sie ein leichtes Ziel für moderne, lasergesteuerte Raketen gewesen.

Seit Monaten korrespondierte Mortenson schon per E-Mail mit der AP-Berichterstatterin Kathy Gannon, die sich seit ihrer letzten Begegnung im *Marriott* wieder in die afghanische Hauptstadt durchgeschlagen hatte. Von ihr erfuhr er, dass die Taliban feige aus der Stadt geflohen waren, als die von amerikanischen Kampfflugzeugen unterstützten Panzer der Nordallianz nach Süden vorgerückt waren. Die Amerikaner hatten hauptsächlich die »Straße der Gäste«, das nobelste Viertel Kabuls, bombardiert, wo arabische Kämpfer lebten, die mit den Taliban sympathisierten. Von Kathy Gannon hörte Mortenson auch, dass die Menschen in den Straßen tanzten. Am 13. November 2001, dem Tag, an dem die Taliban, die jegliche Musik verboten hatten, aus der Stadt geflohen waren, plärrten in den Straßen lange versteckt gehaltene Radios und Kassettenrekorder.

Inzwischen war es Mitte Februar 2002. Aus den weißen Bergen in der Ferne, wo die amerikanischen Truppen versuchten, die Widerstandsnester der dort verschanzten Taliban auszuheben, waren noch anhaltende Feuergefechte zu hören. Doch Mortenson ging davon aus, dass ihm während seines Besuchs in Kabul keine Gefahr drohte, denn schließlich war die Stadt in der Hand der Nordallianz und ihrer amerikanischen Verbündeten.

Als er jedoch auf dem Fußweg vom Flugzeug zum Terminal die Minenräumkommandos in ihren gepanzerten Bulldozern sah, die damit beschäftigt waren, die Ränder der Rollbahnen zu kontrollieren, fragte er sich, ob es wirklich klug gewesen war, hierherzukommen. Die Trümmer der anderen Ariana-Maschinen lagen noch immer dort, wo Bomben sie erwischt hatten. Heckflossen, deren geschwärzter Lack Blasen warf, wachten über die Szenerie wie Sturmflaggen. Und neben der von Bombenkratern durchzogenen Startbahn lagen ausgebrannte Flugzeugrümpfe, die an die verwesenden Kadaver gestrandeter Wale erinnerten.

Am Eingang zum Terminal schaukelte die unverkennbare Karosserie eines verkohlt auf dem Dach liegenden VW-Käfer im kräftigen Wind. Motor- und Innenraum waren fein säuberlich ausgeschlachtet worden.

In dem nicht mit Strom versorgten Terminal saß der einzige Zollbeamte Kabuls lustlos an seinem Schreibtisch und kontrollierte Mortensons Pass in dem Lichtstrahl, der durch eines der von Bomben ins Dach geschlagenen Löcher hereinfiel. Nachdem er nichts auszusetzen gefunden und den Pass gelangweilt abgestempelt hatte, bedeutete der Beamte Mortenson mit einer Handbewegung hinauszugehen – vorbei an einem abgeblätterten Wandbild, das Schah Ahmed Massud, den ermordeten Führer der Nordallianz, darstellte. Seine Anhänger hatten es nach der Eroberung des Flughafens dort angebracht.

Inzwischen hatte Mortenson sich daran gewöhnt, auf pakistanischen Flughäfen begrüßt zu werden. Bei seiner Ankunft in Islamabad war Sulemans grinsendes Gesicht das Erste, was ihn nach der Zollabfertigung erwartete. In Skardu gelang es Faisal Baig stets, das Sicherheitspersonal am Flughafen so einzuschüchtern, dass er Mortenson direkt vom Rollfeld abholen und seine Pflicht tun konnte, sobald die Füße seines Freundes den Boden berührten.

Doch vor dem Terminal des Flughafens von Kabul sah Mortenson sich allein einer Horde zudringlicher Taxifahrer ausgeliefert. Also griff er auf seine altbewährte Methode zurück, sich den auszusuchen, der sich am wenigsten ins Zeug legte, warf seine Tasche auf den Rücksitz und stieg ein.

Wie der Großteil der Stadt Kabul hatte auch Abdullah Rahman den Krieg nicht unbeschadet überstanden. Er hatte keine Augenlider mehr, und seine rechte Gesichtshälfte war von glänzendem Narbengewebe bedeckt – die Folge einer Landmine, die am Straßenrand explodiert war, als er gerade mit seinem Taxi vorbeigefahren war. Seine Hände waren so schwer verbrannt, dass er sie nicht mehr ums Lenkrad schließen konnte. Dennoch steuerte er den Wagen geschickt durch Kabuls chaotischen Verkehr.

Wie die meisten Bewohner der afghanischen Hauptstadt brauchte Abdullah mehrere Arbeitsstellen, um seine Familie ernähren zu können. Für einen Dollar zwanzig im Monat war er in der Bibliothek des Militärkrankenhauses von Kabul beschäftigt und wachte über drei abgeschlossene Schränke voller muffiger gebundener Bücher, die auf geheimnisvolle Weise dem Wahn der Taliban, jedes Buch bis auf den Koran zu verbrennen, entronnen waren. Er fuhr Mortenson zu dem Gebäude, das für die nächste Woche dessen Zuhause sein sollte: das von Kugeln durchsiebte *Kabul Peace Guest House*, ein Name, der einem so kurz nach dem Krieg noch nicht so recht über die Lippen kommen wollte.

In seinem kleinen Zimmer – natürlich gab es weder Strom noch fließendes Wasser – spähte Mortenson durch die Gitterstäbe vor den Fenstern und betrachtete die beschädigten Gebäude entlang der belebten Bagh-e-Bala-Straße und die verwundeten Einwohner, die dazwischen umherhumpelten. Dabei überlegte er sich seinen nächsten Schritt. Allerdings war für ihn ein konkreter Plan ebenso wenig zu erkennen wie die Gesichter der Frauen, die, von Kopf bis Fuß in tintenblaue Burkas gehüllt, an seinem Fenster vorbeiglitten.

Vor seiner Ankunft hatte Mortenson mit dem Gedanken gespielt, einen Wagen zu mieten und nach Norden zu fahren, um irgendwie mit den kirgisischen Reitern Kontakt aufzunehmen, die ihn in Zuudkhan um Hilfe gebeten hatten. Allerdings herrschten in Kabul noch derart bedrohliche Zustände, dass man schon lebensmüde sein musste, um aufs Geratewohl eine Landpartie zu unternehmen. So lag Mortenson nachts zitternd vor Kälte in seinem unbeheizten Zimmer und hörte, wie Salven aus Maschinengewehren durch Kabul hallten. Außerdem hatten sich Taliban in den umliegenden Hügeln verschanzt und feuerten immer wieder Raketen auf die Stadt ab, die mit donnerndem Krachen einschlugen.

Abdullah machte Mortenson mit seinem pathanischen Freund Haschmatullah bekannt, einem gut aussehenden jungen Hansdampf in allen Gassen, der für die Taliban gekämpft hatte, bis er wegen seiner Verwundungen nicht mehr einsatzfähig gewesen war. »Wie viele Taliban war Hasch, wie ich ihn nennen sollte, nur in der Theorie ein Anhänger des Dschihad«, erklärt Mortenson. »Er war intelligent und hätte viel lieber im Bereich Telekommunikation gearbeitet, als Taliban-Soldat zu werden. Allerdings gab es keinen solchen Job. Nach seinem Abschluss an der *madrassa* boten die Taliban ihm dreihundert Dollar dafür, dass er sich ihnen anschloss. Also gab er seiner Mutter, die in Khost lebte, das Geld und meldete sich zur Grundausbildung.«

Hasch war verwundet worden, als eine Granate der Nordallianz ausgerechnet die Mauer getroffen hatte, hinter der er in Deckung gegangen war. Nun, vier Monate später, sonderten die entzündeten Wunden an seinem Rücken noch immer Eiter ab, und seine zerlöcherte Lunge pfiff bei körperlicher Anstrengung. Allerdings war Hasch heilfroh, das strenge Regiment der Taliban los zu sein und hatte sich sofort den vorgeschriebenen Bart abrasiert. Nachdem Mortenson seine Verletzungen behandelt und verbunden sowie ihm Antibiotika verabreicht hatte, war er bereit, dem einzigen Amerikaner, dem er je begegnet war, treu zu dienen.

Wie fast alle anderen Gebäude in Kabul waren auch die Schulen während der Kämpfe schwer beschädigt worden. Offiziell hieß es, dass sie gegen Ende des Frühlings wiedereröffnet werden sollten, und Mortenson schlug Hasch und Abdullah vor, sich die Fortschritte beim Wiederaufbau einmal anzusehen. Also machten sich die drei in Abdullahs gelbem Toyota auf den Weg. Wie Mortenson feststellte, waren nur zwanzig Prozent der hundertneunundfünfzig Lehranstalten der Stadt zumindest so weit nutzbar, dass dort Stunden abgehalten werden konnten. Mit einiger Anstrengung würde man die dreihunderttausend Schüler in Schichten unterrichten müssen, und zwar entweder im Freien oder in Gebäuden, die eher Steinhaufen ähnelten und keinen Schutz vor den Elementen boten.

Die Durkhani-Oberschule war ein typisches Beispiel für die Unterversorgung afghanischer Schüler. Wie die Rektorin Uzra Faizad Mortenson unter ihrer hellblauen Burka hervor erklärte, wollte sie nach der Wiedereröffnung der Schule versuchen, viertausendfünfhundert Schüler in und rings um das zerschossene Gebäude aus der Sowjetzeit unterzubringen. Ihr neunzigköpfiges Lehrerkollegium plante, jeden Tag in drei Schichten zu unterrichten. Laut Uzra Faizad wuchs die Schülerschaft der Dukhani-Schule im Rahmen der Einschreibung mit jedem Tag, weil sich die Mädchen – in der Überzeugung, dass die Taliban, die den Schulbesuch für Frauen verboten hatten, nun endgültig verschwunden waren – wieder aus ihren Verstecken wagten.

»Uzras Geschichte beeindruckte mich sehr«, meint Mortenson. »Diese starke und stolze Frau versuchte das Unmögliche. Die Schulhofmauer lag in Trümmern, das Dach war eingestürzt. Und dennoch erschien sie jeden Tag zur Arbeit, um das Schulhaus wieder aufzubauen, denn sie war felsenfest davon überzeugt, dass sich die Probleme Afghanistans nur durch Bildung lösen ließen.«

Eigentlich hatte Mortenson vorgehabt, das CAI in Kabul registrieren zu lassen, um möglichst schnell die nötigen offiziellen Genehmigungen zum Bau von Schulen beantragen zu können. Doch in der Stadt waren nicht nur Stromversorgung und Telefonverbindungen, sondern auch die Verwaltung zusammengebrochen. »Abdullah fuhr mich von Ministerium zu Ministerium, aber da war niemand«, berichtet Mortenson. »Also beschloss ich, nach Pakistan zurückzukehren, dort Lehrmittel zu beschaffen und zu helfen, wo Not am Mann war.«

Nach einer Woche in Kabul konnte Mortenson einen Platz in einer Chartermaschine des Roten Kreuzes nach Peschawar ergattern. Verglichen mit der Lage in Afghanistan, erschienen ihm die Probleme in Pakistan lösbar. Zu diesem Schluss kam er wenigstens, als er das Flüchtlingslager Shamshatu besichtigte und sich vergewisserte, dass die Lehrer ihre vom CAI bezahlten Gehälter auch bekamen. Auf der Fahrt von Shamshatu nach Peschawar hielt er an, um drei Jungen zu fotografieren, die auf einigen Kartoffelsäcken saßen. Durch den Sucher seiner Kamera sah er jedoch etwas, das ihm mit bloßem Auge nicht aufgefallen war: Alle drei Jungen trugen die gleichen verängstigten Mienen zur Schau, die er auch schon bei den Kindern in Kabul bemerkt hatte. Mortenson legte die Kamera beiseite und fragte die drei auf Paschtunisch, ob sie etwas brauchten.

Der Älteste, der Ahmed hieß und etwa dreizehn Jahre alt war, schien erleichtert, sich einem freundlichen Erwachsenen anvertrauen zu können. Er erklärte, vor erst einer Woche habe ihr Vater einen Karren mit in Peschawar beschafften Kartoffeln in ihr kleines Dorf unweit von Dschalalabad bringen wollen, um sie dort weiterzuverkaufen. Allerdings sei er von einer aus einem amerikanischen Flugzeug abgefeuerten Rakete getötet worden. Mit ihm waren weitere fünfzehn Menschen gestorben, die Lebensmittel und andere Dinge des täglichen Bedarfs transportierten.

Also war Ahmed mit seinen jüngeren Brüdern nach Peschawar zurückgekehrt, um neue Kartoffeln zu holen. Ein mitleidiger Händler, der ihren Vater gekannt hatte, hatte ihnen Rabatt eingeräumt. Nun warteten sie auf eine Mitfahrgelegenheit nach Hause zu ihrer Mutter, die dort zusammen mit den Schwestern trauerte.

Mortenson wunderte sich, dass Ahmed so gleichmütig über den Tod seines Vaters sprechen konnte, und das noch mit einem Bürger des Landes, dessen Soldaten ihn auf dem Gewissen hatten. Er kam zu dem Schluss, dass der Junge sicher noch unter Schock stand.

Auch Mortenson selbst war bis ins Mark getroffen. Nachdem Suleman ihn in Peschawar abgeholt hatte, grübelte er drei schlaflose Nächte im *Home Sweet Home* über seine Erlebnisse in Afghanistan nach. Erschüttert von dem Leid, das er in Kabul und im Flüchtlingslager gesehen hatte, freute er sich schon auf einen Besuch im vertrauten Skardu – zumindest so lange, bis er Parvi anrief, um sich nach dem Stand der Dinge und der Situation in den Schulen des CAI zu erkundigen.

Parvi berichtete ihm, vor einigen Tagen habe eine von Agha Mubarek, einem der mächtigsten Dorfmullahs im nördlichen Pakistan, angestiftete Horde Banditen mitten in der Nacht einen Überfall auf das jüngste Projekt verübt. Es handelte sich um eine fast fertiggestellte gemischte Schule im Dorf Hemasil im Shigar-Tal. Die Männer hätten zunächst versucht, den Rohbau in Brand zu stecken, erzählte Parvi. Doch da der Dachstuhl und die hölzernen Fensterrahmen noch fehlten, seien die Mauern nur verkohlt, hätten aber nicht Feuer gefangen. Also hätten Agha Mubareks Handlanger zu Vorschlaghämmern gegriffen und alles dem Erdboden gleichgemacht. Die so mühsam aus dem Fels gehauenen Bausteine seien zerstört.

Als Mortenson in Skardu eintraf, um wegen der Schule in Hemasil eine Krisensitzung abzuhalten, wurde er mit weiteren Hiobsbotschaften empfangen. Agha Mubarek hatte eine Fatwa ausgerufen, die es Mortenson verbat, in Pakistan tätig zu werden. Noch schwerer traf es ihn, dass ein einflussreicher Lokalpolitiker, den er persönlich kannte, Mubarek öffentlich unterstützte, um seine konservative schiitische Anhängerschaft nicht zu brüskieren.

Im privaten Speisesaal im Obergeschoss des *Indus* hielt Mortenson bei Tee und Zuckerplätzchen mit seinen treuesten Gefolgsleuten eine *dschirga* ab. »Mubarek will ein Stück vom Kuchen«, seufzte Parvi. »Der Mullah ist an die Ältesten von Hemasil herangetreten und forderte Geld dafür, dass er den Bau der Schule gestattet. Als die Dorfbewohner sich weigerten, ließ er die Schule zerstören und verkündete die Fatwa.«

Er habe mit dem Politiker, der Mubareks Verhalten befürworte, gesprochen, fuhr Parvi fort. Auch dieser habe angedeutet, das Problem ließe sich mit Geld lösen. »Ich war außer mir«, erinnert sich Mortenson. »Am liebsten hätte ich ein aus meinen Freunden beim Militär bestehendes Kommando zusammengetrommelt, Mubareks Dorf überfallen und ihm solche Angst eingejagt, dass er einen Rückzieher gemacht hätte.« Parvi hingegen riet zu einer dauerhafteren Lösung. »Wenn Sie diesen Schurken mit Soldaten bedrohen, wird er Ihnen das Blaue vom Himmel herunter versprechen – und sofort alles zurücknehmen, sobald Ihre Leute abgezogen sind. Wir müssen die Sache ein für alle Mal vor Gericht klären. Und zwar vor dem Scharia-Gericht.«

Der Amerikaner hatte gelernt, auf den Rat Parvis zu hören. Dieser würde gemeinsam mit Mortensons altem Freund Mehdi Ali, dem Dorfältesten von Hemasil und einem leidenschaftlichen Verfechter der Schule, Klage beim islamischen Gerichtshof in Skardu einreichen – Moslem gegen Moslem. Parvi empfahl Mortenson, sich aus dem Rechtsstreit herauszuhalten und stattdessen seine wichtige Arbeit in Afghanistan fortzusetzen.

Also rief Mortenson von Skardu aus seinen Vorstand an, berichtete von seinen Beobachtungen in Afghanistan und bat um die Genehmigung, Arbeitsmaterialien für die Schule kaufen und sie nach Kabul mitnehmen zu dürfen. Zu seiner Überraschung erbot sich Julia Bergman, nach Pakistan zu kommen und ihn auf die geplante Autofahrt von Peschawar nach Kabul zu begleiten. »Das war sehr mutig von ihr«, lautet Mortensons Einschätzung. »Entlang unserer Route wurde noch gekämpft, aber ich konnte es Julia einfach nicht ausreden. Sie wusste, wie sehr die Frauen in Afghanistan unter den Taliban gelitten hatten, und wollte ihnen unbedingt helfen.«

Im April 2002 überschritten die blonde Julia Bergman, die einen fließenden *salwar kamiz* trug, und Mortenson den Grenzposten in Landi Khotal und stiegen in den Kleinbus, den der Taxifahrer Monir, ein Freund Sulemans aus Peschawar, für ihre Reise nach Kabul besorgt hatte. Um Julias Hals hing eine Kette, deren Anhänger die Aufschrift *Wenn ich sterbe, will ich völlig aufgebraucht sein* trug. Auf den Rückbänken und im Laderaum des Fahrzeugs stapelten sich die Lehrmittel, die die beiden Amerikaner in Peschawar gekauft hatten, bis zur Decke. Suleman, der keinen Pass besaß, war verzweifelt, weil er sie nicht begleiten konnte, um sie zu bewachen. Auf sein Drängen hin beugte sich Monir, ein Paschtune, in den Bus und packte den ebenfalls paschtunischen Fahrer am Kragen. »Ich schwöre bei meinem Leben«, drohte er ihm, »falls dem *Sahib* oder der *Memsahib* etwas zustoßen sollte, bringe ich dich eigenhändig um!«

»Zu meiner Überraschung war die Grenze weit offen«, berichtet Mortenson. »Nirgendwo waren Grenzposten in Sicht. Osama hätte mit hundert Kämpfern in Pakistan einmarschieren können, ohne dass jemand sie aufgehalten hätte.«

Die über dreihundert Kilometer lange Fahrt nach Kabul dauerte elf Stunden. »Überall am Straßenrand sahen wir ausgebrannte Panzer und andere Militärfahrzeuge«, erzählt Julia Bergman. »Sie passten überhaupt nicht in diese wunderschöne Landschaft. Auf den Feldern blühte rot und weiß der Schlafmohn, und die schneebedeckten

Berggipfel im Hintergrund vermittelten ein trügerisch friedliches Gefühl.«

»Wir machten im *Spin Ghar Hotel* in Dschalalabad Rast, um Brot zu essen und einen Tee zu trinken«, so Mortenson weiter. »Hier hatten die Taliban ihr Hauptquartier gehabt. Die Stadt erinnerte mich an Fotos, die ich von dem im Zweiten Weltkrieg zerbombten Dresden gesehen hatte. Von meinen Freunden, die nach Shamshatu geflohen waren, wusste ich, dass die US-Luftwaffe das Gebiet mit einem dichten Bombenteppich aus ihren B-52 belegt hatten. Ich befürchtete, dass Julia in Dschalalabad nicht sicher war. In den Augen der Leute erkannte ich nur blanken Hass gegen uns, und ich fragte mich, wie viele unserer Bomben unschuldige Menschen wie den Kartoffelhändler getötet hatten.«

Nachdem sie wohlbehalten in Kabul angekommen waren, stieg Mortenson mit Julia Bergman im Hotel *Intercontinental* ab, das auf einem Hügel stand und einen Panoramablick auf die zerstörte Stadt bot. Es war das einzige einigermaßen komfortable Hotel, das Kabul zu bieten hatte, da nur die Hälfte des Gebäudes ausgebombt worden war. Für fünfzig Dollar die Nacht wurden sie im »unbeschädigten« Flügel untergebracht, wo man die zerborstenen Fenster mit Plastikplanen geflickt hatte. Einmal am Tag brachte das Personal Eimer mit warmem Wasser, damit sie sich waschen konnten.

Mit Hasch und Abdullah nahmen sie das völlig überlastete Bildungssystem Kabuls in Augenschein. Im Kabul Mecidal Institute, dem landesweit angesehensten Ausbildungszentrum für angehende Ärzte, gaben sie einige medizinische Fachbücher ab, die eine Amerikanerin dem CAI mit dem Auftrag gespendet hatte, sie nach Kabul zu bringen. Sie hatte ihren Mann verloren, der an jenem tragischen 11. September unterwegs zu einer medizinischen Fachtagung in Kalifornien gewesen war. Er hatte in der Maschine United Airlines 175 gesessen, die am Südturm des World Trade Center in einer Kerosinwolke zerschellt war. Die Witwe hatte Mortenson gebeten, die Fachbücher ihres Mannes mit nach Kabul zu nehmen, weil auch sie Bildung für das wirksamste Mittel gegen den militanten Islamismus hielt.

In dem riesigen unbeheizten Hörsaal mit der eingesackten Decke trafen Mortenson und Julia Bergman fünfhundert Studenten an, die aufmerksam einer Vorlesung folgten. Sie freuten sich sehr über die gespendeten Bücher, da für den Anatomiekurs nur zehn der vorgeschriebenen Lehrbücher verfügbar waren, wie Mortenson erfuhr. Die fünfhundert angehenden Ärzte – vierhundertsiebzig Männer und dreißig furchtlose Frauen – nahmen die Bücher abwechselnd mit nach Hause, um mit der Hand Passagen daraus abzuschreiben oder Zeichnungen zu kopieren.

Verglichen mit den Zuständen noch vor wenigen Monaten war allerdings selbst diese mühsame Vorgehensweise bereits ein Fortschritt. Der Kinderarzt Dr. Nazir Abdul erklärte, die Taliban hätten während ihres Regimes in Kabul sämtliche Bücher mit Abbildungen darin verboten und alle öffentlich verbrannt, die sie in die Finger bekamen. Bewaffnete Vertreter der verhassten Abteilung zur Verbreitung der Tugend und Bekämpfung des Lasters hätten während jeder Vorlesung hinten im Hörsaal gestanden, um sicherzugehen, dass die Professoren keine Abbildungen menschlicher Körperteile oder Organe an die Tafel zeichneten.

»Wir sind nur Theoretiker, keine richtigen Ärzte«, fuhr Dr. Abdul fort. »Denn uns fehlen die grundlegendsten Gerätschaften zur Ausübung unseres Berufs. Wir haben kein Geld für Blutdruckmanschetten oder Stethoskope. Ich bin Mediziner und habe noch nie im Leben in ein Mikroskop geschaut.«

Mit Abdullah, der trotz seiner zernarbten Hände geschickt die Bombenkrater umfuhr, klapperten Mortenson und Julia Bergman in einem Gebiet westlich von Kabul, das Maidan Schah hieß, eine Ansammlung von achtzig Dörfern ab. Mortenson wusste, dass der Großteil der nur zögerlich nach Afghanistan fließenden ausländischen Hilfsgelder die Hauptstadt niemals verlassen würde, weshalb ihm, ebenso wie in Pakistan, das Schicksal der verarmten Landbevölkerung besonders am Herzen lag. Den dreihundert Schülern an der Schahabudin-Mittelschule war allerdings mit den Heften und Bleistiften, die Hasch und Mortenson aus Abdullahs Taxi holten, nur wenig gedient.

Die Lehrer in Schahabudin unterrichteten die kleineren Jungen in rostigen Frachtcontainern. Die ältesten Schüler, die die neunte Klasse besuchten, lernten im Heck eines ausgebrannten Schützenpanzers, dem eine Landmine die Ketten weggesprengt hatte. Vorsichtig zwängten sich die Jungen in die vormalige Luke des MG-Schützen, die sie als Fenster nutzten, und zeigten Mortenson stolz ihren wertvollsten Besitz: einen Volleyball, den sie vom Mitarbeiter einer schwedischen Hilfsorganisation geschenkt bekommen hatten. »Schwedenmann hatte lang golden Haar wie Bergziege«, verkündete ein Junge, in dessen kurz geschorenem Haar sich die Läuse tummelten, mit strahlenden Augen, um Mortenson seine Englischkenntnisse vorzuführen.

Doch am meisten schmerzte es Mortenson, dass den Mädchen überhaupt keine Räumlichkeiten zur Verfügung standen: »Achtzig Schülerinnen mussten unter freiem Himmel lernen. Es war sehr mühsam, Unterricht zu halten, denn der Wind blies ihnen ständig Sand in die Augen oder wehte die Tafel um.« Begeistert nahmen sie die neuen Schreibutensilien in Empfang und drückten die Hefte fest an die Brust, damit sie nicht davongepustet wurden.

Als Mortenson zum Taxi zurückkehrte, sausten vier Cobra-Angriffshubschrauber der U.S. Army mit hoher Geschwindigkeit in nur fünfzehn Metern Höhe über die erschrockenen Schüler hinweg. An den voll bestückten Waffenpylonen der Helikopter waren deutlich Hellfire-Luft-Boden-Raketen zu erkennen. Die Tafel der Mädchen kippte im Luftstrom der Rotoren um und zerbrach auf dem steinigen Boden.

»Wo wir auch waren, überall sahen wir amerikanische Flugzeuge und Helikopter. Unvorstellbar, welche Summen wir in unser Militär pumpten«, sagt Julia Bergman. »Aber wo waren die Hilfsgüter? Zu Hause hatte ich so viele Versprechungen an das afghanische Volk gehört. Der Wiederaufbau des Landes war angeblich eine unserer Prioritäten. Doch hier vor Ort war von Hilfe für die afghanischen Kinder, insbesondere vonseiten der Vereinigten Staaten, nichts zu bemerken. Ich fand das wirklich beschämend und sehr frustrierend.«

Am nächsten Tag machte Mortenson Julia Bergman mit der Rektorin der Durkhani-Schule bekannt und übergab dieser die Arbeitsmaterialien für ihre viertausendfünfhundert Schüler. Er stellte fest, dass Uzra Faizads Schüler grob zusammengezimmerte Holzleitern benutzen mussten, um die Klassenzimmer im ersten Stock zu erreichen, die die Bombardements überstanden hatten. Das Treppenhaus war leider weggesprengt worden und hatte noch nicht wieder instand gesetzt werden können. Die Schule selbst war völlig überlastet; man unterrichtete in drei Schichten täglich. Erfreut, Mortenson wiederzusehen, lud Uzra die Amerikaner zum Tee zu sich nach Hause ein.

Uzra war Witwe. Ihr Mann, ein Mudschahed und Angehöriger von Massuds Truppen, war beim Kampf gegen die Sowjets gefallen. Die Lehrerin lebte wie eine Nonne auf dem Schulgelände in einem Schuppen, der nur aus einem Raum bestand. Während der Herrschaft der Taliban war sie in den Norden nach Taloqan geflohen und hatte nach dem Fall der Stadt einige Mädchen heimlich unterrichtet. Seit sie nun wieder zu Hause war, sprach sie sich öffentlich für Schulbildung für Mädchen aus. Uzra rollte den Sack hoch, der an dem einzigen Fenster als Rollladen diente, zog ihre bodenlange Burka aus und hängte sie an einen Haken über eines der wenigen Dinge, die sie besaß: eine ordentlich zusammengefaltete Wolldecke. Dann kauerte sie sich vor einen kleinen Propangaskocher, um Tee zu machen.

»In meinem Land würden sich die Frauen fragen, warum Sie noch eine Burka tragen, obwohl die Taliban fort sind«, sagte Julia Bergman.

»Ich bin ziemlich konservativ«, erwiderte Uzra. »Und sie steht mir. Außerdem fühle ich mich so sicherer. Ich bestehe sogar darauf, dass meine Lehrerinnen nur in der Burka auf den Basar gehen. Wir wollen niemandem Anlass bieten, uns am Unterrichten von Mädchen zu hindern.«

»Trotzdem würden die emanzipierten Frauen in Amerika wissen wollen, ob Sie sich denn nicht unterdrückt fühlen, wenn Sie alles nur durch diesen kleinen Schlitz sehen können«, hakte Julia Bergman nach.

Zum ersten Mal, seit Mortenson sie kannte, lächelte Uzra breit. Und da sie im Moment keine Burka trug, stellte er erstaunt fest, dass sie mit ihren fünfzig Jahren trotz der erlittenen Strapazen eine schöne Frau war. »Wir afghanischen Frauen sehen durch Bildung das Licht«, antwortete sie. »Nicht durch irgendein Loch in einem Stück Stoff.«

Als der grüne Tee fertig war, bediente Uzra ihre Gäste und entschuldigte sich, weil sie keinen Zucker im Haus hatte. »Ich muss Sie um einen Gefallen bitten«, meinte sie, nachdem alle getrunken hatten. »Wir sind den Amerikanern ja sehr dankbar dafür, dass sie die Taliban verjagt haben. Aber ich habe seit fünf Monaten kein Gehalt mehr bekommen, obwohl man es mir zugesichert hat. Könnten Sie vielleicht mit jemandem in Amerika darüber sprechen und herausfinden, woran das liegt?«

Nachdem Mortenson Uzra vierzig Dollar vom CAI sowie zwanzig Dollar für jeden ihrer neunzig Lehrer gegeben hatte, die ebenfalls noch auf ihr Gehalt warteten, begleitete er Julia Bergman zu einer Chartermaschine der UN, die sie nach Islamabad bringen würde. Anschließend versuchte er zu ermitteln, was aus den Lehrergehältern geworden war. Auf seiner dritten Odyssee durch die hallenden Flure des stark beschädigten Finanzministeriums begegnete er dem stellvertretenden afghanischen Finanzminister, der nur die Hände rang, als Mortenson ihn fragte, warum Uzra und ihr Kollegium nicht bezahlt würden.

»Er erklärte mir, dass weniger als ein Viertel der von Präsident Bush versprochenen Hilfsgelder tatsächlich in Afghanistan eingetroffen sei«, entsinnt sich Mortenson der Unterredung. »Außerdem seien sechshundertachtzig Millionen Dollar aus diesen völlig unzureichenden Mitteln umgeleitet worden, um für die allseits bald erwartete Invasion des Iraks Rollbahnen und Vorratslager in Bahrain, Kuwait und Qatar zu bauen.«

An Bord der Ariana 727 nach Dubai, der British Airways 777 nach London und der Delta Airlines 767 mit dem Ziel Washington fühlte sich Mortenson wie eine wärmegesteuerte Rakete, die mit Empörung als Treibstoff den Sitz der eigenen Regierung ansteuerte. »Die

Zeit, in der wir das Leid, das wir in Afghanistan mitverursacht hatten, in etwas Positives hätten umwandeln können, zerrann uns zwischen den Fingern. Vor lauter Wut lief ich in den Maschinen auf und ab, bis wir in Washington waren«, erinnert er sich. »Wenn wir nicht einmal die Kleinigkeit zustande brachten, einer heldenhaften Frau wie Uzra ihre vierzig Dollar monatlich zu bezahlen, wie sollten wir da jemals die schwierige Aufgabe schultern, den Kampf gegen den Terror zu gewinnen?«

Allerdings richtete sich Mortensons Zorn nicht gegen Mary Bono. Nach dem Tod ihres Mannes Sonny Bono, des ehemaligen Popstars und republikanischen Kongressabgeordneten aus Palm Springs, der bei einem Skiunfall ums Leben gekommen war, hatte der führende Republikaner und Sprecher des Repräsentantenhauses Newt Gingrich sie im Jahr 1998 gedrängt, für dessen Sitz zu kandidieren. Und wie ihr Mann wurde sie anfangs von ihren Gegnern nicht ernst genommen, bis sie sich als politisches Talent entpuppte. Als ehemalige Turnerin, Felskletterin und Fitnesstrainerin wirkte Mary Bono ganz und gar nicht wie ein typisches Mitglied der Republikaner, als sie mit siebenunddreißig Jahren in Washington eintraf, vor allem dann nicht, wenn die Abendkleider, die sie zu offiziellen Anlässen trug, ihre durchtrainierte Figur besonders gut zur Geltung brachten.

Bald galt Mary Bono, die ebenso intelligent wie schön war, jedoch als neue Hoffnung der republikanischen Partei. Als Mortenson ihr Büro am Capitol Hill betrat, war sie gerade mit überwältigendem Erfolg wiedergewählt worden und hatte sich den Respekt ihrer Kollegen aus beiden Lagern verdient. Selbstverständlich war ihr Aussehen im testosterongesteuerten Washington auch nicht unbedingt von Nachteil.

»Bei meiner Ankunft in Washington war ich völlig hilflos«, gesteht Mortenson. »Ich fühlte mich, als hätte man mich in einem entlegenen afghanischen Dorf abgesetzt, mit dessen Sitten und Gebräuchen ich nicht bekannt war. Mary opferte mir einen ganzen Tag und erklärte mir alles. Als sie mit mir auf dem Weg zu einer Abstimmung durch einen Tunnel ging, der ihr Büro mit dem Capitol verbindet, begegneten wir Dutzenden anderer Abgeordneter. Sie machte mich mit allen bekannt. Die Kongressabgeordneten erröteten in ihrer Gegenwart wie Schuljungen. Und ich auch, besonders wegen der Worte, mit denen sie mich vorstellte: ›Hier ist jemand, den Sie unbedingt kennenlernen müssen – Greg Mortenson, ein wahrer amerikanischer Held.‹«

Sie hatte im Kongress einen Konferenzraum reserviert, in dem Mortenson einen Vortrag halten sollte, und allen Kongressmitgliedern eine Nachricht zukommen lassen. Sie lud sie ein, »einen Amerikaner zu treffen, der in Pakistan und Afghanistan gegen den Terror kämpft, indem er Mädchenschulen baut«.

»Nachdem ich Gregs Vortrag gehört hatte, war es das Mindeste, was ich tun konnte«, erklärt sie. »Ich begegne tagtäglich so vielen Leuten, die behaupten, sich für wohltätige Zwecke zu engagieren und Menschen zu helfen. Aber Greg tut es wirklich und klopft nicht nur Sprüche. Ich bin sein größter Fan. Er und seine Familie haben unglaubliche Opfer gebracht. Er steht für das Positive in Amerika. Ich wollte mein Bestes geben, um dafür zu sorgen, dass seine Menschenliebe auf so viele Leute wie möglich abfärbt.«

Mortenson baute seinen alten, nur von erneuertem Isolierband zusammengehaltenen Diaprojektor auf und drehte sich zu den Kongressabgeordneten und ihren leitenden Mitarbeitern um, die sich im Raum drängten. Er trug seinen einzigen Anzug, ein braun kariertes Hemd und abgewetzte braune Wildledermokkassins. Zweihundert unbesetzte Stühle wären ihm lieber gewesen, doch dann dachte er an Uzras schlichte Frage, was wohl aus ihrem Gehalt geworden sei, den eigentlichen Grund für seine heutige Mission. Also legte er das erste Dia ein. Er führte Aufnahmen vor, die sowohl die karge Schönheit als auch die Armut Pakistans zeigten, und sprach mit wachsender Leidenschaft über Uzras ausstehendes Gehalt und die Pflicht der Amerikaner, ihr Versprechen einzulösen und Afghanistan wiederaufzubauen.

Ein republikanischer Abgeordneter aus Kalifornien fiel ihm herausfordernd ins Wort. »Schulen für Kinder zu bauen ist ja gut und schön«, lautete der Einwand des Politikers. »Aber unser Land braucht jetzt vor allem Sicherheit. Ohne Sicherheit sind alle anderen Fragen nebensächlich.«

Mortenson holte tief Luft, denn er spürte, wie die Wut, die er schon seit Kabul mit sich herumtrug, wieder in ihm hochkochte. »Mein Engagement hat nicht in erster Linie den Kampf gegen den Terror zum Ziel«, erwiderte er und wählte seine Worte mit Bedacht, denn er wollte schließlich nicht aus dem Capitol geworfen werden. »Ich tue es, weil mir die Kinder am Herzen liegen. Der Terrorismus steht auf meiner Liste etwa an siebter oder achter Stelle. Außerdem habe ich während meiner Arbeit vor Ort einige Dinge gelernt, zum Beispiel, dass Gewalt nicht dadurch entsteht, dass ein paar Leute irgendwo in Pakistan oder Afghanistan aus heiterem Himmel beschließen, uns zu hassen. Sie entwickelt sich, wenn man Kindern keine Zukunft in Aussicht stellt, wegen der es sich für sie lohnen würde, sich für das Leben und nicht für den Tod zu entscheiden.«

Ungewöhnlich redegewandt fuhr Mortenson fort, denn seine Schüchternheit war seit den Dingen, die er in Afghanistan gesehen hatte, wie weggeblasen. Er erzählte von den miserabel ausgestatteten öffentlichen Schulen in Pakistan, den wahhabitischen *madaris*, die überall wie Pilze aus dem Boden schossen, und den Milliarden Dollars, die die saudischen Scheichs kofferweise in das Gebiet schleppten, um diese Brutstätten des Dschihad zu finanzieren. Er redete sich immer mehr in Schwung; bis auf das hektische Kratzen mitschreibender Stifte war es still im Raum.

Nachdem er fertig war und einige Fragen beantwortet hatte, stellte sich ihm die für Gesetzgebungssachen zuständige Mitarbeiterin einer New Yorker Kongressabgeordneten vor, während er seine Dias zusammenpackte. »Ich muss mich wundern«, meinte sie. »Warum erfahren wir weder aus den Nachrichten noch in unseren Sitzungen von diesen Dingen? Sie sollten ein Buch schreiben.«

»Dazu fehlt mir die Zeit.«

»Dann sollten Sie sie sich nehmen«, beharrte die Kongressangestellte.

»Wenn Sie mir nicht glauben, fragen Sie meine Frau. Ich komme ja kaum zum Schlafen.«

Nach dem Vortrag schlenderte Mortenson ziellos die Mall in Richtung Potomac entlang und fragte sich, ob seine Botschaft wohl angekommen war. Touristengruppen spazierten gemächlich über die großen Rasenflächen zwischen dem kargen schwarzen V des Vietnam-Denkmals und dem weißen Marmorpalast, in dem die Statue eines nachdenklich dreinblickenden Abraham Lincoln darauf zu warten schien, dass die Zeit die neueste seinem Land zugefügte Wunde heilte.

Einige Monate später war Mortenson am anderen Ufer des Potomac im Pentagon eingeladen, und zwar von einem General der Marineinfanterie, der von seiner Arbeit gelesen und daraufhin tausend Dollar ans CAI gespendet hatte.

Der General führte ihn durch einen Flur mit gebohnertem Marmorfußboden ins Büro des Verteidigungsministers. »Am stärksten fiel mir auf, dass die Leute, die uns entgegenkamen, jeglichen Blickkontakt vermieden«, erinnert sich Mortenson. »Sie gingen sehr schnell. Die meisten hatten Laptops unter dem Arm und flitzten wie Raketen ihrer nächsten Aufgabe entgegen, ohne die Zeit zu haben, mich auch nur anzusehen. Ich weiß noch, wie ich dachte, dass ich doch auch einmal in der Army war. Aber das hier hatte nichts mit dem Militär zu tun, wie ich es kannte. Es war eine Laptop-Army.«

Zu Mortensons Erstaunen forderte man ihn im Büro des Verteidigungsministers nicht auf, sich zu setzen. Wenn man hingegen in Pakistan, und sei es noch so kurz, bei einem hohen Regierungsbeamten zu Gast war, wurden einem zumindest ein Platz und eine Tasse Tee angeboten. So stand Mortenson da wie bestellt und nicht abgeholt, fühlte sich in seinem Anzug ziemlich unwohl und wusste nicht, was er tun oder sagen sollte.

»Der Besuch dauerte nur etwa eine Minute. Ich wurde vorgestellt, und ich wünschte, mir wäre eine geistreiche Bemerkung eingefallen, mit der ich Donald Rumsfeld dazu gebracht hätte, das ganze Konzept des Kriegs gegen den Terror zu überdenken. Aber ich starrte eigentlich nur auf seine Schuhe. Obwohl ich mich mit solchen Dingen nicht sehr gut auskenne, bemerkte selbst ich, dass es sehr schicke Schuhe waren. Sie sahen teuer aus und waren blitzblank geputzt. Außerdem trug Rumsfeld einen eleganten grauen Anzug und benutzte offenbar ein Herrenparfüm. Obwohl ein entführtes Flugzeug ins Pentagon gestürzt war, schienen die Kämpfe, die Hitze und der Staub, die ich in Kabul erlebt hatte, für diese Menschen sehr weit weg zu sein.«

Wieder draußen auf dem ungastlichen Flur und auf dem Weg zu dem Raum, wo Mortenson zu einigen hochrangigen Militärstrategen sprechen sollte, fragte er sich, ob die Distanz zu den Vorgängen draußen in der Welt, die er hier im Pentagon empfand, sich wohl auch auf die in diesem Gebäude getroffenen Entscheidungen auswirkte. Würde er selbst vielleicht auch anders über den Krieg denken, wenn alles, was er mit eigenen Augen gesehen hatte – die vaterlosen Jungen mit den Kartoffelsäcken, die zerschmetterte Tafel der Schulmädchen und die Verwundeten, die sich mit von Landminen und Streubomben verstümmelten Gliedmaßen durch die Straßen Kabuls schleppten –, für ihn nur Statistiken auf dem Bildschirm eines Laptop gewesen wären?

In dem kleinen Vortragssaal, den überwiegend uniformierte Offiziere und einige wenige zivile Anzugträger zur Hälfte füllten, legte sich Mortenson bei seinen Worten keine Zurückhaltung auf: »Ich hatte den Eindruck, dass alles, was ich zu sagen hatte, sowieso zwecklos war. Ich würde nichts daran ändern können, wie die Regierung Bush beschlossen hatte, ihre Kriege zu führen. Und so nahm ich mir vor, wenigstens ordentlich vom Leder zu ziehen.«

»Ich habe den Krieg in Afghanistan zunächst befürwortet«, begann er, nachdem er sich vorgestellt hatte. »Ich hielt ihn für richtig, weil ich die Versprechen, wir würden für den Wiederaufbau des Landes sorgen, ernst genommen habe. Heute bin ich hier, weil ich weiß, dass ein militärischer Sieg nur der erste Schritt hin zum Sieg im Krieg gegen den Terror sein kann. Allerdings befürchte ich, dass wir nicht bereit sind, auch die nächsten Schritte zu unternehmen.«

Anschließend schilderte er die Stammestradition, mit der man in dieser Region Konflikten beizukommen versuchte: Die verfeindeten Parteien hielten eine *dschirga* ab, bevor sie in die Schlacht zogen, und erörterten, wie viele Verluste sie hinzunehmen bereit waren, denn die Sieger waren verpflichtet, sich der Witwen und Waisen der getöteten Gegner anzunehmen.

»Für die Menschen dort gehören Tod und Gewalt zum Alltag«, fuhr Mortenson fort. »Wenn man ihnen sagt: ›Wir bedauern den Tod Ihres Vaters, aber er ist als Märtyrer im Kampf für die Freiheit Afghanistans gestorben‹, und wenn man ihnen im Anschluss noch eine Entschädigung anbietet und das erbrachte Opfer würdigt, dann werden sie uns vermutlich selbst jetzt unterstützen. Aber wie wir uns derzeit verhalten, ist ausgesprochen fatal: Wir missachten die Opfer, bezeichnen sie als ›Kollateralschäden‹ und unternehmen nicht mal den Versuch, ihre Anzahl zu ermitteln. Wir tun so, als hätten diese Menschen nie existiert, und das ist die größte Beleidigung, die man einem Moslem antun kann. Das wird man uns nie verzeihen.«

Nachdem Mortenson eine Stunde lang gesprochen hatte und dabei noch einmal eindringlich vor den extremistischen *madaris* gewarnt hatte, die Legionen von Gotteskriegern hervorbrachten, beendete er seinen Vortrag mit einem Gedanken, der ihm beim Anblick eines von Marschflugkörpern völlig zerstörten Hauses in Kabuls »Straße der Gäste« gekommen war:

»Ich bin kein Militärexperte. Und es kann sein, dass die Zahlen nicht ganz stimmen. Aber soweit ich informiert bin, haben wir bis jetzt hundertvierzehn Marschflugkörper vom Typ Tomahawk auf Afghanistan abgefeuert. Die Kosten einer solchen mit einem Raytheon-Lenksystem ausgestatteten Rakete belaufen sich auf schätzungsweise achthundertvierzigtausend Dollar. Mit diesem Geld hätte man Dutzende Schulen bauen können, die im Laufe einer Generation Zehntausenden Schülern eine ausgewogene, nicht extremistische Erziehung bieten würden. Welche Alternative verhilft uns Ihrer Ansicht nach langfristig zu mehr Sicherheit?«

Nach dem Vortrag wurde Mortenson von einem bemerkenswert sportlichen Mann angesprochen, der trotz des gut geschnittenen Zivilanzugs deutlich als Offizier alter Schule zu erkennen war. »Könnten Sie uns alle wahhabitischen *madaris* auf einer Karte einzeichnen?«, fragte er.

»Nicht, wenn mir mein Leben lieb ist«, erwiderte Mortenson.

»Wäre es nicht möglich, neben jede dieser *madaris* eine Ihrer Schulen zu bauen?«

»Etwa so wie bei *Starbucks?* Um den Dschihadisten durch Konkurrenz das Wasser abzugraben?«

»Ich meine es ernst. Wir könnten Ihnen das Geld besorgen. Was halten Sie von 2,2 Millionen Dollar? Wie viele Schulen könnte man damit bauen?«

»Etwa hundert.«

»Geht es Ihnen nicht genau darum?«

»Die Menschen würden dahinterkommen, dass das Geld vom Militär stammt, und dann wäre ich weg vom Fenster.«

»Kein Problem. Wir könnten es als Privatspende eines Geschäftsmanns aus Hongkong tarnen.« Der Mann blätterte ein Notizbuch durch, das verschiedene Militärausgaben enthielt. Mortenson sah ausländische Namen, die er nicht kannte, und Zahlen, die die Ränder der Seiten füllten: fünfzehn Millionen Dollar, 4,7 Millionen Dollar, siebenundzwanzig Millionen Dollar. »Überlegen Sie es sich und rufen Sie mich an.« Der Mann notierte sich ein paar Zeilen und reichte Mortenson seine Visitenkarte. Dieser dachte wirklich gründlich darüber nach. Da ihm ständig vor Augen stand, wie viel Gutes sich mit hundert Schulen tun ließe, spielte er den Großteil des Jahres 2002 mit dem Gedanken, das Geld vom Militär anzunehmen, obwohl dem Realisten in ihm klar war, dass es nicht infrage kam. »Ich wusste, dass meine Glaubwürdigkeit in diesem Teil der Welt davon abhing, dass ich keine Verbindungen zur amerikanischen Regierung unterhielt«, erklärt er. »Insbesondere nicht zum Militär.«

Obwohl die gut besuchten Diavorträge in diesem Jahr viel Geld in die Kassen des CAI spülten, bestand weiterhin die Gefahr, dass der Alltagsbetrieb der Schulen in Pakistan und die neue Initiative für die Kinder in Afghanistan die Organisation finanziell überfordern würden, wenn Mortenson nicht sparsam mit den Mitteln umging. Als der Vorstand ihm anbot, sein Jahresgehalt von achtundzwanzig- auf fünfunddreißigtausend Dollar zu erhöhen, lehnte er deshalb ab. Zuerst musste das CAI finanziell auf sicheren Füßen stehen.

Das Jahr 2003 brach an, und jeden Morgen, wenn Mortenson sich an seinen Computer setzte, prasselten nun Nachrichten über Massenvernichtungswaffen und den bevorstehenden Krieg gegen den Irak auf ihn ein. Inzwischen war er wirklich erleichtert, die Gelder des Militärs abgelehnt zu haben.

In den angespannten Tagen nach dem 11. September hatte die ältere Spenderin Mortenson kurz vor ihrem Tod dazu ermutigt, sich öffentlich für den Frieden einzusetzen und sich in dieser nationalen Krise zu engagieren. Während seiner anschließenden Reisen kreuz und quer durch die von Terrorangst gebeutelte USA hatte Mortenson seine Schüchternheit überwunden und sein Engagement in zahlreichen Vorträgen dokumentiert. Aber als er nun seinen Seesack für seine siebendundzwanzigste Reise nach Pakistan packte und sich auf den herzzerreißenden Abschied von seiner Familie vorbereitete, bezweifelte er, ob ihm überhaupt jemand zugehört hatte.

»Unwissenheit ist der Feind«

Während die USA das Regime von Saddam Hussein im Irak angreifen, führt Greg Mortenson, 45, ganz im Stillen seinen eigenen Feldzug gegen den Islamismus, der seine Anhänger häufig in *madaris* genannten Religionsschulen rekrutiert. Mortenson geht dabei nach einem ganz einfachen Plan vor: Wenn man weltliche Schulen baut und die Verbreitung von Bildung – insbesondere für Mädchen – in dem gefährlichsten Krisengebiet der Welt sicherstellt, gräbt man den Taliban und anderen Extremisten irgendwann das Wasser ab.

Kevin Fedarko, Titelgeschichte in *Parade, 6. April 2003*

Hussein trat auf die Bremse; die Straße war zu Ende. Um auszusteigen, mussten seine Passagiere über die in Plastikfolie verpackte Kiste mit Dynamit klettern. Es war schon dunkel, als sie diese Stelle erreichten, wo die Staubstraße, die sie zehn Stunden lang hinaufgerumpelt waren, in einen von Felsbrocken gesäumten Fußweg überging – den Beginn des Pfades in den Hohen Karakorum. Für Mortenson, Hussein, Apo und Faisal Baig war die Ankunft in der letzten Ansiedlung vor dem Baltoro wie ein heimeliges Nachhausekommen. Doch Kevin Fedarko fühlte sich, als hätte man ihn irgendwo in der tiefsten Wildnis ausgesetzt.

Der frühere Redakteur der Zeitschrift *Outside* hatte seinen Bürojob aufgegeben, um von nun an draußen vor Ort zu berichten. Und nun befanden er und sein Fotograf Teru Kuwayama sich so weit draußen vor Ort, wie es überhaupt nur möglich war. »In jener Nacht war über dem Karakorum ein unglaublicher Sternenhimmel zu sehen – als leuchteten unzählige Lämpchen«, ruft Fedarko sich diesen kalten Septemberabend ins Gedächtnis. Dann lösten sich drei Sternschnuppen und schwebten hinunter, als wollten sie die Besucher von Korphe begrüßen.

»Der Dorfvorsteher und zwei seiner Freunde kamen auf einem Serpentinenweg den steilen Felshang herunter, der über uns aufragte«, fährt Fedarko fort. »Sie hatten chinesische Sturmlaternen bei sich und führten uns über eine Hängebrücke in die Dunkelheit hinauf. So etwas vergisst man nie. Es war, als hätte man ein mittelalterliches Dorf betreten. Die von Steinen durchsetzten, schlammigen Wege wurden nur von Öllampen beleuchtet.«

Fedarko war nach Pakistan gekommen, um einen Artikel zu schreiben, der schließlich unter dem Titel *Der Kälteste Krieg* in *Outside* erscheinen sollte. In den neunzehn Jahren, die die Kämpfe zwischen Indien und Pakistan nun schon andauerten, war es noch keinem Journalisten gelungen, von Stellungen auf beiden Seiten dieser Hochgebirgsfront zu berichten. Mit Mortensons Unterstützung sollte Fedarko der erste sein.

»Greg gab sich die größte Mühe, mir zu helfen«, hebt er hervor. »Er beschaffte mir Genehmigungen bei der pakistanischen Armee, stellte mich allen vor und organisierte für mich und Teru Hubschrauberflüge. Da ich in Pakistan niemanden kannte, wäre ich niemals allein zurechtgekommen. So eine Großzügigkeit wie bei Greg hatte ich als Journalist noch nie erlebt.«

Doch als Fedarko an jenem Abend ins Bett koch und sich wegen der Kälte in »schmutzige Wolldecken einwickelte, die nach toter Ziege stanken«, konnte er nicht ahnen, dass er bald die Gelegenheit erhalten würde, sich für Mortensons Einsatz mehr als zu revanchieren.

»Als ich am Morgen die Augen aufschlug«, erinnert er sich, »fühlte ich mich, als wäre ich mitten in ein Volksfest geraten.«

»Vor seinem Tod hatte Hadschi Ali ein kleines Haus neben seinem bauen lassen und mich gebeten, es als mein Zuhause in Baltistan zu betrachten«, erläutert Mortenson. »Twaha hatte alles höchstpersönlich mit bunten Stoffen geschmückt, Kissen und Decken auf dem Boden ausgebreitet und Fotos von meinen verschiedenen Besuchen in Korphe überall an die Wände gehängt. Das Haus war gleichzeitig zu einer Art Herrenklub und dem inoffiziellen Rathaus von Korphe geworden.«

Als Fedarko sich aufsetzte, um den angebotenen Tee entgegenzunehmen, begann gerade eine Ratssitzung. »Die Leute freuten sich so, Greg zu sehen, dass sie sich hereingeschlichen hatten, während wir schliefen«, erzählt der Journalist. »Sobald wir alle eine Tasse Tee in der Hand hatten, legten sie los und lachten, riefen und stritten wild durcheinander, als wären wir schon seit Stunden wach gewesen.«

»Wenn ich in Korphe oder in sonst einem Dorf arbeitete, verbrachte ich normalerweise einige Tage lang mit den Angehörigen des Rates«, erklärt Mortenson. »Es gab nämlich meistens viel zu besprechen. Ich musste mir von den Schulen berichten lassen und erfahren, ob Reparaturen nötig waren, ob die Schüler Lehrmittel brauchten und ob die Lehrer regelmäßig bezahlt wurden. Außerdem fehlte meist auch sonst noch alles Mögliche – eine weitere Nähmaschine für das Frauenzentrum, ein paar Meter Rohr, um eine Wasserleitung instand zu setzen, und so weiter und so fort. Nichts Ungewöhnliches also.«

An diesem Morgen jedoch geschah etwas, das ganz und gar nicht alltäglich und in dem hintersten Dorf im Braldu-Tal noch nie vorgefallen war: Eine hübsche, selbstbewusste junge Frau kam hereinmarschiert und trat in den Kreis der etwa dreißig Tee trinkenden Männer, die im Schneidersitz auf Kissen hockten. Kühn ging Dschahan auf den Mann zu, dem Korphe seine Schule verdankte, nahm vor Mortenson Platz und unterbrach damit die angeregten Debatten der Dorfältesten.

»Dr. Greg«, begann sie auf Balti und mit fester Stimme, »du hast unserem Dorf einmal etwas versprochen und es mit dem Bau der Schule wahr werden lassen. Aber am Tag der Eröffnung hast du mir noch eine andere Zusage gemacht. Erinnerst du dich?«

Mortenson lächelte. Bei seinen Besuchen in den Schulen des CAI nahm er sich stets die Zeit, die Schüler, insbesondere die Mädchen, von sich selbst und ihren Zukunftsplänen erzählen zu lassen. Anfangs hatten die Dorfältesten nur den Kopf darüber geschüttelt, dass ein erwachsener Mann seine Zeit damit vergeudete, etwas über die Träume und Hoffnungen von Mädchen erfahren zu wollen. Doch nach einer Weile fanden sie sich mit dieser, aus ihrer Sicht, Schrulle Mortensons ab und warteten geduldig, bis er jedem Schüler die Hand geschüttelt und ihn gefragt hatte, was er denn einmal werden wolle. Dann versprach er stets, den Betroffenen darin zu unterstützen, falls er in der Schule fleißig sei. Dschahan gehörte zu den besten Schülerinnen in Korphe und hatte oft mit Mortenson über ihre beruflichen Zukunftspläne gesprochen.

»Ich habe dir gesagt, ich will einmal Ärztin werden, und du hast mir zugesichert, du würdest mir dabei helfen«, fuhr sie fort, ohne sich um die anwesenden Männer zu kümmern. »Dieser Tag ist jetzt gekommen. Du musst dein Versprechen wahr machen. Ich bin so weit, meine medizinische Ausbildung beginnen zu können, aber dazu brauche ich zwanzigtausend Rupien.«

Dschahan entfaltete ein Blatt Papier, auf dem sie in sorgfältigem Englisch ihr Bittgesuch formuliert und den Lehrgang *Gesundheitsfürsorge für Frauen vor und nach der Entbindung* detailliert beschrieben hatte, den sie in Skardu besuchen wollte. Auch die Studiengebühren sowie die Kosten für Arbeitsmaterialien waren fein säuberlich aufgelistet. Mortenson war beeindruckt.

»Sehr schön, Dschahan«, erwiderte er. »Ich werde es lesen, wenn ich Zeit dazu habe, und mit deinem Vater darüber sprechen.«

»Nein!«, rief sie auf Englisch aus und wechselte dann wieder zu Balti, weil sie sich in dieser Sprache besser ausdrücken konnte. »Du verstehst nicht ganz. Der Lehrgang fängt nächste Woche an. Ich brauche das Geld jetzt!«

Der Mut des Mädchens brachte Mortenson zum Schmunzeln. Offenbar hatte diese frischgebackene Absolventin des ersten Jahrgangs seiner ersten Schule die Lektion gelernt, die er letztlich allen Schülerinnen vermitteln wollte – sich gegen die Männer zu behaupten. Er bat Apo um den Beutel mit dem CAI-Geld, das der alte Koch ausgerechnet in einem rosafarbenen Kinderrucksack mit sich herumschleppte, und zählte zwanzigtausend Rupien ab, etwa vierhundert Dollar, die er Twaha übergab, damit dieser das Studiengeld für seine Tochter bezahlen konnte.

»So etwas Unglaubliches hatte ich noch nie erlebt«, staunt Fedarko noch heute. »Ein junges Mädchen in einem vom konservativen Islam regierten Dorf platzte mir nichts, dir nichts in eine Männerrunde und räumte mit einem Schlag gewaltig mit althergebrachten Traditionen auf: Sie hatte einen Schulabschluss in der Tasche und war somit in einem Tal mit dreitausend Einwohnern die erste gebildete Frau. Sie ließ es an der vorgeschriebenen Demut fehlen, setzte sich einfach vor Greg hin und präsentierte ihm das Ergebnis der revolutionären Kenntnisse, die sie sich angeeignet hatte – einen Antrag auf Englisch, der ihr helfen sollte, es im eigenen Leben zu etwas zu bringen und die Lebensumstände in ihrem Dorf zu verbessern. In diesem Moment ging mir zum ersten Mal in meinen sechzehn Jahren als Journalist die Objektivität verloren. ›Was Sie hier tun, ist viel wichtiger als die Ereignisse, über die ich eigentlich berichten wollte. Ich muss einen Weg finden, diese Geschichte zu erzählen‹, meinte ich zu Greg.«

Später in diesem Herbst machte Fedarko nach einem zweimonatigen Aufenthalt bei den pakistanischen und indischen Truppen auf seinem Heimweg in New York Station, um sich von der dünnen Höhenluft zu erholen. Er aß mit seinem alten Freund Lamar Graham, dem stellvertretenden Chefredakteur des Magazins *Parade*, zu Mittag. »Als Lamar sich nach meiner Kriegsgeschichte erkundigte, sprudelte aus mir alles heraus, was ich während meiner Zeit mit Greg erlebt hatte«, erinnert sich Fedarko.

»So etwas hatte ich noch nie gehört«, sagt Graham. »Ich antwortete Kevin, wenn nur die Hälfte davon stimme, müssten wir in *Parade* darüber berichten.«

Am nächsten Tag klingelte in Mortensons Kellerbüro das Telefon. »Mann, gibt es so jemanden wie Sie wirklich?«, erkundigte sich Graham. »Haben Sie wirklich all das geschafft, was Kevin mir geschildert hat? In Pakistan? Ganz allein? Denn wenn das so ist, sind Sie für mich ein Held.«

Mortenson ist ein Mensch, der mit Lob nicht gut umgehen kann, und auch diesmal war es nicht anders. »Tja, irgendwie habe ich es eben hingekriegt«, antwortete er verlegen und spürte, wie er errötete. »Aber ich hatte viel Hilfe.«

Am Sonntag, dem 6. April, sammelten sich amerikanische Bodentruppen am Stadtrand von Bagdad und kämpften sich in Stellungen, aus denen heraus der entscheidende Sturm auf Saddam Husseins Hauptstadt durchgeführt werden sollte. Am selben Tag lagen vierunddreißig Millionen Ausgaben eines Magazins mit Mortensons Foto auf der Titelseite den überregionalen Zeitungen bei. *Er bekämpft den Terror mit Büchern*, lautete die Schlagzeile.

Noch nie zuvor hatte Mortenson in einer derart wichtigen Phase so viele Menschen erreichen können. Die Botschaft, die er seit dem Morgen, an dem man ihn in Zuudkhan wach gerüttelt hatte, um ihm die Nachricht aus New York zu melden, unbedingt unter das Volk bringen wollte, war endlich angekommen. Fedarkos Artikel begann mit Dschahans Auftritt vor der Männerunde in Korphe und spannte dann den Bogen von Mortensons Engagement am anderen Ende der Welt zur Sicherheit der Menschen in den Vereinigten Staaten. »Wenn wir versuchen, den Terrorismus ausschließlich mit militärischen Mitteln zu besiegen«, erklärte Mortenson den Lesern von *Parade*, »wird es um unsere Sicherheitslage auch weiterhin nicht besser bestellt sein als vor dem 11. September. Nur wenn wir verstehen, dass man diesen Krieg letztlich mit Büchern, nicht mit Bomben, gewinnen muss, werden wir unseren Kindern ein friedliches Erbe hinterlassen.«

Mortensons Äußerung traf einen Nerv in dieser tief gespaltenen Nation, die sich nicht auf einen Weg zur Bekämpfung des Terrors einigen konnte. Aus allen fünfzig Bundesstaaten und zwanzig weiteren Ländern trafen mehr als achtzehntausend Briefe und E-Mails ein.

»Der Artikel über Greg löste so heftige Leserreaktionen aus, wie man sie in vierundsechzig Jahren bei *Parade* noch nie erlebt hatte«, berichtet Chefredakteur Lee Kravitz. »Vermutlich haben die Menschen verstanden, dass er ein wahrer amerikanischer Held ist. Greg Mortenson bekämpft den Terror auf seine persönliche Weise, was seine Wirkung auf uns nicht verfehlt. Seine Waffen sind nicht Gewehre und Bomben, sondern Schulen. Eine schönere Geschichte kann man sich gar nicht vorstellen.«

Die amerikanischen Leser sahen das genauso. Noch Wochen nach Erscheinen des Artikels schwoll die Lawine von E-Mails, Briefen und Anrufen der Befürworter tagtäglich immer mehr an und drohte die aus einem kleinen Kellerbüro in Montana betriebene Hilfsorganisation unter sich zu begraben.

Mortenson wandte sich an die pragmatische Anne Beyersdorfer, eine Freundin der Familie und liberale Demokratin, die später Medienberaterin in Arnold Schwarzeneggers erfolgreichem Wahlkampf um den Posten des kalifornischen Gouverneurs werden sollte. Sofort flog sie aus Washington ein, um die Dinge in Mortensons Keller in den Griff zu bekommen. Sie beauftragte ein Callcenter mit der Bearbeitung der Anrufe und erhöhte die Speicherkapazität der Webseite des Central Asia Institute, die kurz davorstand, unter der Datenflut zusammenzubrechen.

Am Dienstag nach der Veröffentlichung des Berichts fuhr Mortenson los, um die Post des CAI aus dem Postfach 7209 zu nehmen. Achtzig Briefe waren eingetroffen. Als er am Donnerstag wieder die Post holen kam, fand er am Fach einen Zettel vor, er solle sich am Schalter melden. »Sie sind also Greg Mortenson«, brummte der Schalterbeamte. »Hoffentlich haben Sie eine Schubkarre dabei.« Mortenson packte die fünf Postsäcke in seinen Wagen und kehrte am nächsten Tag zurück, um vier weitere einzusammeln. In den nächsten drei Monaten wurden die Mitarbeiter der Post in Bozeman von den Briefen der *Parade*-Leser mächtig auf Trab gehalten.

Während die Bilder der umgestürzten Statue von Saddam Hussein um die Welt gingen, musste Mortenson sich der Realität stellen, dass sich sein Dasein für immer verändert hatte. Da er so viel Unterstützung erhielt, hatte er keine andere Wahl, als sich mit seiner neuen Rolle als Person des öffentlichen Lebens abzufinden. »Ich fühlte mich, als hätte ganz Amerika, als hätte mein eigener Stamm zu mir gesprochen«, erinnert er sich. »Und am erstaunlichsten war, dass sich unter allen Schreiben nur ein einziger Brief mit Beschimpfungen befand.«

Die überwältigenden positiven Reaktionen heilten die Wunden, die die Morddrohungen nach dem 11. September bei ihm hinterlassen hatten. »Am meisten beeindruckte mich, dass sich Menschen aus allen Religionsgemeinschaften und Gesellschaftsschichten an mich wandten – Kirchengruppen, Moslems, Hindus und Juden. Ich bekam aufmunternde Briefe von einer Lesbeninitiative, einer baptistischen Jugendgruppe, einem General der Luftwaffe und von so vielen anderen Leuten, wie man es sich kaum vorstellen kann.«

Der dreizehnjährige Jale Greenberg, der in einem Vorort von Philadelphia wohnte, war so begeistert von Mortensons Engagement, dass er dem CAI mehr als tausend Dollar von dem Geld spendete, das er zum Bar-Mizwa geschenkt bekommen hatte. Außerdem erbot er sich, selbst nach Pakistan zu kommen, um mitzuarbeiten: »Als ich Gregs Geschichte las, wurde mir klar, dass die muslimischen Kinder viel weniger Bildungschancen haben als ich. Es spielt keine Rolle, dass ich Jude bin, solange ich Moslems mit Geld helfen kann. Wir müssen alle an einem Strang ziehen, wenn der Same des Friedens aufgehen soll.«

Eine Frau, die sich nur als Sufiya vorstellte, hinterließ die folgende Nachricht auf der Webseite des CAI: »Als in den USA geborene Muslima werde ich im Gegensatz zu meinen Schwestern auf der ganzen Welt, die Unterdrückung erleiden müssen, mit göttlichen Segnungen überhäuft. Die arabischen Länder sollten sich ansehen, was Sie Großes geleistet haben, und sich schämen, weil sie nichts für ihr eigenes Volk tun. Ich achte und bewundere Sie sehr und danke Ihnen.«

Unzählige Briefe amerikanischer Soldatinnen und Soldaten trafen ein, die Mortenson als Kämpfer gegen den Terrorismus an vorderster Front in ihren Reihen willkommen hießen. »Als Captain der U.S. Army und Veteran des Afghanistan-Krieges bei der Zweiundachtzigsten Luftlandedivision hatte ich die einzigartige Gelegenheit, nahe Einblicke in das Leben im ländlichen Zentralasien zu gewinnen«, schrieb Jason B. Nicholson aus North Carolina. »Der Krieg in Afghanistan war und ist blutig und zerstörerisch. Das Schlimmste daran ist, dass diejenigen, die es am wenigsten verdient haben – unschuldige Zivilisten, die nur ihr Auskommen haben und mit ihren Familien anständig leben wollen –, am schwersten betroffen sind. Die

Projekte des CAI sind eine ausgezeichnete Alternative zu der Schulbildung, wie sie die fundamentalistischen *madaris* vermitteln. Hier haben die Taliban und ihr sogenannter fundamentalistischer Islam ihre Wurzeln. Was könnte uns allen besser zu einer Zukunft in Frieden verhelfen als Bildung? Ab jetzt ist das Central Asia Institute die Hilfsorganisation, die auf meine Spenden zählen kann.«

Tausende sahen es ähnlich. Zu dem Zeitpunkt, als sich die amerikanischen Truppen auf eine lange Präsenz im Irak eingerichtet hatten und Anne Beyersdorfer nach Hause zurückgekehrt war, gehörte die Finanzkrise des CAI endlich der Vergangenheit an. Nachdem die Organisation eine schiere Ewigkeit am Rande des Bankrotts gestanden hatte, wies das Bankkonto nun einen Stand von über einer Million Dollar auf.

»Seit so langer Zeit hatte das CAI nicht mehr derart viel Geld zur Verfügung gehabt. Am liebsten wäre ich sofort losgezogen, um alles in neue Projekte zu stecken«, meint Mortenson. »Aber der Vorstand drängte mich, endlich die schon seit Jahren besprochenen Veränderungen vorzunehmen, und ich stimmte zu, dass der Zeitpunkt reif dafür war.«

Eine Straße von der Main Street entfernt, mietete er in Bozeman für sechshundert Dollar pro Monat ein kleines holzgetäfeltes Büro in einem gesichtslosen Gebäude an und stellte vier Mitarbeiter ein, die seine Vortragstermine vereinbaren, einen Infobrief herausbringen, die Webseite pflegen und die wachsende Spender-Datenbank des CAI verwalten sollten. Da der Vorstand darauf beharrte, nahm Mortenson, der zu lange von der Hand in den Mund gelebt hatte, auch die überfällige Gehaltserhöhung an, was sein Einkommen beinahe verdoppelte.

Tara freute sich, dass das Gehalt ihres Mannes nun endlich einen Ausgleich für die Ungemach darstellte, der ihre Familie im letzten Jahrzehnt ausgesetzt gewesen war. Allerdings war sie alles andere als glücklich darüber, dass Mortenson nun wieder öfter verreisen würde, denn das Geld von *Parade* hatte neue ehrgeizige Projekte möglich gemacht.

»Nach Gregs Entführung und dem 11. September sparte ich mir die

Mühe, ihm eine Rückkehr in dieses Land ausreden zu wollen, denn ich wusste, dass er ohnehin nicht auf mich hören würde«, bekennt sie offen. »Also eignete ich mir während seiner Abwesenheiten eine Methode an, die ich als ›funktionales Verdrängen‹ bezeichne. Ich rede mir einfach ein, dass ihm schon nichts passieren wird. Außerdem vertraue ich den Leuten, mit denen er sich umgibt, sowie seiner Erfahrung mit ihrer Kultur, denn schließlich war er schon oft genug dort. Dennoch weiß ich, dass ein einziger durchgedrehter Fundamentalist genügt, um ihn umzubringen. Aber ich weigere mich, daran zu denken, wenn er unterwegs ist«, fügt sie mit einem gezwungenen Auflachen hinzu.

Suleman war in Pakistan der Erste, der die gute Nachricht erhielt. Auf der Fahrt vom Flughafen erzählte Mortenson seinem Freund und Unterhändler von dem überwältigenden positiven Echo in Amerika. Da seine Mitarbeiter in Pakistan sich nun schon jahrelang für ihn abplagten, ohne die Vorteile zu genießen, die sich für gewöhnlich aus dem Kontakt mit Ausländern ergaben, war er fest entschlossen, ihnen auch etwas von dem Geldsegen des CAI abzugeben.

Also teilte er Suleman mit, sein Gehalt werde ab sofort von achthundert auf sechzehnhundert Dollar jährlich steigen. Nun besaß Suleman mehr als genug Geld, um den Traum, für den er schon so lange sparte, endlich wahr werden zu lassen: Er wollte seine Familie aus seinem Heimatdorf nach Rawalpindi nachholen und seinen Sohn auf eine Privatschule schicken. Kurz wandte Suleman den Blick vom Straßenverkehr ab, sah Mortenson an und schüttelte in freudigem Erstaunen den Kopf.

In den Jahren ihrer Zusammenarbeit hatten die beiden Männer ziemlich stark zugenommen, und Sulemans Haar war reichlich grau geworden. Doch anders als Mortenson beschloss der Pakistaner, der nun die Taschen voller Geld hatte, dem Alter die Stirn zu bieten.

Er steuerte ein elegantes Einkaufszentrum an, marschierte in einen Frisiersalon und ließ sich die teuerste und extravaganteste Behandlung auf der Preisliste verabreichen. Als er zwei Stunden später wieder herauskam und Mortenson in dessen Lieblingsbuchladen antraf, wo der Amerikaner inzwischen gestöbert hatte, leuchtete sein dichter, vormals grau melierter Haarschopf in einem grellen Orange. Suleman grinste übers ganze Gesicht.

Im *Indus* in Skardu berief Mortenson in dem im oberen Stockwerk gelegenen Speiseraum eine *dschirga* ein, um auch hier die gute Nachricht weiterzugeben. Er versammelte seine Getreuen um zwei Tische und kündigte an, dass die Gehälter von Apo, Hussein und Faisal Baig nach jahrelanger Unterbezahlung von fünfhundert auf tausend Dollar verdoppelt werden sollten. Parvi, der als Leiter des CAI in Pakistan bereits zweitausend Dollar Jahresgehalt bezog, würde nun viertausend bekommen – angesichts der Verhältnisse in Skardu fürstliche Bezüge für den Mann, der die Projekte des CAI in Pakistan erst ermöglicht hatte.

Hussein erhielt zusätzlich fünfhundert Dollar, um den Motor des altersschwachen Land Cruiser, der inzwischen viele Kilometer auf dem Tacho hatte, überholen zu lassen. Da nun genügend Geld zur Verfügung stand, schlug Parvi die Anmietung eines Lagerhauses in Skardu vor, damit man Zement und weitere Baumaterialien zu Großhandelspreisen kaufen und aufbewahren konnte, bis sie benötigt wurden.

Seit dem Tag vor sechs Jahren, als er mit seinen Mitarbeitern an einem der Holztische unten im Hotelfoyer Pläne geschmiedet hatte, war Mortenson nicht mehr so von Tatendrang erfüllt gewesen. Er wollte das Geld der *Parade*-Leser so schnell wie möglich für den Bau neuer Schulen ausgeben. Bevor er zu einer Reihe von Fahrten mit dem Land Cruiser und Flügen mit dem Helikopter aufbrach, um zwei Dutzend weitere Schulen, Frauenzentren und Bewässerungsprojekte aus dem Boden zu stampfen, sprach er einen weiteren Plan an. »Schon seit einiger Zeit überlege ich mir, was aus unseren Schülern werden soll, nachdem sie ihren Abschluss in der Tasche haben«, meinte er. »Herr Parvi, könnten Sie sich erkundigen, was es kosten würde, ein Wohnheim in Skardu zu bauen, damit unsere besten Schüler eine Unterkunft haben, wenn sie mit einem Stipendium von uns ein Studium beginnen wollen?«

»Mit Vergnügen, Dr. *Sahib*«, erwiderte Parvi lächelnd, denn nun hatte er endlich Gelegenheit, ein Vorhaben umzusetzen, das ihm schon lange ein besonderes Anliegen war.

»Ach, und da wäre noch etwas«, meinte Mortenson.

»Ja, Dr. Greg, Sir?«

»Yasmine wäre eine ausgezeichnete Kandidatin für eines der ersten CAI-Stipendien. Sind Sie so gut und sagen mir, wie hoch das Schulgeld sein wird, wenn sie im Herbst eine private Oberschule besuchen möchte?«

Die fünfzehnjährige Yasmine war Parvis Tochter und eine Einserschülerin, die offenbar die hohe Intelligenz ihres Vaters geerbt hatte. Vermutlich war sie auch der Grund, warum er sich so hingebungsvoll für den Schulbesuch von Mädchen engagierte.

»Also?«

Ghulam Parvi, eigentlich der sprachgewaltigste Mann in Skardu, brachte keinen Ton mehr heraus, was selten vorkam, und vor Erstaunen blieb ihm der Mund offen stehen. »Ich weiß nicht, was ich dazu sagen soll«, stammelte er schließlich.

»Allah ist groß!«, rief Apo aus und riss in einer theatralischen Geste die Hände hoch, während die übrigen Anwesenden am Tisch in Gelächter ausbrachen. »Wie lange ...«, stieß er, immer wieder von Lachsalven unterbrochen, hervor, »... habe ich ... auf diesen Tag gewartet!«

Im Sommer 2003 arbeitete Mortenson wie ein Besessener. Der instand gesetzte Motor des Land Cruiser wurde auf eine harte Probe gestellt, als der Amerikaner und seine von neuer Kraft beseelten Mitstreiter jede der neuen Baustellen besichtigten, die das Geld von *Parade* möglich gemacht hatte. Sie beseitigten Hindernisse und lieferten Materialien aus. Mit neun neuen Schulen im nördlichen Pakistan ging es reibungslos voran, doch bei einem bereits etablierten Projekt, der Schule in Halde, die das Dorf dem alten Mouzafer verdankte, war Stillstand eingetreten, wie Mortenson erfuhr. Der Betrieb der Schule mit den fünf Zimmern war so erfolgreich gewesen, dass man ihre Verwaltung an die inzwischen ein wenig besser organisierte Bezirksregierung übertragen hatte.

Yakub, der Mortensons Bergkameraden Scott Darsney 1993 wohlbehalten vom Baltoro geführt hatte, war der Verursacher der Krise. Der alte Träger, dessen Tage auf den Gipfeln wie bei seinem Nachbarn Mouzafer vorbei waren, wollte unbedingt zum *chokidar*, zum Pförtner, der Schule ernannt werden. Also hatte er sich bei der Regierung um diesen Posten beworben. Und weil er keine Antwort erhalten hatte, hatte er einfach die Schultür mit einer Kette versperrt und forderte nun ein Gehalt.

Einen Tag nachdem die Nachricht bei Mortenson in Skardu eingetroffen war, kam dieser, staubig und erschöpft nach der achtstündigen Fahrt, in seinem Land Cruiser in Halde an. Da fiel ihm plötzlich etwas ein, und mit einem Grinsen griff er unter den Sitz von Fahrer Hussein.

Unsicher stand Yakub vor der mit einer Kette und einem Vorhängeschloss gesicherten Schultür, während sich eine Anzahl Dorfbewohner davor versammelte. Mortenson klopfte Yakub mit der rechten Hand lächelnd auf die Schulter und hielt die beiden Dynamitstangen in seiner Linken hoch.

Die beiden plauderten eine Weile höflich über gemeinsame Freunde und Familienmitglieder, bis Yakub mit zitternder Stimme die unvermeidliche Frage stellte: »Wofür ist das, Dr. Greg, *Sahib*, Sir?«

Immer noch lächelnd reichte Mortenson ihm die beiden Dynamitstangen. Vielleicht würde ja der Sprengstoff das Hindernis aus dem Weg räumen, das störender war als Felsen, die die Straße blockierten. »Ich möchte, dass du sie an dich nimmst«, erwiderte Mortenson und drückte Yakub die Dynamitstangen in die bebende Hand. »Ich fahre jetzt nach Khanday, um dort nach einer anderen Schule zu sehen. Wenn ich morgen wiederkomme, bringe ich Streichhölzer mit. Falls die Schule bis dahin nicht geöffnet ist, damit die Schüler den Unterricht besuchen können, gehen wir zur Moschee und rufen das ganze Dorf hier zusammen, damit die Leute sehen können, wie du sie in die Luft sprengst.«

Mortenson ließ den zitternden Yakub mit den Dynamitstangen stehen und ging zu seinem Jeep zurück. »Die Entscheidung liegt ganz bei dir!«, rief er beim Einsteigen über seine Schulter. »Bis morgen. *Khuda hafiz!*«

Am folgenden Nachmittag kehrte Mortenson zurück und verteilte neue Stifte und Hefte an die Schüler von Halde, die wieder fröhlich an ihren Pulten saßen. Sein alter Freund Mouzafer war noch nicht zu gebrechlich, um im Hinblick auf die Schule, an der er mitgebaut hatte, seinen Willen durchzusetzen. Von Apo erfuhr Mortenson, dass Mouzafer, dessen zwei Enkel die Schule besuchten, Yakub nach seiner Abfahrt ebenfalls ein Ultimatum gestellt hatte. »Hol den Schlüssel und sperr die Schule auf! Oder ich binde dich persönlich an einen Baum und sprenge dich mit Dr. Gregs Dynamit in die Luft!«, hatte er ihm gedroht. Später hörte Mortenson, der Dorfrat von Halde habe Yakub als Strafe dazu verdonnert, jeden Morgen ohne Bezahlung das Schulhaus zu fegen.

Allerdings ließ sich nicht jedes Problem, das sich für die Schulen im nördlichen Pakistan auftat, so leicht lösen. Am liebsten hätte Mortenson auch Agha Mubarek ein paar Dynamitstangen überreicht, doch er hielt sich, so schwer es ihm auch fiel, an Parvis Rat, den Prozess am Scharia-Gericht wegen der Zerstörung der Schule von Hemasil nur aus der Ferne zu verfolgen.

Abgesehen von der Schule in Korphe lag Mortenson kein CAI-Projekt in Pakistan so am Herzen wie das in Hemasil. Im Jahr 1998 war Ned Gillette, ein amerikanischer Kletterer und ehemaliger Olympiateilnehmer im Skilaufen, den Mortenson sehr bewunderte, auf einer Trekkingtour mit seiner Frau Susan im Haramosh-Tal zwischen Hemasil und Hunza ums Leben gekommen. Obwohl die pakistanischen Behörden sich bis heute über die Hintergründe ausschweigen, hat Mortenson nach Gesprächen mit hiesigen Dorfbewohnern seine eigene Theorie entwickelt: Vermutlich wurden Gillette und seine Frau von Trägern angesprochen, die darauf bestanden, von ihnen angeheuert zu werden. Allerdings waren die Gillettes nach Art der Alpinisten nur mit zwei leichten Rucksäcken unterwegs, und Ned lehnte ab – vermutlich ein wenig zu barsch für den Geschmack der Träger. Spätnachts, als das Paar in seinem Zelt schlief, kehrten die beiden Männer mit einem Gewehr zurück.

»Wahrscheinlich wollten sie sie nur ausrauben«, meint Mortenson. »Ihnen etwas wegnehmen, um ihre verletzte Ehre wiederherzustellen. Doch offenbar ist die Sache leider eskaliert.« Ned wurde durch einen Schuss in den Unterleib getötet, Susan erlitt schwere Schrotverletzungen am Oberschenkel, überlebte jedoch.

»Soweit ich weiß«, sagt Mortenson, »ist Ned Gillette der erste Westler, der je im nördlichen Pakistan ermordet wurde. Als seine Schwester mich anrief und Geld spenden wollte, um im Andenken an ihren Bruder eine Schule zu bauen, war ich sofort Feuer und Flamme, denn ich konnte mir keinen passenderen Ehrerweis vorstellen.«

Allerdings befand sich die Stelle, die die Ältesten des Shigar-Tals für die Ned-Gillette-Schule aussuchten, nicht nur unweit des Passes, wo er ermordet worden war, sondern auch ganz in der Nähe von Chutran, dem Dorf von Mullah Agha Mubarek.

»Nachdem wir die Mauern hochgezogen hatten und die Männer des Dorfes mit dem Dachstuhl beginnen wollten, erschienen Mubarek und seine Gefolgsleute, um das Projekt zu verhindern«, berichtet Mehdi Ali, der für den Bau der Schule von Hemasil zuständige Dorfälteste. Er war ein leidenschaftlicher Verfechter der Schulbildung, dessen Vater, Scheich Mohammed, nach der ersten Fatwa gegen Mortenson schriftlich um eine Entscheidung aus dem Iran ersucht hatte. »›Diese *kafir*-Schule ist schlecht‹, behauptete Mubarek. ›Es ist eine Schule gegen Muslime, die Christen aus unseren Kindern machen soll.‹ ›Ich kenne Mr Greg Mortenson schon sehr lange. Er würde nie so etwas tun‹, entgegnete ich. Aber Mubarek wollte nicht hören. Und so kamen seine Männer nach Mitternacht mit ihren Hämmern und versuchten, die Zukunft unserer Kinder zu zerstören.«

Das ganze Frühjahr und über den Sommer hinweg hatten Mehdi und Parvi dem hohen Scharia-Gerichtshof Leumundszeugen für Mortenson vorgeführt und auch selbst ausgesagt. »Ich habe dem obersten Mullah erklärt, dass Agha Mubarek meinen Leuten das Geld abnimmt und keine der vom Islam geforderten Almosen für unsere Kinder übrig hat«, fährt Mehdi Ali fort. »Außerdem habe ich dem Gericht mitgeteilt, Mubarek habe nicht das Recht, eine Fatwa gegen einen anständigen Mann wie Dr. Greg zu verhängen. Dieser Kerl sei es, der sich vor Allah, dem Allmächtigen, verantworten solle.«

Als im August 2003 das Urteil gesprochen wurde, stellte sich das Gericht eindeutig auf die Seite von Mehdi Ali und Mortenson. Die Richter bezeichneten Agha Mubareks Fatwa als unberechtigt und verurteilten ihn dazu, die achthundert Mauersteine zu ersetzen, die seine Männer zertrümmert hatten.

»Das Urteil beschämte mich sehr«, gesteht Mortenson. »Ein islamisches Gericht im konservativen schiitischen Pakistan schützte einen Amerikaner, und das in einer Zeit, als die USA unter Berufung auf unser sogenanntes Rechtssystem Muslime jahrelang ohne Anklage in Guantanamo auf Kuba festhielten.«

Nachdem Mortenson sich ein Jahrzehnt abgemüht hatte, hatte er endlich den Eindruck, dass in Pakistan alle Teeblätter in seine Richtung wirbelten. Als Mohammed Farid Khan in jenem Sommer zum neuen Minister für die Nordprovinzen ernannt wurde, gewann Mortenson einen einflussreichen neuen Verbündeten. Khan, ein Wasir, hatte sich mit der für sein Volk typischen Vehemenz den Krieg gegen die Armut im nördlichen Pakistan auf die Fahne geschrieben.

Bei einer Besprechung in seinem Zentralbüro in Gilgit, einer im Kolonialstil gehaltenen britischen Villa aus dem neunzehnten Jahrhundert, ließ er Tee, Forelle und Gurkensandwiches servieren. Dann fragte er Mortenson um Rat, wie er das Geld, das Musharrafs Regierung nun endlich aus Islamabad in den Norden schickte, am besten ausgeben solle. Um zu unterstreichen, dass er Schulbildung für Mädchen befürwortete, versprach er, Mortenson zur Ned-Gillette-Schule zu begleiten und persönlich die Einweihungsrede zu halten, nachdem seine Polizisten den Wiederaufbau sichergestellt hatten.

Ein weiterer mächtiger Freund war Brigadegeneral Banghu, der ehemalige persönliche Helikopterpilot von Präsident Musharraf, der seit seinem Abschied vom Militär für General Baschirs zivile Fluggesellschaft tätig war. Er hatte ebenfalls einen Weg gefunden, Mortensons Arbeit zu unterstützen: Im Sommer 2003 erbot er sich regelmäßig, den Amerikaner in seiner alten Alouette kostenlos zu weiter entfernten Zielen zu fliegen.

Der General trug noch immer Fliegeruniform. Nur die Kampfstiefel hatte er gegen ein Paar hellblaue Joggingschuhe getauscht, da er fand, dass er so ein besseres Gefühl für die Pedale hatte.

Nachdem er Mortenson aus einem abgelegenen Dorf abgeholt hatte und mit ihm durch das Shigar-Tal nach Skardu flog, wies sein Passagier ihn auf die Ruine der Schule von Hemasil hin und erzählte ihm von seiner Fehde mit Agha Mubarek. Banghu war außer sich.

»Wären Sie bitte so gut, mir das Haus dieses Herrn zu zeigen?«, fragte er und erhöhte die Motorleistung. Als Mortenson mit dem Finger auf das große, von einer Mauer umgebene, für einen einfachen Dorfmullah viel zu feudale Anwesen deutete, das Mubarek bewohnte, presste Banghu die Lippen unter dem akkurat gestutzten Schnurrbart fest zusammen. Dann schob er den Steuerknüppel vor und hielt im Sturzflug auf das Gebäude zu.

Die Menschen auf den Dächern gingen hastig in Deckung, während Banghu etwa sechsmal im Tiefflug über das Haus hinwegraste wie eine zornige Hornisse. Bei jedem Überflug wirbelte der Staub in breiten Streifen im Sog der Maschine auf. Banghus Daumen wanderte zu dem roten Knopf mit der Aufschrift *Rakete* und strich lässig darüber. »Ein Jammer, dass wir nicht bewaffnet sind«, meinte er und nahm wieder Kurs auf Skardu. »Aber einen Denkzettel haben wir ihm trotzdem verpasst.«

Sechs Monate später sollten die roten Knöpfe wieder Bomben auslösen, denn fünfzehn Militärhubschrauber flogen in Formation das Daryle-Tal hinauf, wo sich über dreihundert Kilometer weiter westlich unzählige Schlupfwinkel der Taliban und von El Kaida befanden. Die Helikopter waren auf der Jagd nach Extremisten, die acht staatliche Mädchenschulen bombardiert hatten. Mortenson, der inzwischen ein Bewunderer Musharrafs war, sah erleichtert, dass die pakistanische Regierung sich endlich für die Bildung der Mädchen dieses Landes einsetzte.

Im Herbst 2003 saß Banghus Chef, der hünenhafte Brigadegeneral Baschir Baz, in Rawalpindi an seinem Firmenschreibtisch und arrangierte Mortensons nächsten Flug nach Afghanistan, denn das CAI hatte sich in Pakistan inzwischen so weit etabliert, dass er abreisen konnte. Dabei sinnierte der General über die Bedeutung von Schulbildung für die Kinder Pakistans und die amerikanischen Fortschritte im Kampf gegen den Terror.

»Wissen Sie, Greg, ich muss mich bei Ihrem Präsidenten bedanken«, meinte Baschir, während er auf dem hochmodernen Flachbildschirm seines Computers die neuesten Flugpläne aufrief. »An der Westgrenze braute sich ein Albtraum zusammen, und er hat Geld investiert, um der Sache ein Ende zu bereiten. Keine Ahnung, warum, denn Pakistan ist der einzige Gewinner.«

Er hielt kurz inne, um sich in einem kleinen Fenster auf seinem Bildschirm einen Live-Bericht von CNN aus Baghdad anzusehen. Der Anblick der trauernden irakischen Frauen, die Kinderleichen aus den Trümmern zerbombter Gebäude trugen, brachte ihn schlagartig zum Verstummen.

Während er weiter auf den Monitor starrte, ließ Baschir die breiten Schultern hängen. »Menschen wie ich sind die besten Freunde, die die Amerikaner in dieser Region haben«, sagte er schließlich mit einem bedrückten Kopfschütteln. »Ich bin ein gemäßigter Moslem und ein gebildeter Mann. Aber wenn ich so etwas sehe, könnte selbst ich in den Dschihad ziehen. Wie können die Amerikaner glauben, dass sie so für ihre Sicherheit sorgen?«, fragte Baschir, um Beherrschung ringend, weil er seinen Zorn nicht an seinem amerikanischen Gast auslassen wollte, der ihm am Schreibtisch gegenübersaß. »Ihr Präsident Bush hat es tatsächlich hingekriegt, dass sich eine Milliarde Moslems für die nächsten zweihundert Jahre gegen Amerika verbünden werden.«

»Das ist aber auch Osamas Schuld«, wandte Mortenson ein.

»Osama, so ein Unsinn!«, brüllte Baschir los. »Osama ist kein Produkt Pakistans oder Afghanistans, sondern ein Geschöpf der Vereinigten Staaten. Amerika haben wir es zu verdanken, dass Osama nun in jedem Haus willkommen ist. Als Soldat weiß ich, dass man keine Chance hat, einen Kampf gegen jemanden zu gewinnen, der einen Schuss abgibt und dann davonläuft, um sich zu verstecken, während man selbst gezwungen ist, immer weiter auf der Hut zu sein. Man muss das angreifen, woraus der Gegner seine Stärke bezieht. Und im Fall Amerikas ist das weder Osama noch Saddam oder sonst eine bestimmte Person. Die Unwissenheit ist der Feind. Und die bekämpft man nur, indem man Beziehungen zu den Menschen aufbaut und sie durch Bildung und wirtschaftliche Erfolge in die Moderne holt. Sonst wird dieser Kampf ewig andauern.«

Baschir holte tief Luft und betrachtete wieder die winzigen Bilder aus Bagdad, wo ein Kamerateam gerade eine aufgebrachte Menge junger Männer filmte. Die Demonstranten drohten mit den Fäusten, schossen in die Luft und zündeten einen Sprengsatz am Straßenrand. »Verzeihung, Sir«, fuhr Baschir fort. »Das war schrecklich unhöflich von mir. Natürlich wissen Sie das genauso gut wie ich. Sollen wir jetzt zu Mittag essen?« Er drückte auf die Gegensprechanlage und bat seinen Assistenten, die Behälter von Kentucky Fried Chicken hereinzubringen, die er eigens in der Blauen Zone für seinen amerikanischen Gast bestellt hatte.

Bei schlechtem Wetter kann es in Skardu sehr deprimierend sein. Doch als Mortenson im Oktober 2003 ein letztes Mal in diesem Jahr vor der geplanten CAI-Initiative in Afghanistan in die nördlichen Gebiete fuhr, war er trotz der dichten Bewölkung und der sinkenden Temperaturen guter Dinge.

Vor seiner Abreise aus Rawalpindi hatte Brigadegeneral Baschir vier *lakh* Rupien zugesagt, etwa sechstausend Dollar, in Pakistan eine beträchtliche Summe. Er wollte eine neue CAI-Schule in seinem Heimatdorf südöstlich von Peschawar bauen lassen, wo es nur so von wahhabitischen *madaris* wimmelte. Außerdem hatte er versprochen, seine Freunde beim Militär zu weiteren Spenden zu bewegen, denn er war fest davon überzeugt, dass es zumindest *einen* Amerikaner gab, der den Terror auf die richtige Weise bekämpfte.

Der Sieg vor dem Scharia-Gericht, die Niederschlagung der zweiten Fatwa gegen ihn und die Demütigung seines vehementesten Gegners waren für Mortenson Meilensteine gewesen. Im Frühling sollten zehn weitere Schulen eröffnet werden, sobald die von den *Parade*-Lesern finanzierten neun fertig waren und die Ned-Gillette-Schule in Hemasil wieder stand. Während Mortenson sich auf die Abreise nach Afghanistan vorbereitete, herrschte schon in mehr als vierzig CAI-Schulen in den Hochtälern des Karakorum und des Hindukusch reger Betrieb. Es war Mortenson zu verdanken, dass die Schüler in diesen aus Stein gemauerten Klassenzimmern zu den Zukunftsgaranten ihrer Dörfer geworden waren.

Unten im geschäftigen Skardu, in einem kleinen, von Twaha gemieteten Lehmhaus, wohnte nun die Tochter des neuen *nurmadhar* von Korphe zusammen mit einer ehemaligen Mitschülerin. Durch das Fenster hatte man einen Blick auf eine große Wiese, wo die Kinder aus der Nachbarschaft zwischen weidenden Kühen Fußball spielten. Zwei Cousins aus dem Dorf waren als »Anstandsdamen« mitgekommen und passten gut auf die beiden mutigsten jungen Frauen des Braldu-Tals auf, während diese ihre Träume wahr werden ließen.

Dschahan und ihre Klassenkameradin Tahira, die ersten beiden weiblichen Absolventinnen der Schule von Korphe, waren auch zwei der ersten Stipendiatinnen des CAI und deshalb nach Skardu gekommen. Als Mortenson an seinem letzten Tag in Skardu den beiden Mädchen in Begleitung von Twaha einen Besuch abstattete, um sich nach den Fortschritten zu erkundigen, servierte ihm Dschahan stolz Tee in ihrem eigenen Haus, wie ihre Großmutter Sakina es so oft getan hatte.

Mortenson trank den nicht etwa mit einer Handvoll zerrissener Teeblätter und ranziger Yakmilch, sondern mit Leitungswasser und auf dem Basar von Skardu gekauften Beuteln zubereiteten Tee. Er fragte sich, was Sakina wohl dazu gesagt hätte. Vermutlich wäre ihr *paiyu cha* lieber gewesen. Allerdings hätte sie allen Grund gehabt, stolz auf ihre Enkelin zu sein, denn inzwischen hatte Dschahan den Gesundheitsvorsorgelehrgang abgeschlossen, wollte aber in Skardu bleiben und weiterstudieren.

Dank der Unterstützung durch das CAI konnten sie und Tahira als Vollzeitschülerinnen eine private Oberschule für Mädchen besuchen, wo sie Unterricht in englischer Grammatik, Urdu, Arabisch, Physik, Wirtschaft und Geschichte erhielten.

Tahira, die ein makellos weißes Kopftuch und Sandalen trug, die in den Bergen nicht sehr praktisch gewesen wären, teilte Mortenson mit, sie wolle nach ihrem Abschluss nach Korphe zurückkehren und mit ihrem Vater, Schulmeister Hussein, an der Schule unterrichten: »Man hat mir diese Chance gegeben. Wenn wir jetzt in die Berge kommen, starren die Leute uns an, sehen unsere Kleider und halten uns für feine Damen. Ich finde, jedes Mädchen am Braldu sollte einmal die Gelegenheit haben, außerhalb des Tales zu wohnen. Dann wird sich ihr Leben sicher verändern. Meiner Ansicht nach ist es meine Pflicht, zurückzukehren und dafür zu sorgen, dass alle die gleichen Möglichkeiten haben wie ich.«

Dschahan, die anfangs eigentlich nur Krankenpflegerin werden und dann wieder nach Korphe hatte ziehen wollen, schmiedete mittlerweile hochfliegendere Pläne. »Bevor ich dich kennenlernte, Dr. Greg, hatte ich keine Ahnung, was Bildung bedeutet«, sagte sie und schenkte ihm Tee nach. »Doch jetzt glaube ich, dass sie wie Wasser ist. Man kann ohne sie nicht leben.«

»Was ist mit einer Ehe?«, fragte Mortenson, wohl wissend, dass die Tochter eines *nurmadhar* sich vor Verehrern nicht würde retten können, insbesondere, wenn sie so hübsch war wie diese Siebzehnjährige. Allerdings würde ein konservativer Balti den Ehrgeiz der kühnen jungen Frau sicherlich nicht gutheißen.

»Keine Sorge, Dr. Greg«, meinte Twaha und lachte ebenso rau auf wie damals sein Vater. »Das Mädchen hat zu viel von dir gelernt. Sie hat bereits unmissverständlich klargestellt, dass sie erst fertig studieren will, bevor an eine Ehe mit einem passenden jungen Mann auch nur zu denken ist. Und ich stimme zu. Wenn nötig, werde ich all mein Land verkaufen, damit sie ihren Abschluss machen kann. Das bin ich dem Andenken meines Vaters schuldig.«

»Und was hast du jetzt vor?«, erkundigte sich Mortenson bei Dschahan.

»Wirst du auch sicher nicht lachen?«, erwiderte sie.

»Das kann ich dir nicht versprechen«, zog er sie auf.

Dschahan holte tief Luft und legte sich ihre Worte gut zurecht. »Immer wenn ich als kleines Mädchen einen Herrn oder eine Dame in schönen, sauberen Kleidern sah, lief ich beschämt davon und versteckte mich. Doch nach meinem Abschluss an der Schule von Korphe spürte ich, dass sich in meinem Leben etwas Großes verändert hatte. Plötzlich war ich ordentlich und sauber und konnte mit jedem Menschen über die verschiedensten Themen sprechen. Und jetzt bin ich bereits in Skardu und glaube, dass alles möglich ist. Ich möchte nicht nur Kranke pflegen, sondern mir die Fähigkeiten aneignen, die nötig sind, um ein Krankenhaus zu gründen, es zu verwalten und allen Frauen im Braldu-Tal eine Gesundheitsfürsorge zu bieten. Ich will, dass die Menschen in diesem Gebiet mich kennen.« Dschahan zwirbelte den Saum ihres rotbraunen Schleiers zwischen den Fingern und blickte aus dem Fenster, wo einer der Fußballer gerade durch den Nieselregen auf das aus Steinstapeln bestehende provisorische Tor zustürmte. Sie überlegte, wie sie sich am besten ausdrücken sollte, um in Worte zu fassen, wie sie sich ihre Zukunft vorstellte. »Ich will eine ... ganz große Dame werden«, schloss sie mit einem aufmüpfigen Grinsen, das jeden Mann davor warnte, sich diesem Ziel in den Weg zu stellen.

Mortenson lachte ganz und gar nicht, sondern strahlte die mutige Enkelin von Hadschi Ali an und stellte sich den zufriedenen Blick des alten *nurmadhar* vor, wenn der diesen Tag noch erlebt hätte. Wie hätte er sich darüber gefreut, dass ihre gemeinsame Saat so prächtige Früchte trug!

Fünfhundertachtzig Briefe, zwölf Widder und zehn Jahre Arbeit waren ein kleiner Preis für einen solchen Moment, dachte Mortenson.

Steine zu Schulen

Unsere Erde ist verwundet. Ihre Ozeane und Seen sind krank,
und ihre Flüsse erinnern an eitrige Wunden. Die Luft ist erfüllt
von unsichtbaren Giften, und der ölige Qualm aus Höllenfeuern
verfinstert die Sonne. Männer und Frauen werden aus ihrer Heimat
vertrieben und verlieren Familie und Freunde. Verzweifelt und
verwirrt irren sie unter einer sengenden Sonne dahin ...
In dieser, aus fürchterlicher und blinder Ungewissheit bestehenden
Wüste flüchten sich einige in die Jagd nach der Macht.
Manche verlegen sich darauf, ihre Mitmenschen gegeneinander
aufzuwiegeln, zu belügen und zu täuschen.
Wenn Weisheit und Harmonie noch auf dieser Welt wohnen und
nicht nur Träume in einem niemals aufgeschlagenen Buch sind,
dann sind sie in unserem Herzschlag verborgen. Und aus diesen
Herzen erklingt unser Schrei. Wir schreien, und unsere Stimmen
vereinen sich zu einer einzigen Stimme: die der verwundeten Erde.
Unsere Schreie sind ein gewaltiger Wind, der über die Welt weht.

Aus dem Kriegerlied des König Gezar

Der König hatte einen Fensterplatz. Mortenson erkannte ihn von den Bildern auf den alten afghanischen Geldscheinen, die auf dem Basar verkauft wurden.

Mit neunundachtzig sah Zahir Schah inzwischen älter aus als auf seinen offiziellen Porträts. Er starrte aus dem Fenster der PIA 737 und betrachtete das Land, das ihn vor knapp dreißig Jahren ins Exil geschickt hatte.

Abgesehen von den Leibwächtern des Königs und einigen Stewardessen war Mortenson auf dem kurzen Flug von Islamabad nach Kabul mit dem früheren afghanischen Monarchen allein. Als Schah sich vom Fenster abwandte, trafen sich seine und Mortensons Blicke über den Gang hinweg.

»*Salam alaikum*, Sir.«

»Ich grüße Sie ebenfalls, Sir«, erwiderte Schah. Während seines Exils in Rom war er mit vielen Kulturen in Berührung gekommen und konnte den hochgewachsenen hellhaarigen Mann mit der Fotografenweste gut einschätzen. »Amerikaner?«, erkundigte er sich.

»Ja, Sir.«

Zahir Schah seufzte auf. Es war das Seufzen eines alten Mannes, der im Laufe der Jahrzehnte die Hoffnung verloren hatte. »Sind Sie Journalist?«, fragte er.

»Nein«, erwiderte Mortenson. »Ich baue Schulen für Mädchen.«

»Dürfte ich erfahren, was Sie in meinem Land wollen?«

»Ich möchte im Frühling, *inschallah*, mit dem Bau von fünf oder sechs Schulen beginnen. Heute werde ich das Geld überbringen, damit Baumaterialien gekauft werden können.«

»In Kabul?«

»Nein«, entgegnete Mortenson. »Oben in Badakschan und im Wakhan-Korridor.«

Schahs Augenbrauen wanderten in Richtung seines kahlen Schädels. Als er auf den Platz neben sich klopfte, setzte Mortenson sich um.

»Kennen Sie jemanden in diesem Gebiet?«, wollte Schah wissen.

»Das ist eine lange Geschichte. Vor einigen Jahren kamen ein paar kirgisische Männer über den Irshad-Pass ins Charpurson-Tal geritten, wo ich damals in Pakistan arbeitete. Sie baten mich, Schulen in ihren Dörfern zu bauen. Ich versprach ihnen, sie zu besuchen und darüber zu sprechen. Aber ich habe es erst jetzt geschafft.«

»Ein Amerikaner im Wakhan«, murmelte Schah. »Angeblich besitze ich dort eine Jagdhütte, die die Leute dort irgendwo für mich gebaut haben. Aber ich war noch nie dort. Zu abgelegen. Inzwischen sehen wir in Afghanistan nicht mehr viele Amerikaner. Vor einem Jahr wäre diese Maschine voller Journalisten und Mitarbeiter von Hilfsorganisationen gewesen. Doch die sind jetzt alle im Irak. Amerika hat uns vergessen«, schloss der König. »Schon wieder.«

Vor einem Jahr war Schah, frisch aus dem Exil in Kabul eingetroffen, von einer jubelnden Menschenmenge empfangen worden, die seine Rückkehr als Zeichen sah, dass nun wieder Normalität in ihren Alltag einkehren würde. Nun würde endlich Schluss mit der jahrzehntelangen von Gewalt geprägten Misswirtschaft der Sowjets, der verfeindeten Kriegsfürsten und der Taliban sein. Bevor er von seinem Cousin Mohammad Daud Khan durch einen Putsch aus dem Land geworfen worden war, hatte Schah von 1933 bis 1973 geherrscht. Es war die längste Ära gewesen, in der Afghanistan Beständigkeit, Moderne und Frieden hatte erleben dürfen. Im Jahr 1964 hatte er für den Entwurf einer Verfassung gesorgt, die Afghanistan zur Demokratie erklärte, das allgemeine Wahlrecht einführte und Frauen die Gleichberechtigung schenkte. Außerdem hatte er die erste neuzeitliche Universität Afghanistans gegründet und ausländische Wissenschaftler und Entwicklungsexperten angeworben, um dem Land auf die Beine zu helfen. Für viele Afghanen symbolisierte Schah jetzt das Leben, das sie gerne wieder geführt hätten.

Doch im Herbst 2003 schwanden die Hoffnungen zusehends. Die noch in Afghanistan stationierten amerikanischen Truppen waren hauptsächlich damit beschäftigt, Jagd auf Bin Laden und seine Anhänger zu machen oder die Mitglieder der neuen Regierung von Hamid Karzai zu beschützen. Deshalb nahm die Gewalt im Land wieder zu, und die Taliban schienen sich neu zusammenzurotten, wie es hieß.

»Ich fürchtete, wir waren im Begriff, Afghanistan noch einmal im Stich zu lassen, so wie damals die Mudschaheddin nach dem Abzug der Sowjets«, sagt Mortenson. »Meiner Schätzung nach kam höchstens ein Drittel der von uns versprochenen Hilfsgelder jemals an. Mit Mary Bonos Hilfe machte ich einen der Leute im Kongress ausfindig, die für Afghanistan verantwortlich waren. Ich erzählte dem Mann von Uzra Faizad und den vielen anderen Lehrern, die kein Gehalt bekamen, und fragte ihn, wo das Geld denn bliebe. ›Das ist sehr schwierig‹, antwortete er. ›In Afghanistan gibt es weder eine Zentralbank noch die Möglichkeit, Geld zu überweisen.‹ Für mich hörte sich das wie eine faule Ausrede an. Schließlich war es ja auch kein

Problem gewesen, das Bargeld taschenweise mit dem Flugzeug hinzukarren, um die Kriegsfürsten dafür zu bezahlen, dass sie gegen die Taliban kämpften. Warum sollte diese Methode nicht auch beim Bau von Straßen, Kläranlagen und Schulen klappen? Nicht eingehaltene Versprechen und ausbleibende Gelder vermitteln eine eindeutige Botschaft – die amerikanische Regierung hat kein Interesse.«

Zahir Schah legte seine Hand mit dem riesigen, von einem Lapislazuli gezierten Ring auf die von Mortenson. »Ich bin froh, dass wenigstens *ein* Amerikaner hier ist«, sagte er. »Wenn Sie im Norden sind, sollten Sie sich an Sadhar Khan halten. Er ist ein Mudschahed, aber sein Volk liegt ihm sehr am Herzen.«

»Das habe ich auch schon gehört«, erwiderte Mortenson.

Zahir Schah zog eine Visitenkarte aus der Brusttasche des Geschäftsanzugs, den er unter dem gestreiften Gewand trug, und bat einen der Leibwächer, ihm seinen Aktenkoffer zu bringen. Dann drückte der König einen Daumen erst auf ein Stempelkissen und anschließend auf die Rückseite der Karte. »Vielleicht ist es hilfreich, wenn Sie *Commandhan* Khan das hier zeigen. Allah sei mit Ihnen. Ich gebe Ihnen meinen Segen.«

In einer engen Spirale setzte die 737 zum Landeanflug auf den Flughafen von Kabul an. Da es in der Hauptstadt inzwischen wieder um einiges gefährlicher zuging als vor einem Jahr, ergriffen die Piloten diese Vorsichtsmaßnahme, um für die vielen Stinger-Raketen, die sich noch unkontrolliert im Land befanden, eine möglichst kleine Zielscheibe abzugeben.

Der Straßenverkehr in Kabul erschien Mortenson beängstigender denn je. Obwohl Abdullah, die verkrüppelten Hände am Steuer, nie die Nerven verlor, kam es auf der kurzen Fahrt zum *Kabul Peace Guest House* zu vier Beinahekollisionen. »Angeblich unterstand Kabul einer von den Amerikanern unterstützten Regierung«, meint Mortenson. »Doch deren Macht reichte kaum bis zur Stadtgrenze. Nicht einmal den Straßenverkehr hatten sie im Griff. Die Autofahrer missachteten Verkehrsschilder und die wenigen herumbrüllenden Verkehrspolizisten und rasten, wie und wohin es ihnen gefiel.«

Mortenson wollte nach Faizabad, der größten Stadt in der Provinz Badakschan im nordöstlichen Afghanistan. Von dort aus plante er, Erkundungsfahrten zu unternehmen, um Standorte für mögliche Schulprojekte auf dem Land zu suchen. Allerdings führte die Straße dorthin durch gefährliches Gebiet, und außerdem hatte die Fahrt mit dem Auto den Nachteil, dass sie zwei Tage lang den chaotischen Verkehrsverhältnissen würden trotzen müssen. Doch Mortenson blieb nichts anderes übrig. Er war fest entschlossen, jetzt, auf seiner dritten Reise nach Afghanistan, endlich sein Versprechen an die kirgisischen Reiter wahr zu machen. Während seiner Abwesenheit hatten diese sich gründlich im Wakhan-Korridor umgehört und waren noch einmal sechs Tage lang nach Zuudkhan geritten, um Faisal Baig das Ergebnis mitzuteilen: Für fünftausendzweihundert Kinder im Grundschulalter gab es keine Schulen, und nun warteten die Menschen darauf, dass Mortenson anfing, welche zu bauen, *inschallah*.

General Baschir hatte sich erboten, ihn von einem seiner Piloten in einer kleinen doppelmotorigen Cessna direkt nach Faizabad fliegen zu lassen. Für gewöhnlich diente die Maschine bei Askari Aviation dazu, Eiscreme, Mineralwasser, Proteinriegel und anderen Proviant zu den in Afghanistan stationierten Amerikanern zu fliegen. Doch die Zentrale des Amerikanischen Oberkommandos für den Nahen und Mittleren Osten in Doha, Katar, die den afghanischen Luftraum überwachte, hatte Baschirs Antrag, sein Flugzeug in humanitärer Mission nach Afghanistan schicken zu dürfen, abgelehnt.

Mortenson lief in seinem nicht mit Strom versorgten Zimmer im *Kabul Peace Guest House* hin und her und hätte sich ohrfeigen können, weil er vergessen hatte, die Akkus von Laptop und Kamera in Islamabad aufzuladen. Schwierigkeiten bei der Stromversorgung waren in der afghanischen Hauptstadt so sicher wie das Amen in der Kirche, weshalb er vermutlich vor dem Aufbruch nach Badakschan und auch auf dem Weg dorthin keine funktionierende Steckdose finden würde.

Er beabsichtigte, sich am Morgen auf die lange Fahrt nach Norden zu machen und sicherheitshalber nur tagsüber zu reisen. Abdullah hatte er damit beauftragt, ein Auto zu mieten, das den Bombentrichtern und Schlammlöchern, die ihnen unterwegs auf der einzigen nach Norden führenden Straße drohten, gewachsen war.

Als Abdullah am Abend nicht zurückkehrte, spielte Mortenson mit dem Gedanken, allein etwas essen zu gehen. Doch dann überlegte er es sich anders und legte sich stattdessen aufs Bett. Obwohl seine Füße über die Kante hingen und das harte Kopfkissen, das er sich übers Gesicht legte, nach Pomade roch, schlief er rasch ein.

Kurz vor Mitternacht wurde er von lautem Klopfen an der Tür geweckt und setzte sich verwirrt auf. In seinem Traum hatte er die Geräusche zunächst für Granateinschläge an der Hotelmauer gehalten.

Abdullah hatte gute und schlechte Nachrichten. Es war ihm gelungen, einen russischen Jeep zu mieten, und er hatte auch einen jungen Tadschiken aufgetrieben, der Kais hieß und als Dolmetscher fungieren sollte. Hasch, der sie normalerweise begleitete, würde an ihrem Zielort wegen seiner früheren Zugehörigkeit bei den Taliban nämlich nicht willkommen sein. Das Problem sei nur, erklärte Abdullah, dass der Salang-Tunnel, der einzige Weg, der durch die Berge nach Norden führe, um sechs Uhr morgens geschlossen werde.

»Und wann macht er wieder auf?«, fragte Mortenson. Er hegte immer noch die Hoffnung, die Nacht durchschlafen zu können.

Abdullah zuckte die Achseln. Wegen seiner Verbrennungen im Gesicht und den abgesengten Augenbrauen war es schwer, seiner Miene etwas zu entnehmen. Allerdings verrieten seine hängenden Schultern Mortenson, dass er sich diese Frage eigentlich hätte sparen können. »In zwölf Stunden? In zwei Tagen?«, mutmaßte Abdullah. »Wer weiß?«

Also packte Mortenson rasch seine Sachen.

Durch die unbeleuchtete Stadt fuhren sie nach Norden. Kabul machte einen trügerisch friedlichen Eindruck. Zwischen den von Laternen erhellten Teebuden, die die ganze Nacht geöffnet hatten, schlenderten Männer in fließenden weißen Gewändern umher. Sie erinnerten an wohlwollende Geister und warteten auf die Morgenmaschine nach Saudi-Arabien, denn jeder wohlhabende Moslem muss mindestens einmal im Leben auf *hadsch*, auf Pilgerfahrt nach Mekka, gehen. Da sich so viele Männer auf die Reise vorbereiteten, die den Höhepunkt ihres irdischen Daseins bedeutete, herrschte auf den dämmrigen Straßen der Stadt eine festliche Stimmung.

Als sie auf der Suche nach einer geöffneten Tankstelle durch die Straßen fuhren, fiel Mortensons Blick auf das frühere afghanische Verteidigungsministerium. Tagsüber war er schon öfter an dieser in drei Kriegen durch Bomben und Raketen völlig zerstörten Ruine vorbeigekommen und hatte sich gewundert, dass sie noch nicht eingestürzt war. Doch nun, in der Nacht, wirkte die Trümmerwüste wegen der von den dort lebenden Obdachlosen entzündeten Kochfeuer wie eine gruselige Kürbislaterne. Die schartigen Bombenlöcher und die Reihen scheibenloser Fenster, hinter denen Flammen flackerten, wirkten wie leere Augenhöhlen über einem mit Zahnlücken durchsetzten Grinsen.

Schläfrig sah Mortenson zu, wie das Kürbisgesicht des Ministeriums hinter ihnen in der Dunkelheit verschwand. Er musste an die durch die Flure des Pentagon hastende Laptop-Armee und an die endlosen Marmorfußböden denken, die so blitzblank gewienert waren wie Donald Rumsfelds Schuhe.

Obwohl den im Norden gelegenen Salang-Tunnel nur hundert Kilometer von Kabul trennten, quälte sich der Jeep aus der Sowjetzeit mit seinen wenigen Gängen so langsam den Hindukusch hinauf, dass Mortensons Müdigkeit über die Angst vor einem Überfall siegte, noch bevor sie die Röhre im Berg erreicht hatten. Dieser Gebirgszug aus Fünftausendern, der Nordafghanistan von der nördlich von Kabul gelegenen Schomali-Ebene trennt, war Massuds wichtigste Verteidigungslinie gegen die Taliban gewesen.

Auf seinen Befehl hatten seine Männer den zweieinhalb Kilometer langen und auf über dreitausend Meter gelegenen Tunnel gesprengt, den Ingenieure der Roten Armee in der ersten Hälfte der Sechzigerjahre gebaut hatten, um eine ganzjährig befahrbare, über die Sowjetrepublik Usbekistan ins Land kommende Handelsroute nach Kabul zu schaffen. Da nach der Zerstörung nur noch kaum befahrbare Staubstraßen in dreitausendsechshundert Metern Höhe zu seiner

Hochburg, dem Pandschir-Tal, führten, hatten Massuds Mudschaheddin trotz ihrer zahlenmäßigen Unterlegenheit und ihrer schlechteren Bewaffnung häufig verhindern können, dass die Taliban mit ihren Panzern und ihren Kolonnen japanischer Pick-ups in den Norden vorgedrungen waren. Die neue afghanische Regierung hatte türkische Bautrupps damit beauftragt, den Tunnel von all dem Geröll zu räumen und die eingesackte Decke abzustützen, um einen völligen Einsturz zu verhindern.

Mortenson wachte auf, weil das Auto plötzlich stehen geblieben war. Er rieb sich die Augen, konnte aber in der Dunkelheit, die ihn umgab, nichts erkennen. Aus der Richtung, wo er die Motorhaube des Jeeps vermutete, hörte er Stimmen. Dann flammte ein Streichholz auf, und Abdullahs verbranntes, regloses Gesicht war zu sehen. Das des tadschikischen Jungen namens Kais wirkte ziemlich besorgt.

»Wir waren mitten im Tunnel, als der Kühler den Geist aufgab«, erinnert sich Mortenson. »Und zwar in einer Kurve, die bergaufführte, sodass andere Fahrer uns erst in letzter Sekunde bemerken würden. Eine ausgesprochen ungünstige Stelle für eine Panne.«

Mortenson wühlte in seinem Rucksack nach seiner Taschenlampe. Im nächsten Moment fiel ihm jedoch ein, dass er sie beim hektischen Einpacken im Gästehaus in Kabul vergessen hatte – ebenso wie seinen Laptop und seine Kameras. Also stieg er aus und beugte sich neben Abdullah über die offene Motorhaube. Im Licht der Streichhölzer, die der durch den Tunnel wirbelnde eiskalte Wind immer wieder ausblies, kaum dass Abdullah sie entzündet hatte, stellte er fest, dass der Kühlerschlauch geplatzt war.

Gerade überlegte er, ob er Isolierband bei sich hatte, um den Schaden zu reparieren, als ein schrill hupender russischer Kamaz-III-Laster mitten im Tunnel bergab auf sie zugerast kam. Die Zeit reichte nicht, um den Jeep beiseitezuschaffen, und Mortenson machte sich schon auf eine Kollision gefasst. Aber im letzten Moment kehrte der Laster auf seine Fahrbahnseite zurück; er verfehlte die Motorhaube des Jeeps nur um wenige Zentimeter. Lediglich der Seitenspiegel wurde abgerissen.

»Gehen wir!«, befahl Mortenson und schob Abdullah und Kais zur Wand des Tunnels hin. Er spürte, dass die Winterluft ihnen kräftiger entgegenwehte. Mit ausgestreckten Händen tastete er sich bis zur Wand vor und lief dann so schnell er konnte dicht daran entlang auf die Luftquelle zu. Als die Scheinwerfer eines weiteren Lasters, der von oben auf sie zugeschlingert kam, über die unebenen Felswände des Tunnels strichen, bemerkte Mortenson einen schwarzen Schlitz, den er für eine Tür hielt. Er zog seine Begleiter in die Öffnung: »Wir traten hinaus und standen auf einem Bergpass im Schnee. Da der Mond schien, konnten wir ausreichend viel sehen. Ich versuchte, mich zu orientieren, um festzustellen, auf welcher Seite wir den Pass hinuntersteigen mussten.«

Im nächsten Moment bemerkte Mortenson den ersten roten Stein. Obwohl dieser vom Schnee beinahe verborgen war, konnte der nun aufmerksam gewordene Amerikaner bald Dutzende weiterer rötlicher Tupfen im weißen Schnee erkennen.

Afghanistan ist das am dichtesten verminte Land der Welt. Da ein halbes Dutzend verschiedener Armeen Millionen winziger Sprengkörper im Boden vergraben haben, weiß niemand genau, wo die Gefahr lauert. Wenn dann eine Ziege, eine Kuh oder ein Kind durch solch eine geduldig wartende Waffe ums Leben gekommen ist, färben die Minenräumkommandos die Steine in dem betroffenen Gebiet rot ein, bis sie die Zeit finden, die Sprengkörper mühsam zu entfernen.

Als auch Kais die roten Steine erkannte, geriet er sofort in Panik. Mortenson hielt den Jungen am Arm fest, damit er bloß nicht losrannte. Abdullah, der mehr als genug Erfahrung mit Minen hatte, sprach das Unvermeidliche aus.

»Langsam, langsam«, mahnte er und kehrte, seinen eigenen Fußstapfen folgend, durch den Schnee zur Tür zurück. »Wir müssen wieder reingehen.«

»Die Chancen, im Tunnel überfahren zu werden, standen fünfzig zu fünfzig«, schätzt Mortenson. »Doch dort draußen wären wir ganz sicher in die Luft geflogen.« Vorsichtig führte er den vor Angst erstarrten Kais zurück in den Tunnel.

»Ich weiß nicht, was geschehen wäre, wenn das nächste Fahrzeug kein Laster gewesen wäre, der sich mühsam den Berg hinaufquälte. Aber Gott sei Dank war es einer. Ich sprang auf die Fahrbahn und winkte, damit er anhielt.«

Während Mortenson und Kais zwischen fünf Männer gezwängt im Führerhaus des Bedford hockten, saß Abdullah am Steuer des defekten Jeeps, der von dem Lastwagen bergaufgeschoben wurde. »Es waren harte Burschen, Schmuggler«, schildert Mortenson die Situation. »Doch sie machten einen recht sympathischen Eindruck. Da sie Dutzende neuer Kühlschränke nach Masar-e Scharif bringen wollten, war der Laster völlig überladen und kam kaum vom Fleck. Aber das störte mich nicht.«

Kais hingegen musterte die Helfer in der Not ängstlich. »Das schlechte Männer«, flüsterte er Mortenson auf Englisch zu. »Diebe.«

»Ich befahl Kais, den Mund zu halten«, fährt Mortenson fort. »Schließlich musste ich mich konzentrieren und alle im Laufe eines Jahrzehnts in Pakistan erworbenen Kenntnisse nutzen, um uns heil aus diesem Schlamassel herauszuholen. Die Schmuggler waren Paschtunen, während Kais Tadschike war, weshalb er ihnen ohnehin misstraute. Aber ich beschloss, es darauf ankommen zu lassen, und betrieb Konversation. Nach ein paar Minuten beruhigten sich alle, und selbst Kais bemerkte, dass er nichts zu befürchten hatte, insbesondere, als die Männer uns Trauben anboten.«

Auf der steilen Fahrt zum Ende des Tunnels verspeiste Mortenson hungrig die saftigen Früchte, und ihm fiel ein, dass er seit dem Frühstück am Vortag nichts mehr gegessen hatte. Er sah, wie das Heck des gemieteten weißen Jeeps sich schwarz verfärbte, da der Kühlergrill des Bedford den Lack des russischen Fahrzeugs abschabte.

Als die Straße sich zur anderen Seite des Passes hinabneigte, bedankte Mortenson sich bei den Kühlschrankschmugglern für die Hilfe und die köstlichen Trauben, stieg mit Kais aus und gesellte sich wieder zu Abdullah. Dem Fahrer war es durch Betätigung der Zündung gelungen, zumindest die Scheinwerfer einzuschalten, obwohl der Motor nicht lief. Erschöpft ließ Mortenson sich auf den Rücksitz fallen. Gelenkt von Abdullahs erfahrenen Händen, rollten sie fast geräuschlos bergab, bis sie endlich Tageslicht sahen.

Für die Taliban und die sowjetischen Truppen war das Pandschir-Tal, das sich nun östlich der drei Männer im Jeep erstreckte und in dessen hohen Gipfeln sich die Morgensonne verfing, ein Schattenland des Leides und des Todes gewesen. Da die Marschroute der Soldaten zwischen den felsigen Vorsprüngen der Schlucht leicht vorherzusehen war, waren sie leichte Beute für Massuds Mudschaheddin gewesen, die sie von günstig gelegenen Angriffsstellungen hoch über dem Talboden mit Raketenwerfern unter Beschuss genommen hatten. Für Mortenson hingegen, der nun sah, wie die Morgenröte die schneebedeckten scharfen Bergspitzen rosa verfärbte, wirkte das Tal in der Ferne wie Shangri-La.

»Vor lauter Freude, diesem Tunnel entronnen und im Freien zu sein, umarmte ich Abdullah so fest, dass er beinahe einen Unfall gebaut hätte«, erzählt er. Nachdem der Fahrer den Jeep dicht vor einem Felsen am Straßenrand zum Stehen gebracht hatte, stiegen sie aus, um den Schaden zu reparieren. Da die Sonne immer weiter aufging, war das Problem auf den ersten Blick zu erkennen – ein etwa achtzehn Zentimeter langes Stück des Kühlerschlauchs musste geflickt werden. Der nicht nur im Krieg, sondern auch in Reparaturen am Straßenrand erfahrene Abdullah schnitt ein Stück aus dem Innenschlauch des Ersatzreifens, wickelte es um die beschädigte Stelle und befestigte es mit der Rolle Isolierband, die Mortenson in seinem Rucksack gefunden hatte, wo sie an einem Päckchen Hustenbonbons klebte.

Nachdem der Kühler mit einigen Flaschen ihres kostbaren Mineralwassers aufgefüllt worden war, befanden sie sich wieder auf dem Weg nach Norden. Da es der heilige Monat Ramadan war, trat Abdullah aufs Gas, denn er hoffte, eine Teebude zu finden, wo sie frühstücken konnten, bevor für diesen Tag wieder das Fasten begann. Doch als sie die erste Siedlung erreichten, eine ehemalige sowjetische Garnison namens Pol-e-Kamri, waren beide dort befindlichen Gaststätten geschlossen. Also teilte Mortenson die Tüte Erdnüsse, die er für solche Fälle bei sich trug, mit seinen Begleitern. Kais und Abdullah griffen herzhaft zu, bis sich an den Felswänden im Osten die ersten Sonnenstrahlen zeigten.

Nach dem Frühstück machte sich Abdullah zu Fuß auf die Suche nach jemandem, der bereit war, ihnen Benzin zu verkaufen. Bald kehrte er zurück und lenkte den Jeep in den Hof eines schlichten Lehmhauses, wo er neben einem rostigen Fass parkte. Ein tief gebeugter und auf einen Stock gestützter alter Mann humpelte ihnen entgegen. Seine Hände waren so schwach, dass er zwei Minuten brauchte, um den Deckel von dem Fass zu entfernen. Dann begann er, das Benzin herauszupumpen. Aber als Abdullah sah, wie sehr der Greis sich abmühte, sprang er aus dem Wagen, um die Aufgabe zu übernehmen.

Während Abdullah tankte, unterhielt sich Mortenson mit dem alten Mann. Kais übersetzte aus dem Dari, einer Sprache, die eng mit Farsi verwandt und im nördlichen Afghanistan weit verbreitet ist. »Früher wohnte ich in der Schomali«, erzählte der alte Mann, der Mohammed hieß. Damit meinte er die große Ebene nördlich von Kabul, die früher einmal Afghanistans Kornkammer gewesen war. »Unser Land war ein Paradies. An den Wochenenden bezogen die Leute aus Kabul ihre Ferienhäuser in der Nähe meines Dorfes. Selbst König Zahir Schah, gesegnet sei sein Name, hatte sich dort einen Palast bauen lassen. In meinem Garten wuchsen die verschiedensten Bäume und sogar Trauben und Melonen.« Mohammeds bis auf zwei hauerähnliche Schneidezähne zahnloser Mund mahlte beim Gedanken an diese längst verflossenen Köstlichkeiten.

»Als die Taliban kamen, wurde es zu gefährlich zu bleiben«, fuhr er fort. »Also zog ich mit meiner Familie hierher nördlich des Salang, um sie in Sicherheit zu bringen. Im letzten Frühling kehrte ich zurück, um zu sehen, ob mein Haus noch steht. Doch anfangs konnte ich es nicht finden. Obwohl ich in diesem Dorf geboren war und siebzig Jahre dort verbracht hatte, erkannte ich es nicht wieder. Alle Häuser waren zerstört. Alle Pflanzen waren vernichtet. Die Taliban hatten nicht nur unsere Häuser niedergebrannt, sondern auch sämtliche Büsche und Bäume. Meinen eigenen Garten erkannte ich nur an den Umrissen eines verkohlten Aprikosenbaums, dessen

Stamm eine merkwürdig gegabelte Form hatte und an eine menschliche Hand erinnerte.« Mohammed stieß ein empörtes Schnauben aus, als er sich dessen entsann.

»Ich verstehe ja, dass man Leute erschießt und Gebäude bombardiert. In Kriegszeiten passiert so etwas eben. Das war schon immer so. Aber warum« – Mohammed richtete diese nicht zu beantwortende Frage nicht an Mortenson, sondern an die Welt im Allgemeinen – »warum haben die Taliban unser Land getötet?«

Auf der Weiterfahrt nach Norden wurde Mortenson zunehmend klar, welches Blutbad in Afghanistan stattgefunden hatte. Nicht nur die Zivilbevölkerung, sondern auch die Kämpfer mussten Unsägliches durchgemacht haben. Sie kamen an einem sowjetischen T-51-Panzer vorbei, dessen Turm von einer gewaltigen Explosion aufgerissen worden war und schief über das Wrack ragte. Nun zog er die Dorfkinder magisch an, die darauf herumkletterten und Krieg spielten.

Sie passierten einen Friedhof, dessen Grabsteine die verkohlten Wracks schwer bewaffneter sowjetischer Hind-Helikopter bildeten. Ihre Besatzungen hatten das Pech gehabt, Massuds Hochburg zu nahe zu kommen, nachdem die CIA die Mudschaheddin mit Stinger-Raketen ausgerüstet und sie in deren Bedienung ausgebildet hatte, damit ihre Anführer, Männer wie Osama Bin Laden, hier die Feinde der USA aus dem Kalten Krieg bekämpfen konnten.

Auf jedem Stück verrosteten Kriegsmaterials war ein Plakat mit dem Abbild von Schah Ahmed Massud befestigt, dem weltlichen Helden Nordafghanistans, der ihnen auf ihrer Fahrt nachblickte, als wollte er ihnen noch aus dem Jenseits zu verstehen geben, dass diese Opfer nötig gewesen waren.

Bei Abenddämmerung hatten sie Khanabad und Kundus hinter sich gelassen und näherten sich Taloqan, wo sie die erste richtige Mahlzeit seit Tagen zu sich nehmen wollten, wenn das Fasten nach dem Abendgebet endete. Mortenson, der in einer Woche einen Vortrag vor wichtigen Spendern in Denver halten sollte, überlegte, ob er Abdullah nach dem Essen bitten sollte, sofort nach Faizabad weiterzufahren. Oder war es vielleicht doch sicherer zu warten, bis es hell wurde? Doch plötzlich zwang eine Salve aus einem etwa fünfzig Meter entfernten Maschinengewehr Abdullah dazu, ruckartig auf die Bremse zu treten.

Er legte den Rückwärtsgang ein und gab schlingernd Gas, um möglichst schnell Abstand von den pulsierenden roten Linien der Leuchtspurgeschosse zu gewinnen, die durch die Dunkelheit rasten. Doch hinter ihnen waren nun ebenfalls Schüsse zu hören. Wieder bremste Abdullah scharf ab. »Kommt!« Er zerrte Kais und Mortenson aus dem Wagen und in einen schlammigen Straßengraben, wo er seine Begleiter auf den feuchten Boden drückte. Dann hob er die verkrüppelten Hände und flehte Allah um Schutz an.

»Wir waren geradewegs in eine Schießerei zwischen rivalisierenden Opiumschmugglern hineingefahren«, erklärt Mortenson. »Es war Erntezeit, sodass es immer wieder zu Gefechten um die Mulikarawanen kam, die die Ware transportierten. Die Drogenhändler beschossen sich über unsere Köpfe hinweg mit ihren Kalaschnikows, die ein unverkennbares stotterndes Geräusch machen. Im roten Schein der Leuchtspurmunition erkannte ich, dass Kais in heller Panik war. Abdullah hingegen ärgerte sich fürchterlich. Ein echter Paschtune. Er murmelte vor sich hin und machte sich Vorwürfe, weil er mich, seinen Gast, in Gefahr gebracht hatte.«

Bäuchlings presste Mortenson sich in den kalten Morast und zermarterte sich den Kopf nach Auswegen aus dieser misslichen Lage. Aber ihm fiel nichts ein. Inzwischen hatten sich weitere Schützen dem Gefecht hinzugesellt, und der Kugelhagel über den Köpfen der drei Reisenden wurde immer dichter, als wollten die Geschosse die Luft in Stücke reißen. »Bald dachte ich nicht mehr an Flucht, sondern nur noch an meine Kinder«, fährt Mortenson fort. »Ich stellte mir vor, wie Tara ihnen meinen Tod erklärte, und fragte mich, ob sie wohl in der Lage wären, meine Arbeit hier zu verstehen. Schließlich hatte ich sie nicht verlassen, sondern nur Kindern wie ihnen helfen wollen. Ich kam zu dem Schluss, dass Tara es schaffen würde, ihnen das zu vermitteln. Und das beruhigte mich sehr.«

Plötzlich wurden die Straßenböschungen, an denen die verfeindeten Opiumschmuggler kauerten, zu beiden Seiten von den Scheinwerfern eines herannahenden Fahrzeugs erleuchtet. Da die Banditen deshalb in Deckung gingen, hörte die Schießerei allmählich auf. Der Wagen, der erschien, fuhr in Richtung Taloqan. Abdullah sprang auf, um ihn anzuhalten. Es war ein altersschwacher, schiefer Pick-up mit defekten Stoßdämpfern, der eine Ladung frischer Ziegenhäute zu einer Gerberei brachte. Noch ehe das Fahrzeug zum Halt gekommen war, stieg Mortenson Verwesungsgeruch in die Nase.

Während von beiden Seiten immer noch gelegentliche Feuerstöße abgegeben wurden, rannte Abdullah zum Führerhaus und rief dann Kais im Graben zu, er solle dolmetschen. Mit dünner, zitternder Stimme bat der Junge den Fahrer auf Dari, den Ausländer mit dem Wagen mitzunehmen. Hastig winkte Abdullah Mortenson zur Ladefläche des Pick-ups. Wie er es vor zwei Jahrzehnten gelernt hatte, um nicht getroffen zu werden, lief der Amerikaner gebückt und im Zickzackkurs auf das Fahrzeug zu und sprang auf die Ladefläche. Abdullah warf feuchte Ziegenhäute über ihn und drückte ihn nach unten.

»Was ist mit dir und dem Jungen?«

»Allah wird uns beschützen«, erwidere Abdullah. »Diese Teufel schießen nur aufeinander, nicht auf uns. Wir warten hier ab, dann fahren wir mit dem Jeep zurück nach Kabul.« Mortenson konnte nur hoffen, dass sein Freund recht hatte. Abdullah klopfte mit seiner verkrüppelten Hand auf die Heckklappe, und der Fahrer legte den Gang ein.

Mortenson hielt sich die Nase zu, spähte unter den faulig riechenden Ziegenhäuten hervor und beobachtete, wie die Straße hinter ihm zurückblieb, als der schrottreife Pick-up schneller wurde. Nach etwa einem halben Kilometer sah er, dass die Schießerei wieder aufflammte. Ein breiter Strom aus hüpfenden Leuchtspuren zog sich ellipsenförmig über die Straße. Doch Mortenson, der erst in der kommenden Woche bei seiner Rückkehr nach Kabul erfahren sollte, dass seinen Freunden nichts geschehen war, fühlte sich bei dem Anblick eher an Fragezeichen erinnert.

Der Laster durchquerte Taloqan und fuhr weiter in Richtung Faizabad, sodass Mortenson wieder auf ein Abendessen verzichten musste. Allerdings hatte ihm der Gestank hinten auf dem Wagen sowieso den Appetit verdorben. Aber während sie weiter langsam durch die Nacht rollten, siegte schließlich der Überlebensinstinkt. Er beschloss, ein paar Erdnüsse zu essen, doch dann fiel ihm ein, dass seine Tasche ja noch im Jeep lag. Erschrocken setzte er sich auf und tastete seine Westentaschen ab, bis er erleichtert feststellte, dass er seinen Pass und ein dickes Bündel amerikanischer Dollar bei sich hatte. Im nächsten Moment jedoch erinnerte er sich seufzend daran, dass sich die Visitenkarte des Königs ebenfalls in der Reisetasche befand. Offenbar musste er sich damit abfinden und ohne diese schriftliche Empfehlung Kontakt mit *Commandhan* Khan aufnehmen. Also wickelte er sich sein kariertes Tuch um Mund und Nase und blickte vom fahrenden Wagen hinauf zum Sternenhimmel.

»Ich war ganz allein und mit Schlamm und Ziegenblut verschmiert. Mein Gepäck war weg. Ich beherrschte die Landessprache nicht. Und ich hatte seit Tagen nichts gegessen. Dennoch fühlte ich mich erstaunlich gut«, berichtet Mortenson. »Es war wie damals vor all den Jahren, als ich mit dem Baumaterial für die Schule in Korphe oben auf dem Bedford den Indus entlanggefahren war, ohne zu ahnen, was mir bevorstand. Für die nächsten Tage hatte ich nur vage Pläne. Und ich wusste auch nicht, ob es klappen würde. Aber eigentlich war das gar nicht weiter schlimm.«

Die Ziegenhaut-Händler setzten Mortenson in Faizabad vor dem Hotel *Uliah* ab. Da mitten in der Opiumsaison alle Zimmer belegt waren, bot der müde *chokidar* Mortenson eine Decke und einen Schlafplatz im Flur an, wo bereits dreißig andere Männer schliefen. Allerdings gab es im Hotel kein fließendes Wasser. Da Mortenson aber unbedingt den Ziegengestank aus den Kleidern bekommen wollte, ging er hinaus, öffnete den Hahn eines Wassertankwagens, der vor dem Hotel parkte, und reinigte sich unter dem eiskalten Strahl, ohne sich auszuziehen.

»Ich sparte mir auch die Mühe, mich abzutrocknen, sondern wickelte mich einfach in meine Decke und legte mich in den Hotelflur. An so einem widerwärtigen Ort hatte ich noch nie übernachtet. Die zwielichtigen Opiumschmuggler und die arbeitslosen Mudschaheddin furzten wie die Weltmeister. Doch nach meinen abenteuerlichen Erlebnissen schlief ich so gut wie in einem Fünfsternehotel.«

Kurz vor vier weckte der *chokidar* die schlafenden Männer im Flur mit einer Mahlzeit, da im Ramadan nach dem Morgengebet nichts mehr gegessen werden durfte. Mortenson war inzwischen so ausgehungert, dass er nicht mehr schmeckte, was er zu sich nahm. Dennoch folgte er dem Beispiel der anderen und stopfte einen Tagesvorrat Linsencurry und vier weiche *chapatti* in sich hinein.

Im eiskalten Morgengrauen fühlte er sich von der Landschaft rings um Faizabad an Baltistan erinnert. Langsam zeichnete sich über den Gipfeln des Großen Pamir im Norden das erste Tageslicht ab – Mortenson war wieder in den ihm vertrauten Bergen. Von einigen Einzelheiten abgesehen, war es leicht, sich auszumalen, er sei in seine zweite Heimat zurückgekehrt. Allerdings waren die Unterschiede nicht von der Hand zu weisen. Frauen nahmen hier viel mehr am öffentlichen Leben teil und schlenderten ungehindert durch die Straßen, auch wenn die meisten sich noch mit weißen Burkas verhüllten. Außerdem war leicht zu erkennen, dass die ehemaligen Sowjetrepubliken nicht weit waren, denn Gruppen schwer bewaffneter Tschetschenen, deren slawische Sprache in Mortensons Ohren sehr fremdartig klang, marschierten im Gleichschritt zum Morgengebet in die nächste Moschee.

Da es hier sonst kaum Arbeitsplätze oder andere Ressourcen gab, stand der Opiumhandel im Zentrum des Wirtschaftslebens von Faizabad. In großen Mengen wurde die Rohpaste auf den Mohnfeldern von Badakschan geerntet, in den Fabriken rund um Faizabad zu Heroin verarbeitet und dann durch Zentralasien und Tschetschenien nach Moskau transportiert. Die Taliban mochten zwar viele Fehler haben, doch zumindest war es ihnen gelungen, die Opiumherstellung streng zu unterdrücken. Doch seit ihrem Abzug hatte der Anbau von Schlafmohn besonders im nördlichen Afghanistan wieder rasant zugenommen.

Laut einer Studie der Menschenrechtsorganisation Human Rights Watch erbrachte die Opiumernte im Jahr 2003 viertausend Tonnen, nachdem es sie unter den Taliban praktisch nicht mehr gegeben hatte. Inzwischen produzierte Afghanistan zwei Drittel des weltweit verfügbaren Rohmaterials für Heroin. Die Erlöse aus dem Opiumverkauf flossen zurück an die Kriegsherren – oder *commandhan*, wie man sie in Afghanistan nannte –, die mit diesem Geld gewaltige Privatmilizen anwerben und ausrüsten konnten. Und so verlor die schwache Zentralregierung von Hamid Karzai an Bedeutung, je mehr Kilometer dic jeweilige Region von Kabul trennten.

Im Badakschan, einer der von Kabul aus betrachtet abgelegensten Ecken Afghanistans, besaß *Commandhan* Sadhar Khan die absolute Macht. Mortenson hatte schon seit Jahren von ihm gehört, und seine Anhänger lobten ihn in den höchsten Tönen, denn für sie stand er auf einer Stufe mit seinem Kameraden aus dem Kampf gegen die Sowjets und die Taliban, dem mittlerweile zum Märtyrer gewordenen Schah Ahmed Massud. Wie alle *commandhan* kassierte Khan Gebühren von den Opiumhändlern, deren Mulikarawanen sein Einflussgebiet durchquerten. Doch im Gegensatz zu vielen anderen investierte er dieses Geld in das Wohl seines Volkes. Für seine ehemaligen Kämpfer hatte er einen florierenden Basar errichtet und ihnen kleine Darlehen zur Verfügung gestellt, damit sie einen Laden eröffnen und so von Mudschaheddin zu Händlern werden konnten. Khan wurde von seinem Volk geliebt und von seinen Gegnern gefürchtet, und es galt als äußerst unklug, sich mit ihm anzulegen.

Sarfraz, der ehemalige pakistanische Soldat aus Zuudkhan, der geholfen hatte, Mortenson zu beschützen, nachdem per Kurzwellenradio die Nachricht von den Anschlägen am 11. September eingetroffen war, war Khan auf seinen eigenen illegalen Schmuggeltouren in den Wakhan-Korridor persönlich begegnet. »Ist er ein guter Mann? Ja, gut, aber gefährlich«, hatte Sarfraz erklärt. »Wenn sein Gegner sich nicht geschlagen gibt und sich weigert, sich ihm anzuschließen, lässt er ihn zwischen zwei Jeeps binden und reißt ihn auseinander. Auf diese Weise ist er so etwas wie der Präsident von Badakschan geworden.«

Am Nachmittag wechselte Mortenson ein wenig Geld und mietete einen anderen Jeep bei einem frommen Vater und dessen Sohn, die sich bereit erklärten, ihn zu Khans Hauptquartier in Baharak zu fahren, sofern er sofort aufbrechen wolle, damit sie rechtzeitig zum Abendgebet zurück seien.

»Kein Problem«, antwortete Mortenson.

»Was ist mit Ihrem Gepäck?«, fragte der Junge, der ein paar Brocken Englisch sprach.

Mortenson zuckte nur die Achseln und stieg ein.

»Obwohl es nach Baharak höchstens hundert Kilometer waren, dauerte die Fahrt drei Stunden«, berichtet er. »Die Landschaft hier erinnerte mich an die Indus-Schlucht, denn wir mussten uns über schmale Felssimse quälen, und darunter schlängelte sich ein Fluss durch einen felsigen Canyon. Ich war froh, ein fahrtüchtiges Auto zu haben. Die in Amerika so beliebten Geländewagen sind nur dazu da, in den Supermarkt zu fahren oder die Kinder zum Fußballtraining zu bringen. Bei den Straßenverhältnissen in Afghanistan braucht man einen echten russischen Jeep.«

Zwanzig Minuten vor Baharak ging die Schlucht in ein grünes Vorgebirge mit sanft geschwungenen Hügeln über. An den Hängen standen die Bauern in Reihen und bepflanzten jeden Zentimeter verfügbaren Bodens mit Mohn. »Wäre der Mohn nicht gewesen, hätten wir uns auch am Eingang zum Shigar-Tal befinden können«, meint Mortenson. »Auf dem Weg nach Korphe. Ich erkannte, dass es bis Pakistan nicht weit war, und obwohl ich dieses Fleckchen Erde noch nie gesehen hatte, fühlte ich mich, als käme ich nach Hause, als wäre ich wieder bei meinen Leuten.«

Baharak verstärkte diesen Eindruck noch. Umgeben von den schneebedeckten Gipfeln des Hindukusch, war es das Tor zum Wakhan, dessen schmale Talmündung sich nur wenige Kilometer östlich der Stadt befand. Mortenson fand es schön zu wissen, dass die Menschen von Zuudkhan, die ihm so viel bedeuteten, gar nicht weit entfernt waren.

Der Fahrer und sein Sohn steuerten den Basar von Baharak an, um den Weg zu Sadhar Khans Haus zu erfragen. Mortenson fiel auf, dass die Einwohner, die das Opium zwar anbauten, aber selbst keinen Drogenhandel betrieben, wie die Balti in einer Subsidiaritätswirtschaft lebten. Die Auswahl an Lebensmitteln an den Buden war nicht sehr groß, und die viel zu voll gepackten winzigen Esel, die die Waren zum Markt brachten oder abtransportierten, wirkten kränklich und unterernährt. Aus Büchern wusste Mortenson, dass Badakschan während der Zeit der Taliban völlig von der Außenwelt abgeschnitten gewesen war. Doch dass hier eine solche Armut herrschte, hätte er nicht gedacht.

Als ein abgenutzter weißer russischer Jeep – das einzige Fahrzeug, da alle übrigen Verkehrsteilnehmer auf vier Hufen unterwegs waren – über den Markt auf sie zukam, hielt Mortenson ihn an, da er annahm, dass jemand, der sich in Baharak ein solches Auto leisten konnte, auch den Weg zu Sadhar Khan kannte.

Der Jeep war voll besetzt mit bedrohlich wirkenden Mudschaheddin. Doch der Fahrer, ein Mann mittleren Alters mit durchdringendem Blick und ordentlich gestutztem schwarzem Bart, stieg aus, um mit Mortenson zu sprechen.

»Ich suche Sadhar Khan«, verkündete dieser in dem bruchstückhaften Dari, das er sich von Kais während der Fahrt von Kabul hatte beibringen lassen.

»Er ist hier«, erwiderte der Mann auf Englisch.

»Wo?«

»Ich bin es. Ich bin *Commandhan* Khan.«

Auf dem Dach von Sadhar Khans Haus, über dem sich die braunen Hügel von Baharak erhoben, lief Mortenson aufgeregt hin und her, anstatt auf dem angebotenen Stuhl Platz zu nehmen und zu warten, bis der *commandhan* seine *juma*-Gebete beendet hatte. Obwohl Khan ein einfaches Leben führte, waren die technischen Anzeichen seiner Macht überall sichtbar. Die Antenne eines leistungsstarken Funksenders ragte jenseits des Dachrandes wie ein Fahnenmast ohne Fahne empor und kündete von Khans Anschluss an die Moderne. Einige kleine Satellitenschüsseln waren nach Süden ausgerichtet. Außerdem stellte Mortenson fest, dass auf den Dächern der umliegenden Gebäude Scharfschützen postiert waren, die ihn aufmerksam durch die Zielfernrohre ihrer Waffen beobachteten.

Im Südosten erhoben sich die schneebedeckten Gipfel seines Pakistan, und Mortenson stellte sich vor, wie Faisal Baig dort wachte, damit er sich nicht von den Scharfschützen einschüchtern ließ. Von Faisals Standort aus zog Mortenson eine imaginäre Linie von Schule zu Schule und von Dorf zu Dorf – das Hunza-Tal hinunter, nach Gilgit, über die Indus-Schlucht und den ganzen Weg bis nach Skardu –, die alle Menschen und Orte, die er kannte und liebte, mit diesem einsamen Hausdach verband. Dabei sagte er sich, dass er keineswegs allein war.

Kurz vor Sonnenuntergang sah Mortenson Hunderte Männer aus der bunkerartigen Moschee von Baharak strömen, die ihn eher an eine militärische Einrichtung als an ein Gotteshaus erinnerte. Als Letzter erschien Khan, mit dem Dorfmullah ins Gespräch vertieft. Nachdem er den alten Mann umarmt hatte, ging er los, um sich dem Ausländer zu widmen, der ihn auf seinem Dach erwartete.

»Sadhar Khan kam ohne Leibwächter herauf«, erinnert sich Mortenson. »Er hatte nur einen jungen Gehilfen als Dolmetscher dabei. Allerdings war mir klar, dass die Scharfschützen, die mich beobachteten, mich sofort niederschießen würden, wenn ich ihm nur einen schiefen Blick zuwarf. Trotzdem wusste ich die Geste zu schätzen. Wie bei unserer ersten Begegnung auf dem Basar versteckte er sich nicht hinter Bewachern.«

»Tut mir leid, dass ich Ihnen keinen Tee anbieten kann«, ließ Khan durch seinen Dolmetscher mitteilen, der fließend Englisch sprach. »Aber in wenigen Minuten« – er wies auf die Sonne, die im Westen über einem Geröllfeld unterging – »bekommen Sie, was immer Sie möchten.«

»Das macht nichts«, erwiderte Mortenson. »Ich bin weit gereist, um mit Ihnen zu sprechen. Es ist mir bereits eine Ehre, überhaupt hier zu sein.«

»Und aus welchem Grund kommt ein Amerikaner eigens aus Kabul, um mit mir zu reden?«, erkundigte sich Khan. Er strich sein braunes Wollgewand glatt, das mit scharlachroten Streifen, den Insignien seiner Macht, bestickt war.

Also erzählte Mortenson dem *commandhan* seine Geschichte, angefangen bei der Ankunft der kirgisischen Reiter, die in einer

Staubwolke über den Irshad-Pass geprescht waren, bis hin zu der Schießerei vom vergangenen Abend und seiner Flucht unter den Ziegenhäuten. Plötzlich stieß der Furcht einflößende Anführer der Mudschaheddin von Badakschan zu Mortensons Erstaunen einen Freudenruf aus und schloss den verblüfften Amerikaner in die Arme.

»Ja! Ja! Sie sind Dr. Greg! Mein *commandhan* Abdul Raschid hat mir von Ihnen erzählt. Das ist ja unglaublich!« Aufgeregt lief Khan hin und her. »Ich darf gar nicht daran denken, dass ich nicht einmal ein Festmahl oder eine Begrüßung durch die Dorfältesten veranlasst habe. Bitte verzeihen Sie mir.«

Mortenson musste schmunzeln, und all die Anspannung, die sich während der beschwerlichen Fahrt nach Norden ihn ihm aufgebaut hatte, war mit einem Mal wie weggeblasen – auch wenn ihm der Staub und der Gestank nach Ziege erhalten blieben. Khan holte ein hochmodernes Satellitentelefon aus der Tasche der Fotografenweste hervor, die er unter seinem Gewand trug, und wies sein Personal an, ein Festmahl vorzubereiten. Dann erörterten er und Mortenson mögliche Standorte für die Schulen, während sie auf dem Dach ihre Runden drehten.

Khan kannte sich ausgezeichnet im Wakhan-Korridor aus, wo Mortenson unbedingt mit den Arbeiten beginnen wollte. Als Erstes zählte der *commandhan* die fünf Dörfer auf, die am meisten von einer Grundschule profitieren würden, und sprach dann über die Mädchen, die keine Möglichkeit zum Schulbesuch hatten. Nie hätte Mortenson mit solchen Zahlen gerechnet. Allein in Faizabad, so Khan, erhielten etwa fünftausend halbwüchsige Mädchen improvisierten Unterricht auf einem Feld neben einer Knabenschule. In ganz Badakschan sei die Situtation ganz ähnlich. Seine Wunschliste war so lang, dass Mortenson vermutlich jahrzehntelang beschäftigt sein würde.

Als die Sonne hinter den Bergen im Westen unterging, legte Khan seinem Gast eine Hand auf den Rücken und deutete mit der anderen in die Ferne. »Hier in diesen Bergen haben wir mit den Amerikanern gegen die Russen gekämpft. Und obwohl sie uns viel versprochen haben, kamen sie nie zurück, um uns zu helfen, nachdem das Sterben zu Ende war. Schauen Sie, diese Hügel da drüben.«

Khan zeigte auf die Geröllfelder, die sich oberhalb der Staubstraßen von Baharak bergauf erstreckten. Die Felsbrocken sahen aus wie unregelmäßig aufgestellte Grabsteine, wie eine gewaltige Armee von Toten, die in den Sonnenuntergang hineinmarschierte.

»In diesen Hügeln haben zu viele Menschen ihr Leben gelassen«, erklärte Sadhar Khan ernst. »Jeder Stein, jeder Felsen, den Sie hier vor sich sehen, steht für einen meiner Mudschaheddin. Es sind Märtyrer, die im Kampf gegen die Russen und die Taliban ihr Leben gegeben haben. Nun müssen wir dafür sorgen, dass dieses Opfer nicht umsonst gewesen ist.« Er blickte seinen Besucher an. »Wir müssen diese Steine in Schulen verwandeln.«

Mortenson hatte nie daran geglaubt, dass im Moment des Todes das ganze Leben an einem Menschen vorüberzieht. Die Zeit erschien ihm dafür einfach zu kurz. Doch als er Sadhar Khan nun in die dunklen Augen blickte und das Versprechen überdachte, das man ihm nun gleich abnehmen würde, sah er vor sich das Leben, das noch vor ihm lag.

Dieses von schroffen, felsigen Hügeln umschlossene Dach war die Weggabelung, an der er sich für eine Richtung würde entscheiden müssen. Wenn er diesem Mann und den Steinen folgte, erwartete ihn ein Weg, der viel klarer vorgezeichnet war als der verschlungene Pfad, den er vor einem Jahrzehnt in Korphe beschritten hatte.

Es bedeutete die Auseinandersetzung mit neuen Sprachen und fremden Sitten, und sicher würde er dabei einige Male ins Fettnäpfchen treten. Monatelange Trennungen von seiner Familie standen ihm bevor, ebenso Gefahren und Bedrohungen, von denen er jetzt noch nichts ahnte. Doch vor ihm auf der leeren Leinwand dieser neuen Aufgabe, die an ein jungfräuliches Schneefeld erinnerte, sah er bereits kleine bunte Pünktchen in der Sonne funkeln. Die Herausforderung ragte so gewaltig und deutlich vor ihm auf wie damals in Kindertagen der Gipfel des Kilimandscharo – und so strahlend wie die unvergleichliche Pyramide des K2, die ihn noch immer bis in seine Träume verfolgte.

Mortenson legte die Hände auf die von einem braunen Gewand verhüllten Schultern von Sadhar Khan, wie er es vor einem Jahrzehnt inmitten anderer Berge bei einem anderen Anführer getan hatte, einem Dorfvorsteher namens Hadschi Ali. Er nahm weder die Scharfschützen wahr, die ihn weiterhin im Auge behielten, noch bemerkte er die in der Abendsonne bernsteingelb schimmernden Märtyrer-Steine. Für ihn gab es nichts mehr als den inneren Berg, den zu erklimmen er sich in diesem Augenblick verpflichtet hatte.

Dank

Wenn dein Herz spricht, mach dir ausführliche Notizen.

Judith Campbell

Es ist meine Vision, dass wir alle das nächste Jahrzehnt der Aufgabe widmen, das Analphabetentum abzuschaffen und allen Kindern, insbesondere den Mädchen, zu einer umfassenden Schulbildung zu verhelfen. Über hundertfünfundvierzig Millionen Kinder auf der Erde werden durch Armut, Ausbeutung, Sklaverei, Geschlechterdiskriminierung, religiösen Extremismus und die Schuld korrupter Politiker am Schulbesuch gehindert. Ich hoffe, dass das Buch dazu beiträgt, auch diesen benachteiligten Kindern Bildung zu bringen, denn jedes Kind hat ein Recht darauf, zur Schule zu gehen.

Es wäre ein Leichtes gewesen, sämtliche Seiten mit Danksagungen an die Tausende unglaublicher Menschen zu füllen, die maßgeblich an dem Erfolg meiner Projekte und damit auch an der Entstehung von *Der Traum vom Frieden* beteiligt waren. Ich bedauere es sehr und werde deswegen viele schlaflose Nächte verbringen, aber der Platz reicht einfach nicht, um euch alle hier namentlich zu nennen. Danke, dass es euch gibt, und vergesst nie, dass der Dank an euch auch in einem Kind weiterlebt, das nun eine Schule besuchen kann.

Inbesondere möchte ich meinem Co-Autor, David Oliver Relin, dafür danken, dass er über zwei Jahre seines Lebens engagiert in die Aufgabe steckte, dieses Buch wahr werden zu lassen. Ohne dich wäre die Geschichte nie so ausführlich erzählt worden. *Shukuria*, Relin *Sahib!*

Besonderen Dank schulde ich Paul Novak, Lektor bei Viking Penguin, der die Original-Taschenbuchausgabe sorgfältig bis zur Fertigstellung betreute.

Louise Braverman vom Verlagsbereich Presse- und Öffentlichkeitsarbeit bei Viking Penguin machte die englischsprachige Ausgabe von *Der Traum vom Frieden* zu einem Bestseller. Danke für Ihren unerschütterlichen Optimismus. Ich danke auch Susan Kennedy (Vorstand, Penguin Group, USA), Carolyn Coleburn (Leiterin Presse- und Öffentlichkeitsarbeit, Viking), Nancy Sheppard (Vertriebsleiterin, Viking) und Ray Roberts (dem ursprünglichen Lektor dieses Buches bei Viking).

Unsere Agentin Elizabeth Kaplan stand uns stets unermüdlich zur Seite und begleitete dieses Buch zwei Jahre lang von der ersten Idee bis zur Fertigstellung. Wir werden ihr immer für ihre Unterstützung dankbar sein.

Vielen Dank auch an die engagierten »Montana-Frauen« vom Büro des Central Asia Institute (CAI), Jennifer Sipes und Laura Anderson, die sich engagiert für unser unabhängiges Projekt einsetzen, mehr als vierundzwanzigtausend Kindern Schulbildung zu bringen. Ebenfalls danke ich Christiane Leitinger, der Vorsitzenden der Aktion *Pennies for Peace*, die Brücken zwischen Kindern rund um die Welt baut.

Ich danke auch den Mitgliedern des CAI-Vorstandes, Dr. Abdul Jabbar, Julia Bergman und Karen McCown, ohne die unsere Bemühungen erfolglos geblieben wären. Vielen Dank an euch und eure Familien für Unterstützung, Ermutigung und euren Einsatz in all den Jahren.

Dank auch an Jean Hoerni, Hadschi Ali und Christa – in demütigem Gedenken.

Die unglaublichen und unermüdlichen Mitarbeiter des CAI in Pakistan versetzen pausenlos Berge, damit die Arbeit weitergeht.

Bohot Shukuria an Apo Cha Cha Abdul Razak, Ghulam Parvi *Sahib*, Suleman Minhas, Saidullah Baig, Faisal Baig und Mohammed Nazir. In Afghanistan danke ich Sarfraz Khan, Abdul Waqil, Parvin Bibi und Mullah Mohammed. Möge Allah euch und eure Familien segnen, denn ihr habt viel Gutes für die Menschheit getan.

Ich danke meinen geliebten Freunden, Gönnern, Ältesten, Lehrern, Führern, Brüdern und Schwestern in Pakistan und Afghanistan. Mir fehlen die Worte, um meine Dankbarkeit auszudrücken. Ich kann nur sagen, dass jeder von euch ein Stern ist, der den Nachthimmel erhellt. Eure Treue, Leidenschaft und Zähigkeit hat euren Kindern zu Bildung verholfen. *Shukuria*, *Rahmat*, *Manana*, *Shakkeram*, *Baf*, *Bakshish*, danke!

Danke an meine Großeltern Regina Mortenson sowie Al und Lydia Doerring für ihre Weisheit. Danke auch an meine Schwestern Sonja und Kari, meine Schwäger Dan und Dean sowie ihren Familien für ihre Liebe und die »Stammestreue«, die wahren Familienzusammenhalt auszeichnet.

In meiner Kindheit in Tansania lasen meine Eltern Dempsey und Jerene Mortenson mir und meinen Schwestern Sonja, Kari und Christa jeden Abend etwas vor – anfangs bei Kerzenlicht, später im Schein einer Lampe. Die Geschichten machten uns neugierig auf die Welt und andere Kulturen und regten mich zu dem den Menschen zugewandten Abenteuer an, das mein Leben geprägt hat. Auch dass meine Mutter ihr Leben der Schulbildung widmete, hat mich sehr inspiriert. Obwohl mein Vater mit nur achtundvierzig Jahren 1981 an Krebs starb, lebt sein Sinn für Anteilnahme und Mitgefühl täglich in mir weiter.

Warum ich das alles getan habe? Die Antwort ist ganz einfach. Wenn ich in die Augen der pakistanischen und afghanischen Kinder schaue, sehe ich die staunenden Augen meiner eigenen Kinder. Ich hoffe, dass es uns gelingen wird, ihnen ein friedliches Erbe zu hinterlassen und den ewigen Kreislauf aus Krieg, Terrorismus, Rassismus und Heuchelei zu durchbrechen.

An meine wundervollen Kinder Amira Eliana und Khyber: Ihr verleiht mir Mut und schenkt mir stets eure bedingungslose Liebe sowie die Hoffnung, die mich dazu inspiriert, auf dieser Welt etwas zu ändern – Kind für Kind.

Am meisten Dank schulde ich meiner unbeschreiblichen Ehefrau Tara. Ich bin froh, dass wir gemeinsam ins kalte Wasser gesprungen sind. Du bist eine außergewöhnliche Gefährtin, Vertraute, Mutter und Freundin. Während meiner vielen Reisen ins unwirtliche pakistanische und afghanische Hinterland im Laufe unserer elfjährigen Ehe hat nur deine Liebe es mir ermöglicht, meinem Herzen zu folgen. Ich liebe dich.

Greg Mortenson
Neelam-Tal, Azad Kaschmir, Pakistan
November 2006

Ich möchte mich bei Greg Mortenson dafür bedanken, dass er mir eine der bemerkenswertesten Geschichten erzählt hat, die mir je zu Ohren gekommen sind. Danke auch dafür, dass ich sie an andere weitergeben durfte. Außerdem möchte ich Tara, Amira, Khyber und der gesamten Mortenson/Bishop-Sippe dafür danken, dass ich mich bei meinen häufigen Besuchen in Bozeman immer wie ein Familienmitglied gefühlt habe.

Brigadegeneral Baschir Baz und Oberst Ilyas Mirza von Askari Aviations ermöglichten es mir nicht nur, auch die abgelegensten Täler in den Nordgebieten zu erreichen, sondern vermittelten mir auch ein zumindest rudimentäres Verständnis der Probleme, vor denen das pakistanische Militär derzeit steht. Brigadegeneral Bhanghu flog mich in seiner altgedienten, treuen Aluette in die wunderschönen Höhen des Karakorum und des Hindukusch und unterhielt mich bis spät in die Nacht mit interessanten Gesprächen über die Zukunft seines Landes.

Suleman Minhas lotste mich an Polizeisperren vorbei und führte mich in die interessantesten Stadtteile von Islamabad und Rawalpindi, wo er mir, dem unwissenden Ausländer, stets mit einem Zwinkern die Augen öffnete. Ghulam Parvi betätigte sich unermüdlich als lehrreicher Begleiter und Dolmetscher und erfüllte die reiche Kultur der Balti für mich mit Leben. Apo, Faisal, Nazir und Sarfraz lasen mir während meiner Reisen durch die Nordgebiete jeden Wunsch von Augen und Lippen ab. Twaha, Dschahan, Tahira und die anderen völlig zu Recht stolzen Einwohner von Korphe lehrten mich, dass auch Armut und Isolation eine Gemeinschaft nicht daran hindern können, etwas erfolgreich für ihre Kinder zu tun, wenn sie nur entschlossen genug ist. Außerdem bewiesen die Menschen in Pakistan mir immer und immer wieder, dass es auf der Welt kein gastfreundlicheres Land gibt.

In Madrid war Ahmed Raschid so freundlich, sich bei einem Weltgipfel zum Thema Terrorismus vom Podium zu verdrücken, um mir in Kürze alles über das komplizierte politische System in Pakistan und den Zusammenhang zwischen dem Erstarken der *madaris* und dem Extremismus zu erklären. Conrad Anker, Doug Chabot, Scott Darsney, Jon Krakauer, Jenny Lowe, Dan Mazur und Charlie Shimanski ermöglichten mir wichtige Einblicke in die aufregende Welt des Kletterns. Jim »Mapman« McMahon verdient für das Zeichnen der Karten in diesem Buch einen Orden. Außerdem hat er versprochen, beim konservativen Nachrichtensender Fox News jeden zu vermöbeln, der an der Botschaft dieses Buches etwas auszusetzen hat.

Meinem alten Freund Lee Kravitz von *Parade* bin ich noch etwas schuldig, denn er meinte eines Tages zu mir: »Da ist jemand, den du unbedingt kennenlernen solltest.« Außerdem gab er mir während der Entstehung dieses Buches einige weise Ratschläge. Ich möchte ihm auch dafür danken, dass er so vernünftig war, Elizabeth Kaplan zu heiraten, die dieses Buch bis zur Veröffentlichung betreute und einen armen Tropf wie mich in die Welt der Buchverlage einweihte. Dabei konnte sie gleichzeitig essen, telefonieren und ihre Kinder versorgen. Ich danke Ray Roberts von Viking für seine klugen Entscheidungen und seinen kühlen Kopf während all der kleinen Katastrophen, die bis zur Veröffentlichung eintraten.

Ich möchte auch dem Weingut Murphy-Goode danken, dessen Produkte viele Interviews sehr beflügelt haben. Danke auch an Victor Ichioka von Mountain Hardwear, der uns für unsere Reisen in die Nordgebiete ausrüstete. Außerdem danke ich den Cafés in Portland,

Oregon – vermutlich die besten der Welt –, die es einem koffeingedopten Schriftsteller erlauben, nachmittagelang einfach dazusitzen und Selbstgespräche zu führen.

Zu guter Letzt bedanke ich mich bei Dawn, und zwar für so viele Dinge, dass die Liste hier den Rahmen sprengen würde. Vor allem aber für den Ausdruck auf ihrem wunderschönen, vom Feuer erleuchteten Gesicht an jenem Abend in der Salmon-Huckleberry Wilderness, Oregon, als ich ihr die ersten fertigen Kapitel vorlas.

David Oliver Relin

Falls die Lektüre Sie angeregt hat, sich für dieses Anliegen zu engagieren, können Sie uns auf folgende Weise helfen:

1. Besuchen Sie die Website www.threecupsoftea.com, um sich über weitere Buchbesprechungen, Veranstaltungen und Konzepte zu informieren.

2. Empfehlen Sie dieses Buch einem Freund, einem Kollegen, einem Buchclub, einer Frauengruppe, in Ihrer Kirche, Bürgerinitiative, Synagoge, Moschee, Universität, Schulklasse oder einer anderen Organisation, die sich den Themen Bildung, Alphabetisierung, Integration, Islam, Pakistan oder Afghanistan verschrieben hat.

3. Veröffentlichen Sie eine Buchkritik bei Amazon.de oder einem anderen Online-Buchhändler oder blog. Ihre ehrliche Stellungnahme trägt dazu bei, dieses Buch publik zu machen.

Weitere Informationen unter:
Central Asia Institute
P. O. Box 7209
Bozeman, MT, 59771, USA
406-585-7841
www.ikat.org

Über Greg Mortenson

»Als ehemaliger Bergsteiger kennt Greg Mortenson die Härten des Lebens sehr genau. Aber die Lektüre dieses Buchs belegt, dass der Gipfel, den er jetzt erklimmt – der der Menschlichkeit – sehr viel schwieriger zu erreichen ist als jeder Berg.«

Conrad Anker

»Mortensons Mission ist bewundernswert.«

Washington Post

»Wenn wir aus unseren Fehlern lernen wollen, dann sollten wir auf Greg Mortenson hören.«

Good Morning America

»Ein mitreißender Bericht. Er verdient es wirklich, ein Held genannt zu werden.«

People

»Spannend und faszinierend, mit packendenden Berichten sowohl über Feindseligkeiten als auch überwältigende Gastfreundschaft – ein Buch, das die Herzen seiner Leser erobert.«

Publishers Weekly

PAKISTAN UND SEINE ANRAINER-STAATEN
TADSCHIKISTAN
CHINA
AFGHANISTAN
PAKISTAN
INDIEN
Faizabad
Baharak
Wakhan-Korridor
Hindukusch
Karakorum
Gilgit
Indus
Skardu
Baltistan
Karakorum-Highway
Deosai-Hochebene
Demarkationslinie
Kargil
Srinagar
Pandschir-Tal
Salang-Tunnel
Schomali-Ebene
Kabul
Dschalalabad
Tora Bora
Khyber-Pass
Peschawar
Islamabad
Rawalpindi
Nord-Wasiristan
Bannu
Süd-Wasiristan
Indus
Lahore
N
W
O
S
0
80 Kilometer
0
50 Meilen
Arabisches Meer
Golf von Bengalen